Северный Ледовитый океан

Берингово море

Магадан ●

КАМЧАТКА

Якутск ●

СИБИРЬ

Охотское море

ФЕДЕРАЦИЯ

О. САХАЛИН

ДАЛЬНИЙ ВОСТОК

Хабаровск ●

озеро Байкал

Иркутск ● ● Улан-Удэ

Владивосток ●

А Я

Голоса

Голоса

A Basic Course in Russian

Book 2

Third Edition

Richard Robin
The George Washington University

Karen Evans-Romaine
Ohio University

Galina Shatalina
The George Washington University

Joanna Robin

PEARSON

Prentice Hall

Upper Saddle River, New Jersey 07458

Library of Congress Cataloging-in-Publication Data

Robin, Richard M.
   [Golosa]: a basic course in Russian / Richard Robin . . . [et al.]. — 3rd ed.
      p.   cm.
   Text in English and Russian.
   Includes index.
   ISBN 0-13-049456-9 (book 1)
   1. Russian language—Textbooks for foreign speaker—English. I. Robin, Richard M.

PG2129.E5 R63 2002
491.782'421—dc21   2002022517
ISBN 0-13-183379-0 (book 2)

Publisher: Phil Miller
Executive Marketing Manager: Eileen Moran
Assistant Director of Production: Mary Rottino
Assistant Editor: Meriel Martinez
Production Liaison: Claudia Dukeshire
Editorial and Production Supervision: Kathy Ewing
Editorial Assistant: Pete Ramsey
Prepress and Manufacturing Manager: Nick Sklitsis
Prepress and Manufacturing Buyer: Brian Mackey
Creative Design Director: Leslie Osher
Interior Design: Kathryn Foot
Cover Design: Kiwi Design
Cover Photo: Emma Lee/Life File
Director, Image Resource Center: Melinda Reo
Image Specialist: Beth Boyd-Brenzel
Rights and Permissions: Zina Arabia
Line Art Manager: Guy Ruggiero

Credits appear on p. xviii, which constitutes
a continuation of the copyright page.

This book as set in 11/13 Minion Cyrillic by Interactive Composition Corporation
and was printed and bound by Von Hoffman Press.
The cover was printed by Phoenix Color Corp.

 © 2003, 1999, 1994 by Pearson Education, Inc.
Upper Saddle River, New Jersey 07458

Printed in the United States of America
10   9   8   7   6   5   4   3   2

ISBN 0-13-183379-0

Pearson Education LTD., London
Pearson Education Australia PTY, Limited, Sydney
Pearson Education Singapore, Pte. Ltd.
Pearson Education North Asia Ltd., Hong Kong
Pearson Education Canada, Ltd., Toronto
Pearson Educación de México, S.A. de C.V.
Pearson Education – Japan, Tokyo
Pearson Education Malaysia, Pte. Ltd.
Pearson Education, Upper Saddle River, New Jersey

Contents

Scope and Sequence

Грамматика

Проводи́ть свобо́дное вре́мя
Playing games **игра́ть в** + accusative
Playing musical instruments **игра́ть на** + prepositional
Additional uses of the instrumental case: **занима́ться** *чем*,
увлека́ться *чем*, **интересова́ться** *чем*, **стать** *кем*, **быть** *кем*
Third-person plural for passive/impersonal meaning (**Сказа́ли,
что; посове́товали, что; написа́ли, что**)
Свой

Грамматика

Sending things: **посыла́ть/посла́ть, отправля́ть/отпра́вить**
From: **от** vs. **из** vs. **с**
Put: **класть/положи́ть, ста́вить/по-**
Saying you miss someone or something: **скуча́ть по
кому́/чему́**
The whole (**весь**) vs. everyone (**все**) vs. everything (**всё**)
Себя́
Speaking in generalities: **ты** without **ты** constructions

Грамматика

Talking about how one feels: more short-form adjectives
Descriptions of well-being and sickness: **чу́вствовать себя́;**
(*у кого́*) **боли́т** (*что*); (*кому́*) **пло́хо; просты́ть; бо́лен** (*чем*)
Хоте́ть, что́бы + past tense
Instrumental case for instrument
Verbs of asking: **спра́шивать/спроси́ть** vs.
проси́ть/попроси́ть
Answering yes-no questions with key words

Грамматика

Structure of holiday greetings, invitations, and toasts
Telling time off the hour
Prepositions of direction and location
Making hypotheses: **е́сли бы** clauses
Time expressions
Друг дру́га
Review of verbal adjectives and adverbs

Preface

Голоса: *A Basic Course in Russian* is the third edition of an introductory Russian-language program. It strikes a true balance between communication and structure. It takes a contemporary approach to language learning by focusing on the development of functional competence in the four skills (listening, speaking, reading, and writing), as well as the expansion of cultural knowledge. It also provides comprehensive explanations of Russian grammar along with the structural practice students need to build accuracy.

Голоса is divided into two books of ten units each. Each book is accompanied by a fully integrated Lab Manual/Workbook, audio and video recordings available on the World Wide Web, a web-based supplement of exercises, and the Instructor's Resource Manual. The units are organized thematically, and each unit contains dialogs, texts, exercises, and other material designed to enable students to read, speak, and write about the topic, as well as to understand simple conversations. The systematic grammar explanations and exercises in **Голоса** enable students to develop a conceptual understanding and partial control of all basic Russian structures, including the declensions of nouns, adjectives, and pronouns; verb conjugation; and verb aspect. This strong structural base enables students to accomplish the linguistic tasks in **Голоса** and prepares them for further study of the language.

Students successfully completing Books 1 and 2 of **Голоса** will be able to perform the following skill-related tasks.

Listening. Understand simple face-to-face conversations about daily routine, home, family, school, and work. Understand simple airport announcements, radio and television advertisements, personal interviews, and brief news items such as weather forecasts. Get the gist of more complicated scripts such as short lectures and news items.

Speaking. Use complete sentences to express immediate needs and interests. Hold a simple face-to-face conversation consisting of questions and answers with a Russian interlocutor about daily routine, home, family, school, and work. Discuss basic likes and dislikes in literature and the arts. Manage simple transactional situations in stores, post offices, hotels, dormitories, libraries, and so on.

Reading. Read signs and public notices. Understand common printed advertisements and announcements. Understand simple personal and business correspondence. Get the gist of important details in brief articles of topical interest such as news reports on familiar topics, weather forecasts, and entries in reference books. Understand significant parts of longer articles on familiar topics and brief literary texts.

Writing. Write short notes to Russian acquaintances, including invitations, thank you notes, and simple directions. Write longer letters providing basic biographical information. Write simple compositions about daily routine, home, family, school, and work.

In addition, students will grasp the essentials of **culture** necessary for active and receptive skills: background information on the topics covered in each unit. Control sociolinguistic aspects of Russian necessary for basic interaction, such as forms of address, greeting and leave-taking, giving and accepting compliments and invitations, and telephone etiquette. Become familiar with some of Russia's cultural heritage: famous writers and their works, as well as other figures in the arts.

For those who wish to continue their study of Russian, **Голоса** provides a firm footing not only in the discrete skills, but in terms of grammatical base as well.

Features of the *Голоса* Program

● **Goals**
Objectives are stated explicitly for each book and unit in terms of language tools (grammar and lexicon), skills, and cultural knowledge.

● **Focused attention to skills development**
Each language skill (speaking, reading, writing, listening) is addressed in its own right. Abundant activities are provided to promote the development of competence and confidence in each skill area.

● **Modularity**
Голоса incorporates the best aspects of a variety of methods, as appropriate to the material. All skills are presented on an equal footing, but instructors may choose to focus on those which best serve their students' needs without violating the structural integrity of individual units or the program as a whole.

● **Authenticity and cultural relevance**
Each unit contains authentic materials and realistic communicative activities for all skills. The **Голоса** Web page updates materials to account for fast-changing events in Russia.

● **Spiraling approach**
Students are exposed repeatedly to similar functions and structures at an increasing level of complexity. Vocabulary and structures are consistently and carefully recycled. Vocabulary patterns of reading texts are recycled into subsequent listening scripts.

● **Learner-centered approach**
Each unit places students into communicative settings to practice the four skills. In addition to core lexicon, students acquire personalized vocabulary to express individual needs.

● **Comprehensive coverage of beginning grammar**
Communicative goals do not displace conceptual control of the main points of Russian grammar. By the end of Book 1, students have had meaningful contextual exposure to all the cases in both singular and plural, as well as tense/aspects. Book 2 spirals out the basic grammar and fills in those items needed for basic communication.

- **Abundance and variety of exercise material: on paper, and on the World Wide Web, interactive grammar exercises plus authentic audio and video**
  Oral drills and written exercises progress from mechanical to contextualized to personalized, open-ended activities. The wide variety in exercises and activities ensures that a range of learning styles is served. Updated exercises are available on the Golosa Web Page. The web-based audio program contains about twenty hours of recordings (in streamable *and* downloadable MP3). The web-based video allows students to watch authentic, unscripted interviews with Russians from all walks of life. The interviews are appropriate for students both topically and by level of comprehension.

- **Learning strategies**
  Students acquire strategies that help them develop both the productive and receptive skills. This problem-solving approach leads students to become independent and confident in using the language.

- **Phonetics and intonation**
  Pronunciation is fully integrated and practiced with the material in each unit rather than covered in isolation. Intonation training includes requests, commands, nouns of address, exclamations, and non-final pauses, in addition to declaratives and interrogatives.

Organization of the *Голоса* Program

The **Голоса** package consists of three components: textbooks, student Workbooks, and World Wide Web audio, video, and cultural supplements. The course is divided into two books of ten units each, plus an introductory unit. Every unit maintains the following organization.

Overview

The opening page of each unit provides a clear list of the communicative tasks the unit contains, of the grammatical material it introduces, and of the cultural knowledge it conveys.

Точка отсчёта

О чём идёт речь? This warm-up section uses illustrations and simple contexts to introduce the unit vocabulary. A few simple activities provide practice of the new material, thereby preparing students for the taped **Разговоры,** which introduce the unit topics.

Разговоры для слушания. Students listen to semi-authentic conversations. Simple pre-script questions help students understand these introductory conversations. Students learn to grasp the gist of what they hear, rather than focus on every word. The **Разговоры** serve as an introduction to the themes of the unit and prepare students for the active conversational work to follow in **Давайте поговорим** on the next page.

Давайте поговорим

Диалоги. As in previous editions, the **Диалоги** introduce the active lexicon and structures to be mastered.

Упражнения к диалогам. These exercises help develop the language presented in the dialogs. They consist of

- **Вопросы к диалогам** (*new for the third edition*). Straightforward questions in Russian, keyed to the dialogs.

- **Лексика в действии.** Students learn how to search out language in context and use it. Exercises proceed from less complicated activities based on recognition to those requiring active use of the language in context. This set of activities prepares students for the **Игровые ситуации.**

- **Игровые ситуации.** Role plays put the students "on stage" with the language they know.

- **Устный перевод.** This section resembles the **Игровые ситуации,** but here students find that they must be more precise in conveying their message.

Грамматика

This section contains grammatical presentations designed to encourage students to study the material at home. They feature clear, succinct explanations, charts and tables for easy reference, and numerous examples. Important rules and tricky points are highlighted in special boxes. Simple exercises follow each grammar explanation, for use in class. Additional practice is provided by taped oral pattern drills and written exercises in the Student Lab Manual/Workbook, for homework.

Давайте почитаем

Authentic reading texts are supplemented with activities that direct students' attention to global content. Students learn strategies for guessing unfamiliar vocabulary from context and for getting information they might consider too difficult. The variety of text types included in **Давайте почитаем** ensures that students gain extensive practice with many kinds of reading material: official forms and documents; daily schedules; menus; shopping directories; maps; newspaper advertisements; TV and movie schedules; weather reports, classified ads; brief messages; newspaper articles; poetry; and short stories.

Давайте послушаем

Guided activities teach students strategies for developing global listening skills. Questions in the textbook accompany texts on the Audio (scripts appear in the Instructor's Manual). Students learn to get the gist of and extract important information from what they hear, rather than trying to understand every word. They are exposed to a great variety of aural materials, including messages recorded on telephone answering machines; public announcements; weather reports; radio and TV advertisements; letters on cassette; brief speeches; conversations; interviews; news features and reports; and poems.

Обзорные упражнения

Located at the end of each Unit, these activities present situations that call for students to integrate several skills. For example, students scan part of a newspaper to find out what weather to expect. Based on the weather report, they then call to invite a friend to either a movie or a picnic. When they cannot get hold of the friend on the phone, they leave a note. Many writing exercises that fulfill real communicative needs are included in this section.

Между прочим

Culture boxes, spread throughout each Unit, serve as the hook into the realia of Russia.

Словарь

In the Third Edition, the **Словарь** at the end of each Unit separates active from receptive-skills vocabulary. The **Словарь** at the end of the book lists the first Unit in which the entry is introduced both for active and receptive use.

Рабочая тетрадь

The **Голоса** Lab Manual/Workbook is the main vehicle for student work outside of class. It consists of the following parts:

Числительные. Students become familiar with numbers in context and at normal conversational speed. These sections are especially important for transactional situations.

Фонетика и интонация. Голоса has been the field's leader in explicit work in phonetics and intonation. This remains unchanged in the third edition.

Устные упражнения. In the Oral Drills, students practice active structures.

Письменные упражнения. The written homework section starts with mechanical manipulation and builds up to activities resembling free composition. The third edition features more simple English-Russian translation exercises, especially for those constructions that give English speakers problems (e.g. possessives, **у**-constructions, subjectless sentences).

Голоса в сети (www.prenhall.com/golosa)

The **Голоса** Website features a robust set of audio, video, and interactive materials.

Аудиопрограмма. Full audio program for the textbook and the Lab Manual/Workbook, featuring the voice talents of over two dozen speakers of Contemporary Standard Russian.

ГОЛОСА-Видео. Easy-to-follow video shorts include interviews with real Russians in various settings in-country. Available for those with broadband connections (DSL, cable modem, LAN, etc.)

Дополнительные тексты для чтения. Authentic readings for use both on-screen and in hardcopy, accompanied by full pre- and post-text exercises.

Письменные упражнения Онлайн. Expanded on-line written homework takes the drudgery out of doing exercises (for the students) and correcting them (for the instructors).

Интересные места. Links to other real Russian sites, along with appropriate activities.

Руководство для преподавателя. On-line Instructor's Manual with lesson schedules, scripts, and sample tests.

Acknowledgments

The authors would especially like to thank the reviewers, who helped in the initial stages of the manuscript:

Karen Black, Millersville University, Zheng-min Dong, Washington State University, Andrew Drozd, University of Alabama, Anastasia Koralova, University of North Carolina—Charlotte, Dasha Nisula, Western Michigan University, David Prestel, Michigan State University, Benjamin Rifkin, University of Wisconsin—Madison, Cynthia Ruder, University of Kentucky, Janet Tucker, University of Arkansas, Hallie White, Boston University

We would also like to thank the many who were involved in the audio and video ancillaries:

Larisa Avrorina, Polina Balykova, Mira Bergelson, Kathleen Evans-Romaine, Dmitry Galkin, Siarhei Kaliada, Dorzhi Khilkhanov, Olga Komarnitskaya, Svetlana Kravchenko, Olga Kropotova, Son De Li, Marina Makarova, Rais Mazitov, Svetlana Nikiforova, Elena Ovtcharenko, Inga Pagava, Aleksei Pimenov, Oksana Prokhvacheva, Olga Rines, Maya Rozenblat, Svetlana Titkova, Mark Yoffe

Finally, the authors would like to thank the following scholars who provided us with excellent suggestions and helpful information as we prepared the third edition of Book Two: Vera Belousova, Ohio University; Irina D. Shevelenko, Smolny College, St. Petersburg; and Vladimir A. Uspensky, Moscow State University.

Вводный урок

Коммуникативные задания

- Reading Russian letters and e-mail messages
- Review: Reading handwriting in Russian
- Review: Talking and writing about yourself

Автобиогра́фия

1. **Письмо́.** Прочита́йте сообще́ние* и отве́тьте на вопро́сы.

   а. Кто написа́л э́тот e-mail?
   б. Автор e-mail'а живёт в Москве́ и́ли в Новоросси́йске?
   в. Новоросси́йск нахо́дится на ю́ге и́ли на се́вере Росси́и?
   г. Со́ня хорошо́ зна́ет англи́йский язы́к?
   д. Ско́лько лет Со́не?
   е. Она́ у́чится и́ли рабо́тает? Где?
   ж. Кака́я у неё специа́льность?
   з. У неё есть бра́тья и сёстры?
   и. Они́ моло́же и́ли ста́рше Со́ни?
   к. Ско́лько им лет?

сообще́ние—message

От:	Соня Лаптева <sonial@zmail.ru>
Дата:	12 октября 2004 г.
Кому:	russianclubprez@college.edu
Тема:	знакомство

Здравствуйте!

Пишу Вам из города Новороссийска. Наш город находится на юге России на берегу Чёрного моря. Получила Ваше имя от нашего общего знакомого Володи, когда он был у нас на прошлой неделе. Он рассказал немного о Вас и о Вашей семье. Сказал ещё, что Вы уже хорошо понимаете и пишете по-русски. Это хорошо, потому что я читаю по-английски только с большим трудом.

Немного о себе. Меня зовут Соня. Мне 20 лет. Учусь в университете на втором курсе. Специальность у меня журналистика.

Я живу дома с родителями. У меня ещё старший брат (ему 22 года) и младшая сестра – она моложе меня на три года.

Мы с братом думаем поехать в Америку и много говорим о такой поездке. Именно поэтому Володя дал нам Ваш адрес. Он сказал, что Вы сможете нам рассказать немного о Вашей стране и посоветовать нам, в какие города поехать.

Жду ответа.

Ваша
Соня Лаптева

Ме́жду про́чим

E-mail in Russia

While Russia is less computerized than most Western countries, many people have access to e-mail. For more information on writing e-mail in Cyrillic, see the **Голоса** website. You'll learn more about e-mail use in Russia itself in Unit 8.

For now, it's worth noting that the English word *e-mail* has entered Russian written in English but pronounced [**имэ́л**]. Case endings are added after an apostrophe: **в ва́шем e-mail'е.**

2. **О себе́.** Отве́тьте на вопро́сы.

   а. Как вас зову́т?
   б. Где вы живёте?
   в. Вы хорошо́ зна́ете англи́йский язы́к?
   г. Вы хорошо́ зна́ете ру́сский язы́к?
   д. Вы зна́ете каки́е-нибудь други́е языки́?
   е. Ско́лько вам лет?
   ж. Вы у́читесь и́ли рабо́таете? Где?
   з. Кака́я у вас специа́льность?
   и. У вас есть бра́тья и сёстры?
   к. Они́ моло́же и́ли ста́рше вас?
   л. Ско́лько им лет?
   м. Как их зову́т?

3. **Письмо́.** Прочита́йте письмо́ и отве́тьте на вопро́сы.

   а. Кто написа́л э́то письмо́, мужчи́на или же́нщина?
   б. Как зову́т а́втора э́того письма́?
   в. Кому́ он написа́л письмо́?
   г. Как называ́ется его́ люби́мая газе́та?
   д. Где он роди́лся?
   е. Где он тепе́рь живёт?
   ж. Где он у́чится?
   з. Когда́ он око́нчит университе́т, он бу́дет рабо́тать?
   и. Он хорошо́ зна́ет англи́йский язы́к?
   к. На како́м языке́ он бу́дет писа́ть пи́сьма?

Дорогая Кэрол!

Из моей любимой газеты «Аргументы и факты» я узнал, что некоторые читатели хотят переписываться с русскими студентами.

Несколько слов о себе: Зовут меня Павел, родился в Смоленске. А живу и учусь в Пскове, в педагогическом институте, на пятом курсе. Окончу университет и пойду работать в школу.

К сожалению, я знаю английский язык не очень хорошо, но я немного читаю. Если кто-нибудь хочет писать по-английски, я буду отвечать по-русски.

С уважением
Павел Литинский.

4. **О себе.** Отве́тьте на вопро́сы.

   а. Где вы родили́сь?
   б. Вы ещё там живёте?
   в. Где вы у́читесь?
   г. Где вы хоти́те рабо́тать, когда́ вы око́нчите университе́т?
   д. Вы чита́ете по-ру́сски?
   е. Вы понима́ете по-ру́сски?
   ж. Вы говори́те по-ру́сски?
   з. Вы пи́шете по-ру́сски?
   и. С кем вы перепи́сываетесь?
   к. Вы хоте́ли бы перепи́сываться с ру́сскими студе́нтами?

Семья́

1. **Письмо́.** Прочита́йте письмо́ и отве́тьте на вопро́сы.

   а. Как зову́т а́втора э́того письма́?
   б. Это мужчи́на или же́нщина?
   в. Автор хорошо́ зна́ет англи́йский язы́к?
   г. Како́й язы́к изуча́ет а́втор письма́?
   д. Ско́лько лет Ольге?
   е. На како́м ку́рсе она́ у́чится?
   ж. Кто по профе́ссии оте́ц Ольги?

з. Где он рабо́тает?

и. Её ма́ма рабо́тает?

к. Ско́лько у неё сестёр?

л. Как их зову́т?

м. Ско́лько им лет?

н. На како́м факульте́те у́чится Ольга?

о. Она́ у́чится в институ́те и́ли в университе́те?

Здравствуйте, далекие незнакомые друзья!

К сожалению, я не знаю английского языка, в институте изучаю французский. Пишу Вам из города Казани. Наш город находится далеко от Москвы: 600 километров на восток.

Немного о себе. Зовут меня Ольга, мне 19 лет, учусь на третьем курсе. Живу дома с родителями. Папа у меня инженер, работает в проектном институте. Мама уже на пенсии. У меня две сестры. Старшей сестре Лене 25 лет. У нее муж и двое детей. Живут они в Москве. Младшую сестру зовут Нина. Она живёт дома, учится в школе, в десятом классе. В этом году она окончит школу и будет поступать в театральный институт. Нина учится хорошо, и, по-моему, у нее шансы хорошие. Если она поступит, она будет изучать современное кино. После окончания института (а это будет через пять лет) у нее будет возможность работать в кино или в театре.

Я написала, что учусь, но забыла сказать где. Я на третьем курсе исторического факультета Казанского университета. Я очень люблю учиться, но еще рано говорить, что меня ждет после учёбы.

Жду письма. Хотелось бы узнать о вас, о вашей семье.

С огромным приветом
Ольга Соколова.

2. **О себе.** Отве́тьте на вопро́сы.

 а. Как вас зову́т?
 б. Каки́е языки́ вы зна́ете?
 в. На како́м ку́рсе вы у́читесь?
 г. Ско́лько у вас бра́тьев и сестёр?
 д. Как их зову́т?
 е. Ско́лько им лет?
 ж. Кто по профе́ссии ва́ши роди́тели?

3. **Выступле́ние.** Покажи́те фотогра́фию свое́й семьи́ и расскажи́те о ней. Bring in a picture of your family and tell about it. You may need the phrases below.

 (*кому́*) . . . год/го́да/лет
 (*кто*) ста́рше (*кого́*) на . . . год/го́да/лет
 (*кто*) моло́же (*кого́*) на . . . год/го́да/лет
 два (три, четы́ре) бра́та; пять бра́тьев
 две (три, четы́ре) сестры́; пять сестёр
 еди́нственный ребёнок
 дво́е, тро́е, че́тверо, пять дете́й
 (*кто*) похо́ж (-а, -и) (*на кого́*): сестра́ похо́жа на ма́му

Распоря́док дня

1. **Письмо́.** Прочита́йте письмо́ и отве́тьте на вопро́сы.

 а. Кто написа́л э́то письмо́?
 б. Это ру́сский и́ли америка́нец?
 в. В како́м университе́те он у́чится?
 г. Кака́я у него́ специа́льность?
 д. Каки́е у него́ о́чень тру́дные дни?
 е. Когда́ он встаёт в понеде́льник, в сре́ду и в пя́тницу?
 ж. Когда́ у него́ пе́рвая ле́кция?
 з. Когда́ он обе́дает?
 и. Когда́ у него́ ру́сский язы́к?
 к. Когда́ он у́жинает?
 л. Ве́чером он занима́ется в общежи́тии и́ли в библиоте́ке?
 м. Когда́ он встаёт в суббо́ту?
 н. Что он де́лает в суббо́ту у́тром?
 о. Когда́ он встаёт в воскресе́нье?

```
From:        kfiengold_1990@hotmail.com
Date:        September 5, 2003
To:          alex_popov@mail.ru
Re:          Privet!
```

Здравствуй, Саша!

   Спасибо за твоё сообщение. Я рад, что у тебя всё хорошо в институте.

> Как идут твои занятия?

Как ты уже знаешь, я сейчас учусь в Вашингтонском университете. Моя специальность – международные отношения, но я также очень люблю русский язык и литературу. В этом семестре у меня интересные курсы. Понедельник, среда и пятница у меня очень трудные дни. Я встаю в семь часов, одеваюсь и иду завтракать в столовую. Потом у меня три лекции. Первая лекция в девять часов. Это история России. У нас очень хороший преподаватель. Она ведёт интересный курс. Потом в одиннадцать часов у меня семинар – экономика. Семинар трудный, но материал интересный. В час я обедаю в столовой. В два часа у меня русский язык. Это мой любимый курс. На занятиях мы говорим только по-русски. Это хорошая практика. Потом я слушаю аудиозаписи на русском языке в компьютерной лаборатории или смотрю русские телевизионные передачи. В пять часов я ужинаю, а потом занимаюсь в общежитии. Там я читаю, слушаю музыку или просто отдыхаю. Ложусь спать поздно, в двенадцать часов.

   В субботу я встаю рано – в восемь часов. Утром я убираю комнату. После обеда иногда хожу в магазины, а вечером в кино, на дискотеку, на стадион, или захожу в Интернет и читаю e-mail. В воскресенье утром я встаю поздно – в одиннадцать часов. Иногда я хожу в библиотеку. Там я занимаюсь. Иногда я хожу в гости.

   Вот и вся моя неделя. Я очень хочу знать, как ты живёшь. Жду твоего письма.

Твой Кен.

2. **О себе.** Отве́тьте на вопро́сы.

   а. Кака́я у вас специа́льность?
   б. Когда́ вы встаёте? Когда́ вы за́втракаете? Когда́ вы обе́даетс? Когда́ вы у́жинаете? Когда́ вы ложи́тесь спать?
   в. Где вы занима́етесь?
   г. Что вы де́лаете в понеде́льник?
   д. Что вы де́лаете в суббо́ту?
   е. Как вы отдыха́ете?

3. **Глаго́лы.** Underline the verbs in Ken's letter. They are given in the present tense and therefore they are imperfective. Give the forms for the imperfective future and past. For which forms do you know the perfective?

4. **Кто что де́лает ка́ждый день?** Find out your partner's daily schedule.

5. **Что ты де́лал вчера́?** Find out what your partner did yesterday. If you did a series of single completed actions (first this, then that, then the third thing, etc.), you will need quite a few perfective verbs. Here are some you may want to use.

встать
вы́пить ко́фе
купи́ть (*что*)
написа́ть зада́ние
поза́втракать
пойти́ домо́й
пойти́ на уро́к в . . . часо́в
пообе́дать
посмотре́ть телеви́зор
пригото́вить уро́к на за́втра
прочита́ть газе́ту

6. **Каки́е у тебя́ пла́ны на уике́нд?** Find out your partner's weekend plans. Here are some verbs you may want to use.

пойду́ (*куда́*)
пое́ду (*куда́*)
бу́ду гото́вить уро́ки
бу́ду за́втракать (обе́дать, у́жинать)
посмотрю́ интере́сный фильм
бу́ду писать/напишу́ письмо́ домо́й

Обзо́рное упражне́ние

Write a one- to two-page composition about yourself. You may borrow from all of the letters in this unit.

Погода и путешествие

Коммуникативные задания

- Describing the weather
- Preparing for travel
- Weather reports

Грамматика

- Weather
- Feelings: Dative subjectless constructions
- Seasons and instrumental case
- Months and **в** + prepositional case
- **Быва́ть**
- Invitations: **Давай(те)** + future tense, **Приезжа́йте/Приходи́те!**
- Preposition **к** + dative
- *Whether* vs. *if*: **ли** constructions
- **Если** and **когда́** clauses with future tense
- **Workbook:** Numbers in the genitive case for listening (IC-6)

Чтение для удовольствия

- **Фет**

Между прочим

- The Crimea
- Celsius temperatures

О чём идёт речь?

A. Календа́рь.

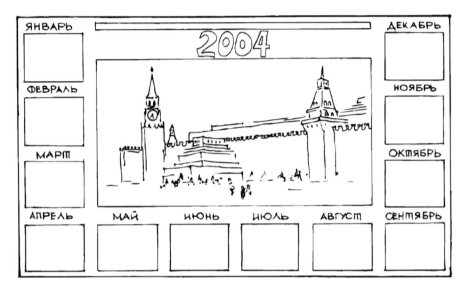

1. Како́й ваш люби́мый ме́сяц?

2. В како́м ме́сяце...

   a. ваш день рожде́ния?
   б. день рожде́ния ва́шей ма́тери?
   в. день рожде́ния ва́шего отца́?
   г. день рожде́ния ва́шего бра́та?
   д. день рожде́ния ва́шей сестры́?
   е. день рожде́ния ва́шего дру́га?

3. В како́м ме́сяце отмеча́ют э́ти пра́здники в США?

   a. Но́вый год
   б. День труда́
   в. День свято́го Валенти́на
   г. День благодаре́ния
   д. День ветера́нов
   е. День рожде́ния Джо́рджа Вашингто́на
   ж. День ма́тери
   з. День отца́

Возмо́жные отве́ты

В январе́.
В феврале́.
В ма́рте.
В апре́ле.
В ма́е.
В ию́не.
В ию́ле.
В а́вгусте.
В сентябре́.
В октябре́.
В ноябре́.
В декабре́.

Б. Времена́ го́да.

Осень

Зима́

Весна́

Ле́то

1. Вы бо́льше лю́бите о́сень или зи́му?
2. Вы бо́льше лю́бите весну́ или ле́то?
3. Вы бо́льше лю́бите ле́то или зи́му?
4. Вы бо́льше лю́бите о́сень или весну́?

В. Что вы де́лаете?

Я купа́юсь.

Я загора́ю.

Я ката́юсь на велосипе́де.

Я ката́юсь на лы́жах.

Я ката́юсь на конька́х.

Я гуля́ю.

Г. Когда́?

1. Когда́ вы купа́етесь?
2. Когда́ вы загора́ете?
3. Когда́ вы ката́етесь на велосипе́де?
4. Когда́ вы ката́етесь на лы́жах?
5. Когда́ вы ката́етесь на конька́х?
6. Когда́ вы отдыха́ете?
7. Когда́ вы гуля́ете?
8. Когда́ у вас день рожде́ния?
9. Когда́ вы хоти́те пое́хать в Москву́?

Возмо́жные отве́ты

Осенью.
Зимо́й.
Весно́й.
Ле́том.
Никогда́.

Д. Кака́я температу́ра? Ско́лько гра́дусов?

1 гра́дус 2, 3, 4 гра́дус**а** 0, 5–20 гра́дус**ов**	три гра́дуса = 3° пять гра́дусов = 5°	гра́дуса три = about 3° гра́дусов пять = about 5°

–5 = **ми́нус** пять гра́дусов = пять гра́дусов **моро́за**

1.

2.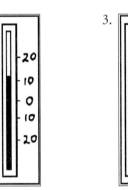

3.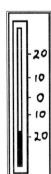

4.

5.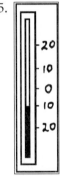

6.

7.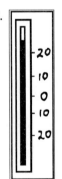

8.

9.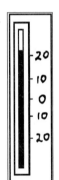

10.

➤ *Complete Written Exercises 1–3 in the Workbook.*

Температу́ра по Це́льсию

В Росси́и говоря́т о температу́ре не по Фаренге́йту, а по Це́льсию.

How can you get comfortable with Celsius? The best way is to learn a few equivalents and their practical consequences from the following list:*

Температу́ра по Це́льсию   Температу́ра по Фаренге́йту

°C		°F
40	Death Valley	110
35	Very hot	95
30		88
25	Swimming weather	78
20	Room temperature	68
15	Wear a jacket	60
10	Leaves turn color	49
5		40
0	Water freezes	32
−5	Winter in continental U.S.	23
−10		14
−20	Winter in central European Russia	−1
−30	Very cold / Frigid	−20
−40	Scales converge; schools close in Russia	−40

*It is also possible to convert from one scale to another mathematically:

From °F to °C:
Say it's 100°F.
To find Celsius:
$(100°F − 32) × 5/9 = 37.8°C$

From °C to °F:
Say it's 10°C.
To find Fahrenheit:
$(10°C × 9/5) + 32 = 50°F$

If you mention a temperature in the Fahrenheit scale, be sure to specify that the temperature is **по Фаренге́йту.**

E.   Погода.

Хо́лодно. На у́лице ми́нус 5 гра́дусов.

Прохла́дно — гра́дусов 10.

Тепло́ — 20–22 гра́дуса.

Жа́рко — гра́дусов 30.

Идёт дождь.

Идёт снег.

Све́тит со́лнце.

Russians don't use the word **краси́вый** to describe the weather.

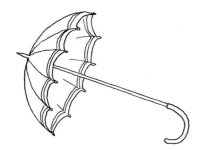

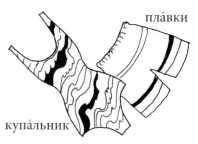

пла́вки

купа́льник

1. Ну́жен зонт, потому́ что сего́дня…

2. Нужны́ сапоги́, потому́ что сего́дня…

3. Ну́жен купа́льник (нужны́ пла́вки), потому́ что сего́дня…

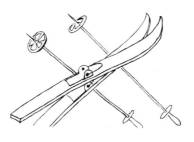

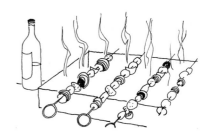

4. Ну́жен плащ, потому́ что сего́дня…

5. Мо́жно ката́ться на лы́жах, потому́ что сего́дня…

6. Гото́вят шашлы́к, потому́ что сего́дня…

Ж.   Что на́до взять? Ру́сские тури́сты ско́ро прие́дут в ваш го́род. Они́ хотя́т знать, что на́до взять с собо́й. Как вы им отве́тите?

1. На́до взять сви́тер?

_____ Да, у нас быва́ет прохла́дно.
_____ Нет, у нас сейча́с жа́рко.

2. На́до взять лы́жи?

_____ Да, у нас хо́лодно и идёт снег.
_____ Нет, у нас ре́дко идёт снег.

3. На́до взять шо́рты?

_____ Да, у нас сейча́с о́чень жа́рко.
_____ Нет, у нас сейча́с хо́лодно.

4. На́до взять купа́льник?

_____ Да, у нас сейча́с дово́льно тепло́.
_____ Да, у нас сейча́с о́чень жа́рко.
_____ Нет, у нас сейча́с хо́лодно.

5. На́до взять зонт?

_____ Да, у нас ча́сто идёт дождь.
_____ Нет, у нас ре́дко идёт дождь.

6. На́до взять пальто́?

_____ Да, у нас сейча́с дово́льно хо́лодно.
_____ Нет, у нас сейча́с дово́льно тепло́.
_____ Нет, у нас сейча́с жа́рко.

3. Разгово́ры.

Разгово́р 1. Дава́йте пое́дем на да́чу!
        Разгова́ривают Ванéсса и Мáша.

ДА или НЕТ?

1. Мáша и Ванéсса ду́мали пое́хать на да́чу.
2. Пото́м они реши́ли* пойти́ в центр, в библиоте́ку.
3. Они измени́ли* свои́ пла́ны, потому́ что бы́ло о́чень хо́лодно.
4. Они́ реши́ли встре́титься в университе́те.

*реша́ть/реши́ть — *to decide;* изменя́ть/измени́ть — *to change*

Разгово́р 2. Приезжа́й к нам в Крым!
        Разгова́ривают Пéтя, Джеф и Ива́н.

1. Крым нахо́дится на се́вере или на ю́ге?
2. Пéтя ду́мает пое́хать к Ива́ну в ма́е или в ию́не?
3. Джеф не мо́жет пое́хать вме́сте с Пéтей, потому́ что у него́ заня́тия и́ли потому́ что у него́ кани́кулы?
4. В конце́ разгово́ра Джеф и Пéтя реша́ют пое́хать к Ива́ну в го́сти. Они́ пое́дут в ию́ле или в а́вгусте?

> ## Мéжду про́чим
>
> # Крым
>
> The Crimea (**Крым**), made part of Ukraine (**Украи́на**) in 1954, is a mostly Russian-populated peninsula on the Black Sea (**Чёрное мо́ре**) and the site of numerous resorts and vacation spas (**куро́рты**).

Разгово́р 3. Ну и моро́з!
        Разгова́ривают Джо и Воло́дя.

1. В како́м ме́сяце происхо́дит э́тот разгово́р?
   ____ В ноябре́.
   ____ В декабре́.
   ____ В январе́.
   ____ В феврале́.

2. Ско́лько гра́дусов на у́лице?
   ____ −10.
   ____ −5.
   ____ +5.
   ____ +10.

3. Что говори́т Воло́дя, когда́ он ви́дит, как оде́т* Джо?

4. Что ду́мает Джо о ру́сской зиме́?
   ____ В Росси́и не так хо́лодно, как у него́ до́ма.
   ____ В Росси́и о́чень хо́лодно.

5. Почему́ Джо так легко́* оде́т?
   ____ У него́ нет ку́ртки.
   ____ Он забы́л ша́пку.
   ____ Он ду́мает, что тепло́.
   ____ Он ду́мает, что жа́рко.

*оде́т — *dressed;* легко́ — *lightly*

Язык в действии

Диалоги

1. А е́сли бу́дет дождь...

— Ване́сса, сего́дня така́я хоро́шая пого́да. Мы собира́емся пое́хать на да́чу. Не хо́чешь пое́хать с на́ми?

— Сего́дня не хо́лодно для да́чи? Ведь на у́лице всего́ 12 гра́дусов.

— Это сейча́с 12 гра́дусов. А днём бу́дет тепло́.

— А да́ча далеко́?

— Ме́ньше ча́са на электри́чке. Поду́май, мо́жно гуля́ть в лесу́, собира́ть грибы́... А недалеко́ о́зеро...

— А е́сли пойдёт дождь?

— Е́сли пойдёт дождь, то вернёмся пора́ньше.

— Гм. А где мы встре́тимся?

— Дава́й встре́тимся че́рез час на Финля́ндском вокза́ле.

— Хорошо́. Договори́лись.

2. Ле́том быва́ет чуде́сная пого́да!

— Джеф, ты, наве́рное, ещё не́ был у нас на ю́ге?

— Нет, не́ был.

— Так дава́й, приезжа́й к нам в го́сти в Крым!

— Огро́мное спаси́бо, но я не могу́. Весно́й ещё иду́т заня́тия.

— Тогда́ приезжа́й ле́том. Ле́том быва́ет така́я чуде́сная пого́да: со́лнце, тёплое мо́ре...

— Наве́рное, мо́жно загора́ть и купа́ться?

— Коне́чно, мо́жно. Когда́ у тебя́ конча́ются заня́тия?

— В ма́е. И в ию́не я совсе́м свобо́ден.

— Отли́чно. Тогда́ дава́й договори́мся на ию́нь.

— Прекра́сно.

Russians often substitute the conversational **наве́рно** for **наве́рное**.

3.   Ну и моро́з!

— Ну и моро́з! У вас всегда́ быва́ет так хо́лодно зимо́й?

— Ну, коне́чно же, тебе́ хо́лодно. Посмотри́, как ты оде́т!

— Я же не знал, что у вас в ноябре́ ми́нус 10 гра́дусов!

— Де́сять гра́дусов, э́то ещё ничего́. Ты скажи́, как мо́жно
ката́ться на лы́жах без ша́пки?

— Понима́ешь, я всегда́ ката́юсь на лы́жах без ша́пки. Ведь у нас в
Филаде́льфии не так хо́лодно, как у вас.

— А о́сенью, наве́рное, совсе́м тепло́?

— Да, да́же в ноябре́-декабре́ не хо́лодно — гра́дусов пять.

— У вас, наве́рное, вообще́ нет зимы́?

— Зима́ у нас начина́ется в январе́. Но ты прав. У нас не о́чень хо́лодно и ре́дко
идёт снег.

The verb **быва́ть** has no direct equivalent in English. Meaning "to tend to be" or "to occur," it often is used to describe the weather in a particular month or season.

4.   Осенью быва́ет прохла́дно.

— Алло́, Си́нди?

— Ге́на, э́то ты?

— Да, я про́сто хоте́л узна́ть, получи́ла ли ты всю информа́цию о моём
прие́зде.

— Да-да. Я всё уже́ зна́ю.

— Си́нди, я ещё хоте́л спроси́ть, ну́жно ли взять пальто́? Всё-таки о́сенью,
наве́рное, быва́ет дово́льно прохла́дно.

— Что ты! В сентябре́ у нас ещё жа́рко. Гра́дусов 25.

— А ку́ртку сто́ит взять?

— Да. И обяза́тельно возьми́ зонт. В Вашингто́не ча́сто идёт дождь.

5.   В сентябре́ ещё тепло́.

— Ну, чемода́н гото́в. Вот я взял футбо́лки, брю́ки, сви́тер. . .

— А пла́вки?

— Пла́вки? Неуже́ли бу́дем купа́ться?

— Коне́чно! В Со́чи в сентябре́ ещё тепло́.

— И мо́жно купа́ться? Как здо́рово!

— И, мо́жет быть, мы пое́дем ещё в го́ры. А в гора́х
действи́тельно хо́лодно.

— Зна́чит, снег бу́дет? Мо́жет быть, сто́ит взять сапоги́.

— Нет, что ты! У нас в гора́х в сентябре́ хо́лодно то́лько но́чью.
Так что возьми́ ку́ртку.

Неуже́ли gives the sense of "oh, really?" in questions: "Are we really going swimming?" **Действи́тельно** means "really" in statements: **Мы действи́тельно бу́дем купа́ться.** "We're really going swimming."

Вопро́сы к диало́гам.

Диало́г 1

1. Как вы ду́маете, с кем разгова́ривает Ванесса?
2. Как вы ду́маете, кто они́ по национа́льности?
3. Кака́я сего́дня пого́да?
4. Куда́ эти де́вушки хотя́т пое́хать?
5. Это ме́сто далеко́?
6. Что мо́жно де́лать там?
7. Где встре́тятся э́ти де́вушки?

Диало́г 2

1. Как вы ду́маете, с кем разгова́ривает Джеф?
2. Как вы ду́маете, кто они́ по национа́льности?
3. Когда́ происхо́дит э́тот разгово́р?
4. Почему́ Джеф не мо́жет сейча́с пое́хать в Крым?
5. Когда́ Джеф пое́дет в Крым?

Диало́г 3

1. Разгова́ривают два ру́сских и́ли оди́н ру́сский и оди́н америка́нец?
2. Они́ нахо́дятся в Росси́и и́ли в Аме́рике?
3. Когда́ происхо́дит э́тот разгово́р?
4. Кака́я быва́ет пого́да в Филаде́льфии о́сенью?

Диало́г 4

1. Си́нди и Ге́на говоря́т по телефо́ну и́ли на у́лице?
2. Когда́ происхо́дит э́тот разгово́р?
3. Почему́ Ге́на хо́чет знать, кака́я пого́да у Си́нди сейча́с?
4. Кака́я пого́да у Си́нди сейча́с?
5. Где живёт Си́нди?

Диало́г 5

1. Куда́ е́дут друзья́?
2. Кака́я у них бу́дет пого́да?
3. Что они́ бу́дут де́лать?

Дава́йте поговори́м

A. Пого́да. Отве́тьте на вопро́сы.

1. Кака́я сего́дня пого́да?
2. Кака́я у вас быва́ет пого́да зимо́й?
3. Кака́я у вас быва́ет пого́да ле́том?

4. Кака́я у вас быва́ет пого́да весно́й?
5. Кака́я у вас быва́ет пого́да о́сенью?
6. Когда́ у вас са́мая холо́дная пого́да?
7. Когда́ у вас са́мая жа́ркая пого́да?
8. Каку́ю пого́ду вы бо́льше всего́ лю́бите? Почему́?

Б. **Моноло́г. Како́й у вас кли́мат?** Опиши́те кли́мат там, где вы живёте.

В. **Что вы лю́бите де́лать?** Спроси́те партнёра:

1. Что ты лю́бишь де́лать о́сенью?
2. Что ты лю́бишь де́лать зимо́й?
3. Что ты лю́бишь де́лать весно́й?
4. Что ты лю́бишь де́лать ле́том?

Г. **Путеше́ствие.** Узна́йте у партнёра, куда́ он е́здил про́шлым ле́том, что он там де́лал и кака́я была́ пого́да.

Д. **Подгото́вка к разгово́ру.** Review the dialogs. How would you do the following?

1. Suggest going to the movies (the dacha, a concert).
2. Say that it is cold (hot, warm).
3. Say that the temperature is 12 (0, 22 degrees) outside.
4. Say if the weather is nice you can go strolling (outside, in the forest, in the park).
5. Say that if it rains, you will return early (go to the movies, watch TV).
6. Ask someone where you should meet.
7. Suggest meeting at the Finland Station (at the metro station, at the university).
8. Invite someone to come visit your hometown.
9. Say that classes are still going on.
10. Say that the weather is beautiful.
11. Find out if it's possible to sunbathe (go swimming, go skiing).
12. Ask when classes end.
13. Say that you are free in June (at 8:00, tonight).
14. Say that it's not as cold in your hometown as it is in Moscow.
15. Say that winter in your town begins in January (November, December).
16. Say that someone is right.
17. Ask whether you should take a coat (jacket, bathing suit).
18. Say that in summer the temperature is about 25 (15, 30) degrees.
19. Ask if it's worth taking a jacket (boots, bathing suit).
20. Tell a friend to take an umbrella (jacket, bathing suit).
21. Say your suitcase is ready.
22. Say you have taken T-shirts (a sweater, a swimming suit).
23. Express surprise that you will be going swimming (skiing).

1. You and a Russian friend planned to study in the library today, but the weather is so nice that you would rather do something outside. Suggest going to the park. Agree on where and when you will meet.
2. A Russian family has invited you to visit them in the south at the end of September. Find out what the weather will be like and what you should bring.
3. You are spending your first winter in Moscow and are amazed at how cold it is. Your friend asks you what winter is like where you live. Describe a typical winter. Give as much detail as you can.
4. Your Russian friend doesn't have a very good idea of how different the weather can be in different parts of the United States. Describe the seasons in different parts of the country.
5. A Russian friend will visit you next week. She calls to find out what the weather is like and what she should bring. Advise her.
6. With a partner prepare and act out a situation of your own based on the topics of this unit.

Ж. **Устный перево́д.** You are a guide for a group of American tourists in Russia. One of the tourists wants to know what kind of weather to expect in Sochi. Help find out at the service desk. Your job is to interpret.

ENGLISH SPEAKER'S PART

1. Hello. We are going to Sochi tomorrow and I'd like to know what the weather is like there at this time of year.
2. Is it really that warm?! Can you actually go swimming?!
3. Does it rain much? Is it worth taking an umbrella?
4. Thank you for your help.

Грамматика

1.1 Weather — Adverbs vs. Adjectives

Remember that adjectives always agree with the noun they modify.

When the feminine noun **пого́да** is the grammatical subject of the sentence, use a feminine adjective (ending in **-ая, -яя**):

> **Пого́да** у нас **жа́ркая** (тёплая, прохла́дная, холо́дная, чуде́сная).
> У нас **жа́ркая** (тёплая, прохла́дная, холо́дная, чуде́сная) **пого́да**.

When the masculine noun **кли́мат** is the grammatical subject of the sentence, use a masculine adjective (ending in **-ый, -ой, -ий**):

> **Кли́мат** у нас **жа́ркий** (тёплый, прохла́дный, холо́дный, чуде́сный, хоро́ший, неплохо́й, плохо́й).
> У нас **жа́ркий** (тёплый, прохла́дный, холо́дный, чуде́сный, хоро́ший, неплохо́й, плохо́й) **кли́мат**.

Some Russian sentences have no grammatical subject. When there is no grammatical subject for an adjective to agree with, use the adverbial form of the complement (ending in **-о**):

> **Жа́рко**. (Тепло́. Прохла́дно. Хо́лодно. Чуде́сно.)
> У нас **жа́рко** (тепло́, прохла́дно, хо́лодно, чуде́сно).
> Сего́дня **жа́рко** (тепло́, прохла́дно, хо́лодно, чуде́сно).

To add emphasis, use a form of **так** or **тако́й**.

Use **так** to modify adverbs:

> Сего́дня **так** хо́лодно! (Today is *so* cold!)

Use **тако́й** to modify adjectives and nouns:

> Сего́дня пого́да **така́я** холо́дная! (Today the weather is *so* cold!)
> Сего́дня **така́я** холо́дная пого́да! (Today it is *such* cold weather!)

Упражнения

A. Вы́берите ну́жную фо́рму. Select the needed form.

1. В феврале́ в Москве́ пого́да быва́ет о́чень (хо́лодно/холо́дная).
2. В феврале́ в Москве́ быва́ет о́чень (хо́лодно/холо́дная).
3. В ию́ле в Москве́ пого́да быва́ет о́чень (жа́рко/жа́ркая).
4. В ию́ле в Москве́ быва́ет о́чень (жа́рко/жа́ркая).
5. Кли́мат на Чёрном мо́ре (тёплый/тепло́).
6. На Чёрном мо́ре (тёплый/тепло́).

7. В сентябре́ в Санкт-Петербу́рге (прохла́дная/прохла́дно).
8. В сентябре́ в Санкт-Петербу́рге (прохла́дная/прохла́дно) пого́да.
9. Сего́дня у нас (тепло́/жа́рко/прохла́дно/хо́лодно).
10. Сего́дня пого́да у нас (тёплая/жа́ркая/прохла́дная/холо́дная).

Б.   Запо́лните про́пуски.

1. Пого́да сего́дня _____. Сего́дня _____.

2. Пого́да сего́дня _____. Сего́дня _____.

3. Пого́да сего́дня _____. Сего́дня _____.

4. Пого́да сего́дня _____. Сего́дня _____.

5. Пого́да сего́дня _____. Сего́дня _____.

В.   Запо́лните про́пуски. Fill in the blanks, using correct forms of the words from the box. When choosing the long form (adjective), be sure to make it agree with its noun!

холо́дный~хо́лодно	прохла́дный~прохла́дно
тёплый~тепло́	жа́ркий~жа́рко

— Кака́я пого́да быва́ет у вас в январе́?

— У нас _____ кли́мат. Обы́чно быва́ет гра́дусов 15–20.

— Так _____! У вас зимы́ нет! А у нас о́чень _____ — ча́сто быва́ет ми́нус 20.

— Неуже́ли у вас така́я _____ пого́да! А ле́том у вас _____?

— Да, ле́том у нас быва́ет о́чень _____ пого́да. Все купа́ются и загора́ют.

Г. Вы́берите ну́жную фо́рму. Select the needed form.

Мы смо́трим на ка́рту Росси́и и ду́маем: там (так/тако́й/така́я) холо́дный кли́мат! И коне́чно, е́сли взять тако́й го́род, как Вашингто́н, то зимо́й не (так/тако́й/така́я) хо́лодно, как в Санкт-Петербу́рге. Но да́же зимо́й в Санкт-Петербу́рге не всегда́ стои́т (так/тако́й/така́я) холо́дная пого́да, как во мно́гих се́верных регио́нах америка́нского контине́нта. Наприме́р, в Петербу́рге не (так/тако́й/така́я) холо́дная зима́, как в Но́ме (шт. Аля́ска) и́ли да́же в Манито́бе или Саска́тчуане. Да́же пе́ред Но́вым го́дом в Петербу́рге быва́ет не (так/тако́й/така́я) уж холо́дная пого́да: 1–2 гра́дуса *тепла́* (!) А ле́том иногда́ быва́ет (так/тако́й/така́я) тепло́ — 25–30 гра́дусов, что все ду́мают, куда́ пойти́ купа́ться.

Д. Отве́тьте на вопро́сы.

1. Кака́я сего́дня пого́да?
2. Кака́я у вас быва́ет пого́да в декабре́?
3. Кака́я у вас быва́ет пого́да в а́вгусте?
4. Кака́я у вас быва́ет пого́да в октябре́?
5. Кака́я у вас быва́ет пого́да в апре́ле?
6. Како́й кли́мат в Санкт-Петербу́рге?
7. Како́й кли́мат в Крыму́?
8. Како́й кли́мат в Сиби́ри?
9. Како́й кли́мат во Флори́де?
10. Како́й у вас кли́мат?

➤ *Complete Oral Drills 1–2 and Written Exercises 4–5 in the Workbook.*

1.2 Weather: Today, Yesterday, and Tomorrow

Recall that Russian does not have a present-tense form of the verb **быть**—*to be.* That is why sentences like **Пого́да жа́ркая**—*The weather is hot* and **Сего́дня тепло́**—*Today it is warm* contain no verb.

To talk about weather in the past and future, however, you need to use the past or future form of **быть**.

In sentences with a grammatical subject, the verb agrees with the subject.

PAST	FUTURE
Кака́я **была́ пого́да?**	Кака́я **бу́дет пого́да?**
Пого́да была́ холо́дная.	**Пого́да бу́дет** жа́ркая.

In sentences with no grammatical subject for the verb to agree with, use the **оно́** form of the verb.

PAST	FUTURE
Как **бы́ло** вчера́?	Как **бу́дет** за́втра?
Бы́ло хо́лодно.	**Бу́дет** жа́рко.

To talk about rain and snow, Russian uses the verb **идти́**:

PAST	PRESENT	FUTURE
Шёл дождь (снег).	Идёт дождь (снег).	Бу́дет идти́ дождь (снег).
		Пойдёт дождь (снег).

Упражнения

А.   Запо́лните про́пуски. Fill in the blanks with the needed verb. Some blanks require no verb.

1. Кака́я сего́дня _____ пого́да?
2. Сего́дня у нас _____ чуде́сная пого́да.
3. В Крыму́ сейча́с _____ тепло́.
4. Пого́да в Москве́ сего́дня _____ прохла́дная.
5. Кака́я вчера́ _____ пого́да?
6. Вчера́ в Новосиби́рске _____ прохла́дно.
7. В Крыму́ вчера́ пого́да _____ тёплая.
8. Кака́я за́втра _____ пого́да?
9. За́втра у нас _____ чуде́сно.
10. В Ки́еве за́втра _____ тёплая пого́да.

Б.   Запо́лните про́пуски. Fill in the blanks with the needed verb. Some blanks require no verb.

1. — Кака́я сего́дня _____ пого́да? —_____ дождь.
2. — Кака́я вчера́ _____ пого́да? —_____ дождь.
3. — Кака́я за́втра _____ пого́да? —_____ дождь.
4. — Кака́я сего́дня _____ пого́да? —_____ снег.
5. — Кака́я вчера́ _____ пого́да? —_____ снег.
6. — Кака́я за́втра _____ пого́да? —_____ снег.
7. В Москве́ зимо́й ча́сто _____ снег.
8. В Москве́ ле́том ча́сто _____ дождь.

В.   Отве́тьте на вопро́сы.

1. Идёт дождь и́ли снег сего́дня?
2. Шёл дождь и́ли снег вчера́?
3. Вы ду́маете, что за́втра бу́дет идти́ дождь и́ли снег?
4. Что вы лю́бите де́лать, когда́ идёт дождь?
5. Что вы лю́бите де́лать, когда́ идёт снег?

➤   *Complete Oral Drills 3–6 and Written Exercises 6–8 in the Workbook.*

1.3   Feelings—Dative Subjectless Constructions

Брррр! Мне хо́лодно!

To indicate how a person feels (e.g., hot, cool, interested, bored, happy), use the dative case of the person plus the adverbial form (**-о**) of the complement.

Note that these sentences do not contain a verb in the present tense.

PERSON IN DATIVE CASE +	ADVERB
Кому́	хо́лодно (*cold*)
Мне	прохла́дно (*cool*)
Тебе́	тепло́ (*warm*)
Ему́	жа́рко (*hot*)
Ей	хорошо́ (*good, healthy*)
Нам	пло́хо (*bad, sick*)
Вам	ску́чно (*bored*)
Им	интере́сно (*interested*)
На́шему сосе́ду	ве́село (*happy; having a good time*)
На́шей сосе́дке	гру́стно (*sad*)
На́шим друзья́м	легко́ (*easy*)
	тру́дно (*difficult*)

To talk about how someone **felt** (past) or **will feel** (future), use the past or future tense of the verb **быть.** Since these sentences have no grammatical subject for the verb to agree with, use the **оно́** form of the verb.

Вчера́ мне **бы́ло** хо́лодно.   За́втра нам **бу́дет** ску́чно.

Упражнения

A. Change these sentences into subjectless expressions.

> Образец: Я ду́маю, что хо́лодно.
> *Мне хо́лодно.*

1. Мари́я Ива́новна ду́мает, что здесь тепло́.
2. На́ши сосе́ди Алла и Оле́г ду́мают, что в Национа́льном музе́е интере́сно.
3. Вита́лий ду́мает, что э́ту кни́гу тру́дно бу́дет чита́ть.
4. Мы ду́маем, что э́ту кни́гу легко́ чита́ть.
5. Мы ду́маем, что это гру́стно.

Б.   Соста́вьте предложе́ния. Make 10 sentences by combining the words from the columns. Be sure to put the person in the dative case!

я	сейча́с		хо́лодно
мы	сего́дня		прохла́дно
вы	вчера́	(бы́ло)	тепло́
ты	за́втра	(бу́дет)	жа́рко
э́та студе́нтка			ску́чно
мой друг			ве́село
			гру́стно

В.   Соста́вьте предложе́ния. Make sentences by combining the words from the columns. Be sure to put the person in the dative case.

мы		ску́чно	чита́ть по-англи́йски
я		интере́сно	говори́ть о пого́де
наш преподава́тель	(бы́ло)	ве́село	чита́ть прогно́з пого́ды по-ру́сски
америка́нский студе́нт	(бу́дет)	гру́стно	слу́шать ле́кции по исто́рии
на́ша дочь		легко́	ходи́ть в теа́тр
моя́ мать		тру́дно	разгова́ривать о поли́тике
мой брат			поступи́ть в университе́т

Г.   Допиши́те предложе́ния. Complete the following sentences.

1. Мне ску́чно, когда́. . .
2. Мне ве́село, когда́. . .
3. Мне гру́стно, когда́. . .
4. Мне тру́дно чита́ть по-ру́сски, потому́ что. . .
5. Мне легко́ говори́ть о семье́ по-ру́сски, потому́ что. . .
6. Мне интере́сно изуча́ть ру́сский язы́к, потому́ что. . .

➤   *Complete Oral Drills 7–8 and Written Exercises 9–11 in the Workbook.*

1.4 Seasons and Instrumental Case

Осень в Москве́ начина́ется в сентябре́.
Осенью идёт дождь и быва́ет прохла́дно.

Зима́ начина́ется в декабре́.
Зимо́й в Москве́ быва́ет о́чень хо́лодно.

Весна́ начина́ется в ма́рте.
Пого́да **весно́й** быва́ет тёплая.

Ле́то начина́ется в ию́не.
Ле́том быва́ет жа́рко.

The Russian equivalents of the English *in the fall, in the winter,* etc. involve a change in the ending of the words for seasons. You may recognize the endings as the instrumental case. Although the English structure contains the preposition *in,* the Russian structure has no preposition. Remember that this is the same structure as for times of day: **у́тром, днём, ве́чером, но́чью.** Be sure to avoid translating word for word!

Упражнения

А.   Отве́тьте на вопро́сы.

> ле́том — о́сенью — зимо́й — весно́й

1. Когда́ у вас идёт снег?
2. Когда́ у вас идёт дождь?
3. Когда́ у вас мо́жно ката́ться на лы́жах?
4. Когда́ у вас мо́жно ката́ться на во́дных лы́жах?
5. Когда́ у вас день рожде́ния?

Б.   Запо́лните про́пуски.

1. (зима́) Сейча́с _____. Мы о́чень лю́бим _____. _____ ча́сто идёт снег.
2. (весна́) _____ быва́ет тепло́. _____ начина́ется в ма́рте. Мы о́чень лю́бим _____.
3. (ле́то) Ско́ро бу́дет _____. Мы лю́бим _____, потому́ что _____ мы купа́емся и загора́ем.
4. (о́сень) _____ начина́ется в сентябре́. Заня́тия начина́ются _____. Мы лю́бим _____.

В.   Отве́тьте на вопро́сы.

1. Что вы лю́бите де́лать весно́й?
2. Что вы лю́бите де́лать зимо́й?
3. Что вы лю́бите де́лать о́сенью?
4. Что вы лю́бите де́лать ле́том?
5. Кака́я у вас быва́ет пого́да весно́й?
6. Кака́я у вас быва́ет пого́да зимо́й?
7. Кака́я у вас быва́ет пого́да о́сенью?
8. Кака́я у вас быва́ет пого́да ле́том?

➤ *Complete Oral Drills 9–10 and Written Exercise 12 in the Workbook.*

1.5 В + Prepositional Case for Months

All the month names are masculine.

Use **в** + the prepositional case to say *in* a certain month.

янва́рь	в январе́
февра́ль	в феврале́
март	в ма́рте
апре́ль	в апре́ле
май	в ма́е
ию́нь	в ию́не
июль	в ию́ле
а́вгуст	в а́вгусте
сентя́брь	в сентябре́
октя́брь	в октябре́
ноя́брь	в ноябре́
дека́брь	в декабре́

> Note the accent shift to the end in the months from September through February, and remember that unaccented **я** is pronounced [ɪ]. Let your ears guide your learning of these forms by paying special attention to them in Oral Drill 11.

Упражнения

А. Запо́лните про́пуски.

1. Ве́ра о́чень лю́бит янва́рь, потому́ что _____ она́ ката́ется на конька́х.
2. Па́ша о́чень лю́бит февра́ль, потому́ что _____ мо́жно ката́ться на лы́жах.
3. Окса́на лю́бит май, потому́ что _____ быва́ет тёплая пого́да.
4. Бо́ря не лю́бит а́вгуст, потому́ что _____ о́чень жа́рко.
5. Са́ша лю́бит дека́брь, потому́ что _____ его́ день рожде́ния.
6. Ки́ра не лю́бит ноя́брь, потому́ что пого́да _____ холо́дная.
7. Я люблю́ _____, потому́ что _____.
8. Я не люблю́ _____, потому́ что _____.

Б. Запо́лните про́пуски. Fill in the blanks in the following paragraph about the weather. Read the text aloud, paying special attention to stress and the effects on vowel reduction.

Календа́рь нам говори́т, что в Евро́пе и в Се́верной Аме́рике о́сень начина́ется в сентябр__, зима́ в декабр__, весна́ в март__, а ле́то в ию́н__. Но календа́рь не всегда́ говори́т пра́вду. На да́льнем се́вере Кана́ды уже́ ма__, а на земле́ ещё лежи́т снег. А в «холо́дной» Росси́и, в Со́чи, ещё не начался́ ию́н__, а лю́ди уже́ купа́ются в Чёрном мо́ре.

В. Как по-ру́сски?

1. Is it already October? I didn't know that it's so warm in October here.
2. Anna loves April, because in April the weather is so nice.
3. What do you usually do in June, July, and August?

Г. Отве́тьте на вопро́сы. Use months in your answers.

1. В како́м ме́сяце вы родили́сь?
2. Когда́ родила́сь мать?
3. В како́м ме́сяце роди́лся оте́ц?
4. У вас есть бра́тья и́ли сёстры? Если да, когда́ они́ родили́сь?
5. У вас есть де́ти? Если да, когда́ они́ родили́сь?

➤ *Complete Oral Drill 11 and Written Exercises 13–14 in the Workbook.*

1.6 Invitations: Дава́й(те) + Future Tense, Приезжа́йте/Приходи́те!

To suggest that someone do something together with you (once), use **Дава́й(те)** plus the **мы** form of the perfective verb.

Дава́й пойдём в кино́!	*Let's go to the movies.*
Дава́й лу́чше **пое́дем** на да́чу!	*Let's go to the dacha instead.*
Дава́й возьмём зонт.	*Let's take an umbrella.*
Дава́йте встре́тимся че́рез час.	*Let's meet in an hour.*
Дава́й посмо́трим переда́чу.	*Let's watch the show.*
Дава́йте поговори́м.	*Let's have a chat.*
Дава́йте почита́ем.	*Let's read a little.*

To make a **negative suggestion** (*Let's not...*), use the **мы** form of the imperfective future after **дава́й(те)**.

Дава́й **не бу́дем смотре́ть фильм.**
Дава́й **не бу́дем брать** зонт.
Дава́й **не бу́дем говори́ть.**
Дава́й **не бу́дем рабо́тать.**

Also use the imperfective future to suggest habitual or long-term action. Use the **мы** form **бу́дем** plus an imperfective infinitive.

Дава́й **бу́дем смотре́ть** фи́льмы ка́ждый день.

Russian speakers often omit the **бу́дем** in suggestions for habitual or long-term action:

Дава́й **смотре́ть** фи́льмы ка́ждый день.

To invite someone to visit you, say

Приезжа́й(те)!	if the person will be coming from somewhere outside your city.
Приходи́(те)!	if the person will be coming from somewhere within your city.

Упражнения

А. Выбери́те ну́жную фо́рму.

1. Дава́й (идём/пойдём) в парк.
2. Сейча́с хо́лодно! Дава́й не (бу́дем игра́ть/сыгра́ем) на у́лице. Дава́й лу́чше (бу́дем смотре́ть/посмо́трим) фильм по телеви́зору.
3. Дава́йте (бу́дем говори́ть/поговори́м) всегда́ по-ру́сски.
4. Дава́йте (бу́дем писа́ть/напи́шем) письмо́ в Росси́ю на́шему дру́гу.

Б. Как по-ру́сски?

1. Invite your friend Karl to go with you to Yalta in February.
2. Invite your friend Lisa to go to the library with you.
3. You're talking to several friends. Suggest watching a movie.
4. You're talking to your Russian teacher. Suggest always speaking Russian.
5. A group of friends have invited you to go to the park. Suggest that you go to the movies instead.
6. Suggest that you and your friends meet each other at the movie theater.
7. Your friend Pasha wants to watch television. Suggest that you not watch TV, but go to a cafe instead.
8. It looks like rain. Suggest taking an umbrella.
9. Invite Lidia Petrovna (to visit you) in the spring.

➤ *Complete Oral Drills 12–14 and Written Exercises 15–16 in the Workbook.*

1.7 To Someone's Place — к кому́

Use **к** plus the dative case of the person to indicate going to someone's place or going to see someone.

К кому́ ты идёшь?	Whom are you going to see?
Я иду́ **к Са́ше.**	I'm going to see Sasha.

The invitation *Come to see us* is expressed in Russian as **Приезжа́й(те) к нам!** or **Приходи́(те) к нам!**

Упражнение

A. Look at Sonya's schedule, and tell whom she went to see each day during the week indicated. The first one is done for you.

Образе́ц:

*В понеде́льник
Со́ня ходи́ла к
врачу́.*

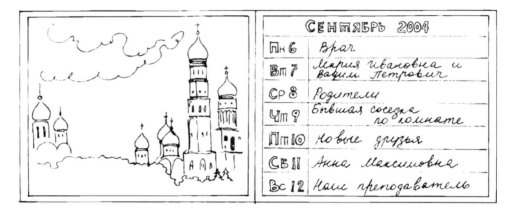

➤ *Complete Oral Drill 15 and Written Exercise 17 in the Workbook.*

1.8 Whether vs. If — ли constructions

These examples show how Russian embeds questions as subordinate clauses into longer sentences.

— Я хоте́л узна́ть, **получи́ли ли вы** всю информа́цию о моём прие́зде.

"I wanted to find out *if* (*whether*) you have received all the information about my arrival."

— Нет, мы ещё не зна́ем, **когда́** вы прие́дете.

"No, we still don't know *when* you'll arrive."

If the question has a question word, it is simply stated after the main clause.

MAIN CLAUSE	SUBORDINATE CLAUSE
Я хоте́ла узна́ть,	где Ива́н.
Я не зна́ю,	каки́е языки́ зна́ет Анна.
Вы не зна́ете,	кака́я вчера́ была́ пого́да?

If the question does not have a question word, the particle **ли** is used immediately after the word being questioned. In nearly all instances, this is the verb in the subordinate clause. If there is no verb, then **ли** appears after the predicate adjective or adverb.

MAIN CLAUSE	+	VERB	+	**ли**	+	REST OF SUBORDINATE CLAUSE
Я не зна́ю,		говори́т		ли		Анна по-ру́сски.
Вы не зна́ете,		шёл		ли		дождь вчера́?
Я хоте́л(а) узна́ть,		бу́дет		ли		Ива́н до́ма.
Я не зна́ю,		до́ма		ли		Ива́н.
Ты не зна́ешь,		хо́лодно		ли		на у́лице?

Note that Russian uses the same tense in reported speech as in direct speech.

DIRECT SPEECH

Я хотéл(а) узнáть: «Ивáн **бу́дет** дóма зáвтра?»

Я спроси́л(а): «Какáя **бу́дет** погóда?»

INDIRECT SPEECH

*Я хотéл(а) узнáть, **бу́дет** ли Ивáн дóма зáвтра.*

*Я спроси́ла, какáя **бу́дет** погóда.*

Remember that a comma always appears before a subordinate clause, whether or not **ли** is necessary.

Упражнения

А. **Отвéтьте на вопрóсы.** Answer in complete sentences, indicating that you do not know. Follow the models.

Образцы́: Какáя зáвтра бу́дет погóда? → *Я не знáю, какáя зáвтра бу́дет погóда.*
Зáвтра бу́дет идти́ дождь? → *Я не знáю, бу́дет ли идти́ дождь зáвтра.*

1. Какáя сегóдня погóда в Москвé?
2. Идёт дождь в Москвé?
3. Какáя былá погóда в Москвé вчерá?
4. Шёл дождь в Москвé вчерá?
5. Бы́ло жáрко в Москвé вчерá?
6. Какáя бу́дет погóда в Москвé зáвтра?
7. Бу́дет теплó в Москвé зáвтра?
8. Бу́дет идти́ снег зáвтра в Москвé?
9. Какáя у вас бу́дет погóда зáвтра?
10. Зáвтра бу́дет прохлáдно?

Б. Change direct speech into indirect speech.

Образéц: Я спроси́л(а): «У нас зáвтра бу́дет экску́рсия?» →
Я спроси́л(а), бу́дет ли у нас зáвтра экску́рсия.

1. Я хотéл(а) узнáть: «Какáя зáвтра бу́дет экску́рсия?»
2. Мы вас спрáшиваем: «На каки́х языкáх вы говори́те?»
3. Мы хотéли узнáть: «Вы говори́те по-англи́йски?»
4. Гéоргий Ивáнович спроси́л америкáнку: «В сентябрé в Техáсе бывáет хóлодно?»

В. Как по-ру́сски?

1. "Do you know what movie Vadim saw yesterday?"
   "I don't know if he saw a movie."
2. "Do you know what languages Lara knows?"
   "She knows Russian and German."
   "Do you know if she understands French?"
   "No, I don't know."
3. "Do you know what the weather will be like tomorrow?"
   "I heard it will be warm. But I don't know if it will rain."
4. "Do you know if it's warm in Moscow today?"

➤ *Complete Oral Drill 16 and Written Exercise 18 in the Workbook.*

1.9 Если vs. ли

Two Russian words correspond to the English *if.* Use a **ли** construction (see 1.8) whenever *if* could be replaced by *whether.*

  Я не зна́ю, пойдёт ли дождь.   *I don't know if (whether) it will rain.*

Use the word **éсли** only in truly conditional sentences.

  Если пойдёт дождь, то вернёмся пора́ньше.   *If it rains, then we'll return earlier.*

Упражнение

А. Indicate whether Russian translations of the following sentences would contain **éсли** or a **ли** construction. You do not have to translate the sentences.

1. We asked if there would be a test tomorrow.
2. The teacher asked if we wanted a test.
3. She said that if there were a test, it would be easy.
4. But if there were a test—even an easy one—we'd have to study.
5. If we didn't study, we might not do well.

Б. Запо́лните про́пуски. Fill in the blanks.

1. Ты не зна́ешь, (если будет/бу́дет ли) _____ дождь в суббо́ту?
   (Если пойдёт/пойдёт ли) _____ дождь, мы не пое́дем на да́чу.
2. Я возьму́ пальто́, (если бу́дет/бу́дет ли) _____ о́чень хо́лодно.
   Мы не зна́ем, (если купи́л/купи́л ли) _____ он ку́ртку.
3. Я не зна́ю, (если жа́рко/жа́рко ли) _____ сейча́с.
   (Если погода/погода ли) _____ там жа́ркая, мы бу́дем мно́го купа́ться и загора́ть.

➤ *Complete Written Exercise 19 in the Workbook.*

1.10   Если and Когда́ Clauses with Future Tense

In Russian sentences with future meaning, use future tense throughout.

The English translations of the examples below indicate why this is difficult for native speakers of English who translate English sentences word for word into Russian.

> Когда́ мы **бу́дем** на да́че, мы **бу́дем отдыха́ть и загора́ть**.
> While we *are* at the dacha we *will relax and sunbathe*.

> Если **пойдёт** дождь, то **вернёмся** пора́ньше.
> If it *starts* to rain, then we *will return* earlier.

Упражнения

А.   Запо́лните про́пуски.

1. *We'll look at the Kremlin*   Мы _____ Кремль, когда́ мы
      when we're in Moscow.   _____ в Москве́.

2. *If the weather is hot, we'll swim.*   Если пого́да _____ жа́ркая, мы
                                            _____.

3. *If it rains, we'll go to the movies.* Если _____ дождь, мы _____
                                            в кино́.

Б.   Как по-ру́сски?

1. Sergei, come visit us in June! We'll go swimming and sunbathe while you're here.
2. We'll talk tonight, if I'm home.
3. If it snows, tomorrow we'll ski.

В.   Отве́тьте на вопро́сы.

1. Что вы бу́дете де́лать в суббо́ту, е́сли бу́дет хоро́шая пого́да?
2. Что вы бу́дете де́лать в суббо́ту, е́сли пого́да бу́дет плоха́я?

➤ *Complete Written Exercises 20–21 in the Workbook.*

᠄ Дава́йте почита́ем

Прогно́зы пого́ды. Russian weather reports, like their English counterparts, use a more official style than that used in conversational speech. For example, a weather report may indicate whether there will be any precipitation (**оса́дки**), whereas in everyday speech most people talk about rain and snow (**дождь и снег**). Many of the new words in the following passages will therefore be more important for your reading knowledge than for your speaking and writing skills.

A. Пого́да.

1. Этот прогно́з пого́ды на а́вгуст и́ли на февра́ль?
2. О каки́х райо́нах пи́шут?
3. Где бу́дет са́мая тёплая пого́да?

ПОГОДА

В Москве и Московской области преимущественно без осадков. Ветер восточный, 5–10 метров в секунду. Температура ночью 9–14 тепла, днем 22–27 тепла.

В Ленинградской области без осадков, ветер слабый, температура ночью 8–13 тепла, днем 21–26 тепла.

В Псковской и Новгородской областях сохранится теплая и сухая погода, ветер слабый, температура ночью 10–15 тепла, днем 23–28 тепла.

В северных областях европейской территории преимущественно без осадков, температура ночью 5–10 тепла, днем 15–20 тепла.

---

4. Как по-англи́йски?

   о́бласть — ве́тер — тепла́

5. Зако́нчите табли́цу.

существи́тельные	прилага́тельные
Москва́	моско́вский
Ленингра́д	_____
Псков	_____
Но́вгород	_____
Евро́па	_____
восто́к	_____
се́вер	_____

6. **Без** значит *without.* Что зна́чнт «без оса́дков»?

Б. В Москве́ переме́нная о́блачность.

1. На каки́е дни э́тот прогно́з пого́ды?
2. На каки́е райо́ны?
3. Где и когда́ мо́жно устро́ить пикни́к?

> В Москве и Московской области 29 июля переменная облачность без осадков. Днем максимальная температура около 26 градусов. 30–31 июля кратковременный дождь, гроза. Ветер северо-западный и северный, при грозе порывистый. Ночью 10–15, днем 30 июля 20–25 градусов, 31 июля 18–23.
> В Ленинградской области 29–30 июля временами дожди. Ночью 10–15, днем 16–21.

4. **Заполните пропуски:**
   переме́нн____ о́блачность
   кратковре́менн____ дождь

5. The adjective **о́блачный** means cloudy. The Russian noun suffix **-ность** is often equivalent to the English noun suffix **-ness.** What does **о́блачность** mean?

6. Match the Russian words with their English counterparts. You won't need a dictionary; use the context of the weather report.

   i. _____ переме́нный   a. maximum
   ii. _____ кратковре́менный   б. gusty
   iii. _____ гроза́   в. changeable, scattered
   iv. _____ макси́мальный   г. brief
   v. _____ поры́вистый   д. thunderstorm

В. В Москве́ и Моско́вской о́бласти... Вы в Москве́. В газе́те вы чита́ете сле́дующий прогно́з пого́ды. Как вы ду́маете, мо́жно ли плани́ровать пикни́к, су́дя по э́тому прогно́зу? Ну́жно ли бу́дет взять зонт?

> В Москве и Московской области без осадков. Ветер юго-западный, 3–7 метров в секунду. Температура ночью 10–15, днем 20–25 градусов.
> В Ленинградской области температура ночью 8–13, днем 18–23. Кратковременные дожди.

Г.   В Москве́ небольшо́й снег.

1. На како́й географи́ческий райо́н соста́влен э́тот прогно́з пого́ды?
2. На каки́е дни?
3. Како́й день бу́дет са́мый холо́дный?
4. На каки́е дни прогнози́руется гололе́дица (icy roads)?

> В Москве и Московской области 22 февраля временами небольшой снег, на дорогах гололедица, днем максимальная температура 2–5 градусов мороза, по области до 9 градусов мороза, ветер западный. 23–24 февраля облачная погода с прояснениями, временами небольшой снег, ветер северо-западный, местами с порывами до 14–19 метров в секунду, температура 23 февраля ночью 4–9 градусов мороза, днем 1–6 градусов мороза, 24 февраля ночью и днем 6–11 градусов мороза, на дорогах гололедица.

5. **Заполни́те про́пуск.**

вре́мя — *time*   времена́ми — *at times*
ме́сто — *place*   места́ми — _____

Д.   Чте́ние для удово́льствия

Афана́сий Афана́сьевич Фет (1820–92) — оди́н из лу́чших ру́сских поэ́тов. Он мно́го писа́л о приро́де. Его́ оте́ц был ру́сский дворяни́н Шенши́н, а его́ мать была́ не́мка, Фет (Foeth). Так как его́ роди́тели пожени́лись в лютера́нской це́ркви в Герма́нии, брак счита́лся незако́нным в Росси́и, поэ́тому его́ официа́льная фами́лия была́ фами́лия ма́тери, Фет.

брак — marriage
дворяни́н (дворя́нка) — nobleman (noblewoman)
лу́чший — best
незако́нный — illegal, illegitimate
поэ́тому — thus, therefore
приро́да — nature
счита́ться (*кем/чем*) — to be considered
так как — because

Спи — ещё зарёю
Хо́лодно и ра́но;
Звёзды за горо́ю
Бле́щут средь тума́на;

Петухи́ неда́вно
В тре́тий раз пропе́ли.
С колоко́льни пла́вно
Зву́ки пролете́ли.

Ды́шат лип верху́шки
Не́гою отра́дной,
А углы́ поду́шки —
Вла́гою прохла́дной.

(1847)

Слова́рь

блесте́ть (бле́щут) — to shine, glisten
верху́шка — top
вла́га — moisture
горо́ю = горо́й
дыша́ть (*impf.*) (дыш-у́, ды́ш-ишь, -ат) — to breathe
за + instrumental — behind
заря́ — dawn
звезда́ (*pl.* звёзды) — star
звук — sound
колоко́льня — bell-tower
ли́па — linden tree
не́га — bliss
отра́дный — pleasant, comforting
пла́вно — smoothly
пету́х — rooster
петь/по-/про- — to sing
  пропе́ть — to sing (*one song*)
поду́шка — pillow
пролете́ть (*perf.*) — to fly past
раз — time
  в тре́тий раз — for the third time
средь = среди́ — in the midst of
у́гол (*pl.* углы́) — corner

Дава́йте послу́шаем

А. О пого́де в Москве́.

1. Как вы ду́маете, како́е сейча́с вре́мя го́да?
2. Ожида́ются ли каки́е-нибу́дь оса́дки?

Б. Прогно́з пого́ды для Санкт-Петербу́рга.

1. Кака́я сейча́с температу́ра?
2. Кака́я бу́дет температу́ра но́чью?
3. Кака́я бу́дет температу́ра днём?
4. Как вы ду́маете, как на́до оде́ться?

В. **В европейской части России.** Посмотрите на карту европейской части России. Прослушайте прогноз погоды. Какая ожидается температура днём в указанных городах? Ожидаются ли осадки? Be ready to supply high temperatures for the underlined cities, as well as what precipitation, if any, is expected.

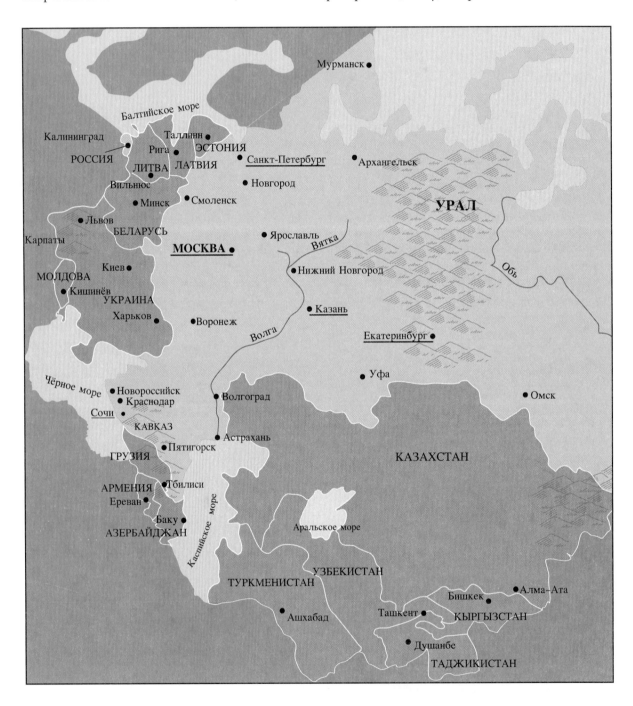

А. Разговóр. Какáя у вас сейчáс погóда?
Разговáривают Си́нди и Гéна.

1. Кудá Гéна дýмает поéхать?
2. Почемý Гéна звóнит Си́нди?
3. В какóе врéмя гóда Гéна хóчет éхать?
4. Как отвечáет Си́нди на вопрóс Гéны?
5. Си́нди говори́т, что они́ с Гéной поéдут и в гóры и на пляж. Что Си́нди совéтует Гéне взять с собóй?

 Б. Письмó. Отвéтьте на письмó.

Здравствуй!

    У меня хорошие новости! В сентябре я поеду в США на год! Буду учиться в Мичиганском университете в городе Анн-Арбор. Напиши, пожалуйста, какая бывает там погода. Я не знаю, какая одежда будет нужна.
    Жду ответа.

            Твоя
            Лена

B.   В Москве́.

1. Прочита́йте прогно́з пого́ды. Кака́я за́втра бу́дет пого́да?

> В Москве и Московской области сохранится
> холодная погода. Днем 22–24, по области
> 21–26 градусов мороза, без осадков.

2. С партнёром поду́майте, что мо́жно де́лать за́втра в таку́ю пого́ду.

3. Позвони́те ру́сской знако́мой Ма́ше и пригласи́те её. Реши́те, где и когда́ вы встре́титесь.

Новые слова и выражения

NOUNS

благодаре́ние	thanksgiving; act of thanking
весна́, весно́й	spring, in the spring
ве́тер	wind
вокза́л (на)	train station
вре́мя го́да (*pl.* времена́ го́да)	season
гора́ (*nom. pl.* го́ры; *prep. pl.* в гора́х)	mountain
гра́дус (5–20 гра́дусов)	degree(s)
дождь (*ending always stressed*)	rain
зима́, зимо́й	winter, in the winter
зо́нт(ик)	umbrella
информа́ция	information
календа́рь (*masc.; ending always stressed*)	calendar
кли́мат	climate
красота́	beauty
лес (в лесу́)	forest
ле́то, ле́том	summer, in the summer
лы́жи (*pl.*)	skis
ме́сто (*pl.* места́)	place
ме́сяц	month
мо́ре	sea
моро́з	frost; intensely cold weather
о́зеро (*pl.* озёра)	lake
о́сень, о́сенью	autumn, in the autumn
плащ	raincoat
пого́да	weather
приглаше́ние	invitation
прие́зд	arrival
сапоги́ (*pl.*)	boots
снег	snow
со́лнце	sun, sunshine
электри́чка	suburban train

ме́сяцы (*all masculine*)	**months**
янва́рь (*ending always stressed*)	January
февра́ль (*ending always stressed*)	February
март	March
апре́ль	April
май	May
ию́нь	June
ию́ль	July
а́вгуст	August
сентя́брь (*ending always stressed*)	September
октя́брь (*ending always stressed*)	October

Новые слова и выражения

ноя́брь (*ending always stressed*)	November
дека́брь (*ending always stressed*)	December

ADJECTIVES

Long Forms

весёлый	happy, fun
гру́стный	sad
жа́ркий	hot
прекра́сный	wonderful, beautiful
прохла́дный	cool
тако́й	such, so
тёплый	warm
холо́дный	cold
чуде́сный	wonderful, fabulous

Short Forms

гото́в (-а, -ы)	ready
оде́т (-а, -ы)	dressed
пра́в (-а́, пра́вы)	right, correct

VERBS

быва́ть (*imperfective*) (быва́-ю, -ешь, -ют)	to tend to be
возвраща́ться/верну́ться (возвраща́-юсь, -ешься, -ются) (верн-у́сь, -ёшься, -у́тся)	to return, go back
гуля́ть/по- (гуля́-ю, -ешь, -ют)	to stroll, take a walk
загора́ть (*impf.*) (загора́-ю, -ешь, -ют)	to sunbathe
ката́ться (*impf.*) (ката́-юсь, -ешься, -ются)	
на велосипе́де	to ride a bicycle
на конька́х	to skate
на лы́жах	to ski
купа́ться (*impf.*) (купа́-юсь, -ешься, -ются)	to swim
получа́ть/получи́ть (получа́-ю, -ешь, -ют) (получ-у́, полу́ч-ишь, -ат)	to receive
собира́ться (*impf.*) (собира́-юсь, -ешься, -ются)	to plan (to do something)
узнава́ть/узна́ть (узна-ю́, -ёшь, -ю́т) (узна́-ю, -ешь, -ют)	to find out

Новые слова и выражения

Verbs to learn only in the forms given for the time being:

встреча́ться/встре́титься	to meet up (with each other)
(встреча́-емся, -етесь, -ются)	
(встре́т-имся, -итесь, -ятся)	
конча́ться (*impf.*)	to come to an end
(конча́-ется, -ются)	
начина́ться (*impf.*)	to begin
(начина́-ется, -ются)	
по́нял (поняла́, по́няли)	*past tense of perfective verb* поня́ть — to understand; normally translated as *I (you, etc.) understand*

ADVERBS

ве́село	happy, fun
гру́стно	sad
вообще́	in general
действи́тельно	really
дово́льно	fairly
жа́рко	hot
наве́рное	probably
обы́чно	usually
обяза́тельно	surely
отли́чно	excellent
пора́ньше	a little earlier
прекра́сно	wonderful, beautiful
про́сто	simply
прохла́дно	cool
ра́но	early
совсе́м	quite, completely
так	such, so
тепло́	warm
тогда́	then, in that case
хо́лодно	cold

CONJUNCTIONS

е́сли. . ., то	if. . ., then

PHRASES AND OTHER WORDS

всего́ + number	only + number
Дава́й(те) + мы form of verb in future	Let's + verb
Дава́й(те) лу́чше. . . .	Let's . . . instead
Идёт дождь (снег).	It is raining (snowing).
ли	if, whether (see 1.8)

Новые слова и выражения

ми́нус	minus
на у́лице	outside
(не) так(о́й)..., как...	(not) as ... as ...
неуже́ли	Really ...?
Приезжа́й(те)/Приходи́(те) в го́сти.	Come for a visit.

PASSIVE VOCABULARY

моро́за	below zero
оса́дки (*pl.*)	precipitation
райо́н	region
тепла́	above zero
труд	labor

PERSONALIZED VOCABULARY

_____

_____

_____

_____

Разговор по телефону

Коммуникативные задания

- Managing telephone conversations
- Leaving and taking telephone messages

Грамматика

- Cardinal numbers 1–1,000,000 (nominative)
- Telephone formulae
- **Звони́ть/по- кому́ куда́**
- Emphatic pronoun: **сам**
- **Слы́шать/слу́шать, ви́деть/смотре́ть**
- Short-form adjectives **свобо́ден, за́нят, до́лжен**
- Overview of verb conjugation
- **Workbook:** IC-2 in nouns of address, greeting, and requests

Чтение для удовольствия

- **Чуко́вский. «Телефо́н»**

Между прочим

- Telephone etiquette

Точка отсчёта

О чём идёт речь?

А. Как разговáривать по телефóну. Talking on the telephone in a foreign language can be difficult since you cannot see the person you are talking to. However, telephone conversations are highly formulaic. Knowing the phrases Russians typically use on the telephone will make your time on the phone much easier.

1. Посмотрите на картинки. Вот как русские разговáривают по телефóну.

	а.	б.	в.
Answering the phone	 **Алло!**	 **Слушаю!**	 **Да!**
Asking for the person you want	 **Здрáвствуйте! Бýдьте добры Нину!**	 **Дóбрый день! Вадима мóжно?**	 **Алло, Дима?**
Possible responses	 **Её нет. Что передáть?**	 **Я вас слушаю.**	 **Сейчáс позовý!**
Ending a conversation	 **Спасибо большóе.**	 **Извините за беспокóйство.**	 **До свидáния.**
Possible responses	 **Пожáлуйста!**	**Ничегó!**	**Давáй.**

2. Как вы ду́маете, что говоря́т э́ти лю́ди?

а.

б.

в.

г.

д.

е.

➤ *Complete Oral Drills 1 and 2 and Written Exercise 1 in the Workbook.*

 Б. Разгово́ры.

Разгово́р 1. Что случи́лось?
  Разгова́ривают То́ля и Ната́ша. Звоня́т Ни́не.

1. Когда́ Нина хоте́ла прийти́ на ве́чер?
2. Ско́лько сейча́с вре́мени?
3. Что происхо́дит (happens), когда́ То́ля и Ната́ша звоня́т Ни́не пе́рвый раз?
4. Когда́ Ни́на ушла́ из до́ма на ве́чер?

Разгово́р 2. Знако́мство по телефо́ну.
　　　Разгова́ривают Фили́пп, Ди́ма и тре́тий челове́к.

1. Что происхо́дит, когда́ Фили́пп звони́т Ди́ме пе́рвый раз?
2. Как Фили́пп получи́л но́мер телефо́на Ди́мы?
3. В како́м го́роде живёт Ди́ма?
4. Когда́ прие́хал Фили́пп?
5. Каки́е пла́ны у Фили́ппа на за́втра? Когда́ он бу́дет свобо́ден?
6. Где и когда́ встре́тятся Фили́пп и Ди́ма?

Разгово́р 3. Что переда́ть?
　　　Разгова́ривают Фили́пп и мать Ди́мы.

1. Почему́ Фили́пп звони́т Ди́ме?
2. Что он хо́чет переда́ть Ди́ме?
3. Что сове́тует ма́ма Ди́мы? Когда́ ему́ лу́чше перезвони́ть?

Разгово́р 4. Хочу́ заказа́ть разгово́р с США.
　　　Разгова́ривают Лю́ба, Дже́йсон и опера́тор.

1. Куда́ и кому́ хо́чет позвони́ть Дже́йсон?
2. Лю́ба зна́ет, ско́лько сто́ит тако́й разгово́р? Что она́ говори́т Дже́йсону?
3. Дже́йсон говори́т, что для Лю́бы э́то бу́дет беспла́тно. Почему́?
4. Почему́ Дже́йсон ника́к не мо́жет дозвони́ться до роди́телей?
5. Что Лю́ба сове́тует сде́лать?

Язык в действии

🔘 Диалоги

1. Вы не туда́ попа́ли.

— Алло́!
— Здра́вствуйте! Бу́дьте добры́, Ни́ну.
— Тут никако́й Ни́ны нет. Вы не туда́ попа́ли.
— Это 213-78-92?
— Нет.
— Извини́те.

2. Знако́мство по телефо́ну.

— Алло́!
— Здра́вствуйте! Мо́жно Ни́ну?
— Я вас слу́шаю!
— До́брый ве́чер! Меня́ зову́т Фили́пп Джо́нсон. Мне Ло́ра Кро́сби дала́ ваш телефо́н и сказа́ла, что я могу́ вам позвони́ть.
— Очень прия́тно с ва́ми познако́миться, Фили́пп, хотя́ бы по телефо́ну. А, мо́жет быть, мы всё-таки встре́тимся? За́втра вы свобо́дны?
— Да, свобо́ден.
— Вы живёте в том же общежи́тии, где жила́ Ло́ра?
— Да. Мо́жет быть, вы зайдёте ко мне, ска́жем, в два часа́?
— В два часа́? Договори́лись.

The same is rendered as **тот же**. The pronoun **тот** agrees with the noun it modifies in gender, number, and case.

3. Что переда́ть?

— Алло́!
— Алло́! Ди́ма?
— Нет, его́ нет.
— Извини́те, пожа́луйста. Это говори́т его́ америка́нский знако́мый. Вы не зна́ете, где он мо́жет быть?
— Не зна́ю. Что ему́ переда́ть?
— Переда́йте, что звони́л Фили́пп. Я его́ жду в общежи́тии.
— Хорошо́. Зна́ете что, на вся́кий слу́чай перезвони́те че́рез час.
— Спаси́бо большо́е.

4. Мо́жно отсю́да позвони́ть?

— Любо́вь Петро́вна! У меня́ к вам больша́я про́сьба. Мо́жно отсю́да позвони́ть роди́телям в США?
— В при́нципе, мо́жно. Но звони́ть в США во́все не дёшево.
— А я бу́ду звони́ть по креди́тной ка́рточке. Для вас э́то бу́дет беспла́тно.
— А как э́то. . . беспла́тно?
— Я набира́ю ме́стный но́мер на́шей телефо́нной компа́нии, а зате́м по́сле гудка́, но́мер ка́рточки. . . а пото́м код го́рода и телефо́н.
— На́до же! И э́то не до́рого?
— Мину́та сто́ит приме́рно оди́н до́ллар.
— Да, э́то действи́тельно деше́вле.

Вопро́сы к диало́гам

Диало́г 1

1. Кто звони́т Ни́не, мужчи́на и́ли же́нщина?
2. Почему́ э́тот челове́к не мо́жет поговори́ть с Ни́ной?
3. Како́й у Ни́ны телефо́н?

Диало́г 2

1. Кто звони́т Ни́не?
2. Ни́на до́ма?
3. Ни́на и Фили́пп Джо́нсон давно́ зна́ют друг дру́га?
4. Отку́да Фили́пп зна́ет телефо́н Ни́ны?
5. Фили́пп и Ни́на встре́тятся за́втра и́ли послеза́втра?
6. Во ско́лько они́ встре́тятся?

Диало́г 3

1. Разгова́ривают два ру́сских и́ли оди́н ру́сский и оди́н америка́нец?
2. Почему́ Фили́пп не мо́жет поговори́ть с Ди́мой?
3. Где Фили́пп ждёт Ди́му?

Диало́г 4

1. Где происхо́дит э́тот разгово́р?
2. Любо́вь Петро́вна счита́ет, что звони́ть в США из Росси́и до́рого и́ли дёшево?
3. Деше́вле звони́ть по креди́тной ка́рточке и́ли без креди́тной ка́рточки?

ꙮ Давайте поговорим

А. Кого́ позва́ть?

Мо́жно Ни́ну?

Бу́дьте добры́ Алексе́я Ива́новича.

How would you ask to speak to these people on the telephone? Make sure you put the name of the person in the accusative case.

1. Васи́лий Миха́йлович
2. Ма́рья Ива́новна
3. Ка́тя или Оле́г
4. Серге́й Петро́вич
5. Еле́на Бори́совна
6. Ми́ша
7. Ге́на
8. Бори́с

Б. Разгово́ры по телефо́ну. Запо́лните про́пуски.

1. — Алло́!
   — _____!
   — Аллы сейча́с нет. Что переда́ть?
   — _____, что я её жду в общежи́тии.
   — Хорошо́.
   — _____!
   — Пожа́луйста.

2. — _____!
   — Бу́дьте добры́ Пе́тю.
   — _____.
   — Переда́йте, что я приду́ то́лько в де́вять.
   — _____.
   — Спаси́бо. Извини́те за беспоко́йство.
   — _____.

В. Ваш разговóр. Create a dialog of your own, using the words and phrases you have just learned.

Г. Телефóнные номерá. Write down the telephone numbers of five friends or relatives. Practice saying these phone numbers to yourself. Then practice dictating them to a partner. Remember that Russians break up the last four digits in phone numbers in both writing and speaking (e.g., 321-98-72 = **триста двáдцать одúн - девянóсто вóсемь - сéмьдесят два**).

Д. Вы не тудá попáли. Review dialog 1. Then role-play the following "wrong number" situation with a partner for each of the names and phone numbers below.

> ***Situation:*** You call and ask for your friend. When you find out you have gotten the wrong number, ask if the number you wrote down is the one you dialed.

> Мáша — 132-46-23   Ивáн — 342-73-12
> Волóдя — 221-94-38   Лéна — 130-33-02
> Антóн — 719-65-49

Е. Подготóвка к разговóру. Review the dialogs. How would you do the following?

1. Answer the telephone.
2. Ask for the person you want to talk to (Masha, Maksim).
3. Say the person who called has gotten the wrong number.
4. Respond when someone asks for you on the phone.
5. Suggest getting together with someone.
6. Ask if someone is free tomorrow.
7. Ask if you can take a message.
8. Leave a message that you called.
9. Tell someone to call back in an hour.
10. Ask your friends if you can make a call from their house.
11. Describe how to make a credit card call.

Ж. Игровы́е ситуáции

1. You are in Moscow for the first time. Your friend Lisa has given you the phone number of her Russian friend Boris. Call Boris, introduce yourself, and suggest getting together.
2. You arranged to meet your friend Nadya at the movie theater at 2:00. It is now 2:15, the movie starts in 15 minutes, and there is no sign of her. Call her house to find out where she is. Leave a message telling her where you will be.
3. You need to call home quickly. Ask Russian friends, or your Russian host mother, if you can make the call from their apartment. Explain how you'll do it.
4. You are staying in your friend Lena's apartment while she's not there. The phone rings. Answer and take a message.
5. You answer the phone at your friend Misha's apartment. Someone calls asking for Dima. Tell him/her that s/he's gotten the wrong number.
6. With a partner, prepare and act out a situation of your own using the topics of this unit.

3. **Устный перево́д.** You are helping a friend in your hometown to call an acquaintance, Zhanna Panova, in Moscow. Zhanna speaks English, but her family does not. Help your friend ask to speak with her, and if she's not available, find out how to get hold of her. Keep in mind that you are calling from your hometown. For residents of North America the difference is between seven and thirteen hours, e.g., 6:00 p.m. Moscow = 11:00 a.m. Atlantic Time, 10:00 a.m. ET, 9:00 a.m. CT, 8:00 a.m. MT, 7:00 a.m. PT, 6:00 a.m. Alaska time.

ENGLISH SPEAKER'S PART

Hello, could I speak to Zhanna?

Do you know when she'll be back?

This is her friend _____. I'm calling from (state, province, country).

I can't. That's _____ here in _____. I'll be at work, and I can't call Moscow from work. Can I call her *now* at work?

Do you have her number at work?

Do you think she'll still be there in an hour?

At six? That's _____ here in _____. Thank you!

Грамматика

2.1 Cardinal Numbers 1 to 1,000,000

Not every number has a **ь,** but *no number has more than one* **ь**! Where to put the **ь**? All numbers before 40 have the **ь** at the end; all numbers after 40 have it in the middle.

Write compound numbers as separate words, without hyphens. Each individual word can have its own **ь**: 857 = **восемьсо́т пятьдеся́т семь.**

Numbers beginning with ten thousand continue the pattern shown in the table below. Note that large numbers are separated by thousands with a period or a space, not a comma. For example:

10 354: **де́сять ты́сяч три́ста пятьдеся́т четы́ре**
732 921: **семьсо́т три́дцать две ты́сячи девятьсо́т два́дцать оди́н**
1 501 012: **миллио́н пятьсо́т одна́ ты́сяча двена́дцать**

ONES	TEENS	TENS	HUNDREDS	THOUSANDS	TENS OF THOUSANDS
1 оди́н	11 оди́ннадцать	10 де́сять	100 <u>сто</u>	1000 ты́сяча	10 000 де́сять ты́сяч
2 два	12 двена́дцать	20 два́дцать	200 <u>две́сти</u>	2000 две ты́сячи	Pay attention to **два** vs. **две.**
3 три	13 трина́дцать	30 три́дцать	300 три<u>ста</u>	3000 три ты́сячи	
4 четы́ре	14 четы́рнадцать	40 со́рок	400 четы́ре<u>ста</u>	4000 четы́ре ты́сячи	
5 пять	15 пятна́дцать	50 пятьдеся́т	500 пять<u>со́т</u>	5000 пять ты́сяч	
6 шесть	16 шестна́дцать	60 шестьдеся́т	600 шесть<u>со́т</u>	6000 шесть ты́сяч	
7 семь	17 семна́дцать	70 се́мьдесят	700 семь<u>со́т</u>	7000 семь ты́сяч	
8 во́семь	18 восемна́дцать	80 во́семьдесят	800 восемь<u>со́т</u>	8000 во́семь ты́сяч	
9 де́вять	19 девятна́дцать	90 девяно́сто	900 девять<u>со́т</u>	9000 де́вять ты́сяч	

Review vowel reduction rules:
unstressed **о** → [a] or [ə]
unstressed **я** → [ɪ]
unstressed **е** → [ɪ]

Упражнения

А. Где ь? For each of the numbers below, indicate whether or not it has a **ь**. If it does, is the **ь** in the middle or at the end?

600	20	16	70	200	30	50	1
18	4	100	90	80	40	8	900

Б. Indicate the stress in each word. Then read the numbers out loud, paying special attention to stress and vowel reduction.

1. четырнадцать
2. восемнадцать
3. девятнадцать
4. двадцать
5. пятьдесят
6. шестьдесят
7. семьдесят
8. восемьдесят
9. триста
10. пятьсот
11. восемьсот
12. девятьсот

В. Say the following telephone numbers. Write them out as words.

1. 167-58-32
2. 346-72-96
3. 521-43-84
4. 424-49-17
5. 686-10-03
6. 974-69-19
7. 891-18-12
8. 294-11-53
9. 752-36-14
10. 619-24-58
11. 120-91-18
12. 465-52-80

➤ *Complete Oral Drill 3 and Written Exercise 2 in the Workbook.*

2.2 Звони́ть/позвони́ть кому́ куда́

The Russian word for *to call, to telephone* is **звони́ть/позвони́ть.**

With this verb, use the dative case (**кому́**) of the person being called.

> Ло́ра Кро́сби сказа́ла, что я могу́ **вам** позвони́ть.

With this verb, use **в** or **на** followed by the accusative case (**куда́**) of the place being called.

> — Мо́жно отсю́да позвони́ть **в США?**
> — Снача́ла на́до позвони́ть **на междунаро́дную ста́нцию.**

VERB	PERSON BEING CALLED	PLACE BEING CALLED
звони́ть/по-	кому́ (*dative*)	куда́ (в/на + *accusative*)
	но́вому сосе́ду Вади́му на́шему преподава́телю ру́сской студе́нтке на́шей сосе́дке Мари́и но́вым студе́нтам на́шим друзья́м	в Санкт-Петербу́рг в Москву́ в кинотеа́тр на рабо́ту домо́й

Упражнения

А.   Отве́тьте на вопро́сы. Answer the questions. Follow the model. Be sure to put the people called in the dative case.

Образе́ц: **Вади́м звони́л Ни́не?** → *Нет, Ни́на звони́ла Вади́му.*

1. Бори́с звони́л Вади́му?
2. Вади́м звони́л но́вому сосе́ду?
3. Этот студе́нт звони́л Ма́ше?
4. Ка́тя звони́ла но́вому сосе́ду?
5. Михаи́л Ива́нович звони́л Окса́не Петро́вне?
6. Лари́са звони́ла на́шим сосе́дям?
7. Ива́н Петро́вич звони́л на́шей сосе́дке?
8. Но́вые студе́нты звони́ли преподава́телям?
9. На́ши друзья́ звони́ли Алекса́ндру Миха́йловичу?
10. Мари́я звони́ла Васи́лию?

Б.   Соста́вьте предложе́ния. How would you say you called the following places?

Образе́ц: Ки́ев → *Я звони́л(а) в Ки́ев.*

1. Москва́
2. но́вая библиоте́ка
3. Гру́зия
4. Санкт-Петербу́рг
5. истори́ческий музе́й
6. кино́
7. Колора́до
8. наш университе́т
9. э́та шко́ла
10. дом

В. Как по-ру́сски?

1. On Saturday we will call our friend Rick in New York.
2. Usually Rick calls us on Wednesday.
3. "Did you call Marina yesterday?" "Yes, I called her at work and at home, but she was not there."

Г. Соста́вьте предложе́ния. Make sentences by combining elements from the columns below. You will need to make the verb agree with the subject, add needed prepositions, and put the person or place called in the correct case.

я			Росси́я
			Ки́ев
студе́нты	ча́сто		рабо́та
на́ши друзья́	ре́дко	звони́ть	дом
мы	ка́ждый день		врач
ты	никогда́ не		наш преподава́тель
вы			ма́ма
			но́вая сосе́дка

➤ *Complete Oral Drill 4 and Written Exercise 3 in the Workbook.*

2.3 Listening vs. Hearing, Seeing vs. Watching — слы́шать vs. слу́шать, ви́деть vs. смотре́ть

The verbs **слы́шать** and **ви́деть** are often equivalent to the English verbs *to hear* and *to see*.

The verbs **слу́шать** and **смотре́ть** are often equivalent to the English verbs *to listen* and *to watch*.

Я **слы́шала,** что э́тот фильм хоро́ший.

Да, **слу́шаю.**

Как вы сказа́ли? Я вас не **слы́шу.**

Аня **слу́шает** му́зыку.

Я не **ви́жу.**

Они́ **смо́трят** фильм.

English uses "I *can't* hear," and "I *can't* see," but Russians eliminate the word *can't* and say only **Я не слы́шу** and **Я не ви́жу.** The perfective verbs **уви́деть** and **услы́шать** generally have the meaning *to catch a glimpse of* and *to catch the sound of* respectively.

ви́деть/у- (to see)	смотре́ть/по- (to watch)
ви́ж - **у**	смотр - **ю́**
ви́д - **ишь**	смо́тр - **ишь**
ви́д - **ит**	смо́тр - **ит**
ви́д - **им**	смо́тр - **им**
ви́д - **ите**	смо́тр - **ите**
ви́д - **ят**	смо́тр - **ят**

слы́шать/у- (to hear)	слу́шать/по-, про- (to listen)
слы́ш - у	слу́ша - ю
слы́ш - ишь	слу́ша - ешь
слы́ш - ит	слу́ша - ет
слы́ш - им	слу́ша - ем
слы́ш - ите	слу́ша - ете
слы́ш - ат	слу́ша - ют

Упражнения

А. **Вы́бери́те ну́жный глаго́л.** Pick the correct verb.

1. Я обы́чно (слы́шу/слу́шаю) прогно́з пого́ды по ра́дио.
2. Вы (слы́шали/слу́шали), кака́я за́втра бу́дет пого́да?
   — Я (слы́шал/слу́шал), что за́втра бу́дет дождь.
3. — Дава́йте (уви́дим/посмо́трим) фильм.
   — Дава́йте лу́чше (услы́шим/послу́шаем) конце́рт.
4. — Вы вчера́ (слы́шали/слу́шали) конце́рт в клу́бе?
   — Что вы сказа́ли? Я вас не (слы́шу/слу́шаю)!
   — Я спроси́л, вы бы́ли на конце́рте?
   — Нет, не была́. Но я (слы́шала/слу́шала), что конце́рт был хоро́ший.
5. Я вообще́ люблю́ (ви́деть/смотре́ть) телеви́зор.
6. — Вы вчера́ (ви́дели/смотре́ли) бра́та?
   — Нет, но я (ви́дел/смотре́л) сестру́.

Б. **Как по-ру́сски?**

1. Vanya heard an interesting concert on Sunday.
2. Sonya heard that Vanya went to the concert.
3. Sonya and Vanya saw a movie on Tuesday.
4. Grisha saw the movie too, but he didn't see Sonya and Vanya.

➤ *Complete Oral Drills 5–8 and Written Exercises 4–5 in the Workbook.*

2.4 Expressing Ability — мочь/с-

Ло́ра Кро́сби сказа́ла, что я **могу́** вам позвони́ть.

— Не хо́чешь пойти́ в кино́ за́втра?
— Не **могу́.** Мне на́до рабо́тать. Пойдём лу́чше в пя́тницу?
— Договори́лись.

The Russian equivalent of the English *can* is conjugated as follows:

мочь/с- (can, to be able to)
мог - **у́**
мо́ж - **ешь**
мо́ж - **ет**
мо́ж - **ем**
мо́ж - **ете**
мо́г - **ут**
past:
мог, могла́, могли́

Always use an infinitive with this verb. **Мы мо́жем прочита́ть кни́гу.**

Упражнения

А.   Запо́лните про́пуски. Fill in the correct form of **мочь**.

1. — Кто сейча́с _____ пойти́ на по́чту?
   — Я не _____, а Ди́ма и Си́ма свобо́дны. Они́ _____ пойти́.
2. — Аня, у меня́ к тебе́ про́сьба. Я _____ от тебя́ позвони́ть?
   — Коне́чно, _____.

Б.   Запо́лните про́пуски. Use the correct form of the past tense of *could*.

   — Со́ня не _____ найти́ дом Алексе́я.
   — Мы то́же не ____ его́ найти́.

➤   *Complete Oral Drill 9 and Written Exercise 6 in the Workbook.*

2.5   Review of Short-Form Adjectives

You have seen several adjectives with short-form endings: **до́лжен** — *obligated*, **свобо́ден** — *free, not busy,* **за́нят** — *occupied, busy,* **закры́т** — *closed,* **откры́т** — *open,* **похо́ж** — *look like.*

Short-form adjectives differ from long-form adjectives in the following ways:

1. They occur only in the predicate adjective position; that is, in connection with the verb *to be*. This also means that they appear only in the nominative case.

   Мы за́няты. We [are] *busy.*

2. Their endings are shorter. Short-form-adjective endings look like noun endings:

   - ∅ for masculine singular
   - **а** for feminine
   - **о** for neuter
   - **ы** for plural

3. The plural form is always used with **вы,** even if **вы** refers to only one person.

Анна Петро́вна, вы **за́няты?**
Михаи́л Петро́вич, вы **за́няты?**

This chart gives all the forms of the short-form adjectives you know.

	SINGULAR		PLURAL
он	до́лжен, свобо́ден, за́нят, закры́т, откры́т, похо́ж		
она́	должна́, свобо́дна, занята́, закры́та, откры́та, похо́жа	мы, вы, они́	должны́, свобо́дны, за́няты, закры́ты, откры́ты, похо́жи
оно́	должно́, свобо́дно, за́нято, закры́то, откры́то, похо́же		

The form used with **я** or **ты** depends on the gender of the person referred to.

The form used with **вы** is always plural, even if only one person is referred to.

Упражнения

А. **О себе́.** Отве́тьте на вопро́сы.

1. Сего́дня вы свобо́дны и́ли за́няты?
2. А за́втра вы бу́дете свобо́дны и́ли за́няты?
3. Что вы должны́ де́лать сего́дня?
4. Что вы должны́ бы́ли де́лать вчера́?
5. Магази́ны в ва́шем го́роде откры́ты и́ли закры́ты в воскресе́нье?
6. В каки́е дни откры́та библиоте́ка ва́шего университе́та?
7. Вы похо́жи на мать?
8. Вы похо́жи на отца́?
9. Ва́ши бра́тья и сёстры похо́жи на роди́телей?
10. Ва́ши де́ти похо́жи на вас?

Б. **Запо́лните про́пуски.** Supply the correct forms of the words indicated.

1. **свобо́ден—за́нят**

Аня, дава́й встре́тимся в во́семь часо́в. Ты _____?
Нет, я _____. Мо́жет быть, мы встре́тимся за́втра?
Хорошо́, за́втра я бу́ду _____.

2. **до́лжен—за́нят**

— Хоти́те пойти́ в кино́ сего́дня ве́чером?
— Не мо́жем. Мы _____ занима́ться. Ведь за́втра контро́льная
рабо́та. Мо́жет быть, пойдём за́втра?
— За́втра я _____, я _____ рабо́тать.

3. **до́лжен—закры́т**

Юлия и Игорь _____ занима́ться сего́дня, но библиоте́ка
_____. Поэ́тому они́ занима́ются до́ма.

4. **похо́ж**

Эти де́ти _____ на роди́телей?
Да. Сын _____ на отца́, а дочь _____ на мать.

5. **свобо́ден—за́нят—до́лжен**

Кто _____? Кто _____?
Шу́ра и Алла _____. Они́ _____ занима́ться.
Дми́трий _____. Он _____ пойти́ на ры́нок.
Ки́ра то́же _____. Она́ _____ рабо́тать.
Алекса́ндра Бори́совна _____. Она́ _____ пригото́вить обе́д.
То́лько Бори́с Серге́евич _____. Он отдыха́ет.

6. **откры́т—закры́т**

— Кни́жный магази́н откры́т сего́дня?
— Нет, он _____.
— А кни́жный ры́нок _____?
— Он то́же _____. Но библиоте́ка _____. Пойди́те туда́.

B.   **Как по-ру́сски?**

1. "Are you (formal) free today?"
   "No, I'm busy. I should study."
   "But the library is closed."
2. "Is this place free?"
   "No, it's taken. But these places are free."
3. "Is the store open? I have to buy fruit."
4. "My sister and I look like our grandmother."

➤   *Complete Oral Drills 10–11 and Written Exercise 7 in the Workbook.*

2.6   Review of Russian Verb Conjugation

All Russian verb forms consist of a *stem* and an *ending*. The *stem* carries the basic
meaning of the verb; the *ending* indicates the verb's grammatical function in the
sentence. The process of changing verb endings to make a verb agree with its
grammatical subject is called *conjugation*. Russian verbs *always* agree with their
grammatical subjects.

CONJUGATION

Conjugation patterns. There are two basic *conjugation patterns* for Russian verbs. Endings are added to the present-future stem. To find this stem, remove the ending (**-ут, -ют, -ят,** or **-ат**) from the **они́** form of the verb.

FIRST CONJUGATION

чита́ть (to read)
чита́-**ю**
чита́-**ешь**
чита́-**ет**
чита́-**ем**
чита́-**ете**
чита́-**ют**

е or **ё**
These endings are spelled **ё** when stressed, and **е** when unstressed.

идти́ (to go, walk)
ид-**у́**
ид-**ёшь**
ид-**ёт**
ид-**ём**
ид-**ёте**
ид-**у́т**

For first-conjugation verbs, the endings for the **я** and the **они́** forms are spelled **-ю** and **-ют** after vowels and after **ь**. Otherwise they are spelled **-у** and **-ут.**

SECOND CONJUGATION

говори́ть (to speak)
говор-**ю́**
говор-**и́шь**
говор-**и́т**
говор-**и́м**
говор-**и́те**
говор-**я́т**

и
These endings are spelled **и** throughout.

слы́шать (to hear)
слы́ш-**у**
слы́ш-**ишь**
слы́ш-**ит**
слы́ш-**им**
слы́ш-**ите**
слы́ш-**ат**

For second-conjugation verbs, the ending for the **я** form is **-ю** and for the **они́** form is **-ят,** *unless* these endings would break the 8-letter spelling rule:
- after the letters **г к х ш щ ж ч ц**
- do not write **-ю**, write **-у** instead
- do not write **-ят**, write **-ат** instead

All verbs ending in **-овать/-евать** are first-conjugation verbs. The **-ова-/-ева-** from the infinitive is replaced with **-у-** in the conjugated forms:

сове́товать/по- (to advise)
сове́ту-**ю**
сове́ту-**ешь**
сове́ту-**ют**

танцева́ть* (to dance)
танцу́-**ю**
танцу́-**ешь**
танцу́-**ют**

*Suffix spelled **-ева-** rather than **-ова-** so as not to break the 5-letter spelling rule.

All verbs ending in **-авать** are first-conjugation verbs. The **-ава-** from the infinitive is replaced with **-а-** in the conjugated forms:

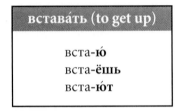

встава́ть (to get up)
вста-**ю́**
вста-**ёшь**
вста-**ю́т**

For other verbs whose conjugated stem differs from their infinitive stem, you must simply learn the forms:

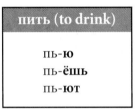

жить (to live)	пить (to drink)	быть (to be)
жив-у́	пь-ю	бу́д-у
жив-ёшь	пь-ёшь	бу́д-ешь
жив-у́т	пь-ют	бу́д-ут

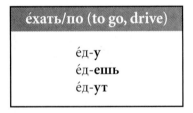 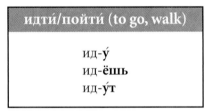

éхать/по (to go, drive)	идти́/пойти́ (to go, walk)
éд-у	ид-у́
éд-ешь	ид-ёшь
éд-ут	ид-у́т

Verbs with the **-ся** particle take either first-conjugation endings (like **занима́ться**) or second-conjugation endings (like **учи́ться**), with the addition of **-сь** after endings that end in a vowel and **-ся** after endings that end in a consonant.

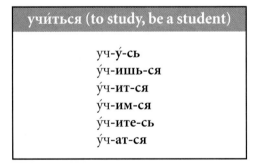

занима́ться (to study, do homework)	учи́ться (to study, be a student)
занима́-**ю-сь**	уч-у́-сь
занима́-**ешь-ся**	у́ч-ишь-ся
занима́-**ет-ся**	у́ч-ит-ся
занима́-**ем-ся**	у́ч-им-ся
занима́-**ете-сь**	у́ч-ите-сь
занима́-**ют-ся**	у́ч-ат-ся

Stress patterns. There are three possible *stress patterns* for Russian verbs:

1. The stress may be *stable* on the stem.
2. The stress may be *stable* on the ending.
3. The stress may be *shifting*. If there is shifting stress, the stress is on the ending in the infinitive and **я** forms, and one syllable closer to the beginning of the word in the other conjugated forms.

чита́ть/про- (to read)	идти́/пойти́ (to go, walk)	писа́ть/на- (to write)
чита́ - ю	ид - у́	пиш - у́
чита́ - ешь	ид - ёшь	пи́ш - ешь
чита́ - ет	ид - ёт	пи́ш - ет
чита́ - ем	ид - ём	пи́ш - ем
чита́ - ете	ид - ёте	пи́ш - ете
чита́ - ют	ид - у́т	пи́ш - ут

слы́шать/у- (to hear)	говори́ть/по- (to speak)	учи́ться/на- (to study)
слы́ш - у	говор - ю́	уч - у́сь
слы́ш - ишь	говор - и́шь	у́ч - ишься
слы́ш - ит	говор - и́т	у́ч - ится
слы́ш - им	говор - и́м	у́ч - имся
слы́ш - ите	говор - и́те	у́ч - итесь
слы́ш - ат	говор - я́т	у́ч - атся

Consonant mutation. Some verbs display *consonant mutation.* So far we have seen the following mutations:

г ⎫
д ⎬ → ж
з ⎭

       мочь/с- — *to be able:* могу́, мо́жешь, мо́жет, мо́жем, мо́жете, мо́гут
       ви́деть/у- — *to see:* ви́жу, ви́дишь, ви́дят
       сказа́ть — *to say:* скажу́, ска́жешь, ска́жут

т → ч   **плати́ть/за-** — *to pay:* плачу́, пла́тишь, пла́тят

с → ш   **писа́ть/на-** — *to write:* пишу́, пи́шешь, пи́шут

Second-conjugation verbs only:

б ⎫
п ⎪
в ⎬ add -л- for the **я** form: **люби́ть** — *to like, love:* люблю́, лю́бишь, лю́бят
ф ⎪
м ⎭

In *first-conjugation verbs* with consonant mutation, the mutation з → ж and с → ш may occur in all the conjugated forms:

заказа́ть
закаж - у́
зака́ж - ешь
зака́ж - ет
зака́ж - ем
зака́ж - ете
зака́ж - ут

показа́ть
покаж - у́
пока́ж - ешь
пока́ж - ет
пока́ж - ем
пока́ж - ете
пока́ж - ут

рассказа́ть
расскаж - у́
расска́ж - ешь
расска́ж - ет
расска́ж - ем
расска́ж - ете
расска́ж - ут

писа́ть
пиш - у́
пи́ш - ешь
пи́ш - ет
пи́ш - ем
пи́ш - ете
пи́ш - ут

or the consonant mutation may occur in only some forms:

мочь
мог - у́
мо́ж - ешь
мо́ж - ет
мо́ж - ем
мо́ж- ете
мо́г - ут

The "middle forms" (**ты, он/она, мы, вы**) always have the same consonant at the end of the stem (and the same vowel in the ending).

In *second-conjugation* verbs with consonant mutation, the mutation occurs *only* in the **я** form:

люби́ть
лю**бл**ю́
лю́бишь
лю́бит
лю́бим
лю́бите
лю́бят

купи́ть
ку**пл**ю́
ку́пишь
ку́пит
ку́пим
ку́пите
ку́пят

гото́вить
гото́**вл**ю
гото́вишь
гото́вит
гото́вим
гото́вите
гото́вят

For stems that end in a labial consonant (**б, п, в, ф, м**), add **л** to the **я** form.

плати́ть
пла**ч**у́
пла́тишь
пла́тит
пла́тим
пла́тите
пла́тят

ви́деть
ви́**ж**у
ви́дишь
ви́дит
ви́дим
ви́дите
ви́дят

PRESENT OR FUTURE?

When you conjugate an imperfective verb, you get present tense (**гото́вить**: **Я гото́влю пи́ццу**—*I am making pizza*).

When you conjugate a perfective verb, you get perfective future (**пригото́вить**: **Я пригото́влю пи́ццу**—*I will make a pizza*). Use the perfective future to refer to a single, complete event in the future when you want to emphasize the result.

When you conjugate the verb **быть** and use it with an imperfective infinitive, you get imperfective future (**гото́вить**: **Я бу́ду гото́вить пи́ццу**—*I will make pizza*). Use the imperfective future to refer to future events that extend over a long duration, that are repeated, or for which you do not want to emphasize the result.

PAST TENSE

To form the past tense of verbs with infinitives ending in **-ть**, replace **-ть** with **-л** plus the appropriate ending for gender or number: **-∅, -а, -о, -и.**

	ЖИТЬ	**СОВЕ́ТОВАТЬ**	**СЛЫ́ШАТЬ**	**ПИТЬ**
я, ты, он	жил	сове́товал	слы́шал	пил
я, ты, она́	жила́	сове́товала	слы́шала	пила́
оно́	жи́ло	сове́товало	слы́шало	пи́ло
вы, они́	жи́ли	сове́товали	слы́шали	пи́ли

For other verbs, learn the past-tense forms.

	ПОЙТИ́	**МОЧЬ**
я, ты, он	пошёл	мог
я, ты, она́	пошла́	могла́
оно́	пошло́	могло́
вы, они́	пошли́	могли́

Stress patterns are either *stable* or *unstable.* If *unstable,* the instability occurs in the feminine ending, which, unlike the others, may be *stressed.* This often happens in single-syllable verbs such as **жить, быть,** and **пить.**

IRREGULAR VERBS

Review the two irregular verbs you know:

есть/съ- (to eat)	хоте́ть/за- (to want)
ем	хочу́
ешь	хо́чешь
ест	хо́чет
еди́м	хоти́м
еди́те	хоти́те
едя́т	хотя́т
past:	*past:*
ёл, -а, -и	хоте́л, -а, -и

Упражнения

А. Соста́вьте предложе́ния. Make present-tense sentences by combining elements from the columns below.

		читáть газéту
		ходи́ть в кинó
		(мочь) ходи́ть в кинó
я		смотрéть телеви́зор
мы		занимáться
роди́тели	чáсто	закáзывать стол в ресторáне
ты	рéдко	писáть пи́сьма
наш преподавáтель	всегдá	расскáзывать о семьé
вы	не	готóвить пи́ццу
америкáнцы		пить кóфе
ру́сские		есть фру́кты
		вставáть в шесть часóв
		совéтовать сосéду, что дéлать
		хотéть отдыхáть

Б. Я за́втра э́то сдéлаю. You are asked if you have completed several tasks you were supposed to do. In each case, respond that you will do it tomorrow.

Образéц: Вы прочитáли урóк? → *Я за́втра егó прочитáю.*

1. Вы написáли письмó?
2. Вы показáли фотогрáфии?
3. Вы рассказáли о семьé?
4. Вы купи́ли кни́ги?
5. Вы приготóвили пи́ццу?
6. Вы посмотрéли фильм?
7. Вы позвони́ли дру́гу?
8. Вы заказáли стол в рестора́не?
9. Вы поговори́ли со знакóмыми?
10. Вы прочитáли ромáн?

В. Запóлните прóпуски. Fill in the blanks with the appropriate forms of the verbs. In the past and future tenses, use *perfective* verbs. For the infinitive, use perfective, unless the action is repetitive (e.g., "I like doing something").

1. **(закáзывать/заказáть)**
   Что вы обы́чно _____ на у́жин? —Я чáсто
   _____ ры́бу и óвощи, но вчерá _____ мя́со.
2. **(покáзывать/показáть)**
   Он лю́бит _____ свои́ фотогрáфии, и зáвтра
   _____ те, котóрые сдéлал в Москвé.
3. **(расскáзывать/рассказáть)**
   О чём ты сейчáс _____? —Я ужé _____
   о Ки́еве, а сейчáс хочу́ _____ об Одéссе.
4. **(совéтовать/посовéтовать)**
   Мой друг всегдá _____ мне, что взять в рестора́не. Вчерá,
   напримéр, он _____ заказáть овощнóй салáт и ку́рицу.

5. (реша́ть/реши́ть)

Вы ещё не _____, пое́хать ли в Росси́ю?—Нет, мы уже́ всё _____.

6. (поступа́ть/поступи́ть)

Это пра́вда, что Оле́г сейча́с _____ в университе́т? Да, но он так ма́ло занима́ется, что он, наве́рное, не _____.

7. (покупа́ть/купи́ть)

Мы обы́чно _____ кни́ги в э́том магази́не. Неда́вно _____ Че́хова и Бу́нина и о́чень хоти́м _____ Ахма́тову.

8. (брать/взять)

Почему́ ты не _____ сего́дня суп? Ты же лю́бишь пе́рвое. —Да, я всегда́ _____ его́, но сего́дня _____ то́лько второ́е и десе́рт.

9. (есть/съесть, пить/вы́пить)

Ча́сто на за́втрак мы _____ омле́т и _____ ко́фе. Но вчера́ я _____ ка́шу и _____ чай. За́втра я _____ бутербро́д и _____ апельси́новый сок.

Г. Переведи́те на ру́сский язы́к.

1. Mike told us about Russia and showed some pictures of Moscow and other Russian cities.
2. I do not want to order meat for dinner. I will get fish and vegetables.
3. The waiter recommended that they get chicken and potatoes.
4. "Are you still considering what to do?" "No, we've already decided."
5. Marina applied to graduate school but did not get in. I think she will enroll next year.
6. Mom always says that we need to go to bed at 10:00, but today she told us that we can go to bed later.

Д. О себе́. Отве́тьте на вопро́сы.

1. Что вы обы́чно де́лаете у́тром? Днём? Ве́чером?
2. Каки́е у вас пла́ны на за́втра? Что вы бу́дете де́лать?
3. Что вы де́лали в суббо́ту?
4. Как вы отдыха́ете ле́том? О́сенью? Зимо́й? Весно́й?
5. Как вы отдыха́ете, когда́ хоро́шая пого́да? А как вы отдыха́ете, когда́ о́чень хо́лодно?
6. Где вы у́читесь? Что вы изуча́ете? Вы ещё рабо́таете?
7. Вы должны́ мно́го занима́ться? Где вы обы́чно занима́етесь?
8. Где вы живёте?
9. Где живёт ва́ша семья́? Вы всегда́ там жи́ли? Если нет, где вы жи́ли ра́ньше?
10. Где вы хоти́те жить че́рез де́сять лет? Почему́?

➤ *Complete Oral Drills 12–16 and Written Exercises 8–15 in the Workbook.*

Давайте почитаем

А. Что же хотéли передáть? Your friend's little brother ripped up her telephone messages. Match the scraps of paper to reinstate the messages. The last half of one message was lost.

1. в воскресенье — звонил Сергей Иванович. Не хотите

2. в субботу — звонила Александра Сергеевна. Не хотите

3. в субботу, в 5ч — Звонила Наташа. Она идет с тобой в кино.

4. в воскресенье — звонил Котя. Когда ты будешь смотреть

5. в воскресенье, в час — звонил Кирилл. Не хотите пообедать

6. в пятницу, в 2 ч — Звонила Катя. Не может пойти на лекцию

7. во вторник, в 2 ч — Звонила Маша. Ты будешь свободна

8. Звонил Борис. Сообщил, что он был занят вчера, и поэтому

а. _____ пойти в кино в понедельник? Позвоните ей. 349-98-77

б. _____ не был на лекции. Когда нужно написать сочинение?

в. _____ вместе во вторник? Открывается новое кафе. 387-54-21

г. _____ в пятницу вечерь? Она хочет пойти на балет. 374-22-69

д. _____ сегодня. Когда начинается фильм? 332-90-56

е. _____ сегодня, но хочет знать, когда будет контрольная.

ж. _____ пойти на фильм завтра? Позвоните ему — 383-46-97

Б.   Телефо́нные ка́рточки

1. **О чём идёт речь?** All phone users believe they pay too much for international calls. You are about to read a pitch for Russian long-distance calling cards. Before you read, answer these questions:

   - What information do you expect such an ad to give you?
   - What selling points do you expect to see about a long-distance card?

2. **Words you'll need.** Before you read the article, look over these new words.

   воспо́льзоваться (*perf.* of по́льзоваться) — to use
   вы́годный—lucrative
   ка́чество—quality
   кио́ск—newsstand
   любо́й—any
   подска́зка—prompt
   приобрести́—(*perf.*) to acquire: приобрети́те!
   связь (*f.*)—connection; communication
   тра́тить вре́мя—to waste time
   удо́бный—convenient

3. **Что мы хотим узнать?** Now read the ad with the following questions in mind:

   - Name three reasons for getting this company's phone card.
   - How can one get the card?
   - How is the card used?

4. **Подробнее.** Reread the article to determine whether it contains the following information:

   - Card users can call just about any place in the world.
   - Those who want to use the card must have Internet access.
   - The menu system for the card can be made multilingual.
   - The card indicates the cheapest times to call.

Звоните дешевле!

Хотите сделать так, чтобы телефонная связь была **дешевой, удобной** и **практичной?** Воспользуйтесь телефонными карточками FIRST RATE! Вы сможете позвонить из дома, с работы — с любого телефона, в том числе и с мобильного, в страны бывшего СССР или просто в другой американский штат.

Мы предлагаем

- самые низкие тарифы звонков в страны Восточной Европы и бывшего СССР
- самые низкие цены по США
- возможность звонить из России в другие страны
- качественное обслуживание

Телефонные карточки предназначены для междугородной и международной связи. Соединение устанавливается традиционным путем (через телефонную сеть), а через Интернет вы можете заказать и оплатить карточку.

Телефонные карточки FIRST RATE — это. . .

Удобно: Вы не будете тратить время на поиски места, где продаются карточки, Вы сможете приобрести телефонную карточку через Интернет, в любое время дня и ночи, 7 дней в неделю.

Экономично: Хорошее качество связи и супернизкие цены. Мы ищем и находим для Вас те компании, которые могут предложить самые выгодные тарифы и качественную связь.

Просто: Звоните с любого телефона в любое время.

Лучше: Никаких дополнительных затрат! Вы оплачиваете карточку — и звоните.

Понятно: Любая информация о карточках — на английском и русском языках. Все подсказки, которые Вы услышите по ходу набора, по Вашему желанию могут быть на русском, английском, польском и китайском языках.

КАК КУПИТЬ ТЕЛЕФОННУЮ КАРТОЧКУ FIRST RATE?
В любом киоске «Роспечать»
Или в Интернете на сайте www.firstrate.ru

А там все просто!

- Выберите страну, в которую собираетесь звонить
- Выберите соответствующую карточку
- Приобретите карточку и ее PIN-код придет на ваш e-mail

5. **Но́вые слова́ из конте́кста.** Now review the article to figure out the meaning of these words:

> **тари́ф** doesn't exactly mean tariff. Judging from context, what does it mean?
> **ка́чественный**—**Ка́чество** is *quality*. What does **ка́чественное обслу́живание** mean?
> **бы́вший** is an adjective related to **был**. What then is **бы́вший СССР** (Сою́з Сове́тских Социалисти́ческих Респу́блик)?
> **возмо́жность**—You know **невозмо́жно**. What then is **возмо́жность**?
> **опла́чивать** is almost synonymous with a shorter verb with the same root. What is the root, the shorter verb, and the meaning of both words?
> **соедине́ние** is a noun related to **соединённый** (**Соединённые Шта́ты Аме́рики**), but it doesn't mean *unification*. What does it mean?
> **предназна́чен** (**предназна́чена, предназна́чено, предназна́чены**) means *meant for*. What is at the root of this word?

Now review the article to find out how to say the following things in Russian.

> the lowest rates
> intercity connection; international connection
> through the telephone network
> high-quality connection
> choose the country you plan to call

В.   Чте́ние для удово́льствия

The following poem is an excerpt from Russia's most famous work about a telephone and one of the best-known Russian poems for children.

Корне́й Чуко́вский (1882–1969) — псевдони́м. Его́ на са́мом де́ле зва́ли Никола́й Ива́нович Корнейчуко́в. Чуко́вский — изве́стный писа́тель, перево́дчик и литературове́д. Среди́ его перево́дов из англи́йской литерату́ры «Ма́угли» (Rudyard Kipling's *Jungle Book*). Он написа́л мно́го изве́стных стихо́в для дете́й.

Его́ на са́мом де́ле зва́ли — He was actually called. . .
перево́дчик — translator
литературове́д — literature scholar
среди́ — among
стихи́ — poetry

Телефо́н (1926, отры́вок)

У меня́ зазвони́л телефо́н.
— Кто говори́т?
— Слон.
— Отку́да?
— От верблю́да.
— Что вам на́до?
— Шокола́да.
— Для кого́?
— Для сы́на моего́.
— А мно́го ли присла́ть?
— Да пудо́в эта́к пять
Или шесть:
Бо́льше ему́ не съесть.
Он у меня́ ещё ма́ленький!

А пото́м позвони́л
Крокоди́л.
И со слеза́ми проси́л:
— Мой ми́лый, хоро́ший,
Пришли́ мне кало́ши.
И мне, и жене́, и Тото́ше.
— Посто́й, не тебе́ ли
На про́шлой неде́ле
Я вы́слал две па́ры
Отли́чных кало́ш?
— Ах те, что ты вы́слал
На про́шлой неде́ле,
Мы давно́ уже́ съе́ли
И ждём не дождёмся,

Когда́ ты сно́ва пришлёшь
К на́шему у́жину
Дю́жину
Но́вых и сла́дких кало́ш!

А пото́м позвони́ли зайча́тки:
— Нельзя́ ли присла́ть перча́тки?

А пото́м позвони́ли марты́шки:
— Пришли́те, пожа́луйста, кни́жки!

А пото́м позвони́л медве́дь
Да как на́чал, как на́чал реве́ть.

— Погоди́те, медве́дь, не реви́те,
Объясни́те, чего́ вы хоти́те?

Но он то́лько «му» да «му»,
А к чему́, почему́ —
Не пойму́!
– Пове́сьте, пожа́луйста, тру́бку!

Слова́рь

верблю́д — camel
вы́слать (*perf.*) — to send, send out
да = и
дю́жина = 12
ждём не дождёмся — We can't wait!
зазвони́ть (*perf.*) — to begin ringing
зайча́тка — baby rabbit
кало́ши — galoshes
к чему́ — What for?
марты́шка – monkey
медве́дь — bear
Объясни́те — (объясни́ть, *perf.*) — Explain!
отли́чный — excellent
отры́вок — excerpt
пове́сить тру́бку — to hang up (the receiver)
Погоди́те — Wait!
поня́ть (пойм-у́, -ёшь, -му́т) (*perf.*) — to understand
посто́й — Wait a minute.
присла́ть (*perf., imperative:* пришли́) — to send
проси́ть (*impf.*) — to ask for something, to request
пуд — (a weight measure, equivalent to about 36 lbs.)
реве́ть = гро́мко пла́кать — to cry loudly
сла́дкий — sweet

слеза́ — tear; со слеза́ми — in tears
слон — elephant
сно́ва = ещё раз
э́так — or so, about

 # Дава́йте послу́шаем

Радионя́ня

The children's radio program **Радионя́ня** was very popular in the 1960s and 1970s. **Радионя́ня** taught everything from proper spelling and speech habits to the rules of etiquette. The format was always the same: An overly pedantic teacher, Nikolai Vladimirovich, challenged two childlike adults, Sasha and Alik, to make a proper invitation, accept a gift politely, or use words correctly. Sasha and Alik would bumble through each assignment, trying again and again, until they finally got it all right.

In this episode, Nikolai Vladimirovich asks Sasha and Alik to make a telephone call. In the course of the lesson, the two stooges show how *not* to do everything they are supposed to do: asking for someone on the phone, excusing oneself after dialing a wrong number, and limiting one's use of the phone lines (many of which are shared party lines) to short, essential conversations.

You will need these expressions:

уме́ть (уме́-ю, -ешь, -ют) + *infinitive* — to know how
(не)ве́жливо — (im)politely

1. Nikolai Vladimirovich tells Sasha to show how to use the telephone. Sasha makes six telephone calls, and does something wrong in every call except the last one. Listen to the recording and determine what sorts of mistakes he makes.
2. Listen to the episode again. Use context to determine the meanings of these words. They are given in the order you hear them.

   брать тру́бку
   набира́ть но́мер
   телефо́н за́нят
   Подождём мину́тку. . .

3. Listen once again and determine the most likely meaning for the following words and phrases.

   a. **назва́ть себя́**
      i. answer the phone
      ii. hang up the phone
      iii. give one's number
      iv. give one's name

б. угада́ть

    i. to make a guess

    ii. to take a message

    iii. to dial the operator

    iv. to call back

в. Тем бо́лее!

    i. All the more reason!

    ii. Not at all!

    iii. Never mind!

    iv. That's a good question!

г. пыта́ются дозвони́ться

    i. are unable to get to sleep at night

    ii. are trying to get through on the phone

    iii. are getting more and more worried

    iv. are beginning to feel put upon

4. At the end of the recording Nikolai Vladimirovich gives some general advice about tying up the phone lines. Summarize what he has to say. Be as specific as you can.

Обзорные упражнения

A. Записки. It is Saturday afternoon and you have just returned from a five-day trip. While you were away, your Russian roommate took the following telephone messages.

1. Read through the messages to find out who called and for what purpose. Put a check next to the messages that require some response from you.
2. Make a list of the people you need to call back.
3. Two of the callers invite you to do something at the same time. Who? Which of the invitations will you accept?
4. Act out situations in which you return the calls.
5. Write a short note to your roommate to offer thanks for the great job of taking messages for you.

> во вторник, в 3ч.
> Звонила Лара. Хочет знать, когда будет контрольная по русскому языку.

> В среду, в 4 часа Звонил Саша. Ты не хочешь пойти в кино в субботу днём? 542-22-12

> в четверг, в 4ч.
> Звонила Лара.
> Когда будет контрольная?

> во вторник, в 7ч Звонил Петя. Позвони ему в воскресенье. 542-47-29

> в четверг, в 2ч
> Таня сообщила, что не может пойти в музей в воскресенье, как вы договорились. Может быть в субботу днём? 555-89-38

> в пятницу, в 6ч.
> Женя звонила. Не хочешь пойти в ресторан в субботу? Позвони до 6-ти в субботу. 566-98-03

> в четверг, в 8ч.
> Звонили Лена и Боря. Они не могут пойти на футбол в воскресенье.

Б.   Запи́ска дру́гу. You have been house-sitting for your friend Anton. He has asked you to keep track of the messages left on his answering machine. You have been keeping notes to yourself in English. Organize your notes and write a note to Anton in Russian detailing his messages. This is not a translation exercise. Do not try to render your notes word for word. The point is to convey the pertinent information while staying in the bounds of the Russian you know.

1. Dima — 6:00 Monday evening — wants to go see a new movie on Saturday — call him back and let him know
2. Natasha — 3:00 Tuesday afternoon — she waited for you at the library at the usual time — where were you?
3. Your mother — Tuesday night— didn't know you were in St. Petersburg — just wanted to say hi
4. Ilya — Wednesday morning — wants to know when you can help him move — call when you get back — he's at Marina's house (154-98-65)
5. Anna — Wednesday afternoon — do you want to go to the dacha on Saturday if the weather is nice?

В.   Разгово́р. Хочу́ заказа́ть разгово́р с США.
        Разгова́ривают Лю́ба, Дже́йсон и опера́тор.

Как вы зна́ете, во мно́гих провинциа́льных места́х в Росси́и мо́жно позвони́ть заграни́цу то́лько че́рез опера́тора. Америка́нский студе́нт Дже́йсон до́лжен позвони́ть домо́й, но заказа́ть э́тот разгово́р ему́ о́чень тру́дно. Ему́ помога́ет его́ знако́мая Лю́ба. Прослу́шайте разгово́р и отве́тьте на вопро́сы.

ДА или НЕТ?

1. Дже́йсон хо́чет позвони́ть свои́м друзья́м.
2. Лю́ба объясня́ет, что междунаро́дный разгово́р на́до заказа́ть зара́нее.
3. Этот разгово́р мо́жно заказа́ть на за́втра, на во́семь часо́в.
4. Дже́йсон зака́зывает разгово́р на ве́чер на за́втра на де́сять часо́в.
5. Когда́ вы зака́зываете телефо́нный разгово́р че́рез опера́тора, на́до сказа́ть зара́нее, как до́лго вы бу́дете разгова́ривать.
6. Когда́ опера́тор спра́шивает «кого́ вы́звать?», нельзя́ отвеча́ть «кто подойдёт».
7. При зака́зе телефо́нного разгово́ра че́рез опера́тора на́до назва́ть свой но́мер телефо́на.

Г.   Ва́ша о́чередь! Now it's your turn. Maybe you can do what Jason had so many problems doing! Role-play ordering one or more telephone calls to friends or family in the U.S. from a small town in Russia. Your teacher will play the operator. (*Hint:* To do this successfully, write down the phone numbers you need, plus the time and date you would like to call in advance.)

Новые слова и выражения

NOUNS

го́род (*pl.* города́)	city
код го́рода	area code
знако́мый (adjective in *form*)	friend
контро́льная рабо́та	quiz, test
про́сьба	request
разгово́р	conversation; telephone call
штат	state
телефо́н	telephone; telephone number
телефони́ст(-ка)	telephone operator

PRONOUNS

сам (сама́, са́ми)	(one)self

ADJECTIVES

америка́нский	American
беспла́тный	free (of charge)
за́нят, занята́, за́нято, за́няты	busy
междунаро́дный	international
свобо́ден, свобо́дна, свобо́дно, свобо́дны	free (not busy)
то́т же (та́ же, то́ же, те́ же)	the same

VERBS

ви́деть / у- (ви́жу, ви́дишь, ви́дят)	to see
зака́зывать/заказа́ть	to order
(зака́зыва-ю, -ешь, -ют)	
(закаж-у́, зака́ж-ешь, -ут)	
звони́ть/по- (*кому́ куда́*)	to call
(звон-ю́, -и́шь, -я́т)	
мочь / с-	to be able
(могу́, мо́жешь, мо́гут; мог, могла́, могли́)	
слы́шать (слы́ш-у, -ишь, -ат)	to hear
танцева́ть/по-/про-	to dance
(танцу́-ю, -ешь, -ют)	

Verbs for which you need to know only the following forms:

дал, дала́, да́ли	gave
(я) жду	I'm waiting
Переда́йте, что...	Pass on that . . .
Перезвони́те	Call back
(я) подойду́	(*lit.*) I will approach. = I will answer the phone.

Новые слова и выражения

ADVERBS

за́втра	tomorrow
отсю́да	from here
сло́жно	complicated

PREPOSITIONS

к (+ *dative*)	toward
че́рез (+ *accusative*)	after, in (a certain amount of time)

PHRASES

Алло́!	Hello! (on the telephone)
Бу́дьте добры́	Be so kind as to . . .
всё-таки	nevertheless
Вы не туда́ попа́ли.	You have the wrong number.
Извини́те за беспоко́йство.	Sorry to bother you.
на вся́кий слу́чай	just in case
на како́е вре́мя	for what time
На́до же!	(an expression of surprise or disbelief)
Ничего́.	It's no bother.
по како́му телефо́ну	at what number
Сейча́с позову́.	I'll call [him, her] to the phone.
ско́лько мину́т	how many minutes
хотя́ бы по телефо́ну	even if only by phone
У меня́ к тебе́ больша́я про́сьба.	I have a big favor to ask you.
Что (кому́) переда́ть?	What should I pass on (to whom)? (Any message?)
я бы хоте́л(а)...	I would like . . .

NUMBERS 1–1,000,000 — See 2.1.

PASSIVE VOCABULARY

Кого́ позва́ть?	Whom should be asked for? (Person-to-person?)
Кто подойдёт.	Anyone. (Whoever comes to the phone.)
Я к вам подойду́.	I'll come to see you.

PERSONALIZED VOCABULARY

_____

_____

_____

_____

_____

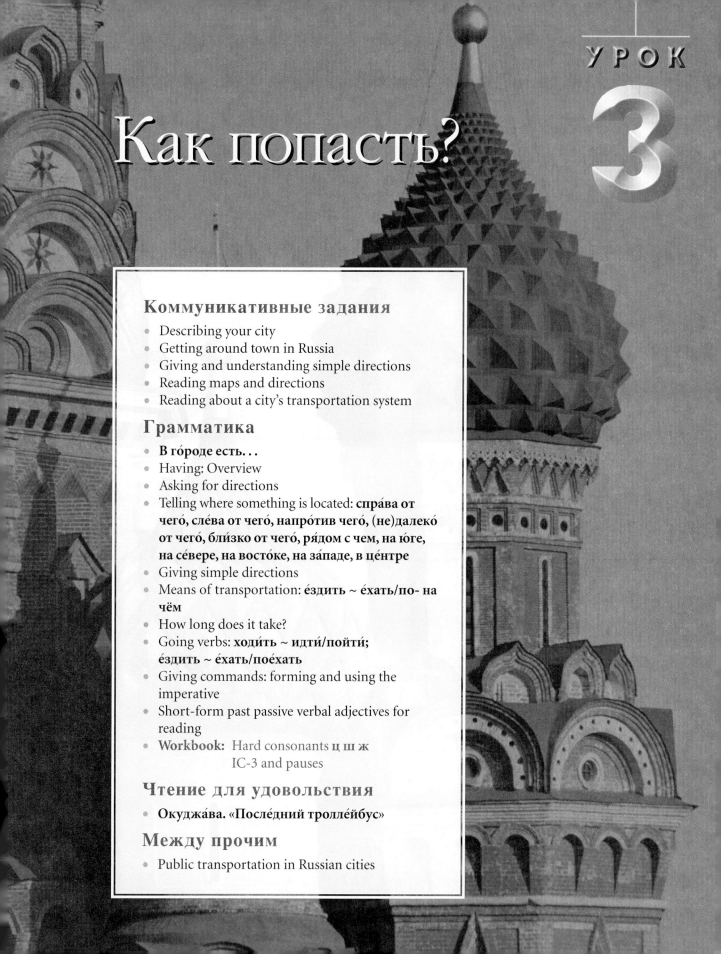

Как попасть?

Коммуникативные задания

- Describing your city
- Getting around town in Russia
- Giving and understanding simple directions
- Reading maps and directions
- Reading about a city's transportation system

Грамматика

- **В го́роде есть...**
- Having: Overview
- Asking for directions
- Telling where something is located: **спра́ва от чего́, сле́ва от чего́, напро́тив чего́, (не)далеко́ от чего́, бли́зко от чего́, ря́дом с чем, на ю́ге, на се́вере, на восто́ке, на за́паде, в це́нтре**
- Giving simple directions
- Means of transportation: **е́здить ~ е́хать/по- на чём**
- How long does it take?
- Going verbs: **ходи́ть ~ идти́/пойти́; е́здить ~ е́хать/пое́хать**
- Giving commands: forming and using the imperative
- Short-form past passive verbal adjectives for reading
- **Workbook:** Hard consonants **ц ш ж**

  IC-3 and pauses

Чтение для удовольствия

- **Окуджа́ва. «После́дний тролле́йбус»**

Между прочим

- Public transportation in Russian cities

О чём идёт речь?

A. <u>Достопримеча́тельности го́рода.</u> Посмотри́те на фотогра́фии достопримеча́тельностей Москвы́ и Санкт-Петербу́рга. Каки́е места́ вы бы хоте́ли посмотре́ть?

Москва́

Это Кра́сная пло́щадь и Кремль. Это географи́ческий центр го́рода.

Это Арба́т. Этот истори́ческий райо́н го́рода нахо́дится недалеко́ от це́нтра.

Это Третьяко́вская галере́я. В ней мо́жно уви́деть <u>шеде́вры</u> ру́сского иску́сства.

Это Моско́вский университе́т. Здесь у́чится бо́лее 24.000 студе́нтов. Он нахо́дится на Воробьёвых гора́х.

Это Зи́мний дворе́ц. Здесь ра́ньше жи́л царь. Тепе́рь э́то музе́й Эрмита́ж.

Это Петропа́вловская кре́пость. Здесь Пётр I на́чал стро́ить своё «Окно́ в Евро́пу».

Это Спас на крови́. Здесь в 1881 году́ был уби́т импера́тор Алекса́ндр II.

Это Мари́инский теа́тр. Здесь ра́ньше танцева́л Михаи́л Бары́шников.

Б.   Что есть у вас в го́роде?

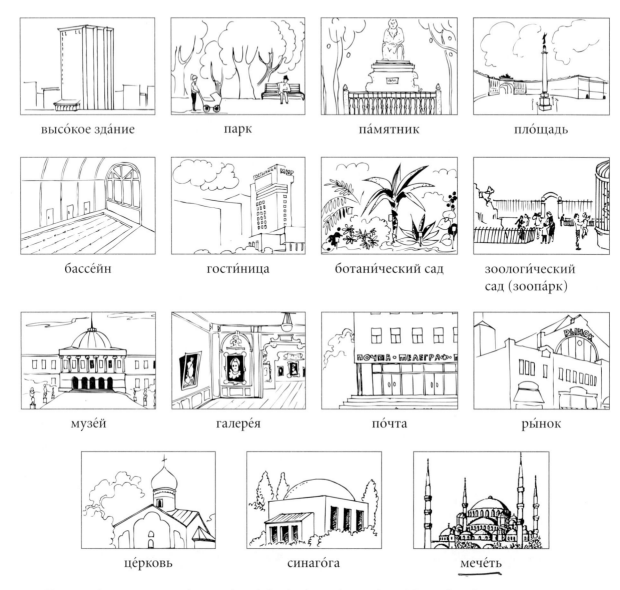

высо́кое зда́ние

парк

па́мятник

пло́щадь

бассе́йн

гости́ница

ботани́ческий сад

зоологи́ческий сад (зоопа́рк)

музе́й

галере́я

по́чта

ры́нок

це́рковь

синаго́га

мече́ть

1.   У вас в го́роде есть высо́кие зда́ния? Они́ но́вые и́ли ста́рые? В како́м го́роде ва́шей страны́ есть са́мое высо́кое зда́ние? Как оно́ называ́ется?

2.   Каки́е у вас па́рки? Они́ больши́е и́ли ма́ленькие? Они́ краси́вые? У вас есть люби́мый парк? Как он называ́ется?

3.   У вас в це́нтре го́рода стои́т па́мятник? Он но́вый или ста́рый?

4.   В ва́шем го́роде есть пло́щадь? Она́ больша́я и́ли ма́ленькая? Вы лю́бите туда́ ходи́ть?

5.   У вас в го́роде и́ли в университе́те есть бассе́йн? Мо́жно купа́ться весь год и́ли то́лько ле́том?

6.   Каки́е у вас в го́роде гости́ницы? (больши́е, ма́ленькие, дороги́е, дешёвые, ую́тные)

7. У вас в го́роде есть ботани́ческий сад? Он большо́й или ма́ленький? Как он называ́ется? Он нахо́дится в це́нтре го́рода? Вы там бы́ли?

8. Зоопа́рк есть у вас? Он большо́й или ма́ленький? Ва́ша семья́ лю́бит туда́ ходи́ть?

9. В ва́шем го́роде есть музе́и и галере́и? Вы лю́бите туда́ ходи́ть? Что мо́жно там посмотре́ть? (америка́нское иску́сство, африка́нское иску́сство, ру́сское иску́сство, европе́йское иску́сство, совреме́нное иску́сство, класси́ческое иску́сство)

10. По́чта у вас но́вая и́ли ста́рая? Она́ больша́я и́ли ма́ленькая? Вы ча́сто и́ли ре́дко хо́дите на по́чту?

11. У вас в го́роде есть ры́нок? Что там продаю́т?

12. У вас в го́роде есть ста́рые це́ркви, синаго́ги или мече́ти? А но́вые?

В. Ви́ды тра́нспорта.

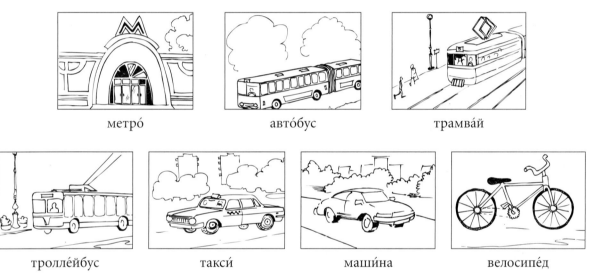

метро́   авто́бус   трамва́й

тролле́йбус   такси́   маши́на   велосипе́д

1. Каки́е ви́ды тра́нспорта есть в ва́шем го́роде? Каки́х ви́дов тра́нспорта нет у вас?

2. В больши́х города́х в Росси́и есть метро́. В каки́х города́х ва́шей страны́ есть метро́?

3. В больши́х и ма́леньких города́х в Росси́и есть авто́бусы, трамва́и и тролле́йбусы. В каки́х города́х ва́шей страны́ есть авто́бусы, трамва́и и тролле́йбусы?

4. В Москве́ мно́гие лю́ди е́здят на рабо́ту на метро́. В каки́х города́х ва́шей страны́ мно́гие е́здят на рабо́ту на метро́? У вас в го́роде мно́гие е́здят на рабо́ту на метро́?

5. У вас в го́роде мно́гие е́здят на рабо́ту на авто́бусе? На маши́не? На велосипе́де? На такси́?

6. Вы е́здите на заня́тия на авто́бусе? На велосипе́де? На метро́? Или вы хо́дите на заня́тия пешко́м?

Г. Куда́ идти́?

1. **Вопро́сы к карти́нке.** Что́бы купи́ть газе́ту, де́вушка должна́ идти́ напра́во и́ли нале́во? Что́бы попа́сть в це́рковь, де́вушка должна́ идти́ напра́во или пря́мо?

2. **Пра́ктика.** Tell a partner to go in various directions as quickly as you can until it becomes automatic. Use the phrases: **Иди́ пря́мо, иди́ нале́во, иди́ напра́во.**

Д. Далеко́ и́ли недалеко́? Look at the metro map of Moscow to the right. Imagine that you are at the Tretyakov station (**ста́нция метро́ «Третьяко́вская»**). Ask a partner where various stations are located. Your partner will find the stations and tell you whether they are nearby or far away.

— Вы не зна́ете, как попа́сть на Ле́нинский проспе́кт?

— Это далеко́.

— Вы не зна́ете, где нахо́дится Макдо́налдс?

— Это **недалеко́.** [*и́ли* Это **ря́дом/ бли́зко.**]

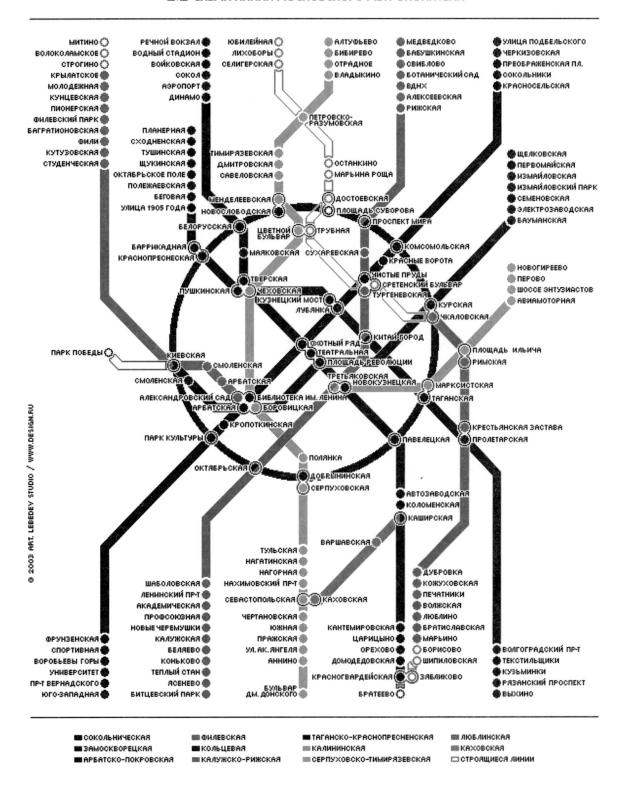

М СХЕМА ЛИНИЙ МОСКОВСКОГО МЕТРОПОЛИТЕНА

СОКОЛЬНИЧЕСКАЯ   ФИЛЕВСКАЯ   ТАГАНСКО-КРАСНОПРЕСНЕНСКАЯ   ЛЮБЛИНСКАЯ
ЗАМОСКВОРЕЦКАЯ   КОЛЬЦЕВАЯ   КАЛИНИНСКАЯ   КАХОВСКАЯ
АРБАТСКО-ПОКРОВСКАЯ   КАЛУЖСКО-РИЖСКАЯ   СЕРПУХОВСКО-ТИМИРЯЗЕВСКАЯ   СТРОЯЩИЕСЯ ЛИНИИ

E. Разговóры.

Разговóр 1, Как попáсть на плóщадь Маякóвского?

Разговáривают Мéган и прохóжий.*

*прохóжий—passerby

1. Кудá Мéган хóчет поéхать?
   - а. в Кремль
   - б. на плóщадь Пýшкина
   - в. на плóщадь Маякóвского
   - г. в университéт
2. Какúе автóбусы тудá идýт?
   - а. 1-й
   - б. 3-й
   - в. 25-й
   - г. 29-й
3. Какóй троллéйбус идёт в э́то мéсто?
   - а. 1-й
   - б. 3-й
   - в. 25-й
   - г. 29-й
4. Где мóжно купúть талóны на городскóй трáнспорт?
   - а. в киóске
   - б. у водúтеля
   - в. на стáнции метрó
   - г. в магазúнах

Мéжду прóчим

Билéты на трáнспорт

Major Russian cities have an extensive public transportation system consisting of a **метрó**—*subway,* **автóбусы**—*buses,* **троллéйбусы**—*trolleys, or electric buses,* and **трамвáи**—*trams, or electric streetcars on rails.* Fares are low by North American standards. Passengers buy **билéты** in advance at kiosks, or from the bus driver.

Разговóр 2. Где нахóдится Макдóналдс?

Разговáривают Адáм, прохóжий и милиционéр.*

*милиционéр—*policeman;*
обращáться—*to turn to;*
найтú—*to find*

1. Кудá хóчет идтú Адáм?
2. Адáм спрáшивает прохóжего, как тудá попáсть, но не получáет отвéта. Почемý?
3. Потóм Адáм обращáется* к милиционéру. На какóм вúде трáнспорта он совéтует Адáму éхать?
4. На какóй останóвке Адáм дóлжен вы́йти?
5. Какáя ýлица емý нужнá?
6. Как называ́ется плóщадь, котóрую Адáм дóлжен найтú?*

Разгово́р 3. Вы не туда́ е́дете.

Разгова́ривают Тим и пожила́я* же́нщина.   * **пожила́я**—*elderly*

1. Куда́ хо́чет пое́хать Тим?
2. Пассажи́р говори́т Ти́му, что он не туда́ е́дет. Како́й вид тра́нспорта ему́ ну́жен?
3. На како́й ста́нции метро́ ну́жно сде́лать переса́дку?
4. На како́й остано́вке он до́лжен вы́йти?
5. Како́й ему́ ну́жен тролле́йбус?
6. Тим ду́мает, что дое́хать до университе́та на городско́м тра́нспорте о́чень сло́жно. Как он реша́ет е́хать в университе́т?

> ## Ме́жду про́чим
>
> In St. Petersburg, and increasingly in Moscow, there are full-time **контролёры** who both sell and check for tickets on the bus, trolley, or tram. Passengers with improperly validated or no tickets are fined.
>
> **Вы сейча́с выхо́дите?** Public transportation is often crowded. If you find yourself far from the door and you want to get off, ask the person in front of you **Вы сейча́с выхо́дите?** — *Are you getting out now?* If the answer is no, he or she will stand aside to let you pass.

Язык в действии

🔘 Диалоги

1.   Можно пройти пешком?

— Скажи́те, пожа́луйста, как попа́сть на проспе́кт Ста́чек?
— Проспе́кт Ста́чек? А что вам там ну́жно?
— Кинотеа́тр «Зени́т».
— Это недалеко́. Вам на́до сесть на метро́ и прое́хать одну́ ста́нцию. На́до вы́йти на ста́нции «Автово».
— И кинотеа́тр ря́дом?
— Да. Иди́те пря́мо и нале́во.
— Спаси́бо.

2.   Как туда́ попа́сть?

— Я слу́шаю.
— Са́ра, здра́вствуй! Это Лари́са говори́т. Ты сего́дня не хо́чешь пойти́ в кино́?
— Сего́дня не могу́.
— А за́втра в семь часо́в?
— Хорошо́.
— Ты зна́ешь, где нахо́дится кинотеа́тр «Экра́н»?
— Нет, не зна́ю. А как туда́ попа́сть?
— Это недалеко́ от институ́та. Ну́жно сесть на пя́тый трамва́й и прое́хать одну́ остано́вку.
— Одну́ остано́вку? А мо́жно пешко́м?
— Коне́чно мо́жно. Туда́ идти́ де́сять мину́т.

3. **Вы не туда́ е́дете.**

— Ва́ши биле́ты, пожа́луйста.
— Пожа́луйста. Скажи́те, ско́ро бу́дет «Гости́ный двор»?
— Молодо́й челове́к, вы не туда́ е́дете. Вам на́до вы́йти че́рез одну́ остано́вку и сесть на пе́рвый тролле́йбус.
— Зна́чит, на сле́дующей остано́вке?
— Нет, че́рез одну́, на второ́й.
— Вы сейча́с выхо́дите?
— Нет.
— Разреши́те пройти́.

4. **До университе́та не довезёте?**

— До университе́та не довезёте?
— Куда́ и́менно вам ну́жно?
— Гла́вный вход.
— Сади́тесь.
— А ско́лько э́то бу́дет сто́ить?
— Три́ста.
— Так до́рого?!
— Не хоти́те — не на́до.

Ме́жду про́чим

Ско́лько сто́ит прое́хать на такси́?

Despite the presence of taxi meters, fares are negotiable between driver and passenger. Many ordinary citizens use their own cars as unregistered taxis to supplement their income. Whether or not you take an official taxi, be sure to negotiate the fare before getting into the car.

5. Я не могу́ найти́ ва́шу у́лицу.

— Алло́, Аня?
— Нет, её здесь нет. Это Ве́ра.
— Ве́ра, э́то Ке́лли.
— Ке́лли? Где ты?
— На ста́нции метро́ «Петрогра́дская». Ника́к не могу́ найти́ ва́шу у́лицу.
— Хорошо́. Слу́шай внима́тельно. Ты ви́дишь Каменноо́стровский проспе́кт?
— Ви́жу.
— Иди́ пря́мо по Каменноо́стровскому проспе́кту до у́лицы Рентге́на и поверни́ нале́во. Наш а́дрес — у́лица Рентге́на, дом 22, кварти́ра 47.

Вопро́сы к диало́гам

Диало́г 1

1. Эти мужчи́ны говоря́т на у́лице и́ли по телефо́ну?
2. Они́ в Росси́и или в Аме́рике? Почему́ вы так ду́маете?
3. О чём спра́шивает пе́рвый мужчи́на: о кинотеа́тре и́ли о музе́е?
4. Это далеко́ и́ли недалеко́?
5. Мо́жно туда́ прое́хать на тролле́йбусе?

Диало́г 2

1. Эти де́вушки разгова́ривают по телефо́ну. Кто кому́ звони́т?
2. Почему́ де́вушки не иду́т в кино́ сего́дня ве́чером?
3. Когда́ они́ пойду́т в кино́?
4. В како́й кинотеа́тр они́ иду́т?
5. Где нахо́дится э́тот кинотеа́тр?
6. Ско́лько вре́мени идти́ из институ́та в кинотеа́тр?

Диало́г 3

1. Этот разгово́р происхо́дит на у́лице и́ли в авто́бусе?
2. Куда́ молодо́й челове́к хо́чет пое́хать?
3. Он туда́ е́дет?
4. Что ему́ на́до сде́лать?

Диало́г 4

1. Этот разгово́р происхо́дит на у́лице и́ли в авто́бусе?
2. Куда́ молодо́й челове́к хо́чет пое́хать?
3. Ско́лько э́то бу́дет сто́ить?

Диало́г 5

1. Аня звони́т Ке́лли, и́ли Ке́лли звони́т Ане?
2. Почему́ Ке́лли не разгова́ривает с Аней?
3. С кем она́ разгова́ривает?
4. Где Ке́лли сейча́с нахо́дится?
5. Кака́я у неё пробле́ма?
6. Како́й а́дрес у Ве́ры и Ани?

Давайте поговорим

A. Как попа́сть…?

1. With a partner, read the following dialogs out loud.

a.

— Как попа́сть на проспе́кт Ста́чек?
— Вам на́до сесть на метро́… и прое́хать одну́ ста́нцию. На́до вы́йти на ста́нции «Автово».

б.

— Где нахо́дится кинотеа́тр «Росси́я»?
— Вам на́до сесть на трамва́й.
— А мо́жно пешко́м?
— Коне́чно. Туда́ идти́ де́сять мину́т.

в.

— Я ника́к не могу́ найти́ твой дом.
— Иди́ пря́мо по проспе́кту Смирно́ва до Каха́новской у́лицы и поверни́ напра́во.

2. Now read the following dialogs, filling in the blanks with appropriate words and phrases.

   a. — Скажи́те, пожа́луйста, _____ _____ на Сенну́ю пло́щадь?
      — Вам на́до _____ на пя́тый авто́бус и _____ одну́ остано́вку.
      — А мо́жно _____ ?
      — Коне́чно. Туда́ идти́ де́сять мину́т.

   б. — Вы не зна́ете, где _____ Ру́сский музе́й?
      — Вам на́до _____ на метро́ и _____ одну́ _____ . На́до _____ на ста́нции «Не́вский проспе́кт». Иди́те _____ по кана́лу Грибое́дова до Театра́льной пло́щади и _____ напра́во. Сра́зу уви́дите музе́й.
      — Спаси́бо большо́е.

Б. Подгото́вка к разгово́ру. Review the dialogs. How would you do the following?

1. Ask how to get to Prospekt Stachek (McDonald's, the Zenith movie theater, the Hermitage, Red Square).
2. Tell someone to get on the metro (bus, tram).
3. Tell someone to go one stop on the metro (trolley).
4. Tell someone to get off at the Avtovo metro station.
5. Ask where the Ekran movie theater (the Mariinsky Theater, the Bolshoi Theater, the Tretiakov Gallery) is located.
6. Ask if you can get somewhere by walking.
7. Say it takes ten minutes (20 minutes, 5 minutes) to walk there.
8. Ask if the Gostinyi Dvor stop is coming up.
9. Tell someone that s/he is going the wrong way.
10. Tell someone to get off in two stops.
11. Ask someone if s/he will be getting off at the next stop.
12. Ask someone in a crowded bus to let you pass.
13. Ask a taxi driver to take you to the university.
14. Ask how much the fare will be.
15. Tell someone you can't find his/her street (house, apartment).
16. Tell someone to listen carefully.
17. Tell someone to go straight (turn right, turn left).

В. Игровы́е ситуа́ции.

1. In Moscow stop someone on the street and ask him/her if you are far from the Rossiya movie theater. Find out how to get there.
2. In Moscow ask a taxi driver to take you to Red Square. Find out how much the fare is.
3. You are on a tram in Moscow. Another passenger asks you if the University stop is coming up soon. Explain that s/he is going the wrong way. S/he will need to get off at the next stop and get on the metro. S/he should look for the **Университе́т** station.

4. You have gotten lost on the way to a friend's house in St. Petersburg. You are on Nevsky Prospect, not far from Gostinyi Dvor. Call up your friend, explain where you are, and find out how to get to his/her house.

5. You are on a crowded bus in St. Petersburg. Find out if your stop (**гости́ница «Прибалти́йская»**) is coming up soon. Find out when you need to get off. Then make your way toward the front of the bus.

6. From your own town, telephone your Russian-speaking friends Viktor and Lara. Invite them to a party at your place for Saturday night. Be sure to tell them when the party starts and how to get there.

7. With a partner, prepare and act out a situation of your own using the topics of this unit.

Г. Устный перево́д. You are the group leader for some American tourists in St. Petersburg. One of your charges wants to go to the Russian Museum. You don't know how to get there from the hotel, so the two of you ask someone at the front desk. You are the interpreter.

ENGLISH SPEAKER'S PART

1. Can you tell me how to get to the Russian Museum?
2. Is the museum far from the metro stop?
3. It all seems very complicated. I think I'll go by cab.

Д. Интервью. Find out as much as you can about the town where a classmate, your teacher, or a Russian-speaking guest was born.

Е. Моноло́г. Расскажи́те о ва́шем го́роде. Он большо́й и́ли ма́ленький? Где он нахо́дится? Каки́е зда́ния, па́рки, па́мятники, музе́и, сады́ и други́е интере́сные места́ есть у вас в го́роде?

Грамматика

3.1   В го́роде есть…

To name points of interest in your city, use this structure:

В на́шем го́роде [or] **У нас в го́роде**	+	**есть**	+ nominative case

В на́шем го́роде есть интере́сный музе́й.   *Our city has* an interesting museum.
У нас в го́роде есть большо́й университе́т.   *Our city has* a big university.

To say that your city does not have something, use this structure:

В на́шем го́роде [or] **У нас в го́роде**	+	**нет**	+ genitive case

В на́шем го́роде нет библиоте́ки.   *Our city does not have* a library.
У нас в го́роде нет пло́щади.   *Our city does not have* a square.

Упражне́ние

Соста́вьте предложе́ния. Create sentences, following the model, indicating whether or not your town has these things.

> Образе́ц: теа́тр →   *В на́шем го́роде есть теа́тр.*
> or *У нас в го́роде есть теа́тр.*
> or *В на́шем го́роде нет теа́тра.*
> or *У нас в го́роде нет теа́тра.*

1. больша́я центра́льная пло́щадь
2. кафе́
3. ста́рая ма́ленькая библиоте́ка
4. знамени́тый университе́т
5. хоро́ший музе́й
6. большо́й спорти́вный зал
7. но́вая по́чта

3.2 Having: Overview

To say that a thing has something, use the structure **где** + **есть** + **что** (literally *In this place there is . . .*). The word **есть** is not always necessary, especially when there is a modifier in the sentence.

В го́роде есть библиоте́ка.	*The city has* a library.
В библиоте́ке есть интере́сные кни́ги.	*The library has* interesting books.
В э́тих кни́гах цветны́е фотогра́фии.	*These books have* color photographs.
На фотогра́фиях — наш го́род.	*In the photographs is* our town.

To say that a person has something, use the structure **у кого** + **есть** + **что** (literally *By this person there is . . .*):

У меня́ есть брат.	*I have* a brother.
У бра́та есть но́вая сосе́дка.	*My brother has* a new neighbor.
У его́ но́вой сосе́дки есть соба́ка.	*His new neighbor has* a dog.

To say that a thing or person does not have something, use **где** (for places) or **у кого́** (for people) + **нет** + **чего**:

В го́роде нет библиоте́ки.	*The town does not have* a library.
У меня́ нет бра́та.	*I do not have* a brother.

Упражнения

A.   **Соста́вьте предложе́ния.** Make positive sentences, following the models.

Образцы́:

наш университе́т—больши́е общежи́тия	→	*В на́шем университе́те есть больши́е общежи́тия.*
наш преподава́тель—но́вая маши́на	→	*У на́шего преподава́теля есть но́вая маши́на.*

1. мой друг—два бра́та
2. на́ше общежи́тие—кафе́
3. библиоте́ка—чита́льный зал и буфе́т
4. я—велосипе́д
5. наш университе́т—библиоте́ка, музе́й и спорти́вный зал
6. на́ша кварти́ра—CD-пле́йер и телеви́зор
7. мы—CD-пле́йер и телеви́зор
8. э́та кни́га—краси́вые фотогра́фии
9. мы—краси́вые фотогра́фии
10. наш го́род—больши́е па́рки

Б.   Соста́вьте предложе́ния. Make negative sentences, following the models.

Образцы́:

это общежи́тие — лифт   →   *В э́том общежи́тии нет ли́фта.*
эта студе́нтка — но́вая кни́га   →   *У э́той студе́нтки нет но́вой кни́ги.*

1. наш го́род—метро́
2. на́ша библиоте́ка—буфе́т
3. наш преподава́тель—маши́на
4. мой друг—ко́шка
5. э́тот ма́ленький го́род—зоопа́рк
6. я—сын
7. моя́ сосе́дка—дочь
8. на́ша кварти́ра—ковёр
9. ты—телеви́зор
10. вы—CD-пле́йер

В.   Как по-ру́сски?

1. The university has a new dormitory.
2. The new dormitory has a store and a cafeteria.
3. The old dormitory didn't have TV sets.
4. My neighbor doesn't have a computer.
5. Who has a television?

➤   *Complete Oral Drills 1–2 and Written Exercises 1–2 in the Workbook.*

3.3   Asking for Directions

To request simple directions, use one of the following phrases:

Где нахо́дится (что)? (кинотеа́тр «Экра́н», Эрмита́ж, Не́вский проспе́кт, библиоте́ка, ближа́йшая ста́нция метро́, ближа́йшая остано́вка авто́буса)	Where are . . .? (the Ekran movie theater, the Hermitage, Nevsky Prospekt, the library, the nearest metro station, the nearest bus stop)
Где нахо́дятся (что)? (кинотеа́тры, лу́чшие рестора́ны, музе́и, теа́тры)	Where are . . .? (the movie theaters, the best restaurants, the museums, the theaters)
Как попа́сть (куда́)? (в кинотеа́тр «Экра́н», в Эрмита́ж, на Не́вский проспе́кт, в библиоте́ку, на ближа́йшую ста́нцию метро́, на ближа́йшую остано́вку авто́буса)	How can I get to . . .? (the Ekran movie theater, the Hermitage, Nevsky Prospekt, the library, the nearest metro station, the nearest bus stop)

It is polite to begin such questions with a phrase such as **Скажи́те, пожа́луйста, . . .**
or **Вы не ска́жете, ...**

Упражнения

А.   Где нахо́дится. . . ? Ask where exactly the following St. Petersburg sites are.

1. Петропа́вловская кре́пость
2. Гости́ный двор
3. Эрмита́ж
4. Ру́сский музе́й
5. Спас на крови́
6. Исаа́киевский собо́р
7. Каза́нский собо́р
8. Театра́льная пло́щадь
9. Санкт-Петербу́ргский университе́т
10. Дворцо́вая пло́щадь

Б.   Как попа́сть. . . ? Ask how to get to the following places in Moscow. The
phrase following the verb **попа́сть** answers the question **куда́** (**в** or **на** plus the
accusative case).

1. Большо́й теа́тр
2. Моско́вский университе́т
3. Третьяко́вская галере́я
4. Кремль
5. Кра́сная пло́щадь
6. Арба́т
7. ста́нция метро Юго-За́падная
8. ГУМ
9. гости́ница «Междунаро́дная»
10. ботани́ческий сад

➤   *Complete Oral Drill 3 in the Workbook.*

3.4   Telling Where Something Is Located

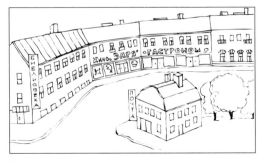

Кинотеа́тр «Заря́» нахо́дится **спра́ва от** библиоте́ки и **сле́ва от** гастроно́ма. Он нахо́дится **напро́тив** по́чты.

Кинотеа́тр «Луч» нахо́дится **недалеко́ от** па́рка, но **далеко́ от** це́нтра го́рода. Он **бли́зко от** па́рка.

Use a noun or noun phrase in the genitive case after the following spatial adverbs:

спра́ва от	to the right of
сле́ва от	to the left of
напро́тив	across from
бли́зко от	near to
далеко́ от	far from
недалеко́ от	not far from

After the spatial adverb **ря́дом с** — *next to,* use a noun or noun phrase in the instrumental case:

Библиоте́ка ря́дом с но́вым кинотеа́тром.

The library is next to the new movie theater.

Кинотеа́тр ря́дом с но́вой библиоте́кой.

The movie theater is next to the new library.

Кремль нахо́дится ря́дом с Кра́сной пло́щадью.

The Kremlin is next to Red Square.

You can also indicate what street something is on (**Кинотеа́тр нахо́дится на Тверско́й у́лице** — *The movie theater is on Tverskaya Street*) or what area of the city it's in (**Кинотеа́тр нахо́дится на се́вере** [**на ю́ге, на восто́ке, на за́паде, в це́нтре**] **го́рода** — *The movie theater is in the north [south, east, west, center] of town*).

Упражнения

А. Отве́тьте на вопро́сы.

1. Вы живёте далеко́ и́ли недалеко́ от университе́та?
2. Вы живёте далеко́ и́ли недалеко́ от университе́тской библиоте́ки?
3. Что нахо́дится спра́ва от университе́тской библиоте́ки?
4. Что нахо́дится сле́ва от университе́тской библиоте́ки?
5. Что нахо́дится напро́тив университе́тской библиоте́ки?
6. Университе́тская библиоте́ка нахо́дится бли́зко от спорти́вного за́ла?
7. Что нахо́дится ря́дом с спорти́вным за́лом?
8. Ваш университе́т нахо́дится в це́нтре го́рода?
9. Каки́е достопримеча́тельности нахо́дятся на ю́ге ва́шего го́рода? На се́вере? На восто́ке? На за́паде? В це́нтре?

Б. Запо́лните про́пуски.

— Наш дом нахо́дится недалеко́ _____ университе́та.
— Зна́чит, вы живёте совсе́м _____ от библиоте́ки!
— Да, как раз спра́ва _____ библиоте́ки! И _____ с мои́м до́мом есть та́кже большо́й парк.

В. Как по-ру́сски?

1. Nastya lives across the street from a school.
2. She lives to the left of the post office.
3. Her apartment is not far from downtown.
4. It is far away from the university.
5. Nastya's apartment is close to a movie theater.
6. It is to the right of a store.

Г. Indicate in Russian the location of five buildings in your town or on your campus.

➤ *Complete Oral Drills 4–7 and Written Exercises 3–5 in the Workbook.*

3.5 Giving Simple Directions

The Russian word **на́до** (or its synonym **ну́жно**), used to express necessity, is often used in giving directions. As always with the words **на́до** and **ну́жно,** if a person is mentioned, the person will be in the dative case.

— Скажи́те, пожа́луйста, как попа́сть на проспе́кт Ста́чек?	"Please tell me how to get to Prospekt Stachek."
— **Вам на́до** сесть на метро́ и прое́хать одну́ ста́нцию.	"*You need to* get on the subway and go one station."

To tell someone what means of transportation to take:

> на́до сесть на метро́ (авто́бус, трамва́й, тролле́йбус)
> на́до взять такси́

To tell someone what stop (station) to get out at:

> на́до вы́йти на сле́дующей остано́вке, че́рез одну́ остано́вку (на второ́й остано́вке), че́рез две остано́вки (на тре́тьей остано́вке)

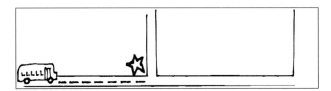

на́до вы́йти на сле́дующей остано́вке (на́до прое́хать одну́ остано́вку)

на́до вы́йти че́рез одну́ остано́вку (на второ́й остано́вке, на́до прое́хать две остано́вки)

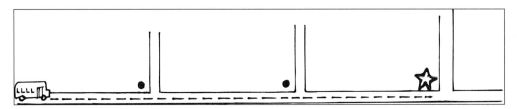

на́до вы́йти че́рез две остано́вки (на тре́тьей остано́вке, на́до прое́хать три остано́вки)

The verb **повора́чивать/поверну́ть** takes the accusative for the street onto which you are turning:

Вам надо **поверну́ть на Петро́вку** (на Новолесну́ю у́лицу, на Не́вский проспе́кт).	"You need to *turn onto Petrovka* (onto Novolesnaya Street, onto Nevsky Prospekt)."

The following short dialog contains the basic expressions needed to tell someone how to get somewhere on foot:

— Скажи́те, пожа́луйста, как попа́сть в библиоте́ку?

"Please tell me how to get to the library."

— **Иди́те пря́мо** до кинотеа́тра, пото́м иди́те (**поверни́те**) **нале́во на у́лицу Ле́рмонтова.** Когда́ уви́дите шко́лу, **иди́те напра́во.** А потом вы уви́дите библиоте́ку.

"*Walk straight* until you get to the movie theater, then *go* (turn) *to the left onto Lermontov Street.* When you see the school, *go right.* Then you'll see the library."

Упражнение

Как по-ру́сски?

"Please tell me how to get to the university."
"You have to get on bus two. You have to go two stops."
"Is it possible to walk there?"
"Yes, go straight until you get to the library, then turn right onto Pushkin Street."

➤ *Complete Oral Drill 8 and Written Exercises 6–7 in the Workbook.*

3.6 Means of Transportation: е́здить ~ е́хать/по- на чём

To indicate means of transportation in Russian, use **на** followed by the name of the vehicle in the prepositional case.

Влади́мир Петро́вич е́дет на рабо́ту **на авто́бусе.**

Ната́лья Па́вловна е́дет на рабо́ту **на метро́.**

Ле́на и Са́ша е́дут на рабо́ту **на маши́не.**

Упражнение

Как они́ е́дут на рабо́ту?

Образе́ц:  *Она́ е́дет на рабо́ту на трамва́е.*

1.  2.  3.

4.  5.  6.

➤ *Complete Oral Drills 9–11 in the Workbook.*

3.7 How Long Does It Take?

To find out how long it takes to get somewhere, use the following expressions.

Ско́лько вре́мени **идти́** до Эрмита́жа (до кино́театра, до библиоте́ки, до рабо́ты, домо́й)?	*How long does it take to get (walk) to the Hermitage (the movie theater, the library, work, home)?*	Within city, on foot.
Ско́лько вре́мени **е́хать** до Эрмита́жа на авто́бусе (на трамва́е, на маши́не, на метро́, на такси́)?	*How long does it take to get (ride) to the Hermitage by bus (by tram, by car, by metro, by taxi)?*	Within city, via transport.
Ско́лько вре́мени **е́хать** до Санкт-Петербу́рга (до Колора́до, до Москвы́, до Аля́ски)?	*How long does it take to get (drive, go by train) to St. Petersburg (Colorado, Moscow, Alaska)?*	To another city or country, via transport.

| Сколько времени **лететь** в Санкт-Петербург (в Колорадо, в Москву, на Аляску)? | *How long does it take to get (fly) to St. Petersburg (Colorado, Moscow, Alaska)?* | Via air travel. |

Possible answers include:

Идти до Эрмитажа 10 минут.	*It takes 10 minutes to get (walk) to the Hermitage.*	Within city, on foot.
Ехать до Эрмитажа на автобусе 3 минуты.	*It takes 3 minutes to get (ride) to the Hermitage by bus.*	Within city, via transport.
Ехать до Санкт-Петербурга 10 часов.	*It takes 10 hours to get (drive, go by train) to St. Petersburg.*	To another city or country, via transport.
Лететь в Санкт-Петербург 2 часа.	*It takes 2 hours to get (fly) to St. Petersburg.*	Via air travel.

Упражнения

А. О себе. Ответьте на вопросы. Tell how long it takes to get from where you live to the following places.

1. Сколько времени идти до библиотеки?
2. Сколько времени идти до почты?
3. Сколько времени ехать до почты на машине?
4. Сколько времени ехать до бассейна на машине?
5. Сколько времени идти до университета?
6. Сколько времени идти до парка?
7. Сколько времени ехать до Канады?
8. Сколько времени ехать до Мексики?
9. Сколько времени лететь в Россию?
10. Сколько времени лететь в Японию?

Б. Сколько времени. . . ? First, ask how long it takes to walk to the following places in Moscow. Then ask how long it takes to get to the same places on a bus.

1. Большой театр
2. Московский университет
3. Третьяковская галерея
4. парк Горького
5. Красная площадь
6. Макдоналдс
7. ГУМ
8. Кремль
9. Арбат   **Арбат** is one of downtown Moscow's
10. Исторический музей   most historic streets.

➤ *Complete Oral Drill 12 in the Workbook.*

3.8   Going Verbs: е́здить~е́хать/пое́хать, ходи́ть~идти́/пойти́

The *multidirectional* verbs **ходи́ть** and **е́здить** refer to motion there and back. The *unidirectional* verbs **идти́** and **е́хать** refer to motion in one direction only.

Use **ходи́ть** and **е́здить** to refer to single round trips in the past.

В про́шлом году́ мы **е́здили** в Москву́. Когда́ мы там бы́ли, мы **ходи́ли** в Большо́й теа́тр.	Last year we *went* to Moscow. While we were there, we *went* to the Bolshoi Theater.

Use **ходи́ть** and **е́здить** to refer to repeated round trips in the past, present, or future.

В про́шлом году́ мы **е́здили** в Москву́ три ра́за. Тепе́рь мы туда́ **е́здим** ка́ждый ме́сяц. В бу́дущем году́ мы **бу́дем е́здить** в Москву́ ка́ждую неде́лю.	Last year we *went* to Moscow three times. Now we *go* there every month. Next year we *will go* to Moscow every week.
В про́шлом году́ мы ре́дко **ходи́ли** в кино́. Тепе́рь мы ча́сто **хо́дим** туда́. В бу́дущем году́ мы **бу́дем ходи́ть** туда́ ча́ще.	Last year we rarely *went* to the movies. Now we *go* often. Next year we *will go* more frequently.

The use of future-tense multidirectional verbs (such as **бу́дем ходи́ть, бу́дем е́здить**) is rare. In most contexts, you should use the verbs shown in the chart below: **пойду́т, пое́дут** (and their other conjugated forms).

The masculine past-tense form of **идти́, шёл,** is used for precipitation.

Сего́дня идёт дождь (снег).	It's raining (snowing) today.
Вчера́ шёл дождь (снег).	It rained (snowed) yesterday.

The multidirectional **ходи́ть** and **е́здить** and the unidirectional **идти́** and **е́хать** are all *imperfective* verbs. You will learn more about Russian verbs of motion later. For the time being, this table summarizes which verbs to use to say *go* in all three tenses.

	YOU WANT TO SAY . . .	BY FOOT	BY VEHICLE
Future	They will go	пойду́т	пое́дут
Present	They are going They are setting out for . . .	иду́т	е́дут
	They make trips to . . .	хо́дят	е́здят
Past	They went (set out for)	пошли́	пое́хали
	They went (made one round trip or several round trips)	ходи́ли	е́здили

CONJUGATION

GOING BY FOOT			GOING BY VEHICLE		
ходи́ть	идти́	пойти́	е́здить	е́хать	пое́хать
multidirectional imperfective present tense	*unidirectional imperfective present tense*	*unidirectional perfective future tense*	*multidirectional imperfective present tense*	*unidirectional imperfective present tense*	*unidirectional perfective future tense*
хож - у́	ид - у́	пойд - у́	е́зж - у	е́д - у	пое́д - у
хо́д - ишь	ид - ёшь	пойд - ёшь	е́зд - ишь	е́д - ешь	пое́д - ешь
хо́д - ит	ид - ёт	пойд - ёт	е́зд - ит	е́д - ет	пое́д - ет
хо́д - им	ид - ём	пойд - ём	е́зд - им	е́д - ем	пое́д - ем
хо́д - ите	ид - ёте	пойд - ёте	е́зд - ите	е́д - ете	пое́д - ете
хо́д - ят	ид - у́т	пойд - у́т	е́зд - ят	е́д - ут	пое́д - ут
Past tense ходи́л, -а, -и	*Past tense* (*precipitation*) шёл	*Past tense* пошёл пошла́ пошли́	*Past tense* е́здил, -а, -и	*Avoid past tense for now*	*Past tense* пое́хал, -а, -и

Упражнения

А.   **Вы́берите ну́жный глаго́л.** Pick the correct verb for the following dialogs.

1. Going by foot in the present tense.

    "Do you often *walk?*" (хо́дите пешко́м/идёте пешко́м)
    "No, but I'm *walking* to work today because my car is broken." (хожу́/иду́)

2. Going by vehicle in the present tense.

    "I usually *go* to campus by bus, but today I'm *going* by taxi." (е́зжу/е́ду)
    "We're also *going* by cab." (е́здим/е́дем)

Б.   Which verb will you use for *go* in the following dialog? Use context to determine which verb is needed.

    "Did Natasha go to Pskov last week?"
    "Yes. She often goes to Pskov. Her parents live there. She is going again today."
    "Does she usually go by train?"
    "Usually, but today she's going by bus."

В. Выберите нужный глагол. Pick the correct verb to express *going* in the following dialog. Pay attention to context:

> "Are you going to class today?" (ходите/идёте)
> "I don't go to class on Fridays." (хожу/иду)
> "Did you go to class yesterday?" (ходили/пошли)
> "First we went to class. Then we went to the library. Then we went to the store.
>   Then we went home." (ходили/пошли)

Г. Как по-русски?

Vasily Petrovich will walk to work today. Tomorrow he'll go to work on the subway. And how will you go to work?

➤ *Review Oral Drills 9–11 and complete Written Exercises 8–11 in the Workbook.*

3.9   Forming the Imperative

When giving directions or issuing commands, it is often possible to use either the expression of necessity you already know (**Вам надо проехать одну остановку**) or the imperative (command) form of the verb (**Проезжайте одну остановку**).

You have already learned a number of imperatives as vocabulary items: **Скажите! Извините! Простите! Идите!** The following steps show how to find the imperative form of most other verbs.

1. Find the third-person plural stem of the verb by removing the ending from the **они** form of the verb.

   прочита - ~~ют~~   говор - ~~ят~~   ответ - ~~ят~~
   совету - ~~ют~~   напиш - ~~ут~~   готов - ~~ят~~

2. If the stem ends in a vowel, add **-й**. The stress will be the same as in the **они** form.

   прочита́ + й = прочита́й
   посове́ту + й = посове́туй

3. If the stem ends in a consonant and the accent *in the first-person singular* (**я** form) is on the ending, add stressed **-й**.

   (говоря́т, говорю́)   (напи́шут, but напишу́)
   говор + й = говори́   напиш + й = напиши́

   (поверну́т, поверну́)
   поверн + й = поверни́

4. If the stem ends in a consonant and the stress is *not* on the ending in the first-person singular (**я** form), add **-ь**.

   (отве́тят, отве́чу)   (гото́вят, гото́влю)
   отве́т + ь = отве́ть   гото́в + ь = гото́вь

5. The commands given above (2–4) are familiar (**ты** forms). To make them formal (**вы** forms), simply add **-те**.

прочита́йте	говори́те	отве́тьте
посове́туйте	напиши́те	гото́вьте
	поверни́те	

6. To form the imperative of verbs with the **-ся** particle, follow steps 1–5 as if the verb did not have the particle. Then add **-ся** after a consonant, **-сь** after a vowel.

занима́ - ~~ют~~ - ся   занима́ + й + ся   →   занима́йся
                                      занима́ + й + те + сь   →   занима́йтесь

у́ч - ~~ат~~ - ся   уч + и́ + сь   →   учи́сь
(у́чатся, but учу́сь)   уч + и́ + те + сь   →   учи́тесь

7. Learn these forms, which do not follow the above rules.

вы́йти → вы́йди(те)—*Exit.*
пое́хать → поезжа́й(те)—*Go.* (This model is used for all verbs with **-ехать**)
дава́ть → дава́й(те)—*Let's . . . .* (This model is used for all verbs with **-ава-**)
дать → да́й(те)—*Give.*
есть → е́шь(те)—*Eat.*

Упражнение

Give the imperatives in both the **ты** and the **вы** forms for the following verbs.

1. прочита́ть	7. написа́ть	13. пригото́вить
2. отвеча́ть	8. посмотре́ть	14. идти́
3. игра́ть	9. сказа́ть	15. поверну́ть
4. де́лать	10. показа́ть	16. пое́хать
5. отдыха́ть	11. купи́ть	17. дать
6. посове́товать	12. отве́тить	18. дава́ть

➤   *Complete Oral Drills 13–14 and Written Exercises 12–13 in the Workbook.*

3.10   Verb Aspect and the Imperative

1. To tell someone to perform a single complete action *one time,* use a *perfective* verb.

Извини́те!	Excuse me.
Прости́те!	Excuse me.
Скажи́те, пожа́луйста, . . .	Tell me, please, . . .
Пройди́те!	Pass through.
Вы́йдите че́рез одну́ остано́вку.	Get out at the second stop.
Поверни́те на у́лицу Га́шека.	Turn onto Gashek Street.
Принеси́те суп, пожа́луйста.	Bring soup, please.
Прочита́йте уро́к 12.	Read lesson 12.
Напиши́те упражне́ние 8.	Write exercise 8.

2. To tell someone to do something *continuously* or *repeatedly,* use an *imperfective* verb.

Всегда говорите правду!	Always tell the truth.
Говорите по-русски на занятиях русского языка.	Speak Russian in Russian class.
Занимайтесь три часа каждый день.	Study three hours every day.
Читайте немного каждый день.	Read a little every day.
Пишите упражнения аккуратно.	Write the exercises carefully.

3. To tell someone *not* to do something, use an *imperfective* verb.

Не говорите об этом.	Don't talk about that.
Не смотрите этот фильм.	Don't see that movie.
Не читайте эту газету.	Don't read this newspaper.
Не пишите письма на лекции.	Don't write letters in class.

4. A few commands, usually polite invitations, are almost always given in the imperfective.

Садитесь!	Have a seat.
Входите!	Come in.
Приезжайте!	Come for a visit [*from out of town*].
Приходите!	Come for a visit [*from within town*].

Упражнения

А.   Составьте предложения. Make these **надо** sentences into direct commands. Assume you are on **ты**.

1. Надо прочитать этот журнал!
2. Надо написать письмо!
3. Надо посоветовать ему, что делать!
4. Надо спросить о контрольной работе!
5. Надо ответить на вопрос!
6. Надо приготовить ужин!
7. Надо сказать правду!
8. Надо заказать разговор с США!
9. Надо рассказать всё!
10. Надо повернуть направо на Тверскую улицу!

Б.   Составьте предложения. Negate the commands you made in Exercise **А**, above.

В.   Как по-русски?

1. (To a child) Write a letter to Grandma.
2. (To an adult) Don't write exercise twelve.
3. (To a number of people) Always speak Russian in class.
4. (To a child) Look at this book.
5. (To an adult) Don't watch the film.

➤ *Complete Oral Drills 15–16 and Written Exercise 14 in the Workbook.*

▨ Давайте почитаем

A.   Пра́вила по́льзования метрополите́ном

Source: www.metro.ru

The following is an excerpt of the rules for using the Moscow metro system. Before reading the text, think about what you might expect to find in such a document, and jot down a few items. Then read the text.

Метрополите́н — оди́н из основны́х ви́дов городско́го пассажи́рского тра́нспорта, мно́гие ста́нции кото́рого представля́ют собо́й па́мятники исто́рии, культу́ры, архитекту́ры и охраня́ются госуда́рством.

Ли́ца, находя́щиеся на террито́рии метрополите́на, должны́ быть взаи́мно ве́жливыми, уступа́ть места́ в ваго́нах поездо́в инвали́дам, пожилы́м лю́дям, пассажи́рам с детьми́ и же́нщинам, соблюда́ть чистоту́ и обще́ственный поря́док.

Ста́нции метрополите́на откры́ты для вхо́да и переса́дки с одно́й ли́нии на другу́ю ежедне́вно с 6 часо́в утра́ до 1 ча́са но́чи.

Разреша́ется беспла́тно провози́ть:

- Дете́й в во́зрасте до 6 лет.
- Лы́жи, де́тские велосипе́ды, са́нки, рыболо́вные у́дочки, музыка́льные инструме́нты.

Запреща́ется провози́ть (находи́ться с ни́ми в вестибю́ле ста́нции):

- Громо́здкий бага́ж.
- Огнестре́льное ору́жие.
- Легковоспламеня́ющиеся, взры́вчатые, отравля́ющие, ядови́тые и зловóнные вещества́ и предме́ты, в том числе́ бытовы́е га́зовые балло́ны.
- Велосипе́ды и подо́бные им тра́нспортные сре́дства (за исключе́нием складны́х).
- Живо́тных и птиц вне кле́ток или специа́льных конте́йнеров (су́мок).

Находя́сь на эскала́торе, необходи́мо стоя́ть спра́ва лицо́м по направле́нию его́ движе́ния, проходи́ть с ле́вой стороны́, держа́ться за по́ручень, держа́ть малоле́тних дете́й на рука́х и́ли за́ руку, не заде́рживаться при схо́де с эскала́тора.

В ваго́не сле́дует не прислоня́ться к двера́м, не меша́ть вхо́ду и вы́ходу пассажи́ров, при подъе́зде к ста́нции назначе́ния подгото́виться к вы́ходу.

На террито́рии метрополите́на запреща́ется:

- Кури́ть.
- Распива́ть спиртны́е напи́тки и находи́ться в нетре́звом состоя́нии.
- Входи́ть на нерабо́тающий эскала́тор без разреше́ния рабо́тников метрополите́на. Создава́ть ситуа́ции, меша́ющие движе́нию пассажиропото́ка.
- Сиде́ть, ста́вить ве́щи на ступе́ни и по́ручни эскала́торов, бежа́ть по эскала́торам и платфо́рмам.
- Проходи́ть и находи́ться на ста́нции без о́буви.
- Спуска́ться на путь.
- Открыва́ть две́ри ваго́нов во вре́мя движе́ния и остано́вок, а та́кже препя́тствовать их откры́тию и закры́тию на остано́вках.

Слова́рь

бытово́й — everyday
ваго́н — car (*of a train*)
ве́жливый — polite
взаи́мно — mutually
вид — type
движе́ние — movement
держа́ть (*impf.*) — to hold
держа́ться (*impf.*) — to hold on
запреща́ется — it is forbidden
злово́нный — bad-smelling
лицо́ (*lit.* face) — legal term for an individual
кури́ть — to smoke
меша́ть — to prevent, get in the way
    меша́ющий — preventing
мно́гие ста́нции кото́рого   many of whose stations (see Unit 6 on **кото́рый**)
направле́ние — direction
находя́щиеся — from находи́ться — located
о́бувь — shoes, footware
обще́ственный — societal, public
основно́й — basic
охраня́ются госуда́рством — are protected by the government
подо́бный — similar
по́ручень — railing, handle
поря́док — order
пото́к — flow
представля́ют собо́й — are
препя́тствовать — to prevent, hinder
путь — rail
разреша́ется — it is permitted
разреше́ние — permission
са́нки (*always plural*) — sled(s)
складно́й — folding
соблюда́ть (*impf.*) — to observe (a rule)

состоя́ние — condition
спуска́ться — to descend
ступе́нь — step
уступа́ть ме́сто (*impf.*) — to give up one's place
чистота́ — cleanliness
ядови́тый — poisonous

Вопро́сы:

Now go back through the text and answer the following questions.

1. What is the purpose of the first paragraph? Is this something you would expect to see in a list of rules?
2. When does the metro open and close?
3. Which of the following are not listed among those to whom one should give up one's seat:

   a. elderly
   b. veterans
   c. passengers with children
   d. disabled

4. If **без** is without and **плати́ть** is pay, then what do you think **беспла́тно** means?
5. You know the word **ры́ба** from Book One, Unit 9. What do you think **рыболо́вные у́дочки** means?
6. Which of the following are not listed among those items you may transport on the metro for free:

   a. musical instruments
   b. children's bicycles
   c. small children
   d. bicycles

7. Beginning at what age do children have to pay a fare to ride the metro?
8. Look at the list of items you may not transport on the metro.

   a. If **легко́** means "easy" and **пла́мя** means "flame," what do you think **легковоспламеня́ющиеся** means?
   b. If **ого́нь** means "fire" and **стреля́ть** means "shoot," what do you think **огнестре́льное ору́жие** means?
   c. Look at the phrase **Живо́тных и птиц вне кле́ток или специа́льных конте́йнеров (су́мок). Живо́тных и птиц** means "animals and birds." The word **кле́тка** means "cage." What do you think the entire phrase means? What does the word **вне** probably mean? Think also about the phrase **вне́шняя поли́тика**, "foreign policy."
   d. Is it all right to carry animals in something other than a cage?
   e. In the phrase **громо́здкий бага́ж,** what do you suspect **громо́здкий** means?

9. Name five things that are forbidden in the metro. You have not been given every word in the vocabulary list; try to draw conclusions from what you have been given, without using a dictionary.

Б. Чте́ние для удово́льствия

Була́т Окуджа́ва (1924–97) писа́л стихи́ и рома́ны, но он был изве́стен бо́льше всего́ как «бард»: он пел свои́ стихи́, как америка́нские «ба́рды» 60-х годо́в, наприме́р, Боб Ди́лан. Окуджа́ва роди́лся в Москве́, но жил пото́м на Кавка́зе. Его́ оте́ц был грузи́н, а ма́ма армя́нка. В 1937 году́ его́ роди́тели бы́ли аресто́ваны. Его́ отца́ расстреля́ли, а мать отпра́вили в ла́герь. Он око́нчил Тби́ли́сский университе́т в Гру́зии и пото́м преподава́л ру́сскую литерату́ру в шко́ле в Калу́ге. В 1956 году́, во вре́мя о́ттепели, он перее́хал в Москву́ и на́чал писа́ть пе́сни. «После́дний тролле́йбус» изве́стная пе́сня о жи́зни в Москве́.

> армя́нка — национа́льность же́нщины из Арме́нии
> во вре́мя — during
> грузи́н — национа́льность мужчи́ны из Гру́зии
> изве́стный (изве́стен) — famous
> ла́герь — camp; prison camp
> отпра́вить (*perf.*) — to send
> о́ттепель (*fem.*) — the "thaw": a period of relative freedom after the death of Stalin
> пе́сня — song
> петь (*impf.*) — to sing
> расстреля́ть (*perf.*) — to shoot; to execute by shooting
> свой — his own

Була́т Окуджа́ва

«После́дний тролле́йбус» (1963)

Когда́ мне невмо́чь пересилить беду́,
Когда́ подступа́ет отча́янье,
Я в си́ний тролле́йбус сажу́сь на ходу́,
В после́дний, в случа́йный.

После́дний тролле́йбус, по у́лицам мчи,
Верши́ по бульва́рам круже́нье,
Чтоб всех подобра́ть, потерпе́вших в ночи́ круше́нье.

После́дний тролле́йбус, мне дверь отвори́!
Я зна́ю, как в зя́бкую по́лночь
Твои́ пассажи́ры, матро́сы твои́,
Прихо́дят на по́мощь.

Я с ни́ми не раз уходи́л от беды́,
Я к ним прикаса́лся плеча́ми.
Как мно́го, предста́вьте себе́, доброты́
В молча́нии.

Послéдний троллéйбус плывёт по Москвé.
Москвá, как рекá, затухáет,
И боль, что скворчóнком стучáла в вискé
Стихáет.

Словáрь

беда́ — misfortune

боль (*fem.*) — pain

верши́ть кружéнье (*impf.*) — to make a circle, have a circular route

висóк — temple (by the ear)

доброта́ — kindness

затуха́ть (*impf.*) — to die out (like a candle)

зя́бкий = прохла́дный

матрóс — sailor

мне невмóчь = я не могу́

молча́ние — silence

мчать (*imperative* мчи) (*impf.*) — to rush

на ходу́ — in motion, while walking; spontaneously

не ра́з — more than once

отвори́ть (*perf.*) = откры́ть — to open

отча́яние (отча́янье) — despair

плыть (плывёт) (*impf., unidirectional*) — to swim, float, sail

подобра́ть (*perf.*) — to pick up

подступа́ть (*impf.*) — to approach; begin

потерпе́ть крушéнье (*perf.*) — to suffer in a shipwreck

предста́вьте себé — imagine!

прикаса́ться плеча́ми (*impf.*) — to rub shoulders (in a crowd)

приходи́ть на пóмощь — to come to help, to come to someone's aid

река́ — river

сажу́сь — сади́ться (*impf.*) — to sit down

скворчóнок — baby starling

случа́йный — accidental; random

стиха́ть (*impf.*) — to quiet down; subside

стуча́ть (*impf.*) — to knock

уходи́ть (*impf.*) — to leave

чтоб (=чтóбы) — in order to (*see 9.2*)

Ещё о нóвых слова́х:

1. If **си́льный** means "strong" and the prefix **пере-** means "across", what do you think **переси́лить** (*perf.*) means?
2. If **доброта́** is kindness, then how do you say "kind" in Russian?

🪩 Давайте послушаем

Добро пожаловать в Москву! Предположим, что вы в группе иностранных студентов. Вы только что приехали в Москву, где вы будете учиться в одном из институтов. Вашу группу встречает представитель* института Сергей Базаров. По дороге в общежитие, где вы будете жить, он вам рассказывает немного о месте, где вы будете жить, и о городском транспорте в Москве.

* **представитель** — *representative*

1. **Перед прослушиванием. Before listening.** Как вы думаете, что скажет Сергей Базаров?

   ☑ Да, он это скажет!

   ? Может быть, он это скажет.

   ✗ Нет, он этого не скажет!

   а. ☐ Общежитие, где будут жить студенты, находится далеко от института. Каждый день надо будет ездить на метро.

   б. ☐ От института до центра города не очень далеко. Можно пройти пешком.

   в. ☐ В Москве лучше не пользоваться такси. Это очень дорого.

   г. ☐ В Москве есть муниципальные такси, а также неофициальные частные такси.

   д. ☐ Когда вы договариваетесь с таксистом о проезде, лучше говорить с иностранным акцентом.

   е. ☐ До института можно доехать ещё на автобусе.

   ж. ☐ Для студентов есть специальный автобус, который регулярно ходит между общежитием и институтом.

   з. ☐ Завтра первый день занятий. Студенты будут очень заняты.

   Теперь прослушайте запись, чтобы узнать, были ли ваши прогнозы правильны.

2. Посмотрите на план московского метро на стр. 91. Укажите, где находятся старый корпус института и общежитие.

3. В этом тексте вы узнали новые слова. Что соответствует чему?

а. единый билет   i. [изображение здания]

в. корпус   iii.

б. карточка   ii. [изображение билета «ЕДИНЫЙ»]

г. муниципальное такси   iv. [изображение такси]

д. счётчик   v.

ж. частник   vii.

е. таксист   vi.

4. На какие виды транспорта годится «единый билет»?

а.   б.   в.   г.

5. Сергей Базаров дал студентам несколько советов.* Посмотрите на картинки.
Что он бы сказал?   What would Bazarov say about each of these pictures?

* несколько советов — *several bits of advice*

Хорошо или плохо?

Обзорные упражнения

А.   Как добра́ться до МГУ.

1. **Отве́тьте на вопро́сы.** Read the following directions to MGU, and answer these questions.

   а. Where is the main campus? Find its approximate location on the metro map on p. 91.
   б. Where is the old campus? Find its approximate location on the subway map. Are the old and new campuses relatively close to each other?
   в. How is the building in this picture referred to?

Основной кампус МГУ расположен на Воробьевых (Ленинских) горах на юго-западе Москвы. Здесь расположены

- Ректорат и центральные службы университета
- Факультет вычислительной математики и кибернетики
- Химический факультет
- Факультет фундаментальной медицины
- Геологический факультет
- Исторический факультет
- Факультет иностранных языков
- Социологический факультет
- Научно-исследовательский институт механики
- Государственный астрономический институт им. П. К. Штернберга
- Музей землеведения

- Механико-математический факультет
- Физический факультет
- Биологический факультет
- Факультет почвоведения
- Географический факультет
- Филологический факультет
- Философский факультет
- Экономический факультет
- Научно-исследовательский институт ядерной физики
- Научно-исследовательский институт физико-химической биологии им. А. Н. Белозерского
- Научно-исследовательский вычислительный центр

Чтобы добраться до Главного здания МГУ и остальных корпусов центрального кампуса, необходимо доехать на метро до станции «Университет» (15 мин. от центра Москвы), а затем пешком 15 мин. в сторону высотного здания МГУ, которое хорошо видно от выхода из метро. Можно доехать на автобусе до остановки «Дом культуры МГУ». Автобусы 1, 113, 119, 661.

Старый комплекс зданий МГУ расположен на перекрестке Большой Никитской улицы и Охотного Ряда в центре Москвы. Здесь расположены :

- Факультет журналистики
- Факультет психологии
- Институт стран Азии и Африки
- Издательство МГУ

Добраться до старого комплекса можно пешком (5 мин.) от станций метро «Библиотека им. Ленина» или «Охотный ряд».

2. **Но́вые слова́.** Find synonyms in the text for these words you already know.

попа́сть: Как попа́сть в МГУ?

находи́ться: Здесь нахо́дится (нахо́дятся...)

ну́жно: Ну́жно дое́хать на метро́ до ста́нции «Университе́т».

Слова́рь

высо́тный — tall (*said of buildings*)

зате́м — пото́м

изда́тельство — publishers

нау́чно-иссле́довательский институ́т — research institute

основно́й — main

остально́й — remaining; rest

перекрёст(о) к — intersection

слу́жба — service

Б. Разгово́р с такси́стом.

Разгова́ривают пассажи́р и такси́ст. A visitor to MGU is in too much of a hurry to go on public transportation and takes a taxi instead. Listen to the conversation to answer these questions.

1. Where exactly does the passenger want to go?
2. How much is the trip going to cost? Does the passenger think the amount charged is reasonable?
3. Why does the passenger begin to "backseat drive"? What phrases led you to your conclusions?
4. What does the passenger say at the end of the conversation?

В. Ника́к не мог(ла́) найти́ твой дом. You were supposed to go to Tanya's house yesterday, but you got lost on the way and never made it. Her phone is broken, so you couldn't call to get directions or even explain why you never came. Write a note to her explaining what happened. Tell exactly how you went and ask if her address is really 6 Potyomkinskaya St., apartment 25. Then suggest meeting in the institute cafeteria at 1:00 today. On the next page you will find a map that retraces your steps. Here is a suggested beginning for your note: **Та́ня! Извини́, что я вчера́ не пришёл (пришла́). Я ника́к не мог(ла́) найти́ твой дом...**

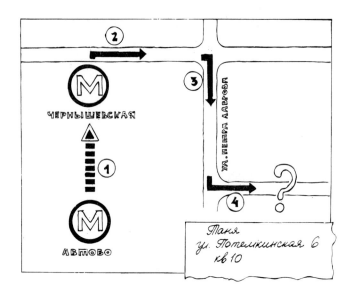

Г. **Как попáсть.** Imagine that you have invited several people from your Russian class to dinner on Friday evening. Give them directions to your place in Russian. Use your classroom as the starting point.

Новые слова и выражения

NOUNS

авто́бус	bus
а́дрес (*pl.* адреса́)	address
бассе́йн	swimming pool
ботани́ческий сад	botanical garden
велосипе́д	bicycle
вид тра́нспорта	means of transportation
вход	entrance
галере́я	gallery
го́род (*pl.* города́)	city
гости́ница	hotel
достопримеча́тельность (*fem.*)	sight, place, object of note
заня́тие (*usually plural:* заня́тия)	class(es) (*in college, institute, university*)
зда́ние	building
зоологи́ческий сад	zoo
зоопа́рк	zoo
иску́сство	art
кинотеа́тр	movie theater
кни́жный магази́н	bookstore
Кремль (*endings always stressed*)	Kremlin
маши́на	car
метро́	metro, subway
мече́ть (*fem.*)	mosque
музе́й	museum
остано́вка (авто́буса, трамва́я, тролле́йбуса)	(bus, tram, trolley) stop
па́мятник	monument
парк	park
пло́щадь (на) (*fem.*)	square
по́чта (на)	post office
проспе́кт (на)	avenue
река́	river
ры́н(о)к (на)	market
синаго́га	synagogue
ста́нция (метро́) (на)	(metro) station
стоя́нка (такси́) (на)	(taxi) stand
страна́	country, nation
такси́	taxi
трамва́й	tram
тролле́йбус	trolley
у́лица (на)	street

Новые слова и выражения

центр	center; downtown
це́рковь (*fem.*)	church
(*pl.* це́ркви, церкве́й, в церква́х)	

ADJECTIVES

ближа́йший	nearest
высо́кий	tall
гла́вный	main
знамени́тый	famous
истори́ческий	history
сле́дующий	next
совреме́нный	modern
студе́нческий	student
университе́тский	university
центра́льный	central

VERBS

выходи́ть/вы́йти	to exit
(выхож-у́, выхо́д-ишь, -ят)	
(вы́йд-у, вы́йд-ешь, вы́йд-ут;	
imperative вы́йди, вы́йдите)	
е́здить (*multidirectional*)	to ride
(е́зж-у, е́зд-ишь, -ят)	
называ́ться (*impf.*)	to be called (*used for things, not people or animals*)
(называ́-ется, -ются)	
находи́ть/найти́	to find
(нахож-у́, нахо́д-ишь, -ят)	
(найд-у́, найд-ёшь, -у́т; нашёл, нашла́, нашли́)	
отвеча́ть/отве́тить (*на что*)	to answer (*something*)
(отвеча́-ю, -ешь, -ют)	
(отве́чу, отве́тишь, отве́тят)	
повора́чивать/поверну́ть (*куда́*)	to turn (*right, left, etc.*)
(повора́чива-ю, -ешь, -ют)	
(поверн-у́, -ёшь, -у́т)	
попа́сть (*perf.*)	to get to
(попад-у́, -ёшь, -у́т; *past:* попа́л)	
прое́хать (*perf.*)	to go past
(прое́д-у, -ешь, -ут)	
пройти́ (*perf.*)	to go (*a certain distance*)
(пройд-у́, -ёшь, -у́т)	
сади́ться/сесть	(*lit.* to sit down); to get onto (*a bus, tram, trolley, subway*)
(саж-у́сь, сад-и́шься, -я́тся)	
(ся́д-у, -ешь, -ут)	

Новые слова и выражения

ходи́ть (*multidirectional*) (хож-у́, хо́д-ишь, -ят)	to walk

Verbs to be learned only in these forms:

находи́ться (*impf.*) (нахо́д-ится, -ятся)	to be located

ADVERBS

бли́зко (*от чего́*)	close (*to something*)
внима́тельно	carefully
(не)далеко́ (*от чего́*)	(not) far (*from something*)
до́рого	expensive
и́менно	exactly
нале́во	(to the) left (*of something*)
напра́во	(to the) right (*of something*)
напро́тив (*чего́*)	opposite (*something*)
отсю́да	from here
пешко́м	on foot
пря́мо	straight ahead
ря́дом (*с чем*)	adjacent, next (*to something*)
ско́ро	soon
сле́ва (*от чего́*)	on the left (*of something*)
спра́ва (*от чего́*)	on the right (*of something*)
туда́	(to) there

PREPOSITIONS

до + *genitive case*	until, up to
по + *dative case*	along

PHRASES AND OTHER EXPRESSIONS

Вы не туда́ е́дете.	You're going the wrong way.
Вы сейча́с выхо́дите?	Are you getting off now?
До (*чего́*) не довезёте?	Would you take me to . . . ?
Как попа́сть (*куда́*)?	How does one get to . . . ?
ника́к не могу́. . .	I just can't . . .
ника́к не мог (могла́). . .	I just couldn't . . .
Поверни́(те) (напра́во, нале́во).	Turn (right, left).
Разреши́те пройти́.	Please allow me to pass.
Сади́тесь.	Have a seat.
Ско́лько вре́мени туда́ идти́ (е́хать)?	How long does it take to get there?
Ско́лько э́то бу́дет сто́ить?	How much will it cost?

Новые слова и выражения

PASSIVE VOCABULARY

милиционе́р	policeman
обраща́ться (*impf.*: обраща́ - юсь, - ешься, - ются) (*к кому*)	to turn to (*someone*)
прохо́жий	passerby

PERSONALIZED VOCABULARY

_____

_____

_____

_____

_____

Гостиница

УРОК 4

Коммуникативные задания

- Making hotel and travel arrangements
- Dealing with common travel problems
- Reading ads for hotel and travel services

Грамматика

- Expressing dates
- Review: Genitive plural of modifiers and nouns
- Adjectives following numbers
- Accusative plural of animate nouns and their modifiers
- Prefixed verbs of motion

Чтение для удовольствия

- Ильф и Петро́в. «Заброни́рованное ме́сто»

Между прочим

- Russian hotels
- Arranging travel in Russia

О чём идёт речь?

А. Гостиница.

В бюро обслуживания можно заказать билеты в театр.

Администратор просит ваш паспорт, чтобы зарегистрировать вас.

Нужно обратиться в **паспортный отдел**, если вы потеряли паспорт или хотите продлить визу.

Это **обмен валюты.** Здесь можно обменять доллары на рубли.

Драгоценности можно оставить **в камере хранения.**

Надо оставить ключ **у дежурной.**

В гардеробе надо оставить пальто.

На этаж можно подняться **на лифте.**

В номере есть кровать, письменный стол и телевизор.

Вот **буфе́т**. Здесь мо́жно заказа́ть чай и бутербро́д.

Газе́ты и журна́лы мо́жно купи́ть **в газе́тном кио́ске.**

В рестора́не мо́жно пообе́дать.

В магази́не «Сувени́ры» мо́жно купи́ть матрёшки, шкату́лки и други́е сувени́ры.

Ме́жду про́чим

Гости́ница

Large Western hotels in Russia look like any other Holiday Inn or Ramada. But smaller hotels and lodging in the provinces share a number of features not commonly found in America or Europe.

The sign saying **Администра́тор** (*Manager*) directs you to the registration desk. There the receptionist will ask for your passport for registration. In many hotels, other passport operations, such as requests for visa extensions, are handled through the **па́спортный отде́л.**

Бюро́ обслу́живания, also called **серви́с-бюро́,** books tickets for travel and for local theaters.

Like most other public places, hotels have a **гардеро́б,** a coat-check for those using facilities such as the restaurants and bars. In nearly all places, use of the **гардеро́б** is not optional. It is considered uncouth to run around inside a building in a heavy coat.

In many hotels a **дежу́рная** is responsible for the comings and goings on each floor, making sure that only registered guests are sleeping there. In larger hotels, she is also keeper of the keys for her floor: when leaving the hotel for the day, you must turn in your key to her. You can turn to the **дежу́рная** about problems in your room. You can also sometimes order tea through the **дежу́рная** when the **рестора́н** or **буфе́т** is closed.

Междунаро́дный телефо́н. The most modern hotels have direct international telephone and data links. However, in many provincial hotels long-distance calls must be booked in advance with the hotel operator.

Удо́бства. Creature comforts vary widely from place to place. Only the most expensive hotels catering to foreign tourists approach "all the comforts of home." Many places, especially in smaller cities, feature dormitory-style accommodations: shared bathrooms for all the rooms on a floor, spotty hot water, and televisions in common lounges.

Б. Куда́ идти́? Предста́вьте себе́, что вы в ру́сской гости́нице. Куда́ ну́жно идти́ в э́тих ситуа́циях?

1. Вы то́лько что прие́хали. На́до зарегистри́роваться.
2. Вы хоти́те пое́сть.
3. Вы не хоти́те оставля́ть драгоце́нности в но́мере.
4. У вас есть ви́за на одну́ неде́лю, но вы хоти́те жить здесь две неде́ли.
5. Вам нужны́ рубли́.
6. Вы хоти́те купи́ть ма́ленький пода́рок.
7. Вы хоти́те пойти́ в теа́тр.
8. Вы то́лько что вошли́ с у́лицы. Вы в пальто́. Вы идёте в рестора́н и не хоти́те поднима́ться в но́мер, что́бы оста́вить пальто́.
9. В ва́шем но́мере о́чень хо́лодно.
10. Вы хоти́те купи́ть газе́ту.
11. Вы с друзья́ми хоти́те хорошо́ поу́жинать.
12. Вы идёте в музе́й и должны́ оста́вить ваш ключ.
13. Вы гото́вы уе́хать и должны́ заплати́ть за но́мер.

В. Разгово́ры

Разгово́р 1. У нас заброни́ровано 30 мест.
  Разгова́ривают Джеф и рабо́тники гости́ницы.

ДА или НЕТ. Если НЕТ, то почему?

1. Руководи́тель америка́нской гру́ппы говори́т, что он заброни́ровал два́дцать мест.
2. В э́той гру́ппе 10 мужчи́н и 10 же́нщин.
3. Руководи́тель гру́ппы заброни́ровал места́ на пять дней.
4. Джеф ра́ньше разгова́ривал с Зинаи́дой Соколо́вой.
5. Администра́тор говори́т, что америка́нцы заброни́ровали места́ то́лько на три дня.
6. Америка́нцы полу́чат свои́ номера́, когда́ уе́дет неме́цкая гру́ппа.

Разгово́р 2. Пробле́мы с номера́ми.
  Разгова́ривают Джеф и рабо́тница гости́ницы.

1. В како́м но́мере не закрыва́ется фо́рточка?
2. Что говоря́т о со́рок тре́тьем но́мере?
3. Что говори́т администра́тор о горя́чей воде́ в гости́нице?
4. Что говоря́т о пятьдеся́т четвёртом но́мере?
5. Что говори́т администра́тор гости́ницы о тре́тьем этаже́?

Разгово́р 3. Я потеря́л докуме́нты. . .
  Разгова́ривают тури́ст и рабо́тница гости́ницы.

1. Како́й докуме́нт потеря́л тури́ст?
2. Что ещё он потеря́л?
3. Когда́ он по́нял, что он потеря́л всё?
4. Где рабо́тница гости́ницы сове́тует тури́сту иска́ть поте́рянные ве́щи?
5. Где тури́ст нахо́дит свои́ ве́щи?

Язык в действии

🖸 Диалоги

1. **Для нас заброни́ровано 30 мест.**

— Здра́вствуйте!
— Здра́вствуйте! Я руководи́тель америка́нской гру́ппы студе́нтов. Мы то́лько что прие́хали. Для нас заброни́ровано 30 мест.
— Гру́ппа США? У меня́ на вас нет никако́й бро́ни.
— Как нет? Мы с ва́ми ра́ньше договори́лись по телефо́ну: 12 мужчи́н, 18 же́нщин на 5 дней.
— Не зна́ю. Я ли́чно ни с кем не догова́ривалась.
— Мину́точку! Я записа́л и́мя. Сейча́с найду́. Вот. Соколо́ва Зинаи́да Бори́совна.
— Сейча́с я её позову́. Мы всё вы́ясним.

2. **Не волну́йтесь.**

— Здра́вствуйте! Мы заброни́ровали 30 мест на пять дней.
— Есть. То́лько не на пять дней, а на четы́ре дня. Вы же уезжа́ете 15-го?
— Соверше́нно ве́рно. Всё пра́вильно.
— Не волну́йтесь. Мы всё реши́м.
— Не по́нял. В чём де́ло?
— Де́ло в том, что у нас пока́ живёт гру́ппа неме́цких тури́стов.
— Да, но...
— Они́ уезжа́ют че́рез не́сколько часо́в. Они́ уе́дут, и вы полу́чите номера́.
— По́нял.

3. **У нас не́сколько пробле́м с номера́ми.**

— До́брый день!
— Здра́вствуйте!
— Я руководи́тель гру́ппы америка́нских студе́нтов. У нас
  не́сколько пробле́м с номера́ми.
— Я вас слу́шаю.
— Зна́чит так, в три́дцать пе́рвом но́мере фо́рточка не
  закрыва́ется, хо́лодно.
— Так, а да́льше?
— Да́льше. В со́рок тре́тьем но́мере нет горя́чей воды́.
— Так, что каса́ется фо́рточки, я сра́зу вы́зову ма́стера.
  А горя́чей воды́ у нас в пе́рвой полови́не ию́ня не быва́ет.

Most Russian windows
have a mini-window, a
фо́рточка, that airs a
room without chilling it.

4. **Я потеря́л докуме́нты.**

— До́брое у́тро! Вы не помо́жете мне?
— В чём де́ло?
— Я бою́сь, что я потеря́л докуме́нты и ключи́.
— Каки́е и́менно докуме́нты?
— Па́спорт и ви́зу. Ой, и ещё биле́т на самолёт!
  И де́ньги! Де́нег нет!
— Мо́жет быть, вы их забы́ли в но́мере? Иди́те
  поищи́те!
— Да в то́м-то и де́ло! Ключе́й от но́мера у меня́
  нет. Я не могу́ войти́!
— Сейча́с я вам откро́ю э́тот но́мер, и мы с ва́ми
  пои́щем.
— Спаси́бо. Но понима́ете, у меня́ же рейс че́рез
  четы́ре часа́.
— Ничего́. Не волну́йтесь. Мы всё найдём.
— Я наде́юсь.

┌───┐

Ме́жду про́чим

Горя́чей воды́ ле́том иногда́ не быва́ет

In most cities hot running water comes from a central heating plant
(**теплоста́нция**). Maintenance usually occurs in the summer. Each
neighborhood loses its hot water supply for a two-week period, during
which apartment dwellers often resort to visiting friends or relatives across
town for an occasional shower.

└───┘

5. **Я бы хотел подтвердить билет.**

— Здравствуйте! Я бы хотел подтвердить свой билет.
Я завтра лечу в Москву.
— Так... Рейс 2354. К сожалению, этот рейс
аннулирован. Следующий рейс будет 23-го.
— А раньше никаких рейсов нет?
— Нет.
— А поездом?
— Поездом можно. Вот «Красная стрела» отходит
в полночь, а к восьми утра вы в Москве.
— Прекрасно!
— Хорошо. Я позвоню на вокзал, всё узнаю.
Подойдите через час, и всё будет готово.

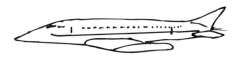

Между прочим

Средства сообщения

Желе́зные доро́ги. The backbone of Russia's transportation infrastructure is its railroads. Trains (**по́езд**, *pl.* **поезда́**) are comfortable and punctual. Most passengers travel from one city to another on overnight sleepers. A train car or **ваго́н** is divided into **купе́** (*indeclinable neuter and pronounced* [купэ́]—*compartments*), with two upper bunks (**ве́рхние места́**), and two lower bunks (**ни́жние места́**). Those who prefer a bit more privacy and are willing to pay double fare can travel in a **спа́льный ваго́н (СВ),** with two passengers per **купе́.** On most trains, passengers pay a nominal charge for bed linens (**посте́ль**) and **чай.** Less expensive third-class cars without separate compartments and with three-tiered bunks (**плацка́ртный ваго́н, плацка́рта**) are also available on some overnight trains. There are also seats in nonsleeper cars (**сидя́чий ваго́н, сидя́чие места́**) on intercity day trains; these too are increasingly divided into first, second, and third class. Travel by train should be thought out in advance. Last-minute tickets can be hard to come by, especially in the summer.

Самолёт. Plane tickets are easier to get than train tickets, but air travel within Russia is more expensive and less reliable. Delays and cancellations are common. One must often confirm and reconfirm airline tickets for noninternational flights after each stopover. The verb is **подтвержда́ть/подтверди́ть биле́т.**

Междугоро́дный авто́бус. Intercity bus routes exist, and travel on intercity buses is becoming increasingly comfortable; however, bad roads can make long-distance bus travel undependable. Buses may leave from a train station (**вокза́л**), or from a separate bus station (**авто́бусный вокза́л, автовокза́л**).

Автосто́п. Intercity hitchhiking is a risky operation, especially for foreigners traveling without the company of trusted Russian friends.

А.   Вопро́сы к диало́гам

Диало́г 1

1. Где происхо́дит э́тот разгово́р?
2. Кто разгова́ривает?
3. Когда́ прие́хала гру́ппа америка́нских студе́нтов?
4. Ско́лько челове́к в гру́ппе америка́нских студе́нтов?
5. Ско́лько мужчи́н в гру́ппе?
6. Ско́лько же́нщин в гру́ппе?

Диало́г 2

1. Зинаи́да Бори́совна разгова́ривает с руководи́телем америка́нских студе́нтов. Она́ зна́ет, что они́ заброни́ровали 30 мест?
2. У америка́нцев бронь на пять дней и́ли на четы́ре дня?
3. Гру́ппа америка́нских студе́нтов уезжа́ет четы́рнадцатого и́ли пятна́дцатого?
4. Гру́ппа неме́цких тури́стов уезжа́ет че́рез не́сколько мину́т и́ли че́рез не́сколько часо́в?
5. Америка́нские студе́нты полу́чат номера́ сейча́с и́ли когда́ уе́дут не́мцы?

Диало́г 3

1. Кто разгова́ривает с администра́тором гости́ницы?
2. У них не́сколько пробле́м с биле́тами и́ли с номера́ми?
3. Почему́ хо́лодно в три́дцать пе́рвом но́мере?
4. Кого́ вы́зовет администра́тор?
5. Кака́я пробле́ма в со́рок тре́тьем но́мере?
6. Когда́ в э́той гости́нице быва́ет горя́чая вода́?

Диало́г 4

1. Что потеря́л молодо́й челове́к?
2. Почему́ он не мо́жет поиска́ть э́ти ве́щи в но́мере?
3. Когда́ у него́ рейс?

Диало́г 5

1. Молодо́й челове́к хо́чет подтверди́ть свой биле́т. Куда́ он до́лжен лете́ть за́втра?
2. Почему́ он не смо́жет полете́ть туда́ за́втра?
3. Он реша́ет полете́ть 23-го и́ли пое́хать на по́езде?

Б.   Но́вые слова́ и конте́кст. Review the dialogs and find the words in the column on the left. Then, using context to help you, pick the definition from the column on the right that best suits each word.

1. бро́ня		а.	часть окна́
2. но́мер		б.	монтёр
3. ма́стер		в.	зда́ние для обслу́живания пассажи́ров поездо́в
4. фо́рточка		г.	ко́мната в гости́нице
5. вокза́л		д.	зарезерви́рованное ме́сто в гости́нице

В.   Но́вые слова́ и ко́рни. You can guess the general meaning of many Russian verbs if you recognize the root. We have highlighted the root in the verbs below. In each case jot down a word you know that looks like the highlighted part of the verb.

1. вы́**ясн**ить
2. за**брони́**ровать
3. у**зна́ть**
4. под**тверди́ть** (not **мя́гкий** знак, but . . .?)

Now review the use of these verbs in the dialogs and match each verb with the appropriate English translation.

а. to clear up
б. to confirm
в. to find out
г. to reserve

Г.   Глаго́лы с части́цей -ся. Review the dialogs and find six verbs with the reflexive ending **-ся** (**-сь**). Then use context to help you match each verb with one of the definitions below.

1. agree
2. close
3. concern (have to do with)
4. fear
5. hope
6. worry

♪ Дава́йте поговори́м

А.   Подгото́вка к разгово́ру. Review the dialogs. How would you do the following?

1. Say that you have just arrived in town.
2. Say that you jotted down someone's name.
3. Say that you have reserved a room for five (two, ten) days.
4. Say you are leaving on the 15th (22nd, 10th).
5. Ask what is the matter.
6. Complain that the window doesn't close (there's no hot water, your TV doesn't work, the elevator is not working).
7. Ask someone to help you.
8. Say that you have lost your documents (passport, visa, money, keys, plane ticket).
9. Say that your flight leaves in four hours (25 minutes, 2 hours).
10. Say that you want to confirm your plane ticket.
11. Ask if your flight has been canceled.
12. Ask if there are any earlier flights.
13. Ask if you can go to Moscow by train.
14. Say that your train leaves at midnight (in 4 hours, tomorrow).

1. You are leading a group of foreign students in Russia. You are arranging travel for the group through a private travel agency. Tell the agent that there are 9 men in the group and 21 women. Find out if there are TVs in the rooms.

2. You have arrived at the hotel the agent booked to find out that the hotel does not have a record of your reservation. The agent gave you the name of the person she talked to: **Мари́я Льво́вна Воскресе́нская.** Get the situation straightened out.

3. You have just checked into your hotel room and discovered that the TV doesn't work. Ask the hotel staff to call a repairman or put you in a different room.

4. You have just checked out of your hotel and find that your passport is missing. You may have left it in your room. Explain the situation and get the staff to let you into the room.

5. It is May 12. Go to an airline office to confirm your flight to **Ни́жний Но́вгород** on May 15. Find out when you should arrive at the airport and how much luggage you can take on board with you.

6. With a partner, prepare and act out a situation of your own that deals with the topics of this unit.

꧁꧂ **В.   Устный перево́д.** You are living and studying in Russia. Another English speaker, whose Russian is considerably worse than yours, is very unhappy with her/his room and would like to talk it over with the dormitory director. You have agreed to interpret for them.

ENGLISH SPEAKER'S PART

1. Good afternoon. I'd like to talk to you about my room.
2. Well, the thing is, I was told I would have a TV and a refrigerator.
3. I made the arrangements with Ivan Semyonovich. He told me I would have two rooms, a refrigerator, and a TV. I've got a letter from him here to that effect.
4. Well, I can do without a second room. Can't you just move a TV and a refrigerator into my room? I see them in the hallways on every floor.
5. Well, what do you suggest then? As you can see from the letter, I paid extra for a TV and a refrigerator.
6. All right. I guess I'll have to live with that. Thanks for your attention.

Д.   Моноло́г. Tell about a memorable trip you have taken. Talk about how you got there, where you stayed, and what you did. Try to make your talk as interesting as possible, while still staying within the bounds of the Russian you know.

Грамматика

4.1 Ordinal Numbers

Russian adjectival or ordinal numbers (*first, second,* etc.) are generally close to their counterpart cardinal numbers (*one, two,* etc.). There are a few differences you should note, however. The first few cardinal numbers are significantly different from their ordinal counterparts and need to be memorized:

пе́рвый	first
второ́й	second
тре́тий	third
четвёртый	fourth

Note that **тре́тий** is an exceptional soft adjective. In all forms except the nominative singular, insert a soft sign before the adjectival ending:

	MASC.	NEUTER	FEM.	PLURAL
Nominative	тре́тий	тре́тье	тре́тья	тре́тьи
Accusative	(like nom./gen.)		тре́тью	(like nom./gen.)
Genitive	тре́тьего		тре́тьей	тре́тьих
Prepositional	тре́тьем		тре́тьей	тре́тьих
Dative	тре́тьему		тре́тьей	тре́тьим
Instrumental	тре́тьим		тре́тьей	тре́тьими

For most numbers ending in a soft sign, simply drop the soft sign and add an adjectival ending:

пять	пя́тый
шестна́дцать	шестна́дцатый
три́дцать	тридца́тый

The ordinal numbers *sixth* to *eighth* are end-stressed. The number *eighth* involves a fleeting vowel, and *seventh* an added consonant. Both maintain their soft signs before the adjectival ending.

шесть	шестóй
семь	седьмóй
вóсемь	восьмóй

For cardinal numbers with a soft sign in the middle, change the soft sign to the letter **и** in the ordinal form. There may be a stress change.

пятьдесят	пятидесятый
сéмьдесят	семидесятый
пятьсóт	пятисóтый

A few other forms should simply be memorized.

сóрок	сороковóй
девянóсто	девянóстый
сто	сóтый
двéсти	двухсóтый
трúста	трёхсóтый
четы́реста	четырёхсóтый
ты́сяча	ты́сячный
две ты́сячи	двухты́сячный

Only the last word in a compound number becomes ordinal and is declined as an adjective. Note that the last word for a number is not necessarily the last digit.

Мы живём в трúста двадцáтом нóмере.	We are staying in room 320.
Нáши сосéди живýт в трúста двáдцать вторóм нóмере.	Our neighbors are staying in room 322.

Упражнения

A. В какóм нóмере онú живýт?

     Образéц: 21 → *Онú живýт в двáдцать пéрвом нóмере.*

2, 3, 4, 5, 6, 7, 8, 9, 10, 11, 12, 13, 14, 15, 20, 21, 22, 23, 25, 30, 33, 40, 44, 50, 55, 90, 96, 100, 107, 128, 200, 201, 300, 309, 400, 427, 1012, 2000

Б. В какой аудитории вы занимаетесь?

> Образец: 110 → *Мы занимаемся в сто десятой аудитории.*

1, 2, 3, 4, 5, 6, 7, 8, 9, 10, 11, 12, 13, 14, 15, 20, 21, 25, 37, 40, 43, 50, 54, 60, 68, 118, 200, 205, 300, 360, 400, 416, 500

➤ *Complete Oral Drill 1 in the Workbook.*

4.2 Expressing Dates

You know how to ask *In which month?* (**В каком месяце?**) and how to tell in what month an event takes place (the preposition **в** followed by the name of the month in the prepositional case).

В каком месяце вы будете в Москве?	*In what month* will you be in Moscow?
Наша группа будет в Москве **в мае.**	Our group will be in Moscow *in May*.
Мы уезжаем **в июне.**	We leave *in June*.

To ask *On what date?* use the question **Какого числа?**

Какого числа вы приезжаете?	*On what date* are you arriving?

To indicate a precise date on which an event takes place, use the genitive case of both the date and the month. The date should be an ordinal (adjectival) number.

> Мы приезжаем **одиннадцатого мая** и уезжаем **пятнадцатого.**
>
> We're arriving *on the eleventh of May* and leaving *on the fifteenth*.

If the year is included, it is also expressed in the genitive case. Only the last number in a compound number is in its ordinal form as a singular adjective in the genitive case. Be sure to include the word *year* in the genitive case, **года.**

Мы переехали **третьего апреля** (тысяча девятьсот) **девяносто четвёртого года.**	We moved *on April 3, 1994.*

To give the year alone, though (not after the month or the date and month), use **в** plus the prepositional case. Put only the last of a compound number into its ordinal form as a singular adjective in the prepositional case. Include the word *year* in the prepositional case, **году.**

Мы переехали **в две тысячи третьем году.**	We moved *in 2003.*

В каком месяце?	Какого числа?		
в январе	первого		
в феврале	второго		
в марте	третьего	января	
в апреле	четвёртого	февраля	1972-ого года
в мае	пятого	марта	↓
в июне	шестого	апреля	1984-ого года
в июле	седьмого	мая	↓
в августе	восьмого	июня	1997-ого года
в сентябре	девятого	июля	↓
в октябре	десятого	августа	двухтысячного года
в ноябре	одиннадцатого	сентября	↓
в декабре	двенадцатого	октября	две тысячи пятого года
	↓	ноября	
	девятнадцатого	декабря	
	двадцатого		
	↓		
	двадцать девятого		
	тридцатого		
	тридцать первого		

Printed dates generally abbreviate the obligatory word **года** or **году** with a **г.**
(See the exercises in this section.) Do the same when you write about a specific year.

Упражнения

A. Брони туристов. Olga Mikhailovna takes the reservations for foreign groups
coming to the hotel where she works. Look at her notes below, and create sentences
telling when the various groups are scheduled to arrive and to leave.

Образец: японцы—20.8–22.8
*Японская группа приезжает двадцатого августа и
уезжает двадцать второго.*

Б.   Ру́сские писа́тели. Прочита́йте вслух.

1. Алекса́ндр Серге́евич Пу́шкин роди́лся в 1799 г. Он у́мер в 1837 г.
2. Ива́н Серге́евич Турге́нев роди́лся в 1818 г. Он у́мер в 1883 г.
3. Фёдор Миха́йлович Достое́вский роди́лся в 1821 г. Он у́мер в 1881 г.
4. Лев Никола́евич Толсто́й роди́лся в 1828 г. Он у́мер в 1910 г.
5. Анна Андре́евна Ахма́това роди́лась в 1889 г. Она умерла́ в 1966 г.
6. Бори́с Леони́дович Пастерна́к роди́лся в 1890 г. Он у́мер в 1960 г.

В.   Ру́сские писа́тели. Отве́тьте на вопро́сы. Найди́те информа́цию в упражне́нии **Б.**

1. В како́м году́ роди́лся Пу́шкин?
2. В како́м году́ роди́лся Турге́нев?
3. В како́м году́ роди́лся Достое́вский?
4. В како́м году́ роди́лся Толсто́й?
5. В како́м году́ роди́лась Ахма́това?
6. В како́м году́ роди́лся Пастерна́к?

Г.   Ру́сские цари́. Прочита́йте вслух.

1. Царь Иван Гро́зный роди́лся в 1530 г. Он у́мер в 1584 г.
2. Импера́тор Пётр I (Пе́рвый) роди́лся в 1672 г. Он у́мер в 1725 г.
3. Императри́ца Анна Ива́новна роди́лась в 1693 г. Она́ умерла́ в 1740 г.
4. Императри́ца Елизаве́та Петро́вна родила́сь в 1709 г. Она́ умерла́ в 1762 г.
5. Императри́ца Екатери́на II (Втора́я) родила́сь в 1729 г. Она́ умерла́ в 1796 г.
6. Импера́тор Никола́й II (Второ́й) роди́лся в 1868 г. и у́мер в 1918 г.

Д.   Ру́сские цари́. Отве́тьте на вопро́сы. Найди́те информа́цию в упражне́нии **Г.**

1. В како́м году́ роди́лся Ива́н Гро́зный?
2. В како́м году́ роди́лся Пётр I?
3. В како́м году́ родила́сь Анна?
4. В како́м году́ родила́сь Елизаве́та?
5. В како́м году́ родила́сь Екатери́на II?
6. В како́м году́ роди́лся Никола́й II?

Е.   Дни рожде́ния. Отве́тьте на вопро́сы.

1. Како́го числа́ вы родили́сь?
2. Како́го числа́ родила́сь ва́ша мать?
3. А ваш оте́ц?
4. Когда́ родили́сь ва́ши бра́тья и сёстры?
5. Когда́ родила́сь ва́ша жена́ (роди́лся ваш муж)?
6. Когда́ родили́сь ва́ши де́ти?

Ж. Погóда. Отвéтьте на вопрóсы.

1. В какóм мéсяце у вас быва́ет са́мая* жáркая погóда?   * **са́мый** — the most
2. В какóм мéсяце у вас быва́ет са́мая холóдная погóда?
3. В какóм мéсяце у вас быва́ет хорóшая погóда?
4. В каки́х мéсяцах у вас быва́ет снег?
5. В каки́х мéсяцах у вас быва́ет дождь?

➤ *Complete Oral Drill 2 and Written Exercises 1–2 in the Workbook.*

4.3   Review of Genitive Plural of Modifiers and Nouns

Uses

1. The genitive case is used after the prepositions **у, без, до, пóсле, из, от, с** (when it means *from*), and **напрóтив**.

   У моегó бра́та есть телеви́зор.   *My brother has* a television.
   Мы **из Амéрики.**   We are *from America*.

2. The genitive case is used after **нет, нé было**, and **не бýдет** to indicate absence or nonexistence.

   У нас **нет маши́ны.**   We *don't have a car*.
   У нас **нé было маши́ны.**   We *didn't have a car*.
   У нас **не бýдет маши́ны.**   We *won't have a car*.

3. The genitive case is used to express possession (*'s*) or *of*.

   Это кни́га **на́шей сосéдки.**   This is *our neighbor's* book.

4. The genitive case is used after numbers.

   • genitive *singular* noun after numbers ending in **два (две), три**, or **четы́ре**.

   У Ива́на **две сестры́.**   Ivan has *two sisters*.
   Они́ купи́ли **три́дцать четы́ре журна́ла.**   They bought *thirty-four magazines*.

   • genitive *plural* after numbers that end in some way other than **оди́н (одна́, однó), два (две), три**, or **четы́ре**. This includes the numbers 5 through 20, 25–30, 35–40, and so on, as well as numbers denoting hundreds (100, 200, 300, . . .), thousands (1000, 2000, . . .), etc.

   У Джóна **пять сестёр.**   John has *five sisters*.
   Они́ купи́ли **три́дцать журна́лов.**   They bought *thirty magazines*.

5. The genitive case is used after the words **ско́лько** — *how many, how much*, **мно́го** — *many, a lot*, **немно́го** — *a little*, **не́сколько** — *a few*, and **ма́ло** — *a few, too little*.

- genitive *singular* of nouns denoting things that are not counted (e.g., milk, sugar, time); **не́сколько** is not used with such nouns.

Ско́лько молока́ мне купи́ть?	*How much milk* should I buy?
Здесь **мно́го воды́.**	There's *a lot of water* here.
У нас **ма́ло вре́мени.**	We have *little time*.

- genitive *plural* of nouns denoting things that may be counted (e.g., books, students, questions).

Ско́лько у вас **студе́нтов?**	*How many students* do you have?
У меня́ **мно́го книг.**	I have *a lot of books*.
У нас **не́сколько вопро́сов.**	We have *a few questions*.
В э́том го́роде **ма́ло гости́ниц.**	This town has (*too*) *few hotels*.

Упражнение

Reread the dialogs in this unit, and find all the words in the genitive case. In each instance, explain why the genitive case is used, and tell whether the word is singular or plural.

Forms: Genitive Plural of Nouns

You learned the forms of the genitive plural in Book One, Unit Seven. Recall that endings fall into the following categories:

1. **"Zero"-ending** for hard feminine and neuter nouns. Sometimes this involves a stress shift or the addition of a vowel.

NOMINATIVE SINGULAR	GENITIVE PLURAL
гости́ница	гости́ниц
ме́сто	мест
жена́	жён
сестра́	сестёр
остано́вка	остано́вок
фо́рточка	фо́рточек
письмо́	пи́сем
копе́йка	копе́ек

2. **"Soft-zero" ending** for feminine nouns ending in consonant + **-я.**

NOMINATIVE SINGULAR	GENITIVE PLURAL
неде́ля	неде́ль
ку́хня	ку́хонь

Into this category falls the following irregular form, in which the soft sign is absent.

NOMINATIVE SINGULAR	GENITIVE PLURAL
пе́сня	пе́сен

3. **-ий ending.** Nouns that end in **-ие** or **-ия** take the genitive plural ending **-ий.**

NOMINATIVE SINGULAR	GENITIVE PLURAL
общежи́тие	общежи́тий
ста́нция	ста́нций

4. **-ей ending** for masculine nouns ending in consonants **-ж, -ш, -щ, -ч,** and all nouns ending in **-ь.**

NOMINATIVE SINGULAR	GENITIVE PLURAL
ключ	ключе́й
руководи́тель	руководи́телей
день	дней
гара́ж	гараже́й

5. **-ов, -ев ending.** Hard-stem masculine nouns ending in all other consonants take the genitive plural ending **-ов,** with the following exceptions, when the ending will be **-ев** instead:

- If the nominative singular ending is **-й: трамва́й → трамва́ев.**
- If the **-ов** ending would break a spelling rule: **америка́нец → америка́нцев.**
- If the nominative plural ending is soft: **сту́лья → сту́льев.**

NOMINATIVE SINGULAR	GENITIVE PLURAL
час	часо́в
авто́бус	авто́бусов
ме́сяц	ме́сяцев

Recall the genitive forms of some words that usually or always appear in the plural. These words generally follow the rules noted above.

NOMINATIVE PLURAL	GENITIVE PLURAL
де́ньги	де́нег
брю́ки	брюк
перча́тки (*sg.* перча́тка)	перча́ток
роди́тели	роди́телей
очки́	очко́в

Some, however, are exceptional forms that need to be reviewed and memorized.

NOMINATIVE SINGULAR	NOMINATIVE PLURAL	GENITIVE PLURAL
семья́	се́мьи	семе́й
друг	друзья́	друзе́й
сын	сыновья́	сынове́й
мать/дочь	ма́тери/до́чери	матере́й/дочере́й
дя́дя/тётя	дя́ди/тёти	дя́дей/тётей
сосе́д	сосе́ди	сосе́дей
год	го́ды	лет
сапо́г	сапоги́	сапо́г
пла́тье	пла́тья	пла́тьев
ребёнок	де́ти	дете́й
челове́к	лю́ди	люде́й/челове́к

The last of these depends on context. The genitive plural of **челове́к** is **люде́й** after the noncounting words **мно́го, немно́го,** and **ма́ло,** but is **челове́к** after the counting words **ско́лько, не́сколько,** and numbers five and above.

Ско́лько челове́к там бы́ло? — Там бы́ло совсе́м немно́го люде́й, челове́к де́сять.

SUMMARY CHART OF GENITIVE PLURAL NOUNS		
Nominative Singular Ending: **-а, -о**	Genitive Plural: "zero ending"	групп, фо́рточек мест, о́кон
Nominative Singular Ending: **consonant + -я**	Genitive Plural: **-ь**	неде́ль
Nominative Singular Ending: **-ие, -ия**	Genitive Plural: **-ий**	общежи́тий, ста́нций
Nominative Singular Ending: **-ж, -ш, -щ, -ч, -ь**	Genitive Plural: **-ей**	ключе́й рубле́й
Nominative Singular Ending: **-ц, -й** Nominative Plural Ending: **-ья**	Genitive Plural: **-ев**	ме́сяцев трамва́ев бра́тьев пла́тьев
Nominative Singular Ending: any other consonant	Genitive Plural: **-ов**	тури́стов

Recall that nouns of foreign origin that end in **-о**, **-и**, or **-у** are indeclinable. They look the same in the genitive plural as in the nominative singular and every other case.

Genitive Plural of Modifiers

The genitive ending for all plural modifiers is **-ых** (spelled **-их** for soft-stem modifiers and if necessary to avoid breaking the 7-letter spelling rule: **но́вых, после́дних**).

Special modifiers have corresponding endings:

GENITIVE PLURAL OF SPECIAL MODIFIERS		
мо - и́х	на́ш - их	э́т - их
тво - и́х	чь - их	одн - и́х
ва́ш - их	сво - и́х	вс - ех

Упражнения

А. Как по-ру́сски?

Elena is the director of a group of Canadian tourists. In the group are 15 young teachers: 7 women and 8 men. They reserved 9 rooms in a large hotel in Moscow. The hotel has 27 floors, several good cafés, and many small stores.

Б.   Тури́сты купи́ли мно́го...

1. газе́та	4. ша́пка	7. сувени́р	10. каранда́ш
2. журна́л	5. ма́йка	8. пла́тье	11. пода́рок
3. тетра́дь	6. откры́тка	9. слова́рь	12. фотогра́фия

➤   *Complete Oral Drills 3–8 and Written Exercises 3–6 in the Workbook.*

4.4   Adjectives Following Numbers

Modifiers in a phrase beginning with a number will be either nominative singular or genitive plural.

After 1: nominative singular modifiers and noun

> оди́н хоро́ший магази́н
> одна́ хоро́шая гости́ница

After 2, 3, 4: genitive plural modifiers, genitive singular noun
(Note: With a feminine noun, the adjective may be nominative plural.)

> два но́вых сувени́ра   две но́вые библиоте́ки
> три ру́сских рестора́на   три ру́сские студе́нтки
> четы́ре больши́х магази́на   четы́ре больши́е гости́ницы

After 5 and above: genitive plural modifiers and noun

> пять но́вых сувени́ров
> двена́дцать америка́нских тури́стов
> три́дцать ру́сских студе́нток

Упражнения

А.   О себе́. Отве́тьте на вопро́сы.

1. Ско́лько у вас мла́дших бра́тьев?
2. Ско́лько у вас ста́рших бра́тьев?
3. Ско́лько у вас мла́дших сестёр?
4. Ско́лько у вас ста́рших сестёр?
5. Ско́лько у вас дочере́й и сынове́й?
6. Ско́лько у вас дя́дей и тётей?
7. Ско́лько у вас англо-ру́сских словаре́й?
8. Ско́лько у вас ру́сско-англи́йских словаре́й?
9. Ско́лько у вас сосе́дей по ко́мнате?
10. Ско́лько пи́сем вы получи́ли на про́шлой неде́ле?

Б.   О ва́шем го́роде и университе́те. Отве́тьте на вопро́сы.

1. Ско́лько у вас в го́роде библиоте́к?
2. Ско́лько у вас в го́роде школ?
3. Ско́лько у вас в го́роде университе́тов?
4. Ско́лько у вас в го́роде гости́ниц?
5. Ско́лько у вас в университе́те общежи́тий?
6. Ско́лько у вас в университе́те спорти́вных за́лов?
7. Ско́лько у вас в университе́те бассе́йнов?
8. Ско́лько у вас в университе́те студе́нтов?
9. Ско́лько у вас в университе́те аспира́нтов?
10. Ско́лько у вас в университе́те преподава́телей и профессоро́в?

➤   *Complete Oral Drill 9 and Written Exercise 7 in the Workbook.*

4.5   Accusative Plural of Modifiers and Nouns

The accusative plural of all *inanimate* nouns and their modifiers looks like the nominative plural.

> Мы чита́ем **интере́сные но́вые кни́ги.**

The accusative plural of all *animate* nouns and their modifiers looks like the genitive plural.

> Мы зна́ем **интере́сных но́вых студе́нтов.**
> Я ви́жу **ва́ших дочере́й.**

Упражнения

А.   О себе́. Отве́тьте на вопро́сы.

1. Вы чита́ете ру́сские газе́ты?
2. Вы чита́ете америка́нские газе́ты?
3. Вы зна́ете ру́сских студе́нтов?
4. Вы зна́ете други́х иностра́нных студе́нтов?
5. Вы зна́ете америка́нских студе́нтов?
6. Вы лю́бите иностра́нные фи́льмы?
7. Вы лю́бите францу́зские фи́льмы?
8. Каки́е други́е фи́льмы вы лю́бите?
9. Вы зна́ете францу́зских актёров?
10. Каки́х други́х иностра́нных актёров вы зна́ете?

Б.   Как по-ру́сски?

1. Do you know any Russian writers?
2. Have you seen the Canadian tourists at the hotel?
3. Do you frequently watch American movies?
4. Which movies do you like?
5. Which actors do you like?

➤   *Complete Oral Drill 10 and Written Exercise 8 in the Workbook.*

4.6   Prefixed Verbs of Motion

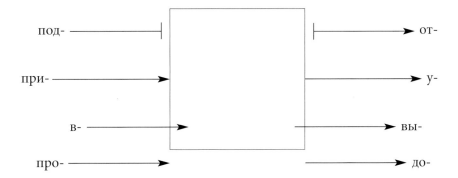

The dialogs in this unit contain several verbs of motion with prefixes:

Мы то́лько что **прие́хали.**	We just *arrived.*
Вы *уезжа́ете* 15-го?	Are you *leaving* on the 15th?
Они́ *уе́дут*, и вы полу́чите номера́.	They *will leave* and you will get the rooms.
Ключе́й от но́мера нет. Я не могу́ **войти́.**	I don't have my room keys. I can't *get in.*
Кра́сная стрела́ **отхо́дит** в по́лночь.	The Red Arrow *departs* (moves away from the platform) at midnight.
Подойди́те че́рез час.	*Come up* [to the desk] in an hour.

The **prefixes** give information about the direction and extent of the action. The **stems** give information about the type of motion—by foot or by vehicle.

PREFIXES		STEMS	
при-	arrival	**-ходи́ть/ -йти́**	motion under one's own power
у-	departure		
в-	entrance (into)		
вы-	exit (out of)		
от-	motion away from something nearby	**-езжа́ть/ -éхать**	motion in some vehicle
под-	motion toward something nearby		
про-	motion for a measured distance, or motion past something		
до-	motion reaching a goal		

Sometimes **ъ** or **о** is inserted between the prefix and the stem: **въезжа́ть/ въе́хать, войти́, подойти́.**

By definition, prefixed motion verbs are only unidirectional. They are in regular imperfective/perfective pairs. Prefixed verbs of motion with the stems -**ходи́ть** and -**езжа́ть** are imperfective. Prefixed verbs of motion with the stems -**йти́** and -**éхать** are perfective.

to arrive (*on foot*) приходи́ть (*impf.*)
Present tense:
прихож-у́   приходи́л
прихо́д-**ишь**   приходи́ла
прихо́д-**ят**   приходи́ли

прийти́ (*perf.*)
Future tense (not present!):   *past:*
прид-у́   пришёл
прид-**ёшь**   пришла́
прид-**у́т**   пришли́

to arrive (*by vehicle*) приезжа́ть (*impf.*)
Present tense:
приезжа́-**ю**   приезжа́л
приезжа́-**ешь**   приезжа́ла
приезжа́-**ют**   приезжа́ли

приéхать (*perf.*)
Future tense (not present!):   *past:*
приéд-у   приéхал
приéд-**ешь**   приéхала
приéд-**ут**   приéхали

Я обы́чно **прихожу́** домо́й в пять часо́в, а вчера́ **пришёл** в семь.

I *usually arrive home* at five, but *yesterday I arrived* at seven.

Я обы́чно **приезжа́ю** домо́й в пять часо́в, а вчера **приéхал** в семь.

I *usually arrive home* at five, but *yesterday I arrived* at seven.

All other verbs with the infinitive root -**йти́** maintain the -**й** in their conjugated form. For example:

уйти́ (to leave by foot) (*perf.*)	
уйд-у́	*past:*
уйд-**ёшь**	ушёл
уйд-**ёт**	ушла́
уйд-**ём**	ушли́
уйд-**ёте**	
уйд-**у́т**	

SUMMARY CHART FOR PREFIXED VERBS OF MOTION		
Verb	**On foot**	**By vehicle**
arrive come	**приходи́ть/прийти́** Я обы́чно прихожу́ домо́й в пять часо́в. *I usually arrive home at five.*	**приезжа́ть/прие́хать** Мы приезжа́ем на юг ка́ждый год. *We come south every year.*
leave (to a place out of range of vision)	**уходи́ть/уйти́** Дире́ктора нет. Он ушёл. *The director isn't here. He left.*	**уезжа́ть/уе́хать** Дире́ктора нет. Он уе́хал отдыха́ть. *The director isn't here. He left on vacation.*
enter	**входи́ть/войти́** Тури́ст откры́л дверь и вошёл. *The tourist opened the door and went in.*	**въезжа́ть/въе́хать*** Такси́ст въе́хал в гара́ж. *The taxi driver drove into the garage.*
exit, step out	**выходи́ть/вы́йти** Это на́ша остано́вка. Вы сейча́с выхо́дите? *This is our stop. Are you getting off now?*	**выезжа́ть/вы́ехать*** Такси́ст откры́л дверь гаража́ и вы́ехал. *The taxi driver opened the garage door and drove out.*
go up toward, approach	**подходи́ть/подойти́** Ма́льчик подошёл к учи́телю. *The boy approached the teacher.*	**подъезжа́ть/подъе́хать*** Шофёр подъе́хал к гости́нице. *The driver drove up to the hotel.*
go away from (something nearby, such as a train platform)	**отходи́ть/отойти́** По́езд отхо́дит в 12 часо́в. *The train pulls out at twelve o'clock.*	**отъсзжа́ть/отъе́хать*** Мы отъе́хали от стены́. *We pulled away from the wall.*
go a measured distance, pass	**проходи́ть/пройти́** — Мо́жно пройти́? — Проходи́те. *— May I go past (you)? — Yes, go on through.*	**проезжа́ть/прое́хать** Проезжа́йте три остано́вки. *Go three stops.*
reach a goal	**доходи́ть/дойти́** Я тебе́ позвоню́, когда́ дойду́ до до́ма. *I'll call you when I get home (reach the house).*	**доезжа́ть/дое́хать*** У нас ма́ло бензи́на. Мы дое́дем до го́рода? *We don't have much gas left. Will we make it to the city?*

* Less likely to be used in elementary Russian.

A. Запо́лните про́пуски глаго́лами движе́ния в ну́жной фо́рме.

1. приходи́ть/прийти́

   а. Они́ всегда́ _____ ко мне в го́сти.
   б. Когда́ он _____ к тебе́ вчера́?
   в. Роди́тели _____, и мы се́ли у́жинать.
   г. Ты зна́ешь, что Мари́на _____ во вто́рник?

2. приезжа́ть/прие́хать

   а. Кака́я гру́ппа _____ 15-ого ию́ля?
   б. Эти студе́нты _____ то́лько вчера́.
   в. Я обы́чно _____ на рабо́ту часо́в в во́семь.
   г. Когда́ он _____, скажи́ ему́, что я верну́сь по́здно.

3. уходи́ть/уйти́

   а. Где де́ти? Куда́ они́ _____?
   б. Мы всегда́ _____ с рабо́ты в шесть часо́в.
   в. Когда́ ты _____ в университе́т, всегда́ закрыва́й о́кна.
   г. За́втра я _____ на ле́кцию о́чень ра́но.

4. уезжа́ть/уе́хать

   а. Вчера́ мои́ друзья́ _____ отдыха́ть во Флори́ду.
   б. Че́рез неде́лю мы _____ в Москву́.
   в. — Где Серге́й? — Он уже́ _____ домо́й.
   г. Ка́ждое ле́то я _____ к роди́телям.

5. входи́ть/войти́; выходи́ть/вы́йти

   а. Мы откры́ли дверь и _____ в кварти́ру.
   б. Он _____ из до́ма часо́в в семь.
   в. Профе́ссор всегда́ _____ в аудито́рию в де́вять часо́в.
   г. Они́ купи́ли кни́ги и _____ из магази́на.

6. въезжа́ть/въе́хать; выезжа́ть/вы́ехать

   а. Мы уви́дели, что его́ маши́на _____ в гара́ж.
   б. Во ско́лько вы обы́чно _____ из до́ма?
   в. Если они́ _____ у́тром, часа́ че́рез три они́ бу́дут здесь.

7. проходи́ть/пройти́; проезжа́ть/прое́хать

   а. Вы сейча́с не выхо́дите? Мо́жно _____?
   б. Вам на́до_____ две остано́вки и вы́йти на второ́й.
   в. Молодо́й челове́к, вы уже́ _____ Эрмита́ж! Вам на́до
      вы́йти и _____ одну́ остано́вку в ту сто́рону*.

* в ту сто́рону — the other way

8. доходи́ть/дойти́; доезжа́ть/дое́хать

    a. Мы _____ до кинотеа́тра до нача́ла сеа́нса — не беспоко́йся, мы не опозда́ем!

    б. Во ско́лько вы обы́чно _____ до до́ма?

    в. Если они́ уе́дут сейча́с, они́ _____ до Влади́мира к ча́су*.

    * к ча́су — by one o'clock

Б.   Соста́вьте предложе́ния.

друг	ча́сто	приезжа́ть/прие́хать	в Росси́ю
роди́тели	вчера́	приходи́ть/прийти́	из до́ма
студе́нты	у́тром	уезжа́ть/уе́хать	в университе́т
де́ти	в 7 часо́в	уходи́ть/уйти́	с рабо́ты
маши́на	5-ого ма́рта	входи́ть/войти́	в ко́мнату
сестра́	ве́чером	въезжа́ть/въе́хать	в Калифо́рнию
гру́ппа		выходи́ть/вы́йти	из гости́ницы
бизнесме́нов		выезжа́ть/вы́ехать	в гара́ж

➤   *Complete Oral Drills 11–16 and Written Exercises 9–11 in the Workbook.*

🀄 Дава́йте почита́ем

А.   Знако́мство с Калифо́рнией

1.   О чём идёт речь? Ва́ши знако́мые Са́ша и Ма́ша пришли́ к вам посове́товаться. Они́ пока́зывают вам э́ту рекла́му и спра́шивают, сто́ит ли записа́ться на э́ту пое́здку. Пре́жде чем отве́тить, прочита́йте информа́цию. Узна́йте:

    a. Ско́лько дней тури́сты бу́дут в США?

    б. В каки́х города́х побыва́ют тури́сты?

    в. Каки́е достопримеча́тельности (sights) они́ смо́гут посмотре́ть в ка́ждом го́роде?

    г. Что бу́дут де́лать тури́сты в го́роде Бо́рстоу?

    д. Что плани́руется для тури́стов в Сан-Франци́ско?

    e. Ва́ши знако́мые Са́ша и Ма́ша хотя́т пое́хать в ма́ленькой гру́ппе. Они́ гото́вы жить вме́сте в одно́м но́мере. Ско́лько им на́до бу́дет заплати́ть за экску́рсию?

    ж. За что на́до заплати́ть дополни́тельно (additionally)?

2. Ва́ше мне́ние. Да́йте ва́ше мне́ние об э́той пое́здке. Каки́е предложе́ния соотве́тствуют ва́шему мне́нию? Почему́ вы так ду́маете?

ДА и́ли НЕТ?

а. Тури́стам, наве́рное, бу́дет интере́сно посмотре́ть, как де́лают фи́льмы в США.

б. Э́то хоро́шая пое́здка, потому́ что тури́сты пое́дут в Диснейле́нд.

в. Тури́сты в э́той гру́ппе, наве́рное, бу́дут игра́ть в руле́тку.

г. Гру́ппа познако́мится с америка́нскими инде́йцами.

д. Восьмо́й день (Сан-Франци́ско) — са́мый интере́сный.

е. Наве́рное, бу́дет вре́мя для се́рфинга.

ж. Тури́сты бу́дут жить в о́чень комфорта́бельных гости́ницах.

з. Э́та пое́здка о́чень дёшево сто́ит.

и. У тури́стов в э́той гру́ппе бу́дет мно́го свобо́дного вре́мени.

к. Во вре́мя э́той пое́здки мо́жно посмотре́ть почти́ всё, что в Калифо́рнии сто́ит посмотре́ть.

ЗНАКОМСТВО С КАЛИФОРНИЕЙ
11 ДНЕЙ / 10 НОЧЕЙ
Турагентство "ИНГЕОКОМ ТУР КОНСАЛТИНГ"

1 день. Воскресенье. ЛОС-АНДЖЕЛЕС. Прибытие в аэропорт, встреча с русскоговорящим сопровождающим. Трансфер в отель "PACIFIC SHORE". Размещение в отеле.

2 день. Понедельник. Завтрак в ресторане отеля. Обзорная экскурсия по городу с посещением[1] "UNIVERSAL STUDIOS" в сопровождении русскоговорящего гида.

3 день. Вторник. Завтрак в ресторане отеля. Посещение "DISNEYLAND."

4 день. Среда. ЛАС-ВЕГАС. Завтрак в ресторане отеля. Переезд из ЛОС АНДЖЕЛЕСА в город-казино ЛАС ВЕГАС, с остановкой в городе БОРСТОУ в шоппингцентре, где расположены филиалы[2] 95 самых известных[3] магазинов. Прибытие в ЛАС-ВЕГАС. Размещение в отеле "EXCALIBUR & CASINO".

5 день. Четверг. ГРАНД КАНЬОН. Завтрак в ресторане отеля. Экскурсия на целый день в ГРАНД КАНЬОН (это захватывающее однодневное путешествие, включающее полёт над ГРАНД КАНЬОНОМ на самолёте на расстояние 400 миль, приземление в аэропорту ГРАНД-КАНЬОНА и автобусная экскурсия по южному кольцу (SOUTH RIM) и индейским поселениям.[4] Возвращение[5] в отель.

6 день. Пятница. ФРЕСНО, "КАЛИКО ГОУСТ ТАУН." Завтрак в ресторане отеля. Переезд из ЛАС ВЕГАСА в город ФРЕСНО с посещением "КАЛИКО ГОУСТ ТАУН" — маленького городка, построенного на старых золотоносных шахтах, восстановленных под старину[6] с театрализованным представлением.

Прибытие в г. ФРЕСНО. Размещение в отеле "HOLIDAY INN CENTRE PLAZA".

7 день. Суббота. САН-ФРАНЦИСКО. Завтрак в ресторане отеля. Переезд из ФРЕСНО в САН-ФРАНЦИСКО через национальный парк "ЙОЗЕМИТ". Прибытие в САН-ФРАНЦИСКО. Размещение в отеле "SHANNON COURT HOTEL".

8 день. Воскресенье. Завтрак в ресторане отеля. Обзорная экскурсия по городу с русскоговорящим гидом. Экскурсия закончится на знаменитом[7] 39-ом пирсе, где Вашему вниманию будет предложен[8] широкий выбор экзотических блюд в рыбных ресторанах. Те, кто не проголодался, могут совершить прогулку[9] по маленьким сувенирным магазинчикам, посмотреть красивые окрестности.[10] Через два часа все желающие поужинают в китайском ресторане отеля.

9 день. Понедельник. Завтрак в отеле. Свободное время.

10 день. Вторник. ГАМБРИЯ. Завтрак в ресторане отеля. Переезд из САН-ФРАНЦИСКО в город ГАМБРИЯ (город художественных галерей, магазинов и ресторанов, парков и пляжей) по знаменитой "дороге длиной в 17 миль" через город МОНТЕРЕЙ (бывшая столица Калифорнии). Размещение в отеле "CAMBRIA PINES LODGE".

11 день. Среда. САНТА-БАРБАРА. Завтрак в ресторане отеля. Переезд из ГАМБРИИ в САНТА БАРБАРУ. Обзорная экскурсия по городу. Трансфер в аэропорт г. ЛОС-АНДЖЕЛЕС. Вылет в Москву.

[1]*visit* [2]*branch (of a store)* [3]*well known* [4]*settlement* [5]*return* [6]восстано́вленных под старину́ *restored to look like olden times* [7]*famous* [8]ва́шему внима́нию бу́дет предло́жен *you will be offered* [9]соверши́ть прогу́лку *to take a stroll* [10]*surrounding areas*

Тип номера	ЦЕНА С ЧЕЛОВЕКА:	
	При группе от 10 человек	При группе от 20 человек
Одноместный номер	3.160,00 у.е.	2.810,00 у.е.
Двухместный номер	2.830,00 у.е.	2.475,00 у.е.
Дети до 12 лет с двумя родителями	1.385,00 у.е.	1.385,00 у.е.

В ЦЕНУ ВКЛЮЧЕНО:
- Проживание в двухместных номерах в ★★★ отелях
- Завтраки
- Ужин в китайском ресторане в Сан-Франциско
- Все переезды, трансферы и экскурсии на современных автобусах
- Входные билеты на все вышеперечисленные экскурсии
- Ассистент/переводчик/координатор на протяжении всей поездки
- Авиаперелёт по маршруту Москва-Лос-Анджелес-Москва прямым рейсом авиакомпании "Трансаэро".

НЕ ВКЛЮЧЕНО В ПРОГРАММУ:
- Стоимость визы в цену не включена, она составляет 170,00 у.е. Мы поможем в получении визы и консультации.
- Медицинская страховка на этот период составит 22,50 у.е.

3. **Words from roots**

бы́вший — former ← был

вы́лет — departure by plane. *The root* лёт *has to do with flying (cf.* самолёт — plane). *The prefix* вы- *usually means* out. *See* полёт *below.*

золотоно́сный — gold-bearing. What then were золотоно́сные ша́хты?

пое́здка ← по + е́здить

прожива́ние ← жив *What then does the phrase* прожива́ние в оте́ле *mean?*

полёт — flight. *The root* лёт *has to do with flying (cf.* самолёт — plane). *Note above* вы́лет = plane departure.

приземле́ние — landing: при = arriving; земля́ = land or earth.

проголода́ться ← голо́дный = hungry. *What then does the verb mean?*

размеще́ние ← ме́сто *What then does the phrase* размеще́ние в оте́ле *mean?*

расстоя́ние — distance: рас = apart ("dis-"); стоя́ть = stand; стоя́ние = stance

совреме́нный ← со + вре́мя = "con" + "temp." *What is the English equivalent?*

4. **Сино́нимы:**

сто́имость — цена́

прибы́тие — прие́зд

перее́зд — трансфе́р

це́лый — весь

городо́к (*чего́* — городка́) — небольшо́й го́род

оте́ль — гости́ница. *Find the word* оте́ль *in the text. What gender is it and how can you tell?*

расположе́н, располо́жена, располо́жено, располо́жены — нахо́дится, нахо́дятся

у.е. = усло́вная едини́ца (до́ллар)

5. **Number compounds**

однодне́вный — In what context is **однодне́вная экску́рсия** used?

двухме́стный — What is **прожива́ние в двухме́стных номера́х?**
(Hint: Would it be more desirable/expensive to feature **прожива́ние в одноме́стных номера́х** or **трёхме́стных номера́х?** Is there such a thing as **трёхме́стные номера́** in American hotels?)

6. **Но́вые слова́ по конте́ксту.** In which contexts did you find these new words?

включено́ (and other forms) — Judging from what is talked about, what does this word mean? Hint: The word begins with the prefix **в-**. What does the English equivalent start with?

маршру́т — It may look like "march route," but look at the context. What is a better English equivalent?

рейс: прямо́й рейс — You know that **пря́мо** means *straight* or *direct*. What does it mean if your plane is going **прямы́м ре́йсом?**

составля́ть/соста́вить shows up twice in the last section of this announcement. What does the context suggest about its meaning?

страхо́вка — Before going on a foreign trip, it is wise to get **медици́нская страхо́вка.** If you plan to drive, you should get **автомоби́льная страхо́вка.** What then is **страхо́вка?**

7. **Verbal adjectives** are adjectives made from verbs. The forms here are **present active verbal adjectives.** They often correspond to English verbal adjectives ending in -*ing* and mean . . . *who or which does something:*

встре́ча с **русскоговоря́щим** ги́дом	a meeting with a *Russian-speaking* guide (a guide who speaks Russian)
путеше́ствие, **включа́ющее** полёт. . .	travel including a flight (travel which includes a flight)

As you can see, these verbal adjectives can precede or follow the noun they modify. Like all adjectives, these forms agree in gender, number, and case with that noun.

Verbal adjectives which function as nouns. Many verbal adjectives are used alone. You can assume that the missing noun is **челове́к:**

В гости́нице бы́ло мно́го **отдыха́ющих.**	There were many *vacationing* [*people*] (vacationers) in the hotel.
Мы с сестро́й **ве́рующие.**	My sister and I are religious. (**ве́ровать** = to keep faith, i.e., people who keep faith)

Knowing this, figure out what the following expressions mean:

. . . **встре́ча с русскоговоря́щим сопровожда́ющим** (**сопровожда́ть** — to accompany)

Все жела́ющие поу́жинают в кита́йском рестора́не оте́ля. (**жела́ть** — **хоте́ть**)

Formation. Replace -т in the **они** form of the verb with **-щ-** and add the appropriate adjectival ending.

Now return to the text and find the present active verbal adjectives for these verbs:

говори́ть — to speak
сопровожда́ть — to accompany
захва́тывать — to grip
включа́ть — to include
жела́ть — to wish, to desire

8. Обзо́рное упражне́ние по словарю́. Now see if you can use some of the new expressions from this text to ask some questions pertinent to a typical tour. You may have to recombine some of the elements from the brochure.

a. Will we have a Russian-speaking guide?
b. Is the cost of a visa included in the price?
c. How much does medical insurance come to?
d. How much does a stay in a double room cost? How much does a single cost?
e. Is there a wide assortment of dishes at the hotel restaurant?
f. When is the plane departure?
g. Do we have a direct flight?
h. Is our itinerary San Francisco — New York — Moscow?

What other questions could you ask, based on what you learned in this brochure?

Б. Чте́ние для удово́льствия: «Брони́рованное ме́сто»

This text is adapted from a story by **Илья́ Ильф** and **Евге́ний Петро́в**.

The main character, Posidelkin, is trying to get a train ticket to a health spa. But obtaining train tickets to popular places during the busy season can be a problem. Here's how Posidelkin tried to solve it.

Илья́ Арно́льдович Ильф (псевдони́м — его настоя́щая фами́лия Фа́йнзильберг, **1897–1937**) и **Евге́ний Петро́вич Петро́в** (то́же псевдони́м — его́ настоя́щая фами́лия Ката́ев, **1903–1942**) — изве́стные а́вторы юмористи́ческих и сатири́ческих расска́зов, а та́кже рома́нов «Двена́дцать сту́льев» (1928) и «Золото́й телёнок» (1931). Они́ роди́лись в Оде́ссе, но перее́хали в Москву́, где познако́мились и на́чали рабо́тать вме́сте. Они́ е́здили в США в 1935 году́. Результа́т э́той пое́здки — кни́га о́черков «Одноэта́жная Аме́рика» (1936). Ильф у́мер в Москве́ от туберкулёза в траги́ческом 1937 году́. Петро́в рабо́тал корреспонде́нтом на фро́нте и поги́б в авиакатастро́фе в 1942 году́.

настоя́щий — real, actual
о́черк — коро́ткое (ма́ленькое) эссе́ и́ли коро́ткий расска́з (по-англи́йски *sketch*)
поги́б = у́мер (в катастро́фе, на фро́нте)

«Бронированное место» (1932)

Расска́з бу́дет о го́рьком° фа́кте из жи́зни Посиде́лкина.

Беда́° произошла́° не потому́, что Посиде́лкин был глуп.° Нет, скоре́е он был умён.°

Де́ло каса́ется° пое́здки по **желе́зной доро́ге:** 13 сентября́ Посиде́лкин до́лжен был пое́хать в Ейск на **цели́тельные купа́нья** в Азо́вском мо́ре. Всё устро́илось° хорошо́: путёвка,° о́тпуск°... Но вот — желе́зная доро́га. До отъе́зда° остава́лось° то́лько два ме́сяца, а биле́та ещё не́ было.

«Пора́ принима́ть э́кстренные ме́ры, — реши́л Посиде́лкин. — На городску́ю ста́нцию я не пойду́. И на вокза́л я не пойду́. Ходи́ть туда́ не́чего,° там биле́та не ку́пишь. Нет, нет, биле́т на́до достава́ть° ина́че°».

— Е́сли вы меня́ лю́бите, — говори́л Посиде́лкин ка́ждому своему́ знако́мому, — доста́ньте° мне биле́т в Ейск. **Жёсткое ме́сто. Для лежа́ния.** Не забу́дьте. На трина́дцатое сентября́. Наве́рное же у вас есть знако́мые, кото́рые всё мо́гут. Да нет! Вы не про́сто обеща́йте° — запиши́те в кни́жечку. Е́сли вы меня́ лю́бите!

Но все э́ти де́йствия° не дава́ли по́лной° гара́нтии. Посиде́лкин боя́лся° конкуре́нтов.° Во всех прохо́жих° он ви́дел потенциа́льных пассажи́ров.

«Пло́хо, пло́хо, — ду́мал Посиде́лкин, — на́до де́йствовать° реши́тельнее.° Нужна́ систе́ма».

Весь ве́чер Посиде́лкин **занима́лся составле́нием схе́мы.**

На бума́жке бы́ли изображены́° ли́нии, ци́фры° и фами́лии. В докуме́нте стоя́ли характери́стики° ти́па:° «Бруне́левский. Безусло́вно° мо́жет».

«Ники́форов. Мо́жет, но не хо́чет».

«Ма́льцев-Па́льцев. Хо́чет, но не мо́жет». «Бума́гин. Не хо́чет и не мо́жет»,

«Кошковладе́льцев. Мо́жет, но сво́лочь°».

«Гла́вное,° — ду́мал Посиде́лкин, — не дава́ть им ни мину́ты о́тдыха. Ведь э́то все ренега́ты, преда́тели.° Обеща́ют, а пото́м ничего́ не сде́лают».

Лю́ди пря́тались° от Посиде́лкина. Но он пресле́довал° их неутоми́мо:° — Мо́жно това́рища° Ма́льцева? Да, Па́льцева. Да, да, Ма́льцева-Па́льцева. Кто спра́шивает? Скажи́те — Лёля. Това́рищ Ма́льцев? Здра́вствуйте, това́рищ Па́льцев. Нет, э́то не Лёля. Э́то я, Посиде́лкин. Това́рищ Ма́льцев, вы же мне обеща́ли. Ну да, в Ейск, для лежа́нья. Почему́ не́когда?° Тогда́ я **за ва́ми зае́ду** на такси́. Не ну́жно? А вы действи́тельно меня́ не обма́нете°?

---

bitter

trouble; случи́лась; stupid

не глуп

was about; **railroad**

spas; was set up
travel plans; vacation; departure
there remained

It's time to take emergency measures

useless

get hold of; another way

get hold of

promise

actions; full
feared; competitors; passersby

act
more decisively

worked on a chart

drawn; numbers
characterizations; such as
doubtless

swine

the main thing
traitors

hid; followed
tirelessly; comrade

нет вре́мени
will come by for you
trick

За неде́лю до отъе́зда к Посиде́лкину пришёл **соверше́нно неизве́стный граждани́н** и вручи́л° ему́ биле́т в Ейск. **Сча́стью не́ было преде́ла.** Посиде́лкин обня́л° граждани́на, поцелова́л° его́ в гу́бы,° но **так и не вспо́мнил лица́.**

В тот же день прие́хал курье́р на мотоци́кле от Ма́льцева-Па́льцева с биле́том в Ейск. Посиде́лкин благодари́л,° но де́ньги вы́дал **со смущённой душо́й.** «Придётся° оди́н биле́т прода́ть на вокза́ле», — реши́л он.

Ах, напра́сно,° напра́сно Посиде́лкин не ве́рил° в челове́чество!°

За день до отъе́зда Посиде́лкин **оказа́лся держа́телем** тридцати́ восьми́ биле́тов (жёстких, для лежа́нья). В упла́ту за биле́ты ушли́ все отпускны́е° де́ньги.

Кака́я по́длость!° Никто́ не оказа́лся° преда́телем или ренега́том!

А биле́ты **всё прибыва́ли.** Посиде́лкин уже́ пря́тался, но его́ находи́ли. Коли́чество° биле́тов возросло́° до сорока́ четырёх.

За час до отхо́да по́езда Посиде́лкин стоя́л на вокза́ле и упра́шивал прохо́жих:° — Купи́те биле́т в Ейск! Целе́бные купа́нья — Ейск!

Но покупа́телей не́ было. Все отли́чно зна́ли, что биле́та на вокза́ле не ку́пишь и что на́до де́йствовать че́рез знако́мых.

Е́хать Посиде́лкину бы́ло ску́чно.

В ваго́не° он был оди́н.

И, гла́вное, беда́ произошла́ не потому́, что Посиде́лкин был глуп. Нет, скоре́е он был умён. Про́сто у него́ бы́ли сли́шком° влия́тельные° знако́мые.

	totally unknown citizen; handed
	his happiness was boundless; hugged
	kissed; lips; couldn't remember his face
	сказа́л спаси́бо
	with mixed feelings; надо
	in vain; believed
	humanity
	turned out to be the holder of
	for vacation
	meanness; turned out to be
	continued to come in
	quantity; grew
	passersby
	train car
	too
	influential

Слова́рь

беда́ — trouble
благодари́ть (благодар-ю́, -и́шь, -я́т)/по — to thank
боя́ться (бо-ю́сь, и́шься, -я́тся *чего́*) — to fear
ваго́н — train car
ве́рить (ве́р-ю, ишь, ят)/по- (*во что*) — to believe (in something): **Напра́сно он не ве́рил в челове́чество.** — In vain did he not believe in humanity.
вокза́л — train station
гла́вный — important: **Гла́вное,** . . . — the main thing is that . . .
глу́пый (*short form* **глуп**) — stupid
го́рький — bitter
граждани́н — citizen
губа́ (*pl.* **гу́бы**) — lip
де́йствие — action; act
де́йствовать (де́йству-ю, -ешь, -ют)/за- — to act (*on a plan*)
де́ло — affair; matter
достава́ть (доста-ю́, -ёшь, -ю́т)/доста́ть (доста́н-у, -ешь, -ут) — to get hold of

душа́ — soul: **со смущённой душо́й** — with mixed emotions

желе́зная доро́га — railroad

жёсткое ме́сто — second-class seat (on a train)

за + (time expression, *acc.*) + до (*чего́*) — X amount of time before Y: **за день до отъе́зда** — a day before the departure

каса́ться — to have to do with: **Де́ло каса́ется пое́здки по желе́зной доро́ге.** — The affair has to do with a railroad trip.

коли́чество — quantity

напра́сно — in vain; for no reason

находи́ть (нахож-у́, нахо́д-ишь, -ят)/найти́ (найд-у́, -ёшь, -у́т) — to find

обеща́ть (обеща́-ю)/по- — to promise

обма́нывать/обману́ть (обман-у́, обма́н-ешь, -ут) — to trick

оди́н — alone: **он был оди́н** — he was alone

ока́зываться/оказа́ться — to turn out to be

отли́чный — excellent

по́лный — full

пора́ + *infinitive* — it's time (to do something): **Пора́ принима́ть ме́ры.** — It's time to take measures.

преда́тель — traitor

придётся (*кому́*) — to end up having to: **Мне придётся биле́т прода́ть.** — I'll end up having to sell a ticket.

происходи́ть/произойти́ (произо-шёл, -шла́ -шло́) — to happen

прохо́жий — passerby

пря́таться (пря́ч-усь, -ешься, -утся)/с- — to hide (oneself)

ску́чный — boring

сли́шком — too (much *or* many): **сли́шком влия́тельные знако́мые** — acquaintances who were too influential

соверше́нно — completely

това́рищ — comrade

у́мный (*short form* умён, умна́, умно́) — smart; intelligent

целова́ть (целу́-ю, -ешь, -ют)/по- — to kiss

ци́фра — number; numeral

че́рез — through

Давайте послушаем

А. **В аэропорту.** Разгова́ривают дво́е знако́мых.

1. Где происхо́дит э́тот разгово́р?
2. Кто разгова́ривает?
3. Кто э́ти лю́ди по национа́льности?
4. Каки́е у них пла́ны?
5. Посмотри́те на карти́нки. Реши́те, что случи́лось в тече́ние разгово́ра и в како́м поря́дке. Now look at the pictures and decide which illustrate things that happen in the course of the conversation. Once you have eliminated the "false" pictures, arrange the remaining pictures in their correct order.

For this exercise, you will need a new verb, **лете́ть,** to fly. This verb is unidirectional, like **е́хать.** It can also appear as a prefixed motion verb: **прилета́ть/прилете́ть** (to arrive by air) and its opposite **улета́ть/улете́ть** (to depart by air). The conjugations are below.

лете́ть — to fly (*impf., unidirectional*)
леч-у́
лет-и́шь
лет-и́т
лет-и́м
лет-и́те
лет-я́т

прилета́ть — to arrive by air (*impf.*)
прилета́-ю
прилета́-ешь
прилета́-ет
прилета́-ем
прилета́-ете
прилета́-ют

прилете́ть — to arrive by air (*perf.*)
прилеч-у́
прилет-и́шь
прилет-и́т
прилет-и́м
прилет-и́те
прилет-я́т

Б.   Запо́лните про́пуски.

а. бага́ж — биле́ты — ко́фе — поса́дки — рейс

— То́лько что объяви́ли наш _____. Мо́жет быть, пойдём
  регистри́ровать _____.
— Заче́м спеши́ть? До _____ оста́лся час. Пойдём лу́чше _____
  пить.
— Но мы должны́ сдать _____.
— Ты, коне́чно, прав.

б. за биле́том — после́дний

— Кто здесь _____?
— Я.
— Вы _____ сто́йте?
— Да.

в. друзе́й — междугоро́дный телефо́н-автома́т — молодо́й челове́к — рейс

— Ой, _____ заде́рживается на два часа́! Я пойду́ звони́ть, что́бы
  предупреди́ть _____. _____, вы бу́дете стоя́ть?
— Да.
— А вы не зна́ете, где _____?

г. пройти́ — подхо́дит

— Как хорошо́! _____ на́ша о́чередь!
— Молодо́й челове́к! У вас америка́нский па́спорт! Вы не в ту о́чередь ста́ли.
  Вам на́до _____ в зал Интури́ста.

д. мест — ме́ста

— Ско́лько у вас _____?
— Я сдаю́ два _____.

е. лети́те — прилети́те

— Мо́жно забра́ть компью́тер, когда́ вы _____.
— Да, но. . .
— Или не _____! Друго́го вы́хода нет.

Обзорные упражнения

А. Бро́ня. Look at the advertisement. Then arrange with other students in the class to call for reservations.

ГОСТИНИЦА ПУЛЬМАН ИРИС — МОСКВА

НОВАЯ ГОСТИНИЦА В МОСКВЕ ДЛЯ ВАС

200 КОМНАТ И НОМЕРОВ-ЛЮКСОВ

★ ★ ★ ★ ★

- Французская кухня для гурманов в меню ресторана "Элисейские поля"

- Кофейная-буфет "Французское кафе"

- С воскресенье по пятницу в фойе работает прекрасный бар с джазовой музыкой

- Оборудованные конференц-залы

- Амфитеатр на 300 мест с системой синхронного перевода

Плюс:

- прямое резервирование мест по телексу

- спортивный и тренажерный зал

- сауна

- бассейн

- химчистка

- ресторан

- машины на прокат

- бесплатный маршрут автобуса до центра и обратно 7 дней в неделю с 8.15 до 20.00

"Bienvenue" in Moscow!

Moscow

Гостиница ПУЛЬМАН ИРИС - 12748,. Москва, Коровинское шоссе, 10 Тел: (70 95) 488-80-00 Телекс 413 656 Факс: (70 95) 906-01-05
Спутниковая связь: (7) 502 220 80 00   (От 15ого февраля.)

Б. Что взять в Москву? You are planning a trip to Moscow in September. You'll be living in a hotel and working in the city for three months.

1. Write a letter to your friends Kostya and Nadya asking what you should pack.
2. You receive the following answer by e-mail from your friends.

Здравствуй!

Ты хочешь знать, что надо взять с собой в Москву. В сентябре у нас погода часто меняется, поэтому нужно привезти и тёплую и лёгкую одежду. И если ты останешься до ноября, обязательно надо взять зимнее пальто. Позвони, как только приедешь и разместишься в гостинице!

Костя и Надя

3. Make a list of things to pack for your trip. Be specific, and include everything you will take.

4. Discuss your list with a classmate. Perhaps you will decide to add or delete some items after comparing lists.

5. When you unpack your suitcase in Moscow, five of the items you meant to pack are missing. You're not sure whether you forgot to pack them or whether someone opened your suitcase and took your things. Call your friends and tell them what happened.

6. Go to the hotel desk and inquire where you can purchase the items you left behind.

В.   Сочине́ние

1. Write a one-page, double-spaced composition about a trip you took. Be sure to tell where you went, who went, where you stayed, when you arrived, and when you left.

2. Bring two photocopies of the composition to class.

3. In groups of three, read each other's compositions. Have the writer read the composition out loud, while the others follow along on their photocopies. After each composition, briefly discuss what is most interesting about the composition, how it is organized, and how it might be improved.

4. Based on the feedback from your peers, rewrite your composition. Turn both versions in to your teacher.

Г.   Интервью́. You have been asked to serve as an interpreter for a journalist's interview with some Russian students.

1. To prepare for the interview, translate these questions that you know the journalist intends to ask.

   a. Where do you study?
   b. How long have you studied there?
   c. How many students study in your college (institute)?
   d. How many men?
   e. How many women?
   f. How many professors work there?
   g. How many courses does a student take (слу́шать)?
   h. How many years do Russian students go to college (university, institute)?

2. After the interview, you will have a chance to speak with the Russians informally. They will probably want to know the same things about your college or university that they have been asked about. Prepare to tell them about these things by writing a paragraph about your school, including answers to the questions above.

Новые слова и выражения

NOUNS

бро́нь (бро́ня) (*fem.*)	reservation
вокза́л (на)	railway station
гардеро́б	cloakroom
гру́ппа	group
дежу́рная	hotel floor manager
же́нщина	woman
ка́мера хране́ния	storage room (*in a museum or hotel*)
ключ (*pl.* ключи́) (*от чего́*)	key (*to something*)
лифт	elevator
ма́стер (*pl.* мастера́)	skilled workman
ме́сто (*pl.* места́)	place
мужчи́на	man
но́мер (*pl.* номера́)	room (*in hotel or dormitory*)
обме́н валю́ты	currency exchange
по́лночь (*fem.*)	midnight
полови́на	half
пробле́ма	problem
рейс	flight
руководи́тель	director
стрела́	arrow
фо́рточка	small hinged pane in window

ADJECTIVES

аннули́рован (-а, -ы)	canceled
заброни́рован (-а, -ы)	reserved
сле́дующий	next

VERBS

боя́ться (*чего́*) (*impf.*) (бо-ю́сь, бо-и́шься, -я́тся)	to be afraid (of)
брони́ровать/за- (брони́ру-ю, -ешь, -ют)	to reserve, to book
волнова́ться/вз- (волну́-юсь, -ешься, -ются)	to be worried
входи́ть/войти́ (*во что*) (вхож-у́, вхо́д-ишь, -ят) (войд-у́, войд-ёшь, -у́т)	to enter
выясня́ть/вы́яснить (выясня́-ю, -ешь, -ют) (вы́ясн-ю, -ишь, -ят)	to clarify

Новые слова и выражения

догова́риваться/договори́ться (*с кем*)	to come to an agreement (*with someone*)
(догова́рива-юсь, -ешься, -ются)	
(договор-ю́сь, -и́шься, -я́тся)	
доходи́ть/дойти́ (*до чего́*)	to reach a destination (*on foot*)
(дохож-у́, дохо́д-ишь, -ят)	
(дойд-у́, -ёшь, -у́т)	
запи́сывать/записа́ть	to note in writing, to write down
(запи́сыва-ю, -ешь, -ют)	
(запиш-у́, -ешь, -ут)	
звать/по-	to call (*not by phone*)
(зов-у́, -ёшь, -у́т)	
иска́ть/по-	to search, look for
(ищ-у́, и́щ-ешь, -ут)	
лете́ть/по-	to fly
(леч-у́, -и́шь, -я́т)	
наде́яться (*impf.*)	to hope
(наде́-юсь, -ешься, -ются)	
находи́ть/найти́	to find
(нахож-у́, нахо́д-ишь, -ят)	
(найд-у́, -ёшь, -у́т)	
оставля́ть/оста́вить	to leave something behind
(оставля́-ю, -ешь, -ют)	
(оста́вл-ю, оста́в-ишь, -ят)	
отходи́ть/отойти́	to depart
(отхож-у́, отхо́д-ишь, -ят)	
(отойд-у́, -ёшь, -у́т)	
подтвержда́ть/подтверди́ть	to confirm
(подтвержда́-ю, -ешь, -ют)	
(подтверж-у́, подтверд-и́шь, -я́т)	
подходи́ть/подойти́ (*к кому́/чему́*)	to approach, to come up toward
(подхож-у́, подхо́д-ишь, -ят)	
(подойд-у́, -ёшь, -у́т)	
помога́ть/помо́чь (*кому́*)	to help (*someone*)
(помога́-ю, -ешь, -ют)	
(помог-у́, помо́ж-ешь, помо́г-ут;	
помо́г, помогла́, помогли́)	
приезжа́ть/прие́хать	to arrive (*by vehicle*)
(приезжа́-ю, -ешь, -ют)	
(прие́д-у, -ешь, -ут)	
прилета́ть/прилете́ть	to arrive (*by air*)
(прилета́-ю, -ешь, -ют)	
(прилеч-у́, прилет-и́шь, -я́т)	

Новые слова и выражения

приходи́ть/прийти́ (прихож-у́, прихо́д-ишь, -ят) (прид-у́, -ёшь, -у́т)	to arrive (*on foot*)
проходи́ть/пройти́ (прохож-у́, прохо́д-ишь, -ят) (пройд-у́, -ёшь, -у́т)	to pass (*on foot*)
реша́ть/реши́ть (реша́-ю, -ешь, -ют) (реш-у́, -и́шь, -а́т)	to decide
теря́ть/по- (теря́-ю, -ешь, -ют)	to lose
уезжа́ть/уе́хать (уезжа́-ю, -ешь, -ют) (уе́д-у, -ешь, -ут)	to depart (*by vehicle*)
узнава́ть/узна́ть (узна-ю́, -ёшь, -ю́т) (узна́-ю, -ешь, -ют)	to find out
уходи́ть/уйти́ (ухож-у́, ухо́д-ишь, -ят) (уйд-у́, -ёшь, -у́т)	to depart (*on foot*)

ADVERBS

ве́рно	it's correct; correctly
и́менно	precisely, exactly
ли́чно	personally
ма́ло (*чего́*)	few, too little
мно́го (*чего́*)	much, many
не́сколько (*чего́*)	a few, several
пока́	for the time being
послеза́втра	the day after tomorrow
пра́вильно	it's correct, proper; correctly; properly
соверше́нно	absolutely, completely
сра́зу	immediately
я́сно	it's clear; clearly

PHRASES AND EXPRESSIONS

В то́м-то и де́ло.	That's just the point.
В чём де́ло?	What's the matter?
Де́ло в то́м, что…	The thing is that…
к восьми́ утра́	by eight a.m.
к сожале́нию	unfortunately
Мину́точку!	Just a minute!
что каса́ется (*чего́*)	with regard (*to something*)

Новые слова и выражения

PASSIVE VOCABULARY

выезжа́ть/вы́ехать (*из чего́*) (выезжа́-ю, -ешь, -ют) (вы́ед-у, -ешь, -ут)	to exit (*by vehicle*); to check out of a hotel
вызыва́ть/вы́звать (вызыва́-ю, -ешь, -ют) (вы́зов-у, -ешь, -ут)	to summon
въезжа́ть/въе́хать (*во что*) (въезжа́-ю, -ешь, -ют) (въе́д-у, -ешь, -ут)	to enter (*by vehicle*)
доезжа́ть/дое́хать (*до чего́*) (доезжа́-ю, -ешь, -ют) (дое́д-у, -ешь, -ут)	to reach a destination (*by vehicle*)
драгоце́нности (*pl.*)	valuables
импера́тор (императри́ца)	emperor (empress)
остава́ться/оста́ться (остаю́-сь, оста-ёшься, -ю́стал) (оста́н-усь, оста́н-ешься, -устал)	to remain
У нас оста́лся час.	We have an hour left.
отъезжа́ть/отъе́хать (*от чего́*) (отъезжа́-ю, -ешь, -ют) (отъе́д-у, -ешь, -ут)	to move away from (*by vehicle*)
подъезжа́ть/подъе́хать (*до чего́*) (подъезжа́-ю, -ешь, -ют) (подъе́д-у, -ешь, -ут)	to approach (*by vehicle*)
рабо́тник (рабо́тница)	employee
царь (*endings always stressed*)	tsar

PERSONALIZED VOCABULARY

_____

_____

_____

_____

Кино и телевидение

Коммуникативные задания

- Talking about movies and television
- Expressing likes and dislikes
- Agreeing and disagreeing
- Reading television and movie schedules

Грамматика

- **Нра́виться/понра́виться** vs. **люби́ть**
- Making comparisons
- Reflexive verbs
- Conjugation of **дава́ть/дать**-type verbs
- **Кото́рый** for reading
- Past active verbal adjectives and adverbs for reading

Чтение для удовольствия

- Че́хов. «Смерть чино́вника»

Между прочим

- Movie theaters in Russia
- Russian cinematography
- Russian television

Точка отсчёта

О чём идёт речь?

А.   Фи́льмы и их жанр. The words in bold below are the names of different film genres in Russian. Each is followed by the titles of films exemplifying that genre. Have you seen any of these films? What films of these genres have you seen?

Жанр фи́льма	Америка́нские фи́льмы	Ру́сские фи́льмы
Худо́жественный фильм		
боеви́к	«Термина́тор-2. Су́дный день»	«Война́»
дра́ма	«Красота́ по-америка́нски»	«Утомлённые со́лнцем»
истори́ческий	«Гладиа́тор»	«Звезда́»
коме́дия	«Остин Па́уэрс»	«Иро́ния судьбы́» «Займёмся любо́вью»
нау́чная фанта́стика	«Две ты́сячи пе́рвый год»	«Соля́рис»
мю́зикл	«Моя́ прекра́сная ле́ди»	«Весёлые ребя́та»
экраниза́ция класси́ческой литерату́ры	«Га́млет»	«Га́млет» «Бра́тья Карама́зовы»
детекти́в	«Восто́чный экспре́сс»	«Транссиби́рский экспре́сс»
приключе́нческий фильм / три́ллер	«Психо́з»	«Олига́рх»
фильм у́жасов (ужа́стик)	«Пя́тница 13-ое»	«Вий»
мультфи́льм	«Винни-пу́х» «Ми́кки Ма́ус»	«Винни-пу́х» «Ну, погоди́!»
ска́зка	«Га́рри По́ттер и филосо́фский ка́мень»	«Зо́лушка»
Документа́льный фильм	«Ко́смос»	«Са́харов»

Б. Зна́ете ли вы э́ти фи́льмы? Working in small groups, try to determine which genre best describes each of the following titles.

1. «Анна Каре́нина»
2. «Марс напада́ет»
3. «Вестса́йдская исто́рия»
4. «Индиа́на Джонс и храм ро́ка»
5. «Мальти́йский со́кол»
6. «Побе́да Тарза́на»
7. «Ро́бин Гуд»
8. «Спя́щая краса́вица»
9. «Зву́ки му́зыки»
10. «Кинг Конг»
11. «Се́вер на се́веро-за́пад»
12. «Коро́ль Лир»
13. «Геркуле́с»
14. «Иису́с Христо́с — суперзвезда́»
15. «Шрэк»
16. «Эколо́гия и мы»

В. Кинотеа́тр. Отве́тьте на вопро́сы.

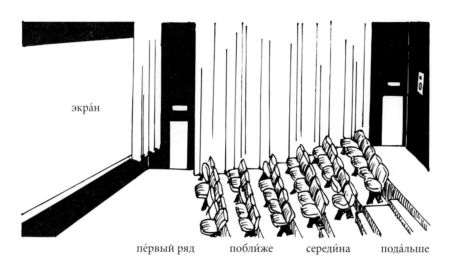

экра́н

пе́рвый ряд   побли́же   середи́на   пода́льше

1. Вы лю́бите ходи́ть в кино́?
2. Когда́ вы обы́чно хо́дите в кино́?
3. С кем вы обы́чно хо́дите в кино́?
4. Вы бо́льше всего́ лю́бите америка́нские и́ли иностра́нные фи́льмы?
5. Вы смотре́ли каки́е-нибудь ру́сские фи́льмы?
6. У вас есть люби́мый режиссёр? Как его́ зову́т? Как называ́ется его́ са́мый знамени́тый фильм?
7. Ско́лько сто́ит биле́т в кино́ у вас в го́роде?
8. Вы лю́бите сиде́ть в пе́рвом ряду́ в кино́?
9. Вы лю́бите сиде́ть побли́же, в середи́не и́ли пода́льше?
10. Вы собира́етесь пойти́ в кино́? Что вы хоти́те смотре́ть?

**Г. Разгово́ры.**

Разгово́р 1. Что идёт в кино́?

Разгова́ривают Бо́ря и Джéссика.

1. Каки́е фи́льмы лю́бит Джéссика?
2. Где идёт кинофи́льм «Ста́рые кля́чи*»?
3. Что э́то за фильм?
   - а. эпи́ческий фильм
   - б. мелодра́ма
   - в. коме́дия
   - г. детекти́в
4. Когда́ бу́дет сле́дующий сеа́нс?
5. Каки́е пла́ны у Бо́ри и Джéссики? Что они́ бу́дут де́лать?
6. Ско́лько сто́ят биле́ты в кино́?

*кля́чи—*nags*

Ме́жду про́чим

Сло́во о кино́

Russia has a rich film history. Such post-Revolutionary filmmakers as **Серге́й Эйзенште́йн** (1898–1948) and **Все́волод Пудо́вкин** (1893–1953) turned out films extolling the virtues of the revolution that are universally acclaimed as pioneering masterworks even today.

Films of the forties and fifties showed less creativity. Then, in the 1960s, Soviet film began to make advances against the strictures imposed by the State. This set film (and theater) apart from other forms of expression: literature, painting, radio, and television.

By the 1980s, long before Gorbachev's policies of **гла́сность** and **перестро́йка,** State authorities had largely abandoned film as a propaganda vehicle, preferring to concentrate on radio and television.

Among recent Russian films that have enjoyed a warm critical reception (as well as modest box office receipts) in the West are *Moscow Does Not Believe in Tears* (**Москва́ слеза́м не ве́рит,** 1980, Oscar for best foreign film), *Little Vera* (**Ма́ленькая Ве́ра,** 1988), *Taxi Blues* (**Та́кси-блюз,** 1990), *Burnt by the Sun* (**Утомлённые со́лнцем,** 1994, another Oscar winner), *Prisoner of the Mountains* (**Кавка́зский пле́нник,** 1996), *The Thief* (**Вор,** 1997), *Brother-2* (**Брат-2,** 2000), and *East-West* (**Восто́к-За́пад,** 2000).

Serious Russian cinematographers today hold up Italian and French cinema as models for their artistic merits. However, Russian moviegoers have begun to turn away from the box office in favor of renting videocassettes of commercial Hollywood films. That in turn forced many movie theaters to shut down in the 1990s. Russian studios reacted by turning to comedy and action-adventure as a way to stave off commercial collapse. Recently Russian cinema has enjoyed increased private financial support and a revival in various genres, particularly in dramatic, patriotic, and historical films, including *War* (**Война́,** 2002) and *Star* (**Звезда́,** 2002).

Разгово́р 2. Что пока́зывают по телеви́зору?
        Разгова́ривают Жа́нна и Джéссика.

1. Кака́я переда́ча идёт по пе́рвому кана́лу?
2. Что ду́мает Джéссика о футбо́ле?
3. Како́й фильм мо́жно посмотре́ть по кана́лу НТВ?
4. Отку́да Джéссика зна́ет об э́том фи́льме? Что она́ ду́мает о нём?
5. Как Жа́нна предлага́ет* помо́чь Джéссике?
6. Почему́ Джéссика ду́мает, что лу́чше посмотре́ть но́вости?

    *предлага́ть/предложи́ть — *to offer*

Разгово́р 3. Что сейча́с передаю́т?
        Разгова́ривают Ве́ра и Кен.

1. Кото́рый час?
2. Что мо́жно посмотре́ть по телеви́зору?
3. Кто тако́й Ра́йкин?
4. Когда́ он у́мер?
5. Что говори́т Кен о ю́море на иностра́нном языке́?
6. Что ду́мает Ве́ра: ле́гче понима́ть Ра́йкина или Жване́цкого?
7. В кото́ром часу́ бу́дет переда́ча о Ра́йкине?

Ме́жду про́чим

Что передаю́т по ТВ?

Most communities in Russia proper have access to three or four national networks, one of which may share time with a local channel. Cable and satellite services provide access to Western channels, such as CNN, "Discovery Channel," and even "Animal Planet," but the number of subscribers is significantly lower than in North America. The Russian networks broadcast a mix of foreign soap operas, educational shows, sports, movies, quiz shows, and documentaries. News, public affairs, and talk shows take up a large portion of the broadcast schedule, with nightly newscasts running a half hour in prime time on the biggest national networks. Made-for-TV series also draw large audiences. Particularly popular are foreign series, which are neither subtitled nor dubbed. Instead, Russian viewers hear a slightly muted soundtrack from the original show as announcers read a simultaneous talk-over translation.

Язык в действии

Диалоги

1. Какие фильмы тебе нравятся?

— Джессика, какие фильмы тебе нравятся?
— Больше всего мне нравятся комедии.
— Ты знаешь, сейчас идёт довольно интересный фильм.
— Правда? А как он называется?
— «Старые клячи». Ты его смотрела?
— Нет, не смотрела. Что это за фильм?
— Ну, это комедия, скорее всего сатирическая.
— Тогда это, наверное, серьёзнее, чем просто комедия.
— Да, серьёзнее. Но, главное, он несложный. Мне кажется, что ты его поймёшь.
— Хорошо. Когда начинается сеанс?
— Сейчас позвоню, узнаю.

2. Возьмём билеты сейчас.

Автоответчик: Здравствуйте. Вы набрали номер кинотеатра «Родина». Сегодня на нашем экране вы сможете посмотреть фильм Эльдара Рязанова «Старые клячи». Сеансы в 18, 20 и 22 часа. Билеты стоят 200 рублей.

— Джессика, следующий сеанс начинается в 8 часов.
— Может быть, возьмём билеты сейчас?
— Хорошо. Потом пойдём куда-нибудь поесть, а потом на фильм.
— Отлично.

3. Два билета на двадцать ноль-ноль.

— Девушка, будьте добры, два билета на двадцать ноль-ноль.
— Поближе, подальше?
— В середине.
— 12-й ряд годится?
— Годится.
— Четыреста рублей.

Кинотеатры в России

«Разрешите пройти». Although general admission is increasingly the rule in Russian movie theaters, there are still movie theaters with assigned seating. If getting to your seat in the middle of a row requires passing in front of people who have already taken their seats, etiquette requires that you pass facing toward rather than away from those seated.

Буфет. Many movie houses have small cafés. They typically sell juice, pastries, and ice cream.

4. Что показывают по телевизору?

— Что сегодня показывают по телевизору?
— Сейчас посмотрим программу. Так. . . . По первому каналу викторина.
— Ну, честно говоря, такие передачи мне не очень нравятся.
— А по третьему каналу показывают кинофильм «Старые клячи».
— «Старые клячи»? Я только вчера смотрела этот фильм.
— Ну и как? Он тебе понравился?
— Если честно, я удивилась: он был гораздо легче и понятнее, чем я ожидала.
— Да, это несложный фильм. Понять его легко.

5. Понимать юмор — труднее всего.

— Вера, что сейчас передают по телевизору?
— Сейчас передают концерт Райкина.
— А кто такой Райкин?
— Райкин известный наш комик. Он умер в 87-ом году.
— Я боюсь, что я не пойму его.
— Но у него такие смешные вещи!
— По-моему, понимать юмор — труднее всего.
— Может быть, ты прав. Но Райкина понимать несложно.
— Хорошо, давай посмотрим вместе. Если я что-нибудь не пойму, то ты мне всё объяснишь.

Вопро́сы к диало́гам

Диало́г 1

1. Джéссике бóльше всегó нра́вятся комéдии и́ли нау́чная фанта́стика?
2. Что предлага́ет посмотрéть её ру́сский знакóмый?
3. Это комéдия и́ли мелодра́ма?
4. Фильм простóй и́ли слóжный?
5. Друзья́ зна́ют, когда́ начина́ется слéдующий сеáнс?

Диало́г 2

1. В какóй кинотеáтр звони́л знакóмый Джéссики?
2. Какóй фильм идёт в э́том кинотеáтре?
3. Кто режиссёр э́того фи́льма?
4. Скóлько стóит билéт на фильм?
5. Друзья́ реша́ют поéсть до фи́льма и́ли пóсле фи́льма?

Диало́г 3

1. Скóлько билéтов покупáет знакóмый Джéссики?
2. В какóм ряду́ они́ бу́дут сидéть?
3. Скóлько стóят билéты?

Диало́г 4

1. На слéдующий день Джéссика разгова́ривает с други́м знакóмым. Они́ ду́мают пойти́ в кинó и́ли посмотрéть телеви́зор?
2. Джéссике нра́вятся виктори́ны?
3. Что пока́зывают по трéтьему кана́лу?
4. Когда́ Джéссика смотрéла э́тот фильм?
5. Что она́ сказáла об э́том фи́льме?

Диало́г 5

1. Разгова́ривают двóе ру́сских и́ли одна́ ру́сская и оди́н америка́нец?
2. Концéрт Ра́йкина мóжно посмотрéть по телеви́зору и́ли в теа́тре?
3. Кто такóй Ра́йкин?
4. Кто бои́тся, что понима́ть Ра́йкина бу́дет тру́дно?
5. Почему́ он так ду́мает?

♫ Давайте поговорим

A. **Что это за фильм?** Say as much as you can about the following films.

Образе́ц: «Анна Каре́нина»
«*Анна Каре́нина*» — *экраниза́ция рома́на Льва Толсто́го.*
Это серьёзный фильм.

Назва́ние фильма	Режиссёр	В гла́вных роля́х
«Спи́сок Ши́ндлера»	С. Спи́лберг	Л. Ни́сон
«Звёздные во́йны»	Дж. Лу́кас	М. Ха́мил, К. Фи́шер, Х. Форд
«Коро́ль Лев» (мультфи́льм)	Р. Алерс и Р. Ми́нкофф	М. Бро́дерик, Дж. Айронс, Дж. Э. Джонс
«Тита́ник»	Дж. Ка́мерон	Л. ди Ка́прио, К. Уи́нслет
«Эви́та»	А. Па́ркер	Мадо́нна, А. Бандéрас
«Ночь тру́дного дня»	Р. Ле́стер	Битлз
«Коро́ль Лир»	Г. Ко́зинцев	Ю. Ярвет
«Кинг Ко́нг»	М. Ку́пер	Ф. Рэй, Р. Армстронг

Б. **Бу́дьте добры́, два биле́та на два́дцать ноль-ноль.** With a partner, take turns ordering two tickets for the following times. Use the 24-hour clock, the norm for all official schedules in Russian.

1:00	6:00
2:00	7:00
3:00	8:00
4:00	9:00
5:00	10:00

B. **Подгото́вка к разгово́ру.** Review the dialogs. How would you do the following?

1. Ask someone what kinds of movies s/he likes best.
2. Say what kinds of movies you like best.
3. Say that there is an interesting (new, funny) movie showing.
4. Ask what the name of a movie is.

5. Ask if someone has seen «Ста́рые кля́чи».
6. Ask someone to describe a movie.
7. Ask when the next showing of a movie starts.
8. Purchase two (four, five) tickets for the 8:00 (10:00) show.
9. Tell the ticket seller that you want seats in the middle (front, back, 12th row, 18th row).
10. Ask what is on TV.
11. Say that you'll take a look at the TV guide.
12. Say that there's a game show (movie, news) on channel one (two, four).
13. Say that you don't like game shows.
14. Ask how someone liked a film.
15. Say that you understood more than you expected.

Г. Игровы́е ситуа́ции.

1. In Russia, your Russian friend suggests going to a movie. Consult the movie directory on page 182 to see what's playing. Talk about what kinds of films you like and find out as much as you can about the movies listed. Then decide which movie you would like to see.

2. At a Russian movie theater, get two tickets to the eight o'clock showing of «Война́». Your friend likes to sit fairly close to the screen.

3. In Russia, you and a Russian friend are spending the evening watching TV. Consult the TV guide on the next page and discuss what you will watch over the course of the evening.

4. A Russian friend has come to visit you in the U.S. You would like to take her to see an American movie, but your friend worries that she won't understand anything. Suggest a film that you think she'll understand, tell her a little bit about it, and try to assuage her fears. (Remember to keep it simple, staying within the bounds of the Russian you know.)

5. With a partner, prepare and act out a situation of your own based on the topics of this unit.

ТВ

1 КАНАЛ

6.00 "Доброе утро". **9.00, 12.00, 15.00, 18.00, 00.05** Новости. **9.15** "Семейные узы". **10.15** "Кольцо". Сериал с Настасьей Кински. **11.15** "Следствие ведет Колобков". **11.35** "Дисней-клуб". **12.15** "Возвращение Коломбо". Детектив.**14.05** "Время любить". Многосерийный фильм. **15.15** "След "Белого Орла". Дело 2000 г". Документальный детектив. **15.50** "Дронго". Многосерийный детектив. **17.00** "Большая стирка" с Андреем Малаховым. **18.25** Юмористическая программа "Сами с усами". **19.00** "Семейные узы". Сериал. **20.00** "Слабое звено". Игровое шоу. **21.00** "Время". **21.35**. "Дронго". Многосерийный детектив. 23.30 Футбол. ЦСКА/Парма (Италия) **00.15, 01.30** "Война да Винчи". Боевик.

РОССИЯ

7.00, 8.00, 11.00, 14.00, 20.00 Вести. 5.45 "Доброе утро, Россия!" **8.45** "Бригада". Сериал. **9.50** "Аншлаг". **10.50** Вести. Дежурная часть. **11.20** "Закон". Сериал. **12.25** Цена успеха.Ток-шоу. **13.30** Вся Россия. **13.45** Вести Москва. **14.25** "Что хочет женщина" **15.25** "Дикий ангел". Сериал. **16.20** "Простые истины". Сериал. **17.20** Теннис. Международный турнир "Кубок Кремля-2002" **18.20** Вести Москва. **18.50** "Воровка". Сериал. **19.50** "Спокойной ночи, малыши". **20.35** Вести Москва. **20.55** "Бригада". **22.05** "Закон". Сериал. **23.35** "Сердце ангела". Х/ф. США. **01.50** Дневник Международного турнира "Кубок Кремля-2004". **02.20** Дорожный патруль. **02.30** Прогноз погоды.

ТВЦ

11.00, 14.00, 18.00, 22.00, 0.10. События. Время московское. **6.00** Информационно-развлекательный канал "Настроение". **8.50** "Газетный дождь". **9.00** Смотрите на канале. **9.05** "Загадочная женщина". Сериал (Венесуэла). **10.00** "Мир дикой природы". Сериал (Япония). **10.30** "Как прекрасно светит сегодня луна". Мультфильм. **10.40** "Петровка, 38". **11.15** "Телемагазин". **11.30** Телеканал "Дата". **12.40** "Российские тайны: расследование ТВЦ". **13.10** "Квадратные метры". **13.30** "Деловая Москва". **14.15** "Инспектор Деррик". Криминальный сериал (Германия). **15.20** "Экспо-новости". **16.30** "Идущие вперед". **16.55** "Русские в Балтии". **17.25** "Двойной портрет". **19.50** "Пять минут деловой Москвы". **20.05** Фильм "Солдаты удачи" (США). Боевик. **22.45** "Времечко". **23.15** Сериал "Дело Фершо" (Франция). **00.30** "Петровка, 38". **00.50** Чемпионат России по хоккею. "Динамо"- "Крылья

Советов". Передача с МСА "Лужники". **01.30** "Синий троллейбус". Телефон доверия для полуночников.

КАНАЛ НТВ

8.00, 8.30, 9.00, 9.30, 10.00 "Сегодня утром". **12.00, 14.00, 15.00, 16.00, 17.00, 18.00,** "Сегодня". **8.50** "Дальнобойщики". Сериал. **10.20** Погода. **10.25** "Служба спасения". Сериал. **11.05** Квартирный вопрос. **12.00** Информационная программа, погода. **12.05**. "Карманные деньги". Приключенческий фильм. США. **14.05** "Женский взгляд" Оксаны Пушкиной. **14.35** "Она написала убийство". Детективный сериал. **15.40** "Принцип Домино". Ток-шоу. **17.05** "Улицы разбитых фонарей". Сериал. **18.20** "Чистосердечное признание". **19.00, 22.00** "Сегодня вечером". **19.35** "Агент национальной безопасности". Боевик. **00.00** "Сегодня в полночь". **00.45** "Гордон" **01.40** "Кома".

КУЛЬТУРА

10.00, 18.30, 0.00 Новости культуры. **10.20** "Порядок слов". **10.30** "Чудеса погоды". **11.00** "Школа злословия". Ток-шоу. **11.55** 75 лет Игорю Таланкину. "Вступление". Фильм. **13.35** "Странствия музыканта". **14.00** "Страсти по-итальянски". Сериал. **14.50** Мультфильм. **15.40** "Неожиданные каникулы". Сериал. **16.05** Теннис. Международный турнир "Кубок Кремля-2002" **17.05** "Петербург. Время и место". "Зимний дворец Петра I". **17.35** "Больше, чем футбол". Документальный фильм. **18.45** "Кто мы?" **19.10** "Помогите Телеку". **19.20** "Театральная летопись XX века". "Театр Юрия Любимова". **19.50** "Игорь Таланкин. Незримое путешествие души". **20.30** "Отец Сергий". Фильм **22.05** "Культурная революция". **23.00** "Вести". **23.15** "Эпизоды". **00.25** "Ночной полет".

ТВС

7.00, 7.15, 7.30, 7.45, 8.00, 8.15, 8.30, 8.45, 9.00, 11.00, 15.00, 17.00, 19.00, 21.00 Новости. **7.05** "Состав преступления". **7.20** "ABS". **7.25** "Есть мнение". **7.35** "Паутина". **7.50** "Тушите свет". **8.05** "Спорт". **8.20** "Место печати". **8.25** "ABS". **8.35** "Свободное время". **8.50** "Назло". **9.25** "Публичные люди". **9.50** "Свободное время". **10.00** "Мужская работа". Сериал. **11.20** "Дачники". **12.25** "Медный ангел". Фильм. **14.05** "Без протокола". **15.25** "Гарфилд и его друзья". Мультфильм. **15.45** "Сладкий вкус яда". Сериал. **17.25** "100 чудес света". **18.30** "Высший свет". **18.40** "Состав преступления". **19.30** "Мужская работа". Сериал. **20.40** "Тушите свет". **21.30** "Смотрите, кто пришел!" **22.00** "Привести в исполнение". Сериал. **23.00** "Грани". **23.20** "Есть мнение". **23.40** "Без протокола". **00.35** "Публичные люди". **01.05** "Состав преступления".

КИНО

Амели (комедия, Франция). Киноцентр на Красной Пресне. **Бассейн** (ужастик, Германия). Киноплекс на Ленинском, Матрица, Победа, Художественный. **Без стыда** (эротика, Испания). Синема. **Блэйд-2** (боевик, США). Звезда, Каро-фильм, Киноплекс на Ленинском, Кунцево, Патриот. **Большая гонка** (комедия, Франция). Аврора, Витязь, Горизонт, Киргизия, Ленинград, Мечта, Прага. **В августе 44-го** (ист., Россия). Дом Ханжонкова. **Ванильное небо** (драма, США). Иллюзион. **Властелин колец** (фантастика, США). Киноцентр на Красной Пресне. **Влюбленная Куини** (комедия, США). Киноплекс на Ленинском. **Водоворот** (драма, США). Дом литераторов. **Война** (боевик, Россия). Дом Ханжонкова. **Второстепенные люди** (комедия, Россия). **Гарри Поттер и философский камень** (детская фантастика, США). Киноцентр на Красной Пресне, Минск. **Другие** (ужастик, США). Люксор. **Звезда** (ист., Россия). Звезда, Звездный. **Звездные войны. Эпизод II. Атака клонов** (фантастика, США). Аврора, Алмаз, Байконур, Балтика, Варшава, Витязь, Горизонт, Каро-фильм, Кинотеатр под куполом, Киргизия, Ладога, Ленинград, Мечта, Первомайский, Победа, Прага, Пушкинский, Ролан, Тбилиси, Ударник, Экран. **Игры разума** (драма, США). Иллюзион. **Именинница** (комедия, США). Киноцентр на Красной Пресне. Метеор, Улан-Батор. **Корпорация монстров** (мультфильм, США). Киноцентр на Красной Пресне. **Малхолланд драйв** (триллер, США). Кинотеатр на Красной

Пресне. **Мулен Руж** (музыкальный, США). Киноцентр на Красной Пресне. **Одиннадцать друзей Оушена** (комедия, США). Люксор. **Перл Харбор** (ист., США). МДМ-Кино. **Пурпурная дива** (драма, Италия). Мир «Кинотавра». **Рай** (драма, Великобритания). Юность. **Спартак и Калашников** (детский-приключенческий, Россия). **Случайный шпион** (комедия, Гонконг). Аврора, Байконур, Гавана, Каро-фильм, Киноплекс на Ленинском, Космос, Люксор, Минск, Матрица, Орбита, Орион, Победа, Родина, Экран, Энтузиаст. **Таежный роман** (мелодрама, Россия). Дом Ханжонкова. **Тариф на лунный свет** (драма, Германия). Киноцентр на Красной Пресне. **Тяжелые деньги** (боевик, США). Байконур, Варшава, Каро-фильм, Киноплекс на Ленинском, Космос, Победа, Энтузиаст. **Царь скорпионов** (приключенческий, США). Гавана, Звездный, им. Моссовета, Космос, Орион, Энтузиаст, Юность. **Человек-мотылек** (фантастика, США). Урал. **Человек-паук** (фантастика, США). Гавана, Зарядье, им. Моссовета, Киноцентр на Красной Пресне, Люксор, Матрица, Орион, Саяны, Формула Кино, Энтузиаст. **Шоу начинается** (боевик, США). Байконур, Матрица, Пушкинский, Пять звезд, Ролан. **Шрэк** (мультфильм, США). Киноцентр на Красной Пресне. **Шум моря** (эротика, Испания). **Эволюция** (фантастика, США). **Эксперимент** (триллер, Германия). **Я – кукла** (боевик, Россия). Ангара.

Д.　**Я с тобой не согла́сен.** In small groups discuss movies that have made an impression on you. Name a movie and tell when you saw it and why you did or didn't like it. Agree and disagree with each other, discussing each film for as long as possible before someone in the group names another movie. Some useful phrases are given below.

> Если че́стно…,
> По-мо́ему…,
> Мне ка́жется, что…,
> Ты прав(а́), но…,
> Я (не) согла́сен (согла́сна)….

Этот фильм мне (не) понра́вился, потому́ что. . .	... он (не) смешно́й.
	... я его́ не по́нял(а).
	... он сло́жный.
	... он ску́чный.
	... на́до хорошо́ знать америка́нскую (ру́сскую. . .) жизнь.
	... арти́сты хорошо́ (пло́хо) игра́ли.
	... мне (не) нра́вятся фи́льмы Бе́ргмана (Сто́уна. . .).
	... мне вообще́ не нра́вятся коме́дии (нра́вится нау́чная фанта́стика).

E. **Моноло́г.** Расскажи́те о ва́шем са́мом люби́мом фи́льме. Как он называ́ется? Что э́то за фильм? Каки́е актёры в нём игра́ют? Как зову́т режиссёра э́того фи́льма? Когда́ вы его́ смотре́ли? Ско́лько раз вы его́ смотре́ли? Почему́ он вам понра́вился?

Ж. **Устный перево́д.** A Russian film director has come to your town. You are at a screening of one of her subtitled films. A friend of yours who does not know Russian wants to talk to the director. You offer to interpret.

ENGLISH SPEAKER'S PART

1. Hello. My name is _____. I don't speak any Russian, but I wanted to thank you and tell you how much I enjoyed your film.
2. Well, I can't say I understood everything. I think it's hard to understand a film when you don't even know the language. But I liked it anyway.
3. I disagree. I think it's harder to understand humor than anything else. But I think your film is much more serious and complex than just a comedy.
4. Well, I know that you must be busy. I'd like to tell you once again that the film is wonderful.

5.1   Нра́виться/понра́виться

— Я вчера́ смотре́ла но́вый фильм.   "Yesterday I saw a new movie."
— Ну и как? **Он тебе́ понра́вился?**   "Well, how was it? *Did you like it?*"

The verb **нра́виться/понра́виться** literally means *to be pleasing to*. The thing that is pleasing is the grammatical subject of the sentence; it appears in the nominative case. The person who likes it is expressed in the dative case. The verb agrees with the thing liked in gender and number.

DATIVE CASE	(agrees with right column)	NOMINATIVE CASE
Мне	нра́вится	ру́сское кино́.
Тебе́	нра́вятся	коме́дии?
Бори́су Оле́говичу (Ему́)	понра́вился	но́вый боеви́к.
Лари́се Петро́вне (Ей)	понра́вилась	э́та коме́дия.
Нам	понра́вились	э́ти мю́зиклы.
Вам	понра́вится	э́тот фильм.
Им	понра́вятся	три́ллеры Хи́тчкока.

Упражнения

A.   **Каки́е фи́льмы кому́ нра́вятся?**

   Образе́ц: Кири́лл — э́тот фильм → *Кири́ллу нра́вится э́тот фильм.*

1. Бори́с — мультфи́льмы
2. Матве́й — серьёзные фи́льмы
3. Со́фья Петро́вна — коме́дии
4. Окса́на — э́ти фи́льмы
5. Михаи́л Влади́мирович — фильм «Ста́рые кля́чи»
6. э́тот актёр — иностра́нные фи́льмы
7. на́ша сосе́дка — э́тот но́вый документа́льный фильм
8. молоды́е лю́ди — нау́чная фанта́стика
9. Алекса́ндр Миха́йлович и Лари́са Ива́новна — фильм «Восто́к-За́пад»
10. на́ши друзья́ — ру́сские фи́льмы

Б.   **Запо́лните про́пуски.**

> понра́вился — понра́вилось — понра́вилась — понра́вились

1. — Вы смотре́ли э́тот фильм? — Да, он мне о́чень _____.
2. — Вы чита́ли э́ту кни́гу? — Да, она́ мне о́чень _____.
3. — Вы смотре́ли э́ти францу́зские коме́дии? — Да, но они́ мне не _____.
4. — Вы ви́дели но́вое пла́тье Ла́ры? — Да, и оно́ мне _____.
5. — Вам _____ но́вая кни́га Пеле́вина?
6. — Вам _____ рестора́н, где вы у́жинали вчера́?
7. — Вам _____ моё письмо́?
8. Вам _____ фильм «Рэ́мбо»?
9. Вам _____ но́вые документа́льные фи́льмы?
10. Вам _____ коме́дия, кото́рую мы смотре́ли вчера́?

В.   **Соста́вьте предложе́ния.** Indicate you think these people *will like* the following things.

Образе́ц: Марк — э́тот фильм
Я ду́маю, что Ма́рку понра́вится э́тот фильм.

1. ты — э́та но́вая коме́дия
2. на́ша сосе́дка — документа́льный фильм о Са́харове
3. наш преподава́тель — э́ти худо́жественные фи́льмы
4. э́ти де́ти — но́вый мультфи́льм
5. мы — э́ти но́вые мю́зиклы
6. вы — «Соля́рис»

Г.   **О себе́.** Отве́тьте на вопро́сы.

1. Вам нра́вится кино́?
2. Вам нра́вятся коме́дии?
3. Вам нра́вятся детекти́вы?
4. Вам нра́вится нау́чная фанта́стика?
5. Вам нра́вятся мю́зиклы?
6. Вам нра́вятся приключе́нческие фи́льмы?
7. Каки́е фи́льмы вам бо́льше всего́ нра́вятся?
8. Каки́е фи́льмы вам бо́льше всего́ не нра́вятся?
9. Вы смотре́ли каки́е-нибудь ру́сские фи́льмы? Они́ вам понра́вились?
10. Вы смотре́ли фильм на про́шлой неде́ле? Он вам понра́вился?

➤   *Complete Oral Drills 1–5 and Written Exercises 1–2 in the Workbook.*

5.2 Нра́виться/понра́виться vs. люби́ть

Both **люби́ть** and **нра́виться** can be equivalent to the English *to like*. However, they are not always interchangeable. Follow the guidelines in the chart below.

	нра́виться/по-	люби́ть	COMMENTS
FUTURE	Вам понра́вится э́тот фильм.		In future tense, use **понра́виться.**
PRESENT	Мне нра́вится э́тот фильм.	Я люблю́ э́тот фильм.	In present tense, the verbs are close in meaning. **Люби́ть** is a bit stronger.
		Я люблю́ ходи́ть в кино́.	Use **люби́ть** with infinitives.
PAST	Мне понра́вился э́тот фильм.		I liked (and still like) this film.
	Мне нра́вился э́тот фильм.	Я люби́л(а) э́тот фильм.	I used to like this film.
		Я люби́л(а) ходи́ть в кино́.	Use **люби́ть** with infinitives.

Упражне́ние

Как по-ру́сски?

1. Vera likes to go to the movies.
2. Yesterday she saw a new American movie. She liked it a lot.
3. Her mother doesn't like American movies.
4. Vera's mother likes French and Russian movies.
5. On Friday she went to a French comedy. She liked it very much.
6. Vera's brother doesn't like movies.
7. But he'll probably like the documentary about Sakharov.
8. He likes to watch television and read.

➤ *Complete Oral Drill 6 and Written Exercise 3 in the Workbook.*

5.3 Making Comparisons

The comparative forms of adjectives and adverbs are used to compare characteristics and qualities. The following comparative forms come only in the predicate adjective position, that is, after the verb *to be*.

«Бра́тья Карама́зовы» — сло́жный рома́н, а «Идио́т» — **сложне́е.**	*The Brothers Karamazov* is a complex novel, but *The Idiot* is *more complex.*
Тру́дно чита́ть по-испа́нски, но чита́ть по-ру́сски **трудне́е.**	It is difficult to read in Spanish, but it's *more difficult* to read in Russian.

Formation of comparatives

The comparative forms of most Russian adjectives and adverbs have the ending **-ee.**

ADJECTIVE	ADVERB	COMPARATIVE	
интере́сн-ый	интере́сн-о	интере́сн-ее	more interesting
поня́тн-ый	поня́тн-о	поня́тн-ее	more understandable
серьёзн-ый	серьёзн-о	серьёзн-ее	more serious

If the stem has only one syllable, the stress in the comparative normally shifts to the ending.

ADJECTIVE	ADVERB	COMPARATIVE	
сло́жн-ый	сло́жн-о	сложне́е	more complex
ско́р-ый	ско́р-о	скоре́е	sooner, more likely
тёпл-ый	тепл-о́	тепле́е	warmer
тру́дн-ый	тру́дн-о	трудне́е	more difficult
у́мн-ый	у́мн-о	умне́е	smarter

The comparative **холодне́е**—*colder* is also stressed on the ending.

In colloquial Russian the comparative ending **-ee** may be rendered as **-ей: скоре́е → скоре́й. Иди́ скоре́й!**—*Come quickly!*

A number of comparatives are irregular and must simply be memorized. These forms end in an unaccented **-e,** and most involve a consonant mutation at the end of the stem. Here are the irregular forms drilled in this unit.

ADJECTIVE	ADVERB	COMPARATIVE	
хоро́ший	хорошо́	лу́чше	better
плохо́й	пло́хо	ху́же	worse
большо́й	мно́го	бо́льше	bigger
ма́ленький	ма́ло	ме́ньше	smaller, less
молодо́й	мо́лодо	моло́же	younger
ста́рый	—	ста́рше	older (*for people*)
ре́дкий	ре́дко	ре́же	more rarely
ча́стый	ча́сто	ча́ще	more frequently
бли́зкий	бли́зко	бли́же	closer

далёкий	далекó	дáльше	further
дорогóй	дóрого	дорóже	more expensive
дешёвый	дёшево	дешéвле	cheaper
дóлгий	дóлго	дóльше	longer
корóткий	кóротко	корóче	shorter
лёгкий	легкó	лéгче	lighter, easier
простóй	прóсто	прóще	simpler
рáнний	рáно	рáньше	earlier
пóздний	пóздно	пóзже (*or* позднéе)	later
жáркий	жáрко	жáрче	hotter

Hint: Use the Oral Drills to help you learn these forms.

Structure of comparative sentences

Than is rendered by **чем,** which is always preceded by a comma.

Вы говорúте по-рýсски лýчше, **чем** мы.	You speak Russian better *than* we do.
В Москвé холоднéе, **чем** в Санкт-Петербýрге.	It's colder in Moscow *than* in St. Petersburg.

Russians often replace **чем** + nominative case with genitive (dropping the **чем**).

Вы говорúте по-рýсски лýчше, **чем мы.**	Вы говорúте по-рýсски *лýчше* **нас.**

The adverbs **горáздо** — *much* and **ещё** — *even* strengthen the comparison.

Вы говорúте по-рýсски **горáздо** лýчше, чем мы.	You speak Russian *much* better than we do.
Вы говорúте по-рýсски **ещё** лýчше, чем мы.	You speak Russian *even* better than we do.

If you want to put a comparative phrase in a case other than the nominative, then you must use the comparative **бóлее**—*more,* plus an adjective in the appropriate case. The opposite is **мéнее**—*less.*

Я вúдела э́тот фильм **в мéнее красúвом** кинотеáтре, чем кинотеáтр «Экрáн».	I saw that movie in a *less beautiful* movie theater than the Ekran theater.
Лéна хóдит **на бóлее пóздние** сеáнсы, чем мы с тобóй.	Lena goes to *later* showings than you and I do.

If you want to say something is the most—the biggest, the most popular, the cheapest, and so forth—then use the superlative adjective **са́мый** plus the adjective in its noncomparative form. Both adjectives modify the noun according to gender, number, and case.

Я ви́дела э́тот фильм **в са́мом краси́вом** кинотеа́тре в Петербу́рге.	I saw that movie in *the most beautiful* movie theater in St. Petersburg.
Ле́на всегда́ хо́дит **на са́мые по́здние** сеа́нсы.	Lena always goes to *the latest* showings.

You can say *best* two ways: **са́мый хоро́ший** or **са́мый лу́чший.**

Упражнения

А. Запо́лните про́пуски. Fill in the blanks with the needed comparative form.

1. Смотре́ть телеви́зор интере́сно, а чита́ть ещё _____.
2. Ма́ша о́чень серьёзная, а её брат ещё _____.
3. Э́ти фотогра́фии краси́вые, а твои́ фотогра́фии ещё _____.
4. Говори́ть по-францу́зски тру́дно, а говори́ть по-ру́сски ещё _____.
5. «Бра́тья Карама́зовы» — рома́н сло́жный, а «Бе́сы» ещё _____.
6. Сего́дня жа́рко, а вчера́ бы́ло ещё _____.
7. В Санкт-Петербу́рге хо́лодно, а на Аля́ске ещё _____.
8. Ва́ня ча́сто хо́дит в кино́, а Ки́ра хо́дит ещё _____.
9. Мы ра́но встаём, а преподава́тель встаёт ещё _____.
10. Гри́ша живёт далеко́ от университе́та, а Со́ня живёт ещё _____.
11. Э́ти кни́ги дороги́е, а те кни́ги ещё _____.
12. На́ше общежи́тие о́чень большо́е, а но́вое общежи́тие ещё _____.

Б. Поду́майте! Which of the following sentences can be rephrased without **чем**? (*Hint:* The things being compared must be in the nominative case.)

1. Москва́ бо́льше, чем Санкт-Петербу́рг.
2. В Москве́ холодне́е, чем в Санкт-Петербу́рге.
3. Понима́ть на иностра́нном языке́ ле́гче, чем говори́ть.
4. Биле́т в теа́тр доро́же, чем биле́т в кино́.
5. О поли́тике интере́снее поговори́ть, чем о пого́де.

В. Соста́вьте предложе́ния. Rephrase the following comparisons without **чем**.

    Образе́ц: Вы говори́те лу́чше, чем я. → *Вы говори́те лу́чше меня́.*

1. Я пишу́ бо́льше, чем Анто́н.
2. Анто́н пи́шет ме́ньше, чем я.
3. Э́ти студе́нты чита́ют быстре́е, чем Гри́ша.
4. Гри́ша чита́ет ме́дленнее, чем э́ти студе́нты.

5. Моя сестра́ хо́дит в кино́ ча́ще, чем Со́ня.
6. Со́ня хо́дит в кино́ ре́же, чем моя́ сестра́.
7. Этот америка́нский студе́нт ста́рше, чем Ла́ра.
8. Ла́ра моло́же, чем э́тот америка́нский студе́нт.
9. Ла́ра встаёт ра́ньше, чем мы.
10. Мы встаём по́зже, чем Ла́ра.

Г. Зако́нчите предложе́ния. Complete the following sentences with something that makes sense, both logically and grammatically.

1. Я занима́юсь бо́льше, чем. . .
2. Чита́ть по-ру́сски ле́гче, чем. . .
3. Гото́вить пи́ццу про́ще, чем. . .
4. Я встаю́ по́зже, чем. . .
5. Мы говори́м по-ру́сски лу́чше, чем. . .
6. Весно́й у нас тепле́е, чем. . .
7. Я моло́же, чем. . .
8. Я ре́же смотрю́ телеви́зор, чем. . .

Д. Са́мое-са́мое. Make the following sentences superlative.

> Образе́ц: Санкт-Петербу́рг—краси́вый го́род. (в Росси́и) →
> *Санкт-Петербу́рг—са́мый краси́вый го́род в Росси́и.*

1. Москва́—большо́й го́род. (в Росси́и)
2. Мы живём в дорого́м го́роде. (Росси́и)
3. Яку́тск—холо́дный го́род. (в Росси́и)
4. Биле́ты в Большо́й теа́тр дороги́е. (в Москве́)
5. Моско́вское метро́ хоро́шее. (в Росси́и)
6. «Война́ и мир»—дли́нный рома́н. (Толсто́го)

➤ *Complete Oral Drills 7–13 and Written Exercises 4–8 in the Workbook.*

5.4 Reflexive Verbs

The Russian verbs for *begin, end, open,* and *close* have **nonreflexive** and **reflexive** forms. The reflexive forms end in the particle **-ся.**

Use the nonreflexive form (without **-ся**) when an animate being is the grammatical subject.

Ва́ня начина́ет рабо́ту.	Vanya begins work.
Ва́ня открыва́ет кни́гу.	Vanya opens the book.
Ва́ня закрыва́ет кни́гу.	Vanya closes the book.

Use the reflexive form (with **-ся**) when something inanimate is the grammatical subject.

Рабо́та начина́ется в 9 часо́в.   Work begins at 9 o'clock.
Рабо́та конча́ется в 5 часо́в.   Work ends at 5 o'clock.
Библиоте́ка открыва́ется в 9 часо́в.   The library opens at 9 o'clock.
Библиоте́ка закрыва́ется в 7 часо́в.   The library closes at 7 o'clock.

The verb **конча́ться/ко́нчиться**—*to come to a conclusion* is rarely used without the **-ся** particle in contemporary spoken Russian. Use the verb **зака́нчивать/зако́нчить** in reference to someone finishing an activity.

Рабо́та конча́ется в 6 часо́в.   Work ends at 6 o'clock.
Я зака́нчиваю рабо́тать в 6 часо́в.   I finish work(ing) at 6 o'clock.
Рабо́та начнётся в 10 часо́в.   Work will begin at 10 o'clock.
Я начну́ рабо́тать в 10 часо́в.   I will begin work(ing) at 10 o'clock.

открыва́ть(ся)/откры́ть(ся) (to open)	
открыва́-ю	откро́-ю
открыва́-ешь	откро́-ешь
открыва́-ет(ся)	откро́-ет(ся)
открыва́-ем	откро́-ем
открыва́-ете	откро́-ете
открыва́-ют(ся)	откро́-ют(ся)

закрыва́ть(ся)/закры́ть(ся) (to close)	
закрыва́-ю	закро́-ю
закрыва́-ешь	закро́-ешь
закрыва́-ет(ся)	закро́-ет(ся)
закрыва́-ем	закро́-ем
закрыва́-ете	закро́-ете
закрыва́-ют(ся)	закро́-ют(ся)

начина́ть(ся)/нача́ть(ся) (to begin)	
начина́-ю	начн-у́
начина́-ешь	начн-ёшь
начина́-ет(ся)	начн-ёт(ся)
начина́-ем	начн-ём
начина́-ете	начн-ёте
начина́-ют(ся)	начн-у́т(ся)

кончаться/кончиться (to come to an end)	
конча-ется	конч-ится
конча-ются	конч-атся

заканчивать/закончить (to complete, end)	
заканчива-ю	законч-у
заканчива-ешь	законч-ишь
заканчива-ет	законч-ит
заканчива-ем	законч-им
заканчива-ете	законч-ите
заканчива-ют	законч-ат

Упражнения

А. О себе. Ответьте на вопросы.

1. Когда вы начали учиться в университете?
2. В каком месяце начинается учебный год в вашем университете? В каком месяце кончается учебный год?
3. Во сколько открывается университетская библиотека? Когда она закрывается?
4. Когда начинается ваша первая лекция? Когда она заканчивается?
5. Вы смотрите телевизор? Когда начинается ваша любимая передача?
6. Вы смотрели фильм на прошлой неделе? Когда он начался? Когда он кончился?
7. Когда вы начнёте заниматься сегодня вечером? Когда вы закончите?

Б. Выберите правильный глагол.

1. Когда (открывает/открывается) кинотеатр?
2. Кто (открывает/открывается) кинотеатр?
3. Кинотеатр (открывает/открывается) в шесть часов, но первый сеанс (начинает/начинается) в семь.
4. Последний сеанс (заканчивает/кончается) в одиннадцать часов.
5. Учебный год (начинает/начинается) в сентябре и (заканчивает/кончается) в июне.
6. Мы (начали/начались) учиться здесь в сентябре.
7. Когда вы (начали/начались) учиться в университете?
8. Когда вы (окончите/кончитесь) университет?
9. Скоро (откроет/откроется) новое кафе.
10. Когда (закрывает/закрывается) библиотека?

➤ *Complete Oral Drills 14–17 and Written Exercises 9–11 in the Workbook.*

5.5 Verb Conjugation — дава́ть/дать and передава́ть/переда́ть

The verb дать—*to give* is one of only four truly irregular verbs in Russian. Prefixed forms of дава́ть/дать follow the same conjugation pattern.

дава́ть/дать (to give)	
даю́	дам
даёшь	дашь
даёт	даст
даём	дади́м
даёте	дади́те
даю́т	даду́т
imperative	*imperative*
дава́й	дай
past	*past*
дава́л	дал, дала́, да́ли

передава́ть/переда́ть (to broadcast, to pass along)	
передаю́	переда́м
передаёшь	переда́шь
передаёт	переда́ст
передаём	передади́м
передаёте	передади́те
передаю́т	передаду́т
imperative	*imperative*
передава́й	переда́й
past	*past*
передава́л	переда́л, передала́, переда́ли

The prefix **пере-** often indicates action across or through something. Thus **переда́ть** can mean *to broadcast* or *to pass along* (as in passing along a message, or passing something at the table).

Упражнения

А. Запо́лните про́пуски. Use forms of the verb **передава́ть/переда́ть.**

1. Что сейча́с _____ (*are they broadcasting*) по пе́рвому кана́лу?
2. _____ (*Pass! – formal*) приве́т Влади́миру Ма́рковичу!
3. _____ (*Pass! – informal*) соль, пожа́луйста.
4. Мне _____ (*was told*), что Ири́ны Васи́льевны сего́дня не бу́дет на рабо́те.

Б. Соста́вьте предложе́ния. Make sentences by combining elements from the following columns.

SUBJECT (NOM.)	ADVERB	VERB	INDIRECT OBJECT (DAT.)	DIRECT OBJECT (ACC.)
я	ча́сто		мне	кни́ги
ты	всегда́		тебе́	ди́ски
мой брат	никогда́ не	дава́ть	моему́ бра́ту	газе́ты
ба́бушка	за́втра	дать	ба́бушке	де́ньги
мы	вчера́		нам	биле́ты в кино́
вы	ра́ньше		вам	журна́л
роди́тели			роди́телям	

➤ *Complete Oral Drill 18 and Written Exercise 12 in the Workbook.*

📖 Давайте почитаем

А.   Кино́ в Москве́. Посмотри́те на информа́цию о кино́ на страни́це 182. Отве́тьте на сле́дующие вопро́сы.

1. Каки́е кинотеа́тры са́мые больши́е в Москве́?
2. Каки́е фи́льмы са́мые популя́рные в Москве́?
3. Отку́да фи́льмы в э́тих кинотеа́трах?
4. Каки́е из э́тих фи́льмов вы смотре́ли?
5. Каки́е вам понра́вились? Каки́е вам не понра́вились?
6. Каки́е вы хоти́те посмотре́ть?

Б.   Чте́ние для удово́льствия.

Have you been annoyed by others sitting near you in a movie theater? Read the following story by Anton Chekhov and see what happened in a theater before the birth of movies.

Анто́н Па́влович Че́хов (1860–1904) роди́лся в Таганро́ге, на ю́ге Росси́и. Он учи́лся на медици́нском факульте́те Моско́вского университе́та. Уже́ в университе́тские го́ды на́чал писа́ть и публикова́ть юмористи́ческие расска́зы и ско́ро стал профессиона́льным писа́телем. Он писа́л не то́лько расска́зы, но и пье́сы, наприме́р, «Дя́дю Ва́ню» и «Три сестры́». Его́ жена́, Ольга Кни́ппер, была́ актри́сой Моско́вского худо́жественного теа́тра. В 1897 году́ больно́й от туберкулёза Че́хов перее́хал в Ялту, в Крым. Он у́мер в 1904 году́.

пье́са — play
стать (*чем/кем*) — to become
туберкулёз — tuberculosis

Смерть чино́вника (1883)

(Death of a Bureaucrat)

В оди́н прекра́сный ве́чер не ме́нее прекра́сный экзеку́тор°, Ива́н Дми́триевич Червяко́в, сиде́л во второ́м ряду́ кре́сел и гляде́л° в бино́кль на «Корневи́льские колокола́»°. Он гляде́л и **чу́вствовал себя́ на верху́ блаже́нства.** Но вдруг°. . . В расска́зах ча́сто встреча́ется° это «но вдруг». Авторы пра́вы: жизнь так полна́° неожи́данностей°! Но вдруг лицо́° его́ поморщи́лось°, глаза́° подкати́лись°, **дыха́ние останови́лось. . . он отвёл от глаз бино́кль,** нагну́лся° и. . . апчхи!!! Чихну́л°, как ви́дите. **Чиха́ть никому́ и нигде́ не возбраня́ется.** Чиха́ют и мужики́°, и полицейме́йстеры°,

администра́тор
смотре́л
"The Bells of Corneville"
felt he was at the heights of bliss; suddenly
can be seen
full; unexpected events
face; wrinkled up; eyes
rolled back; **his breathing stopped**
he took the binoculars from his eyes; bent over;
  sneezed; **sneezing is not forbidden to anyone
  anywhere;** peasant men; police chiefs

и иногда́ да́же и **та́йные сове́тники.**
Все чиха́ют. Червяко́в нисколько° не
сконфу́зился°, утёрся° плато́чком° и, как ве́жливый°
челове́к, **погляде́л вокру́г себя:** не обеспоко́ил° ли
он кого́ свои́м° чиха́нием? Но тут уж пришло́сь°
сконфу́зиться. Он уви́дел, что старичо́к°, сиде́вший°
впереди́° него́, в пе́рвом ряду́ кре́сел, стара́тельно°
вытира́л° свою́ лы́сину° и ше́ю° перча́ткой и
бормота́л° что́-то°. В старичке́ Червяко́в узна́л°
ста́тского° генера́ла Бризжа́лова, слу́жащего° **по
ве́домству путе́й сообще́ния.**

«Я его́ обры́згал°! — поду́мал Червяко́в. —
Не мой нача́льник°, чужо́й°, но всё-таки нело́вко°.
Извини́ться° на́до».

Червяко́в кашляну́л°, **пода́лся ту́ловищем
вперёд** и зашепта́л° на́ ухо° генера́лу:

—Извини́те, ва́ше-ство°, я вас обры́згал. . . я
    неча́янно°. . .
—Ничего́-ничего́°. . .
—Ра́ди бо́га°, извини́те. Я ведь. . . я не жела́л°!
—Ах, сиди́те°, пожа́луйста! Да́йте° слу́шать!

Червяко́в сконфу́зился, глу́по° улыбну́лся° и
на́чал гляде́ть на сце́ну°. Гляде́л он, но уж
блаже́нства° бо́льше не чу́вствовал. Его́ на́чало
помучивать° беспокойство. В антра́кте° он подошёл
к Бризжа́лову, походи́л во́зле° него́ и, поборо́вши°
ро́бость°, пробормота́л:

— Я вас обры́згал, ва́ше-ство. Прости́те. . . **Я
    ведь. . .не то что́бы. . .**
— Ах, полноте́°. . . Я уж забы́л, **а вы всё о то́м
    же!** — сказа́л генерал и нетерпели́во° **шевельну́л
    ни́жней губо́й.**

«Забы́л, **а у самого́ ехи́дство в глаза́х,** —
поду́мал Червяко́в, подозри́тельно° погля́дывая° на
генера́ла. — И говори́ть не хо́чет. . . На́до бы ему́
объясни́ть°, что я **во́все не** жела́л. . . что э́то зако́н°
приро́ды°, а то поду́мает, что я плю́нуть° хоте́л.
Тепе́рь не поду́мает, так по́сле поду́мает!..»

Придя́ домо́й, Червяко́в рассказа́л жене́ о
своём неве́жестве°. Жена́, **как показа́лось ему́,**
сли́шком° легкомы́сленно° отнесла́сь° к
происше́дшему°; она́ то́лько испуга́лась°, а пото́м,
когда́ узна́ла, что Бризжа́лов «чужо́й», успоко́илась°.

---

high-ranking bureaucrats

not at all

embarrassed; wiped; handkerchief; polite

looked around; disturbed

his; it was necessary

ста́рый челове́к; sitting

in front; vigorously

was wiping off; bald head; neck

mumbled; something; recognized

civil service; who served

in the communications ministry

spattered

boss; someone else's; awkward

to apologize

coughed

bent forward; whispered; ear

your excellency

accidentally

It's nothing.

For heaven's sake; хоте́л

Sit down!; Let me

stupidly; smiled

stage

bliss

torment; worry; intermission

beside; fighting off

timidity

I didn't mean to

Enough!

You keep going on about it; impatiently

his lower lip trembled

he has a nasty look in his eyes

suspiciously; glancing

explain; **not at all;** law

nature; spit

Having come home

rudeness; **as it seemed to him**

too; lightly; regarded

the occurrence; was startled

calmed down

— А всё-таки° ты сходи°, извинись, — сказала она. Подумает, что ты **себя в публике держать** не умеешь!°

— То-то вот и есть! Я извинялся, да он как-то° странно°. . . **Ни одного** слова путного° не сказал. Да и **некогда было** разговаривать.

На другой день Червяков надел° новый вицмундир°, подстригся и пошёл к Бризжалову объяснить. . . Войдя° в приёмную° генерала, он увидел там много просителей°, а между просителями и **самого генерала, который** уже начал **приём прошений**. Опросив° несколько просителей, генерал **поднял глаза°** и на Червякова.

— Вчера в «Аркадии», ежели° припомните°, ваше-ство, — начал докладывать° экзекутор, — я чихнул-с° и. . . нечаянно обрызгал. . . Изв. . .

— **Какие пустяки**. . . Бог° знает что! **Вам что угодно?** — обратился° генерал к следующему° просителю.

«Говорить не хочет! — подумал Червяков, бледнея°. — Сердится°, значит. . . . Нет, **этого нельзя так оставить**. . . Я ему объясню».

Когда генерал кончил беседу° с последним просителем и направился° во внутренние° апартаменты, Червяков шагнул за ним и забормотал°:

— Ваше-ство! Ежели я осмеливаюсь° беспокоить° ваше-ство, то именно° из чувства°, могу сказать, раскаяния°!. . . Не нарочно°, **сами изволите знать-с!**

Генерал **состроил плаксивое лицо** и **махнул рукой**.

— Да вы просто смеётесь°, милостисдарь°! — сказал он, **скрываясь за дверью**.

«Какие же тут насмешки? — подумал Червяков. — **Вовсе тут нет никаких насмешек!** Генерал, а не может понять! **Когда так**, не стану° же я больше извиняться перед этим фанфароном°! **Чёрт с ним!** Напишу ему письмо, а ходить не стану! Ей-Богу°, не стану!»

— Так думал Червяков, идя° домой. Письма генералу он не написал. Думал, думал и **никак не выдумал этого письма**. Пришлось на другой день идти самому° объяснять.

— Я вчера приходил беспокоить ваше-ство, — забормотал он, когда генерал поднял на него вопрошающие° глаза, — **не для того, чтобы** смеяться°, **как вы изволили сказать**. Я извинялся **за то, что**, чихая°, брызнул-с . . . а смеяться я и не думал. **Смею ли я** смеяться? Ежели мы будем смеяться, так **никакого тогда, значит, и уважения к персонам**. . . не будет. . .

even so; иди	
to behave yourself in public; know how	
That's just it!; somehow	
strangely; **not a single;** comprehensible	
there was no time	
The next day; put on	
civil servant's uniform; trimmed his moustache	
having entered; reception room	
petitioners	
the general himself, who	
visiting hours; having questioned	
raised his eyes	
если; recall	
report	
sir	
What nonsense!; God	
What do you need?; addressed; next	
turning pale; he's angry	
I can't leave things like this	
разговор	
headed; inner	
stepped; began to mumble	
dare; to bother	
precisely; feeling	
regret; on purpose; **You know that yourself, sir.**	
made a crybaby face	
waved his hand (brushed him off)	
are mocking me; my dear sir	
disappearing behind the door	
What does he mean, mocking him?	
I'm not mocking at all!	
Если так; не буду	
big-head; **To the devil with him!**	
Honest to God	
going	
He just couldn't come up with the letter	
himself	
questioning	
not in order to; to mock	
as you said; потому что; sneezing	
Would I dare?	
then there won't be any respect for important people	

— **Пошёл вон!!** — га́ркнул° вдруг **посине́вший и затря́сшийся** генера́л.

— Что-с? — спроси́л шёпотом° Червяко́в, мле́я° **от у́жаса.**

— **Пошёл вон!!** — повтори́л генера́л, **зато́пав нога́ми.**

В животе́° у Червяко́ва что́-то оторвало́сь°. **Ничего́ не ви́дя, ничего́ не слы́ша,** он попя́тился° к две́ри, вы́шел на у́лицу и поплёлся°. . . Придя́ машина́льно° домо́й, **не снима́я вицмунди́ра,** он лёг° на дива́н и. . . по́мер°.

Get the hell out of here!; barked
who turned blue and began to shake
in a whisper; growing numb; **in horror**
stamping his feet
stomach; something snapped
Not seeing or hearing anything; backed up
dragged himself along; mechanically
not taking off his uniform; lay down;
died (croaked)

Слова́рь

–с = су́дарь, суда́рыня — sir, ma'am

Тепе́рь не поду́мает, так по́сле поду́мает! — He may not think that now, but he will later!

утёрся плато́чком — wiped himself off with a handkerchief

червя́к — worm

чиха́ть/чихну́ть — to sneeze

Грамма́тика те́кста

This story contains participles and verbal adverbs. You will receive a more thorough introduction to both in Unit 10. Here is an overview, in order to help you better understand the language of this and later stories.

Verbal adverbs are just that: adverbs made from verbs. They answer the questions adverbs normally address: "how," "why," or "when." Russian has two kinds of verbal adverbs: present (imperfective) and past (perfective).

Imperfective verbal adverbs denote action that occurs simultaneously with the main verb of the sentence. In this story you see:

Забы́л, а у самого́ ехи́дство в глаза́х, — поду́мал Червяко́в, подозри́тельно **погля́дывая** на генера́ла.

"He forgot, but he has a nasty look in his eyes," thought Chervyakov, *glancing* suspiciously at the general.

— Да вы про́сто смеётесь, милости́сдарь! — сказа́л он, **скрыва́ясь** за две́рью.

"Why, you're just mocking me, my dear sir!" he said, *disappearing* behind the door.

Я извиня́лся за то, что **чиха́я,** бры́знул-с.

I apologized because, *while sneezing,* I spattered you, sir.

Ничего́ не ви́дя, ничего́ не слы́ша, он попя́тился к две́ри.

Seeing nothing, hearing nothing, he backed up toward the door.

Imperfective verbal adverbs come from present-tense verbs (**они́** form):

while sneezing:	чиха́-~~ют~~	→	чиха́ + **я**	→	чиха́я
while hiding:	скрыва́-~~ются~~	→	скрыва́ + **я** + **сь**	→	скрыва́ясь
while hearing:	слы́ш-~~ат~~	→	слы́ш + **a**	→	слы́ша
			(**a**, not **я** to observe the 8-letter spelling rule)		

Perfective verbal adverbs denote action that occurred before the action indicated by the main verb in the sentence. They are often rendered as "having" done something or after doing something:

Опроси́в не́сколько проси́телей, генера́л по́днял глаза́ и на Червяко́ва.

Having questioned a few petitioners, the general raised his eyes to Chervyakov as well.

Он подошёл к Бризжа́лову и, **поборо́вши** ро́бость, пробормота́л. . .

He went up to Brizzhalov and, *fighting off* timidity, mumbled . . .

Войдя́ в приёмную генера́ла, он уви́дел там мно́го проси́телей.

Having entered the general's reception room, he saw many petitioners there.

Forming perfective verbal adverbs:

after learning:	узна́ - л	→	узна́ + **в**	→	узна́в
after asking:	опроси́ - л	→	опроси́ + **в**	→	опроси́в
after meeting:	встре́ти - лся	→	встре́ти + **вшись**	→	встре́тившись
after arriving:	приш - ёл	→	прид + **я**	→	придя́
	(all **-ёл** verbs)		Use future tense **они́**:		
			ут → я		

The form **поборо́вши** in the Chekhov story is old; the final **-ши** is no longer used except with reflexive endings.

Verbal adjectives. This story also contains verbal adjectives, sometimes called participles. These are adjectives made from verbs. They describe not simultaneous actions, like verbal adverbs, but rather the people or things in action. There are four kinds of verbal adjectives: present active, present passive, past active, and past passive. In the story we see only active verbal adjectives in both the present and past tenses.

A **present active verbal adjective** describes a person or thing doing something. It can be formed only from an imperfective verb. It can sometimes be translated as *who/which is doing* something.

В старичке́ Червяко́в узна́л ста́тского генера́ла Бризжа́лова, **слу́жащего** по ве́домству путе́й сообще́ния.

In the old man Chervyakov recognized the civil service general Brizzhalov, who served (*serving*) in the ministry of communications.

Formation. To form present active participles (adjectives), start with the **они**-form. Drop the final **т**. Then add **-щий**.

the person serving:	слу́жа-т	→	слу́жа + **щ** + adjectival ending	→ слу́жащий
			(Obey 7- and 5-letter rules!)	слу́жащая
				слу́жащее
				etc.

Past active verbal adjectives are usually used in past-tense narration. They can be formed from either an imperfective or a perfective verb. The imperfective form could be translated as "who/which was doing" something. The perfective form could be translated as "who/which did something."

Он увидел, что старичок, **сиде́вший** впереди́ него́, в пе́рвом ряду́ кре́сел, стара́тельно вытира́л свою́ лы́сину и ше́ю перча́ткой.	He saw that the old man *sitting* in front of him, in the first row of seats, was vigorously wiping off his bald head and neck with his glove.
—Пошёл вон!! — га́ркнул вдруг **посине́вший и затря́сшийся** генера́л.	"Get the hell out!" suddenly barked the general, *who had turned blue* and *begun to shake.*

Formation. Start with the past tense. The **-л** (if present) goes to **-в**. Then add **-ший**.

who was sitting:	сиде́-л	$\rightarrow$	сиде́ + **в** + **ший**	$\rightarrow$	сиде́вший сиде́вшая, etc.
who went blue:	посин-е́л	$\rightarrow$	посине́ + **в** + **ший**	$\rightarrow$	посине́вший посине́вшие, etc.
who began to shake:	затря́с-ся	$\rightarrow$	затря́с + **ший** + **ся**	$\rightarrow$	затря́сшийся, затря́сшаяся, etc. (always **-ся**, never **сь**)

🎧 Дава́йте послу́шаем

Сего́дня передаём. Russian television "station breaks" usually feature an announcement of the programs to come. Listen to the announcement of one day's programs. Pick five that you think you might want to watch. Indicate when they will be broadcast and why you would be interested in them.

Обзорные упражнения

A. Пойдём в кино

 1. Bring the movie schedule from your local newspaper to class. Select a current movie about which you know some basic information, e.g., what kind of film it is, who plays in it, who the director is. With a partner, practice giving this basic information in Russian.

2. Prepare to invite a Russian friend to go to the movie with you by making notes about when it begins and ends, and where it is playing. Also prepare to give basic directions to the movie theater.

 3. Act out a role-play situation in which you telephone a Russian friend and invite him or her to go to the movie with you. Be sure to decide when and where you will meet. Suggest going out for a cup of coffee after the show.

 4. The day after the movie, write a letter to another friend in Petersburg. Include a paragraph about the evening you spent at the movie. Since your Petersburg friend knows little about American actors and directors, concentrate on what you did before and after the show, what the weather was like, and whether you and your friend liked the movie.

Б. Сочинение

 1. In five minutes, jot down everything you can say in Russian about your favorite movie.

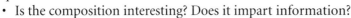 2. On the basis of your notes, draft a one-page composition about your favorite movie. Bring several photocopies of your draft to class.

 3. In a small group, go over each group member's composition with the following questions in mind.
- Is the composition interesting? Does it impart information?
- Does the composition have a definite beginning, middle, and end?

4. Rewrite your composition, incorporating ideas you received during the small group discussions.

Новые слова и выражения

NOUNS

автоотве́тчик	answering machine
биле́т	ticket
биле́т на (+ *acc.*)	ticket for a certain time
вещь (*fem.*)	thing
виктори́на	quiz show
детекти́в	mystery
жизнь (*fem.*)	life
коме́дия	comedy
ко́мик	comic, comedian
конце́рт	concert
литерату́ра	literature
мультфи́льм	cartoon
мю́зикл	musical
но́вости	news
паро́дия	parody
переда́ча	broadcast, program
програ́мма	program, schedule; program, show; channel
режиссёр	(*film*) director
ро́дина	motherland
ряд (в ряду́)	row
сати́ра	satire
сеа́нс	showing
середи́на	middle
три́ллер	thriller (movie)
у́жас	horror
фильм у́жасов (ужа́стик)	horror film
фанта́стика	fantasy
нау́чная фанта́стика	science fiction
фильм	movie
документа́льный фильм	documentary
приключе́нческий фильм	adventure film
худо́жественный фильм	feature length film (*not documentary*)
фильм у́жасов (ужа́стик)	horror film
экра́н (на)	screen
экраниза́ция	film version
ю́мор	humor

PRONOUN

что́-нибудь	something

Новые слова и выражения

ADJECTIVES

вече́рний	evening
дешёвый	inexpensive
дли́нный	long
документа́льный	documentary
дорого́й	expensive
изве́стный	famous
класси́ческий	classical
коро́ткий	short
лёгкий	easy
музыка́льный	musical
нау́чный	science
поня́тный	understandable
пото́м	afterward, then
приключе́нческий	adventure
просто́й	simple
сло́жный	complicated, complex
смешно́й	funny, laughable
худо́жественный	artistic
худо́жественный фильм	feature length film (*not documentary*)
худо́жественная литерату́ра	belles-lettres (*fiction, poetry*)

VERBS

боя́ться (*impf.*) (бо-ю́сь, -и́шься, -я́тся)	to be afraid

закрыва́ть(ся)/закры́ть(ся)
    (закрыва́-ю, -ешь, -ют)
    (закро́-ю, -ешь, -ют)
	to close

идти́ (*impf.*)	to be playing (*of a movie*)

набира́ть/набра́ть
    (набира́-ю, -ешь, -ют)
    (набер-у́, -ёшь, -у́т)
	to dial

начина́ть(ся)/нача́ть(ся)
    (начина́-ю, -ешь, -ют)
    (начн-у́, -ёшь, -у́т; на́чал, начала́, на́чали;
    начался́, начала́сь, начали́сь)
	to begin

нра́виться/по- (*кому́*) (нра́вится, нра́вятся)	to be pleasing to

объясня́ть/объясни́ть
    (объясня́-ю, -ешь, -ют)
    (объясн-ю́, -и́шь, -я́т)
	to explain

Новые слова и выражения

открыва́ть(ся)/откры́ть(ся)	to open
(открыва́-ю, -ешь, -ют)	
(откро́-ю, -ешь, -ют)	
передава́ть/переда́ть	to broadcast
(переда-ю́, -ёшь, -ю́т)	
(переда́м, переда́шь, переда́ст,	
передади́м, передади́те, передаду́т;	
переда́л, передала́, переда́ли)	
пое́сть (*perf.*)	to have a bite, to eat
(пое́м, пое́шь, пое́ст,	
поеди́м, поеди́те, поедя́т)	
понима́ть/поня́ть	to understand
(понима́-ю, -ешь, -ют)	
(пойм-у́, -ёшь, -у́т;	
по́нял, поняла́, по́няли)	
умере́ть (*perf.*)	to die
(*past:* у́мер, умерла́, у́мерли)	

ADVERBS

гора́здо	much (*in comparisons*)
дово́льно	quite
ещё	even (*in comparisons*)
куда́-нибудь	somewhere
легко́	easily
побли́же	near the front (*in movie theater*)
пода́льше	near the back (*in movie theater*)
ча́сто	frequently
че́стно	honestly

SUBJECTLESS CONSTRUCTIONS

ка́жется (*кому*)	it seems

CONJUNCTIONS

чем	than (*in comparisons*)

PHRASES

бо́льше всего́	most of all
Годи́тся.	That's fine.
Кто тако́й. . .?	Just who is. . .?
по-мо́ему	in my opinion
по телеви́зору	on television

Новые слова и выражения

Пра́вда?	Really?
скоре́е (всего́)	most likely
че́стно говоря́	to tell the truth
Что э́то за... (*noun in nom.*)	What kind of a ... is it?

PASSIVE VOCABULARY

кля́ча	nag (*old female horse*)
расска́з	story

PERSONALIZED VOCABULARY

_____

_____

_____

_____

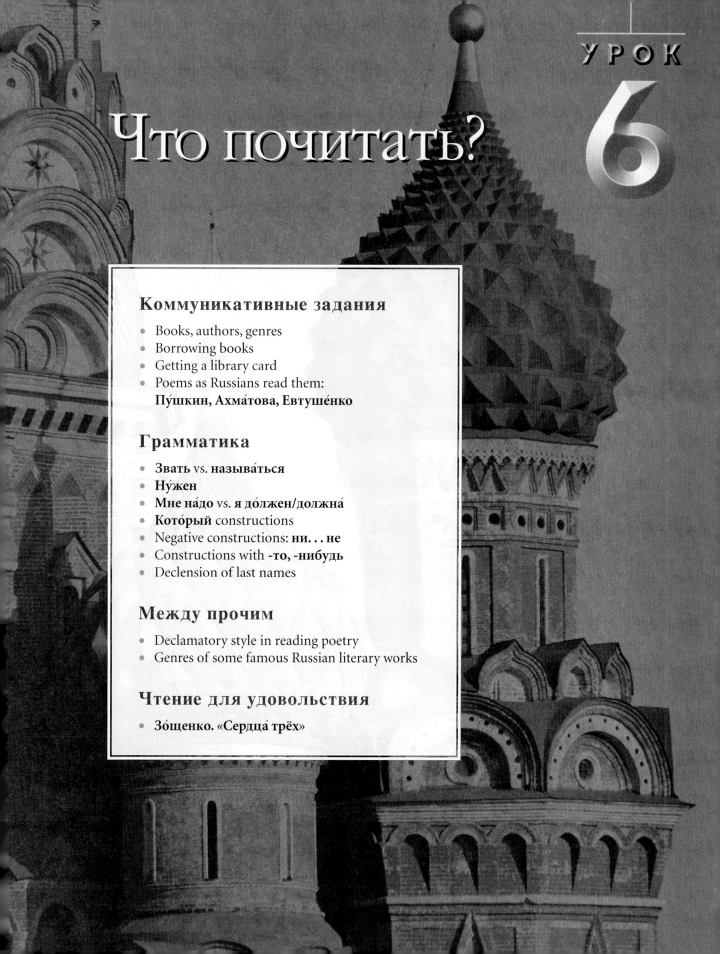

Что почитать?

Коммуникативные задания

- Books, authors, genres
- Borrowing books
- Getting a library card
- Poems as Russians read them:
  Пу́шкин, Ахма́това, Евтуше́нко

Грамматика

- **Звать** vs. **называ́ться**
- **Ну́жен**
- **Мне на́до** vs. **я до́лжен/должна́**
- **Кото́рый** constructions
- Negative constructions: **ни. . . не**
- Constructions with **-то, -нибудь**
- Declension of last names

Между прочим

- Declamatory style in reading poetry
- Genres of some famous Russian literary works

Чтение для удовольствия

- **Зо́щенко. «Сердца́ трёх»**

Точка отсчёта

О чём идёт речь?

Алекса́ндр Серге́евич Пу́шкин (1799–1837). Мно́гие счита́ют, что Пу́шкин — оте́ц ру́сской литерату́ры. Он был ма́стером всех жа́нров: писа́л рома́ны, расска́зы, стихи́ и да́же рома́н в стиха́х.

Никола́й Васи́льевич Го́голь (1809–1852). Расска́зы и пье́сы Го́голя о жи́зни в Росси́и принесли́ ему́ изве́стность. Среди́ са́мых знамени́тых произведе́ний Го́голя — сатири́ческий рома́н «Мёртвые ду́ши» и коме́дия «Ревизо́р».

Ива́н Серге́евич Турге́нев (1818–1883) — а́втор рома́нов о социа́льной жи́зни Росси́и XIX ве́ка. Са́мое изве́стное произведе́ние Турге́нева в мирово́й литерату́ре — «Отцы́ и де́ти».

Фёдор Миха́йлович Достое́вский (1821–1881) — оте́ц «психологи́ческого рома́на». Среди́ произведе́ний Достое́вского: «Преступле́ние и наказа́ние», «Бе́сы», «Идио́т», «Бра́тья Карама́зовы».

Лев Никола́евич Толсто́й (1828–1910). Рома́ны «Война́ и мир» и «Анна Каре́нина» изве́стны всем. В них чита́тель знако́мится не то́лько с жи́знью Росси́и XIX ве́ка, но и с филосо́фией Толсто́го, кото́рая ста́ла осно́вой для де́ятельности таки́х истори́ческих фигу́р, как Га́нди и М.Л. Кинг.

Анто́н Па́влович Че́хов (1860–1904) начина́л как а́втор коро́тких сатири́ческих расска́зов, но в нача́ле XX ве́ка бо́льше занима́лся драматурги́ей. Его́ перу́ принадлежа́т пье́сы «Ча́йка», «Дя́дя Ва́ня», «Три сестры́» и «Вишнёвый сад».

Анна Андреевна Ахма́това (1889–1966) — изве́стная ру́сская поэте́сса. В сове́тское вре́мя она́ подверга́лась репре́ссиям со стороны́ прави́тельства. Её гла́вное произведе́ние «Ре́квием» бы́ло впервы́е опублико́вано в СССР то́лько в 1987 году́.

Бори́с Леони́дович Пастерна́к (1890–1960) изве́стен на За́паде свои́м рома́ном «До́ктор Жива́го». В Росси́и же Пастерна́ка це́нят не то́лько как романи́ста, но и как поэ́та и перево́дчика Шекспи́ра и Гёте. Он был награждён Но́белевской пре́мией в 1958 году́, но его́ заста́вили отказа́ться от пре́мии.

Мари́на Ива́новна Цвета́ева (1892–1941) — лири́ческая поэте́сса нача́ла XX ве́ка. По́сле револю́ции она́ эмигри́ровала в Че́хию и пото́м во Фра́нцию. Она́ верну́лась в СССР в 1939 году́. Цвета́ева ста́ла же́ртвой ста́линских репре́ссий, и в 1941 году́ поко́нчила жизнь самоуби́йством.

Алекса́ндр Иса́евич Солжени́цын (р. 1918) — лауреа́т Но́белевской пре́мии по литерату́ре (1970). Гла́вная те́ма его́ рома́нов — ма́ссовые репре́ссии сове́тского пери́ода. Он был вы́слан из Сове́тского Сою́за. С 1974 по 1993 г. Солжени́цын жил в США.

Детекти́вный рома́н (детекти́в)

During the last five years the detective novel has become arguably the most popular genre in Russian fiction. The fashion began in the early 1990s with translations and wide distribution of classic Western detective novels. Beginning at the end of the twentieth century, Russian writers began to publish detective fiction that has enjoyed enormous popularity. The most famous and highly respected of these writers is Muscovite **Григо́рий Ша́лвович Чхартишви́ли,** who publishes detective fiction under the pseudonym **Бори́с Аку́нин.** His most famous detective hero **Эра́ст Петро́вич Фандо́рин** is known to virtually all educated readers. The novels of his Fandorin series both follow the genre and depart from it in their late nineteenth-century settings: his prose is a stylization of the rich language of that era. Some of Akunin's titles include «**Осо́бые поруче́ния**» (1999), «**Смерть Ахилле́са**» (1999), «**Туре́цкий гамби́т**» (2000), «**Азазе́ль**» (2001), «**Корона́ция**» (2001), and «**Внекла́ссное чте́ние**» (2002).

Ио́сиф Алекса́ндрович Бро́дский (1940–1996) на́чал как поэ́т в 60-х года́х. В 1972 г. Бро́дский был вы́нужден уе́хать в США, где он писа́л стихи́ и эссе́ на ру́сском и англи́йском языка́х. Он стал лауреа́том Но́белевской пре́мии в 1987 году́.

Ви́ктор Оле́гович Пеле́вин (р. 1962) пи́шет расска́зы и рома́ны о жи́зни совреме́нной Росси́и и об отноше́нии Росси́и к За́паду и к филосо́фии и рели́гии Восто́ка. Среди́ его́ са́мых изве́стных произведе́ний: сбо́рник расска́зов «Жизнь насеко́мых», рома́ны «Омо́н Ра», «Чапа́ев и пустота́» и «Generation П».

А.   Поэ́т или проза́ик? Put the names of famous writers under the appropriate heading:

Поэ́ты   **Проза́ики**

Алекса́ндр Пу́шкин, Анто́н Че́хов, Лев Толсто́й, Фёдор Достое́вский, А́нна Ахма́това, Мари́на Цвета́ева, Никола́й Го́голь, Бори́с Пастерна́к, Ива́н Турге́нев, Ви́ктор Пеле́вин

Б.   Жа́нры. Look at the literary genres in the lists below.

Литерату́ра

поэ́зия/стихи́	про́за
стихотворе́ние («Ты и вы» Пу́шкина)	расска́з/по́весть («Смерть Ива́на Ильича́» Толсто́го)
поэ́ма («Поэ́ма без геро́я» Ахма́товой)	пье́са («Три сестры́» Че́хова)
	рома́н («До́ктор Жива́го» Пастерна́ка)

Working in groups, categorize the following Russian literary works under the appropriate genre. Make a list of those works with which you are not familiar. Then ask members of other groups if they have heard of these works and if they know what literary genre they belong to.

«Война́ и мир» — Л. Толсто́й

«Петербу́рг» — А. Бе́лый

«Я вас люби́л . . .» — А. Пу́шкин

«Ча́йка» — А. Че́хов

«Отцы́ и де́ти» — И. Турге́нев

«Господи́н из Сан-Франци́ско» — И. Бу́нин

«Ба́бий Яр» — Е. Евтуше́нко

«Архипела́г ГУЛа́г» — А. Солжени́цын

«На дне» — М. Го́рький

«Нос» — Н. Го́голь

«Есть в бли́зости люде́й заве́тная черта́. . .» — А. Ахма́това

«Двена́дцать сту́льев» — Ильф и Петро́в

«Чапа́ев и пустота́» — В. Пеле́вин

B. **В како́м ве́ке?** Match each author with the correct century.

_____ Алекса́ндр Пу́шкин

_____ Анто́н Че́хов

_____ Ви́ктор Пеле́вин

_____ Лев Толсто́й   а. восемна́дцатый век

_____ Алекса́ндр Солжени́цын   б. девятна́дцатый век

_____ Фёдор Достое́вский   в. двадца́тый век

_____ Анна Ахма́това   г. двадца́ть пе́рвый век

_____ Мари́на Цвета́ева

_____ Никола́й Го́голь

_____ Бори́с Пастерна́к

_____ Ива́н Турге́нев

_____ Ио́сиф Бро́дский

Г. Разгово́ры.

Разгово́р 1. О ру́сской поэ́зии.

Разгова́ривают Бе́тти и Ди́на.

1. Како́е зада́ние у Бе́тти на за́втра? Что она́ должна́ вы́учить наизу́сть?
2. Ди́на счита́ет, что тру́дно бу́дет вы́учить э́ти стихи́?
3. Бе́тти ле́гче чита́ть про́зу и́ли поэ́зию?
4. В э́том разгово́ре мно́го говори́ли о Иоси́фе Бро́дском. Что мо́жно сказа́ть о нём? Отве́тьте ДА и́ли НЕТ:
   а. Он писа́л то́лько про́зу.
   б. Он уе́хал в США в 70-х года́х.
   в. Он получи́л Но́белевскую пре́мию по литерату́ре.
   г. Он писа́л и по-ру́сски и по-англи́йски.
   д. Он сейча́с живёт в Москве́.

Разгово́р 2. Что почита́ть?

Разгова́ривают Окса́на и Ник.

1. Ник лети́т за́втра в Самарка́нд. Ско́лько вре́мени он бу́дет в самолёте*?
2. Каки́е писа́тели нра́вятся Ни́ку?
3. Како́го писа́теля Окса́на сове́тует Ни́ку чита́ть?
4. В како́м ве́ке он писа́л?
5. Окса́на предлага́ет Ни́ку сбо́рник расска́зов Ильфа́ и Петро́ва. Что она́ говори́т об э́тих писа́телях?

   *самолёт — *airplane*

Разгово́р 3. Чита́тельский биле́т.

Разгова́ривают Ник и библиоте́карь.

1. Где у́чится Ник?
2. Ник хо́чет получи́ть чита́тельский биле́т в библиоте́ке. Каки́е докуме́нты он до́лжен показа́ть в библиоте́ке?
3. Кака́я информа́ция вхо́дит в «направле́ние»?

Язык в действии

🔘 Диалоги

1. Надо выучить наизусть...

— Бётти, здравствуй! Проходи!
— Здравствуй, Дина! Я только на пару часов. У меня огромное домашнее задание.
— Что за задание?
— Нам надо выучить наизусть какое-то стихотворение.
— Стихи! Как интересно! Дай посмотреть, как называются.
— Это стихотворение Евтушенко. А называется оно «Окно выходит в белые деревья».
— Гм, стихотворение очень длинное. Хочешь, я тебе помогу?
— Давай.

2. Ты любишь стихи?

— Мег, ты любишь стихи?
— Мне кажется, что стихи понимать очень трудно. Мне гораздо легче читать русскую прозу.
— Но всё-таки надо знать нашу поэзию. Ты когда-нибудь читала Ахматову?
— Нет, не читала.
— Тогда бери сборник её стихов. Если что-нибудь будет непонятно, я тебе объясню.
— Хорошо.

3. Какая литература тебе нравится?

— Ник, ты завтра уезжаешь в Самарканд, да? Ты взял что-нибудь почитать?
— Нет, ничего не взял.
— Я могу тебе дать что-нибудь. Какая литература тебе нравится?
— Мне больше всего нравится проза.
— Тогда возьми сборник рассказов Бунина. Он тебе понравится.
— А понимать его не трудно?
— Ну, как тебе сказать? У Бунина стиль сложный. Но я думаю, что ты поймёшь.

4. Пародия на русское общество

— Валя, дай мне что-нибудь почитать.
— Я могу тебе дать Ильфа и Петрова.
— Ильфа и Петрова?
— Да. Ты когда-нибудь слышал об их романе «Двенадцать стульев»?
— Да, что-то слышал. Кажется, есть такой фильм «Двенадцать стульев».
— Да, это экранизация их романа. Это пародия на русское общество, но понимать его несложно.
— Ну что ж, я постараюсь его прочитать. Спасибо большое.

5. Читательский билет

— Можно ли получить читательский билет?
— Вы иностранец? Вы у нас учитесь?
— Да. В Московском лингвистическом университете.
— У вас есть направление от университета?
— Направление? А что это такое?
— Это справка, в которой указывается место, где вы учитесь.
— И где можно получить такой документ?
— В вашем деканате.
— И что ещё нужно?
— Нужна ещё фотография.
— И всё?
— Всё. До свидания.

Вопросы к диалогам

Диалог 1

1. Бетти пришла к Дине, или Дина пришла к Бетти?
2. Какое у Бетти домашнее задание?
3. Какие стихи должна Бетти выучить наизусть?
4. Кто написал это стихотворение?

Диалог 2

1. Что думает Мег о русских стихах?
2. Ей легче читать прозу или поэзию?
3. Она хорошо знает поэзию Ахматовой?
4. Что ей дают почитать: одно стихотворение или сборник стихов?

Диалог 3

1. Куда уезжает Ник?
2. Нику больше нравится проза или поэзия?
3. Ему дают почитать сборник рассказов или сборник стихов?
4. Какого автора он будет читать?

Диало́г 4

1. Ва́ля даёт знако́мому кни́гу и́ли видеокассе́ту?
2. Кто написа́л рома́н «Двена́дцать сту́льев»?
3. Есть фильм по э́тому рома́ну?
4. «Двена́дцать сту́льев» — паро́дия на ру́сские фи́льмы и́ли паро́дия на ру́сское о́бщество?
5. Ва́ля ду́мает, что понима́ть его́ сло́жно?

Диало́г 5

1. Этот разгово́р происхо́дит в библиоте́ке и́ли в кни́жном магази́не?
2. Америка́нец хо́чет получи́ть сбо́рник стихо́в и́ли чита́тельский биле́т?
3. Где он у́чится?
4. Что тако́е «направле́ние»?
5. Где мо́жно получи́ть направле́ние?
6. Что ещё ну́жно э́тому америка́нцу, что́бы получи́ть чита́тельский биле́т?

🔊 Дава́йте поговори́м

A.   Что э́то за писа́тель? Practice describing the following authors in terms of nationality, genre, and century.

Образе́ц: Чарлз Ди́ккенс →
Чарлз Ди́ккенс — англи́йский проза́ик девятна́дцатого ве́ка.

Курт Во́ннегут	Эмили Ди́кенсон
Викто́р Гюго́	Даньель Стил
Марк Твен	Сти́вен Кинг
Миге́ль Серва́нтес	Уолт Уи́тмен
Ма́йя Анджело	Элис Уо́лкер
Ро́берт Фрост	Уи́льям Шекспи́р

🔊 **Б.   Узна́йте у партнёра.**

1. Ты лю́бишь чита́ть поэ́зию?
2. Ты зна́ешь каки́е-нибудь ру́сские стихи́?
3. Тебе́ ну́жно бы́ло учи́ть стихи́ в шко́ле?
4. Ты зна́ешь наизу́сть како́е-нибудь стихотворе́ние на англи́йском языке́?
5. Ты лю́бишь чита́ть про́зу?
6. Ты бо́льше чита́ешь рома́ны и́ли расска́зы?
7. Что ле́гче, по-тво́ему: чита́ть про́зу и́ли поэ́зию?
8. Ты когда́-нибудь чита́л(a) ру́сскую литерату́ру? Что ты чита́л(a)?
9. Что ты бо́льше всего́ лю́бишь чита́ть?
10. У тебя́ есть люби́мый писа́тель? Как его́ зову́т? Кто он (она́) по национа́льности?

11. У тебя́ есть люби́мый рома́н? Как он называ́ется? Кто его́ написа́л?
12. У тебя́ есть люби́мое стихотворе́ние? Как оно́ называ́ется? Оно́ коро́ткое и́ли дли́нное? Оно́ сло́жное и́ли просто́е?
13. Ты когда́-нибудь ходи́л в теа́тр? Каки́е пье́сы ты смотре́л?
14. Ты пи́шешь стихи́?
15. Ты пи́шешь про́зу?

В. **Определе́ния.** Объясни́те по-ру́сски значе́ние сле́дующих слов.
Try to explain, in Russian, the meaning of the following words.

Образе́ц: направле́ние →
Это спра́вка, в кото́рой ука́зывается ме́сто, где вы у́читесь.

1. библиоте́ка
2. общежи́тие
3. кинотеа́тр
4. худо́жественная литерату́ра
5. поэ́зия
6. расска́з
7. по́весть
8. рома́н
9. пье́са
10. стихотворе́ние
11. детекти́в
12. нау́чная фанта́стика
13. паро́дия
14. о́бщество
15. экраниза́ция класси́ческой литерату́ры
16. документа́льный фильм
17. чита́тельский биле́т
18. декана́т
19. дома́шнее зада́ние
20. преподава́тель

Г. **Определе́ния.** Now think of five words you know in Russian whose meaning you can explain to the class. See if your classmates can guess which word you are describing.

Д. **Подгото́вка к разгово́ру.** Review the conversations. How would you do the following?

1. Say you have a big homework assignment.
2. Say you have to memorize a poem (dialog).
3. Tell someone the name of a book you are reading (*Doctor Zhivago, Anna Karenina*).
4. Ask your friend if she likes poetry (prose).
5. Say that you think poetry is difficult (easy) to understand.

6. Say that you think prose is easier (harder) to understand than poetry.
7. Ask your friend if he has ever read Akhmatova (Charles Dickens, Danielle Steele, Stephen King).
8. Ask your teacher what kind of literature he or she likes.
9. Say what kind of literature you like best.
10. Ask your friend to give you something to read.
11. Ask your friend if he or she has ever heard of Edgar Allan Poe (Ernest Hemingway, John Steinbeck, Virginia Woolf).
12. Ask the librarian if you can get a library card.
13. Ask your teacher where you can get the paperwork you need from your institute in order to get a library card.

Е. Игровы́е ситуа́ции.

1. You would like to try to read some Russian literature. Ask your friend if she can lend you something. Explain what kind of literature you like best and make sure she gives you something that won't be too difficult.
2. A Russian friend likes to read in English and would like to read some contemporary American literature. Tell him which authors you like and tell him a bit about their work. Then advise him on which author he is most likely to understand.
3. Ask your Russian teacher where and how you can get a library card. Find out what you will need to take with you.
4. You have been invited to talk to a group of Russian high school students. They have asked you to talk about American popular culture. They want to know what kinds of movies and TV shows Americans like and what they like to read. Answer them based on your own tastes.
5. Discuss a book that has been brought to the screen. Tell whether you thought the book or the movie was better.
6. With a partner, prepare and act out a situation of your own based on the topics of this unit.

Ж. Устный перево́д. A Russian writer is visiting your university and the English Department would like to hold a reception for her. They have asked you to serve as an interpreter.

ENGLISH SPEAKER'S PART

1. I'm very happy to have gotten the chance to meet you. I've read all of your novels.
2. I don't know about that. Your work is very popular here. Perhaps your poetry is a bit difficult for us. But Americans in general aren't big on poetry. However, I think your prose is universal.
3. I think that humor is a universal language. For example, I don't know Russian, but I love Gogol.
4. I'd like to ask you something about your last novel. I liked it a lot.
5. Oh, I'm sorry to keep you. It was a real pleasure to talk to you.

Грамматика

6.1 Asking About Names — звать vs. называ́ться

— Как **называ́ется** э́та кни́га?
— «Же́нский декамеро́н».
— А как **зову́т** а́втора?
— Юлия Вознесе́нская.

To ask the name of a person or animal, use **зову́т** with the accusative case.

Как зову́т
- **ва́шего преподава́теля?**
- **э́ту студе́нтку?**
- **твою́ ко́шку?**
- **твои́х друзе́й?**

The words in boldface are direct objects and therefore are in the accusative case.

Как
- **вас**
- **тебя́**
- **его́**
- **её**
- **их**
зову́т?

To ask the name of a thing, use **называ́ется** or **называ́ются** with the nominative case.

Как называ́ется / называ́ются
- **э́тот рома́н?**
- **э́та кни́га?**
- **э́ти расска́зы?**

The words in boldface are grammatical subjects and therefore are in the nominative case.

Как
- **он**
- **она́** называ́ется?
- **они́** называ́ются?

Note the change in word order when there is a pronoun. Pronouns tend not to be at the end of a sentence and thus come before the verb in these constructions.

Упражнения

A.   О себе́. Отве́тьте на вопро́сы.

1. Как зову́т ва́шего са́мого люби́мого проза́ика?
2. Как зову́т ва́шего са́мого люби́мого поэ́та?
3. Как называ́ется ва́ше са́мое люби́мое литерату́рное произведе́ние?
4. Как зову́т ва́шего са́мого люби́мого режиссёра?
5. Как называ́ется его́ (и́ли её) са́мый изве́стный фильм?

Б.   Зада́йте вопро́сы. Ask the names of the following in Russian.

> Образе́ц: твой са́мый люби́мый писа́тель →
> *Как зову́т твоего́ са́мого люби́мого писа́теля?*

1. ты
2. вы
3. твой брат
4. твой бра́тья
5. твоя́ сестра́
6. твои́ сёстры
7. твои́ роди́тели
8. твой са́мый люби́мый рома́н
9. твой са́мый люби́мый поэ́т
10. твои́ са́мые люби́мые поэ́ты
11. твои́ са́мые люби́мые писа́тели
12. твоё са́мое люби́мое стихотворе́ние
13. твоя́ са́мая люби́мая пье́са
14. твой са́мый люби́мый фильм
15. твой са́мый люби́мый режиссёр

В.   Зада́йте вопро́сы. Ask the names of the people and things mentioned (in bold), using pronouns.

> Образцы́:   — У меня́ **оди́н брат.** — *Как его́ зову́т?*
> — Я чита́ю **интере́сную кни́гу.** — *Как она́ называ́ется?*

1. У нас **но́вый сосе́д.**
2. У нас **но́вая сосе́дка.**
3. Мы смотре́ли **но́вый документа́льный фильм.**
4. Мы чита́ли статью́ о **знамени́том ру́сском режиссёре.**
5. Мы купи́ли биле́ты на **пье́су.**
6. Мы идём на пье́су с **но́выми друзья́ми.**
7. Вы зна́ете **э́тих студе́нтов?**
8. Вы чита́ли **э́ти стихотворе́ния?**

➤   *Complete Oral Drills 1–2 and Written Exercise 1 in the Workbook.*

6.2   Ну́жен, ну́жно, нужна́, нужны́

To express need for an *action,* use the dative of the person + **ну́жно** or **на́до** + infinitive. In such sentences, **ну́жно** and **на́до** are interchangeable.

> Нам ну́жно (на́до) вы́учить наизу́сть   We have to memorize this poem.
>   э́то стихотворе́ние.

The difference between **мне на́до** and **я до́лжен/должна́** is that between necessity and duty. (The word **до́лжен** comes from the word for duty or debt, **долг.**) They overlap to some extent; however, **я до́лжен/должна́** can imply feeling obligated to do something, whether one wants to or not. In that sense, **я до́лжен/должна́** can be translated as "I am supposed to."

To express need for a *thing,* use dative of the person + **ну́жен (ну́жно, нужна́, нужны́)** + nominative of the thing needed. The form of the short-form adjective **ну́жен** must agree in gender and number with the thing that is needed, because that is the grammatical subject of the sentence.

КОМУ́		ЧТО
Мне		
Тебе́	ну́жен	э́тот рома́н
Ему́		
Ей	ну́жно	э́то письмо́
Нам		
Вам	нужна́	э́та кни́га
Им		
Э́тому преподава́телю	нужны́	э́ти стихи́
На́шей сосе́дке		
Ва́шим роди́телям		

To say that someone needed something in the past or will need something in the future, add a form of **был** or **бу́дет** after **ну́жен, ну́жно, нужна́,** or **нужны́.** The verb, like the short-form adjective, must agree with the thing needed, because that is the grammatical subject of the sentence.

	мне	ну́жен был	э́тот рома́н
Ра́ньше	тебе́	ну́жно бы́ло	э́то письмо́
Вчера́	нам	нужна́ была́	э́та кни́га
	etc.	нужны́ бы́ли	э́ти стихи́

	мне	ну́жен	э́тот рома́н
За́втра	тебе́	ну́жно бу́дет	э́то письмо́
	нам	нужна́	э́та кни́га
	etc.	нужны́ бу́дут	э́ти стихи́

This is the same word order used for the past and future tense of **до́лжен.**

Вы должны́ занима́ться сего́дня.   You are supposed to study today.
Вы должны́ бы́ли занима́ться вчера́.   You were supposed to study yesterday.
Вы должны́ бу́дете занима́ться за́втра.   You will have to study tomorrow.

Упражнения

А.   Запо́лните про́пуски.

нужен — ну́жно — нужна́ — нужны́

1. Всем _____ чита́ть ру́сскую литерату́ру.

2. Преподава́телю _____ стихи́ Ахма́товой.

3. Ма́ше _____ пье́са Че́хова.

4. Анне и Вади́му _____ по́весть «Неде́ля как неде́ля».

5. Та́не _____ рома́н Достое́вского.

6. Ви́ктору Петро́вичу _____ по́вести Го́голя.

7. Со́не _____ сбо́рник расска́зов Куприна́.

8. Кири́ллу _____ стихотворе́ние Пу́шкина «Ты и вы».

Б.   Что и кому́ бы́ло ну́жно? Here is a list of things various people needed last week. Express their needs in sentences.

Образе́ц: Си́ма — э́та пье́са → *Си́ме нужна́ была́ э́та пье́са.*

1. Ва́ня — но́вый журна́л
2. Алла — ру́сская газе́та
3. Серге́й — стихотворе́ние Бро́дского
4. Ната́ша — де́ньги
5. Ве́ня — пла́вки
6. Да́ша — си́нее пла́тье
7. Ди́ма — но́вая кни́га
8. Мари́я — рома́н Толсто́го
9. но́вые студе́нты — чита́тельский биле́т
10. их преподава́тели — спра́вка

В. Соста́вьте предложе́ния. Make sentences out of the following elements. Add a form of **был** or **бу́дет** where necessary. Remember to put the people in the dative case.

				но́вая оде́жда
сейча́с	я			де́ньги
сего́дня	мы		ну́жен	но́вый дом
вчера́	мои́ роди́тели	(не)	ну́жно	хоро́шее общежи́тие
ра́ньше	студе́нты		нужна́	знать геогра́фию
за́втра	все		нужны́	хорошо́ знать матема́тику
	?			мно́го чита́ть
				?

➤ *Complete Oral Drill 3 and Written Exercises 2–3 in the Workbook.*

6.3 Кото́рый

The relative adjective **кото́рый** — *who, which* is used to connect two parts of a sentence.

— Что тако́е направле́ние?   "What is a 'napravlenie'?"
— Э́то спра́вка, **в кото́рой** ука́зывается   "It's a certificate *in which* the place
  ме́сто, где вы у́читесь.   you study is indicated."

The following sentences show how two short sentences can be connected with **кото́рый.**

Э́то мой друг. ⬚Он⬚ мно́го зна́ет о Пу́шкине.

Э́то мой друг, ⬚**кото́рый**⬚ мно́го зна́ет о Пу́шкине.

Э́то на́ша сосе́дка. ⬚Она́⬚ лю́бит Достое́вского.

Э́то на́ша сосе́дка, ⬚**кото́рая**⬚ лю́бит Достое́вского.

Вы зна́ете преподава́теля? ⬚Он⬚ пи́шет кни́гу об Ахма́товой.

Вы зна́ете преподава́теля, ⬚**кото́рый**⬚ пи́шет кни́гу об Ахма́товой?

Кото́рый is an adjective and has regular adjective endings. It takes its gender and number from the noun to which it refers in the first clause and its case from the noun it replaces in the second clause.

Now look at the examples below. They show **кото́рый** in other cases.

Вам понра́вилась кни́га?   Та́ня дала́ вам ⬚кни́гу.⬚

Вам понра́вилась кни́га, ⬚**кото́рую**⬚ Та́ня вам дала́?

Вы чита́ли кни́гу?   Мы говори́м о ⬚кни́ге.⬚

Вы чита́ли кни́гу, ⬚**о кото́рой**⬚ мы говори́м?

Because **кото́рый** constructions are clauses, they are always delineated by commas.

Упражне́ния

А.   Соста́вьте предложе́ния. Connect the following sentences with the correct form of **кото́рый.**

1. Это но́вая кни́га. Она́ мне о́чень понра́вилась.
2. Это ру́сский фильм. Он мне о́чень понра́вился.
3. Вы зна́ете стихи́? Они́ называ́ются «Я вас люби́л».
4. Вы ви́дели фотогра́фии? Они́ бы́ли здесь.
5. Вы чита́ли после́дний журна́л? Он сейча́с у А́нны.
6. Вы чита́ли письмо́? Оно́ лежа́ло на столе́.

Б.   Соста́вьте предложе́ния. Connect the following sentences with the correct form of **кото́рый.**

1. Как называ́ется но́вая кни́га? Вы чита́ете э́ту кни́гу.
2. Вы чита́ете кни́гу? Мы говори́м об э́той кни́ге.
3. Вы говори́те о кни́ге? Мы знако́мы с э́той кни́гой.
4. В библиоте́ке нет кни́ги. Мне ну́жно чита́ть э́ту кни́гу.
5. Вы купи́ли э́ту кни́гу? Эта кни́га мне о́чень понра́вилась.
6. Вы зна́ете стихи́? Мы говори́м об э́тих стиха́х.
7. Вы вы́учили стихи́? Нам ну́жно знать э́ти стихи́.
8. Преподава́тель говори́т о стиха́х. Мы вы́учили э́ти стихи́.
9. Мой друг пи́шет стихи́. Они́ похо́жи на стихи́ Бло́ка.
10. Вы зна́ете преподава́теля? Мы должны́ позвони́ть э́тому преподава́телю сего́дня.
11. Все говоря́т о преподава́теле. Преподава́тель пи́шет интере́сные рома́ны.
12. Вы хоте́ли поговори́ть с преподава́телем. Его́ сейча́с здесь нет.
13. Как зову́т преподава́теля? Он лю́бит чита́ть стихи́.

B. Заполните пропуски. Fill in the blanks with the appropriate forms of **который.**

1. Как называется стихотворение, _____ вы сейчас прочитали?
2. Произведение, о _____ вы говорите, хорошо всем знакомо.
3. Вы видели пьесу, _____ показывали вчера по телевизору?
4. Я могу дать тебе сборник рассказов Чехова, _____ нет у тебя.
5. Мужчина, с _____ мы только что встретились, — известный писатель.
6. Позвони студентам, _____ надо сдавать завтра экзамен, и скажи, что он начнётся на час раньше.
7. Я ничего не знаю о романах, о _____ ты нам рассказал.
8. Кто этот иностранец, _____ всегда ходит на лекции по литературе?

➤ *Complete Oral Drills 4–7 and Written Exercises 4–5 in the Workbook.*

6.4   Negation — ни- . . . не Constructions

You already know how to make negative statements in Russian using the word **не.**
Every negative Russian sentence has only one **не.**

In Russian, negative pronouns and adverbs look like question words preceded by the particle **ни-.**

никто́	no one
ничто́ (*usually* ничего́)	nothing
никако́й	no kind of, not any
ника́к	in no way
никогда́	never
нигде́	nowhere
никуда́	(to) nowhere

When these words are used in a sentence, the verb still needs to be negated with **не.**
Every negative pronoun and adverb in the sentence is preceded by **ни-.**

Никто́ не говори́т.	No one is talking.
Никто́ никогда́ не говори́т.	No one ever talks.
Никто́ никогда́ ни о чём не говори́т.	No one ever talks about anything.

Никто́, ничто́/ничего́, and **никако́й** decline like their positive counterparts:

Никто́ не звони́л?	No one called?
Я никому́ не звони́ла.	I didn't call anyone.
Мы не чита́ли никако́й про́зы.	We didn't read any prose at all.

Prepositions (**о, в, на,** and so forth) separate the **ни** from its pronoun: **ни у кого́, ни о чём, ни с кем,** etc.

Мы ни о чём не говори́ли.   **We didn't talk about anything.**

— На како́й ле́кции она́ была́?   — Which lecture did she attend?

— Она́ не была́ ни на како́й ле́кции.   — She did not attend any lecture at all.

Упражне́ние

Отве́тьте на вопро́сы.

         Образе́ц: Кто чита́ет? $\rightarrow$ *Никто́ не чита́ет.*

1. Кто лю́бит э́тот рома́н?
2. Кому́ ну́жно вы́учить стихи́?
3. Кого́ вы ви́дели в теа́тре вчера́?
4. О ком вы говори́те?
5. Что вы чита́ете?
6. Что вы зна́ете об э́той кни́ге?
7. О чём вы говори́те?
8. Како́й журна́л вы чита́ете?
9. Каку́ю газе́ту лю́бит Анна?
10. О како́й кни́ге вы говори́те?
11. Когда́ вы ката́етесь на лы́жах?
12. Когда́ вы чита́ли Пу́шкина?
13. Где рабо́тает Ви́ктор?
14. Где вы бы́ли вчера́?
15. Куда́ вы идёте?
16. Куда́ вы ходи́ли вчера́?

➤   *Complete Oral Drills 8–10 and Written Exercises 6–7 in the Workbook.*

6.5   -то vs. -нибудь

The particles **-то** and **-нибудь** can be added to Russian question words to indicate indefiniteness.

Нам на́до вы́учить **како́е-то** стихотворе́ние.   We have to learn *some* poem.
Ник, ты взял **что́-нибудь** почита́ть?   Nick, did you take *anything*
                                              (*something*) to read?

Now look at the following examples and note these guidelines:

1. The particle **-нибудь** is even more indefinite than **-то.**
2. The particles **-нибудь** and **-то** are not directly equivalent to the English *any* and *some.*
3. The particles **-нибудь** and **-то** are used only in *positive* sentences. (In negative sentences, a **ни-** . . . **не** construction must be used — see 6.4.)

Кто́-нибудь звони́л?	**Кто́-то** звони́л.
Did *anyone* (*someone*) call?	*Someone* called.
Вы **что́-нибудь** купи́ли?	Мы **что́-то** купи́ли.
Did you buy *something* (*anything*)?	We bought *something*.
Они́ **куда́-нибу́дь** ходи́ли?	Да, они́ **куда́-то** ходи́ли.
Did they go *somewhere* (*anywhere*)?	Yes, they went somewhere.

The following chart shows guidelines for the use of **-нибудь** and **-то**. Although you may hear Russians "break" these rules, you are unlikely to make a mistake if you follow the chart.

-нибудь OR -то?	
-нибудь Requests and commands Questions Future-tense statements	**-то** Present-tense statements Past-tense statements
Сде́лайте что́-нибудь! *Do something!* Кто́-нибудь звони́л? *Did someone call?* Мы что́-нибудь сде́лаем. *We'll do something.*	Кто́-то идёт! *Someone's coming!* Кто́-то звони́л. *Someone called.*

Упражнение

Запо́лните про́пуски. Fill in the blanks with **-то** or **-нибудь.**

1. — Кто-_____ говори́л о Пу́шкине? — Да, кто-_____ говори́л о нём.
2. — Вы когда́-_____ чита́ли его́ стихи́? — Да, мы чита́ли их с интере́сом.
3. — Вы что́-_____ зна́ете о его́ произведе́нии «Евге́ний Оне́гин»? — Мы когда́-_____ бу́дем чита́ть его́.
4. — Вы чита́ли каки́е-_____ но́вые рома́ны? — Я что́-_____ чита́л(а), но я забы́л(а), как он называ́ется. Я его́ купи́л(а) в како́м-_____ кни́жном магази́не.
5. Купи́ мне како́й-_____ сувени́р, когда́ бу́дешь в Москве́!
6. Та́ня вчера́ чита́ла каку́ю-_____ но́вую газе́ту.
7. Юрий сейча́с что-_____ чита́ет.
8. У Вади́ма ско́ро день рожде́ния. Мы за́втра ему́ ку́пим како́й-_____ пода́рок.

SUMMARY OF **НИ-. . . НЕ**, **-НИБУДЬ**, AND **-ТО** CONSTRUCTIONS

DECLINABLE WORDS			
Case	**someone, no one**	**something, nothing**	**some sort of, no sort of**
Nom. (Acc.)	кто́-то, -нибудь никто́ (не)	что́-то, -нибудь, ничего́ (не)	никако́й, никако́е, никака́я, никаки́е
Gen. (Acc.)	кого́-то, -нибудь никого́ (не)	чего́-то, -нибудь, ничего́ (не)	declines like **какой,** a regular adjective following the 7-letter spelling rule
Prep.	о ко́м-то, -нибудь ни о ко́м (не)	о чём-то, -нибудь, ни о чём (не)	
Dat.	кому́-то, -нибудь никому́ (не)	чему́-то, -нибудь, ничему́ (не)	
Instr.	ке́м-то, -нибудь никем (не)	че́м-то, -нибудь ничем (не)	

INDECLINABLE WORDS			
где́-то, -нибудь (*at*) *somewhere*	куда́-то, -нибудь (*to*) *somewhere*	когда́-то, -нибудь *at some time* (*ever*)	ка́к-то, -нибудь *somehow*
нигде́ (не) *nowhere*	никуда́ (не) *nowhere*	никогда́ (не) *never*	ника́к (не) *in no way*

Упражнение

Раскро́йте ско́бки. Place the words in parentheses into the correct case.

1. — Же́ня, ты (кто́-нибудь) спра́шивал о на́шем зада́нии на за́втра?
   — Нет, не спра́шивал. Но Пе́тя (что́-то) сказа́л о (како́й-то) зада́нии.
   Ка́жется, нам на́до вы́учить (како́е-то) стихотворе́ние, но я не зна́ю,
   како́е.
2. — Зи́на, ка́жется, пошла́ на (кака́я-то) ле́кцию о (каки́е-то) но́вых писа́телях.
   С кем она́ пошла́?
   — (*With no one*). Она́ пошла́ одна́.

➤ *Complete Oral Drills 11–16 and Written Exercises 8–10 in the Workbook.*

6.6 Declension of Last Names

Some Russian last names look like adjectives and decline like adjectives throughout.

Образцы́:	**Достое́вский**	**Толсто́й**	**Верби́цкая**	**Вознесе́нская**

Вы чита́ли Достое́вского (Толсто́го, Верби́цкую, Вознесе́нскую)?

Have you read Dostoevsky (Tolstoy, Verbitskaya, Voznesenskaya)?

Вы чита́ли биогра́фию Достое́вского (Толсто́го, Верби́цкой, Вознесе́нской)?

Have you read the biography of Dostoevsky (Tolstoy, Verbitskaya, Voznesenskaya)?

Вы чита́ли статью́ о Достое́вском (Толсто́м, Верби́цкой, Вознесе́нской)?

Have you read an article about Dostoevsky (Tolstoy, Verbitskaya, Voznesenskaya)?

Ско́лько лет бы́ло Достое́вскому (Толсто́му, Верби́цкой, Вознесе́нской), когда́ он(а́) написа́л(а) пе́рвое произведе́ние?

How old was Dostoevsky (Tolstoy, Verbitskaya, Voznesenskaya) when s/he wrote his/her first work?

Вы интересу́етесь Достое́вским (Толсты́м, Верби́цкой, Вознесе́нской)?

Are you interested in Dostoevsky (Tolstoy, Verbitskaya, Voznesenskaya)?

Russian last names whose stems end in **-ин (ын)** or **-ов (-ев, -ёв)** look like nouns in the nominative case, but like adjectives in some other cases. The following chart shows the declension of this type of last name. The forms with adjective endings are bold.

	ОН	**ОНА**	**ОНИ**
Nom. *кто/что*	Пу́шкин	Цвета́ев-а	Каре́нин-ы
Acc. *кого́/что*	Пу́шкин-а	Цвета́ев-у	**Каре́нин-ых**
Gen. *кого́/чего́*	Пу́шкин-а	**Цвета́ев-ой**	**Каре́нин-ых**
Prep. *о ком/о чём*	Пу́шкин-е	**Цвета́ев-ой**	**Каре́нин-ых**
Dat. *кому́/чему́*	Пу́шкин-у	**Цвета́ев-ой**	**Каре́нин-ым**
Instr. *кем/чем*	**Пу́шкин-ым**	**Цвета́ев-ой**	**Каре́нин-ыми**

Foreign last names decline like regular nouns *if they end in a consonant and refer to a man* (Это стихи **Уо́лта Уи́тмена**). Plural foreign last names that end in a consonant also behave like nouns (Мы говори́м о **Джо́нсах**). Foreign last names that end in a vowel and/or refer to a woman do not decline. (Это расска́зы **О. Ге́нри.** Я люблю́ чита́ть **Зо́щенко.** Это рома́н **Вирджи́нии Вульф.**)

First names and patronymics always decline like nouns. (Мы ви́дим **Юрия Петро́вича.** Мы говори́ли с **Юрием Петро́вичем.** Мы ви́дим **Еле́ну Ви́кторовну.** Мы говори́ли с **Еле́ной Ви́кторовной.**)

Упражнение

Раскро́йте ско́бки. Put the last names in parentheses into the needed case.

1. — Вы когда́-нибудь чита́ли (Достое́вский)? — Да, я люблю́ (Достое́вский).
2. Что вы зна́ете о (Достое́вский)?
3. Вам бо́льше нра́вится (Достое́вский) и́ли (Толсто́й)?
4. Мы чита́ли о (Бара́нская).
5. Я не зна́ю (Бара́нская).
6. Мари́на (Цвета́ева) написа́ла кни́гу о (Пу́шкин).
7. Вы чита́ли кни́гу (Цвета́ева)?
8. Я о́чень люблю́ (Цвета́ева).
9. Что вы зна́ете о Мари́не (Цвета́ева)?
10. «Бра́тья (Карама́зовы)» — о́чень интере́сный рома́н.
11. Вы когда́-нибудь чита́ли «Бра́тьев (Карама́зовы)»?
12. Я о́чень ма́ло зна́ю о «Бра́тьях (Карама́зовы)».

➤ *Complete Oral Drills 17–18 and Written Exercises 11–12 in the Workbook.*

Давайте почитаем

A. Кра́ткая биогра́фия одного́ писа́теля.

Many anthologies include short biographies of the authors. Read through the following biographical note from **Избранные расска́зы шестидеся́тых** (Hermitage Press, 1984) to answer these questions.

1. Who is the passage about?
2. When was she born?
3. Where was she born?
4. What was her father's profession?
5. Where did she study?
6. What happened in 1930?
7. How old was she when her first literary works were published?
8. What were the titles of two popular stories she published in 1968?
9. What other literary works are mentioned?
10. What literary magazines are mentioned?

БАРАНСКАЯ НАТАЛЬЯ ВЛАДИМИРОВНА родилась в 1908 году в Петербурге в семье врача. Окончила историко-этнологический факультет Московского университета (1930). Первые литературные произведения были опубликованы, когда автору было 60 лет. Шумным успехом пользовалась ее повесть «Неделя как неделя» («Новый мир», 1968), написанная в форме дневника счастливой благополучной женщины (интересная работа, интеллигентный, непьющий, любящий муж, отдельная квартира, двое детей). Однако тяжелый, изнурительный советский быт (транспорт, очереди и пр.) превращает жизнь молодой женщины в каторгу.

Позднее Баранская опубликовала несколько небольших рассказов в журналах «Звезда», «Юность» и др. Сборник ее произведений «Отрицательная Жизнь» (рассказы и маленькие повести) вышел в 1977 году.

Рассказ «Проводы» — один из первых, опубликованных Баранской (вместе с другим маленьким рассказом «У Никитских и на Плющихе») в 1968 году в «Новом мире». Для него характерно внимание к жизни обыкновенных людей, пристальный интерес к мелочам быта, точность и высокий профессионализм.

Now return to the article to answer the following questions about language.

11. Recall that the verb may come before the subject in a Russian sentence. In the following phrase, taken from the first paragraph of the text, underline the verb, and circle the grammatical subject. Remember that the grammatical subject must be in the nominative case, and that the verb will agree with it in gender and number.

Шу́мным успе́хом по́льзовалась её по́весть «Неде́ля как неде́ля» («Но́вый мир», 1968).

Given that **по́льзоваться шу́мным успе́хом** means "to enjoy great success," how would you express this phrase in English?

12. Now look at a more expanded version of this sentence:

Шу́мным успе́хом по́льзовалась её по́весть «Неде́ля как неде́ля» («Но́вый мир», 1968), напи́санная в фо́рме дневника́ счастли́вой благополу́чной же́нщины.

The ending on the word **напи́санная** indicates that it is:

a. a noun
b. an adjective
c. a verb
d. an adverb

To what verb is the word **напи́санная** related?

Verbal adjectives (adjectives formed from verbs) ending in **-нный** or **-тый** are commonly encountered in reading. They form past passive constructions: "*x*'d" or "which was *x*'d."

Like all other adjectives, past passive verbal adjectives agree with the noun they modify in gender, number, and case. In this sentence, the word **напи́санная** modifies:

а. **Но́вый мир**
б. **шу́мным успе́хом**
в. **в фо́рме**
г. **по́весть**

What is the best English translation of the sentence?

a. Great success enjoyed her novella "A Week Like Any Other" (*Novyi mir,* 1968), which was written in the form of a diary of a happy, successful woman.
b. Her novella "A Week Like Any Other" (*Novyi mir,* 1968), written in the form of a diary of a happy, successful woman, enjoyed great success.
c. Her novella "A Week Like Any Other" (*Novyi mir,* 1968), writing in the form of a diary of a happy, successful woman, enjoyed great success.

13. Underline the past passive verbal adjective in the following phrase, taken from the last paragraph of the text:

Расска́з «Про́воды» — оди́н из пе́рвых, опублико́ванных Бара́нской. . . в 1968 году́ в «Но́вом ми́ре».

Fill in the blank in the following English translation:

The story "The Send-Off" is one of the first _____ by Baranskaya.

Б.   Как суди́ли поэ́та.

The production and dissemination of literature were tightly controlled during much of the Soviet period. At times nonmembers of the Writers' Union risked arrest for parasitism if they did not hold a regular job but rather devoted their time to writing. Among those who were threatened with such criminal charges was the 1987 laureate of the Nobel Prize for literature, Joseph Brodsky.

Brodsky was arrested, tried, and convicted for parasitism in 1964. Frida Vigdorova, a teacher, writer, and journalist, transcribed his two trials. In the Soviet Union her transcripts circulated widely through *samizdat* (the illegal reproduction and distribution of texts not sanctioned by the official government publishers), and they were published in the West.

After the onset of glasnost, many texts that had previously circulated underground were published openly. The transcripts of Brodsky's trials were published in 1988 in the journal *Огонёк.*

The first part of the first transcript is given below. Look through it to find answers to the following questions.

1. In what city did the trial take place?
2. On what date did it occur?
3. The judge asked several questions to get Brodsky to tell about his occupation. List four of them.
4. The judge issued a number of commands during the proceedings. Give three of them.
5. What did Brodsky consider to be his primary occupation?
6. What two workplaces did Brodsky name?
7. How long did Brodsky work at the first place he named?
8. Which of the following statements corresponds to Brodsky's stated opinion about the education of a poet?

   a. Poetry is taught well in postsecondary schools.
   b. Poetry is taught poorly in postsecondary schools.
   c. Poetry is a gift from God.
   d. Poetry is a gift from the human race.

Draw a bracket around the part of the text that deals with this question.

9. What was one of Brodsky's questions to the court?
10. Did Brodsky's parents still work at the time of the trial?
11. What was the judge's objection to the way Brodsky's lawyer was asking him questions?
12. From what language did Brodsky translate the works his lawyer questioned him about?
13. With what section of the Writers' Union was Brodsky connected?
14. Indicate at least one way in which the proceedings differ from those normally seen in U.S. courtrooms.

ПЕРВЫЙ СУД НАД ИОСИФОМ БРОДСКИМ

Зал суда Дзержинского района,
г. Ленинград, ул. Восстания, 36.
18 февраля 1964 года.
Судья САВЕЛЬЕВА

Судья. Чем вы занимаетесь?
Бродский. Пишу стихи. Перевожу. Я полагаю. . .
Судья. Никаких «я полагаю». Стойте как следует! Не прислоняйтесь к стене! Смотрите на суд! Отвечайте суду как следует! (*Мне*): Сейчас же прекратите записывать! А то выведу из зала! (*Бродскому*): У вас есть постоянная работа?
Бродский. Я думал, что это — постоянная работа.
Судья. Отвечайте точно!
Бродский. Я писал стихи. Я думал, что они будут напечатаны. Я полагаю. . .
Судья. Нас это не интересует. Нас интересует, с каким учреждением вы были связаны.

Бродский. У меня были договоры с издательством.

Судья. Так и отвечайте. У вас договоров достаточно, чтобы прокормиться? Перечислите, какие, от какого числа, на какую сумму.

Бродский. Точно не помню. Все договоры у моего адвоката.

Судья. Я спрашиваю вас.

Бродский. В Москве вышли две книги с моими переводами... (*перечисляет*).

Судья. Ваш трудовой стаж?

Бродский. Примерно...

Судья. Нас не интересует «примерно»!

Бродский. Пять лет.

Судья. Где вы работали?

Бродский. На заводе, в геологических партиях...

Судья. Сколько вы работали на заводе?

Бродский. Год.

Судья. Кем?

Бродский. Фрезеровщиком.

Судья. А вообще какая ваша специальность?

Бродский. Поэт, поэт-переводчик.

Судья. А кто это признал, что вы поэт? Кто причислил вас к поэтам?

Бродский. Никто. (*Без вызова*): А кто причислил меня к роду человеческому?

Судья. А вы учились этому?

Бродский. Чему?

Судья. Чтоб быть поэтом? Не пытались кончить вуз, где готовят... где учат...

Бродский. Я не думал... я не думал, что это дается образованием.

Судья. А чем же?

Бродский. Я думаю, это... (*растерянно*) от Бога...

Судья. У вас есть ходатайство к суду?

Бродский. Я хотел бы знать: за что меня арестовали?

Судья. Это вопрос, а не ходатайство.

Бродский. Тогда у меня нет ходатайства.

Судья. Есть вопросы у защиты?

Адвокат. Есть. Гражданин Бродский, ваш заработок вы вносите в семью?

Бродский. Да.

Адвокат. Ваши родители тоже зарабатывают?

Бродский. Они пенсионеры.

Адвокат. Вы живете одной семьей?

Бродский. Да.

Адвокат. Следовательно, ваши средства вносились в семейный бюджет?

Судья. Вы не задаете вопросы, а обобщаете. Вы помогаете ему отвечать. Не обобщайте, а спрашивайте.

Адвокат. Вы переводили стихи для сборника кубинских поэтов?

Бродский. Да.

Адвокат. Вы переводили испанские романсеро?

Бродский. Да.

Адвокат. Вы были связаны с переводческой секцией Союза писателей?

Бродский. Да.

Now return to the article to answer the following questions about language.

15. In the text find the Russian equivalents for the following English words and phrases:

    a. trial
    b. courtroom
    c. judge
    d. lawyer
    e. What do you do (for a living)?
    f. I wrote poems. I thought they'd be printed.
    g. That doesn't interest us. What interests us is what organization you were connected with.
    h. I had agreements with a publishing house.
    i. Do you have enough agreements to live on?
    j. Citizen Brodsky, do you contribute your earnings to your family?
    k. family budget
    l. You're not asking questions, but generalizing.

16. In the text find Russian equivalents for the following Russian words and phrases:

    а. Я ду́маю.
    б. Ва́ши роди́тели то́же рабо́тают?
    в. Они́ на пе́нсии.
    г. Вы живёте вме́сте с роди́телями?
    д. де́ньги, кото́рые зараба́тываете
    е. Вы не спра́шиваете.

17. Underline in the text all the words having to do with *translation*.

Should you choose to work through the text in greater detail, the following list of words might be helpful.

Слова́рь

вноси́ть	to contribute
вноси́ться	to be contributed
вы́вести	to remove
вы́зов	summons
дава́ться	to be given
доста́точно	enough
запи́сывать	to make notes
за́работок	earnings
защи́та	defense
как сле́дует	properly; as is expected
от како́го числа́	from what date
перечи́слить	to enumerate
по́мнить	to remember
постоя́нный	permanent, constant
прекрати́ть	to stop
призна́ть	to recognize, to acknowledge

приме́рно	approximately
прислоня́ться (*к чему́*)	to lean against
причисли́ть	to number (among), to rank (among)
прокорми́ться	to live on
пыта́ться	to try
род челове́ческий	the human race
сбо́рник	collection
сле́довательно	consequently
сре́дства (*pl.*)	means
то́чно	precisely
трудово́й стаж	length of time worked
фрезеро́вщик	milling-machine operator
хода́тайство	petition
чтоб	in order to

В. Чте́ние для удово́льствия

Сердца трёх (condensed from a story by **Михаи́л Зо́щенко**)

Михаи́л Зо́щенко (1895–1958) на́чал писа́ть в 1920 году́. Он был изве́стным юмори́стом, кото́рый написа́л мно́го коро́тких расска́зов о сове́тской жи́зни. Его́ язы́к — э́то ча́сто язы́к просто́го сове́тского челове́ка. В 1943 и 1946 года́х, в эпо́ху, кото́рую называ́ют «жда́новщиной», по фами́лии Андре́я Жда́нова, сове́тского мини́стра культу́ры, его́, как и А. Ахма́тову, ре́зко критикова́ли во вре́мя проведе́ния кампа́нии про́тив «формали́стов». Их вы́гнали из Сою́за Сове́тских Писа́телей, но реабилити́ровали по́сле сме́рти Ста́лина.

вы́гнать — to expel
смерть — death
Сою́з Сове́тских Писа́телей — Union of Soviet Writers (the official organization
                                             through which writers in the Soviet Union
                                             received work, wages, and benefits)

Characters: This story is easy to follow as long as you keep the characters straight:
- an engineer and his wife
- the wife's lover, an artist
- the engineer's neighbor
- the engineer's old girlfriend from his childhood days — from the city of Rostov

Позво́льте° рассказа́ть о заба́вном° фа́кте.

Оди́н ленингра́дский инжене́р о́чень люби́л свою́ жену́. **То́ есть**, вообще́ говоря́,° он **относи́лся к ней** дово́льно равноду́шно,° но когда́ она́ его́ бро́сила,° он почу́вствовал к ней пы́лкую° любо́вь. Это быва́ет у мужчи́н.

Она́ же не о́чень его́ люби́ла. И, находя́сь° в э́том году́ на одно́м из ю́жных куро́ртов,° устро́ила там весьма́° легкомы́сленный° рома́н с одни́м худо́жником.

Муж, случа́йно° узна́в° об э́том, пришёл в негодова́ние.° И когда́ она́ верну́лась домо́й, он, **вме́сто того́, что́бы расста́ться с ней и́ли примири́ться,** стал терза́ть° её сце́нами° ре́вности.°

Она́ нигде́ не рабо́тала, **тем не ме́нее**, она́ реши́ла от него́ уйти́.

И в оди́н прекра́сный день, когда́ муж ушёл на рабо́ту, **не жела́я объясне́ний и драм**, она́ взяла́ чемода́н со свои́м гардеро́бом и ушла́ к свое́й подру́ге, что́бы у неё вре́менно° пожи́ть.

И в тот же день она́ повида́лась со свои́м худо́жником и рассказа́ла ему́, что с ней.

Но худо́жник, узна́в, что она́ ушла́ от му́жа, встре́тил её кра́йне° хо́лодно. И да́же име́л наха́льство заяви́ть,° что на ю́ге быва́ют одни́ чу́вства, а на се́вере други́е.

Они́ не поссо́рились,° но попроща́лись° **в вы́сшей сте́пени** хо́лодно.

Ме́жду тем муж, узна́в, что она́ ушла́ и́з дому с чемода́ном, пришёл в огорче́ние.° То́лько тепе́рь он по́нял, как пла́менно° её лю́бит.

Он обега́л° всех её родны́х и заходи́л во все дома́, где она́, по его́ мне́нию,° могла́ находи́ться, но нигде́ её не нашёл.

Его́ **бу́рное отча́яние смени́лось** меланхо́лией, о чём он заяви́л одному́ сосе́ду по кварти́ре. Сосе́д отве́тил:

— Я вам дам хоро́ший сове́т: напеча́тайте° объявле́ние в газе́те: де́скать° (как в таки́х слу́чаях пи́шется), люблю́ и по́мню, верни́сь,° я твой, ты моя́ **и так да́лее**. Она́ это прочтёт° и неме́дленно вернётся, поско́льку° се́рдце же́нщины не мо́жет **устоя́ть про́тив печа́ти.**

Этот сове́т **нашёл живе́йший о́тклик в изму́ченной душе́** инжене́ра и он действи́тельно помести́л° своё объявле́ние: «Мару́ся, верни́сь, я всё прощу́».°

allow; amusing

that is to say; speaking; **felt about her**
indifferently; abandoned
passionate

finding herself
resorts; rather
frivolous; romance
accidentally; having found out; indignation

instead of parting with her or making up; torment
scenes; jealousy

nevertheless

wanting no explanations or dramatic scenes
temporarily

extremely; **had the gall**; to declare

quarrel; said good-bye
lit.: **to a high degree**

meanwhile
distress
passionately
ran around to see
opinion

stormy despair was replaced by

publish
so-to-say
come back; **and so forth**
прочита́ет; in as much as
cannot withstand the power of the press

found a lively resonance in the tormented soul of; placed
will forgive

За э́то объявле́ние инжене́р заплати́л три́дцать пять рубле́й. Но когда́ он заплати́л де́ньги, он **обрати́л внима́ние** на да́ту и пришёл в у́жас,° узна́в, что его́ объявле́ние поя́вится° то́лько че́рез пятна́дцать дней.

  Он стал объясня́ть, что он не велосипе́д продаёт и что он не мо́жет так до́лго ждать. И они́ **из уваже́ния к его́ го́рю** сба́вили° ему́ четы́ре дня, назна́чив° объявле́ние на 1 а́вгуста.

  Ме́жду тем **на друго́й день по́сле сда́чи объявле́ния** он **име́л сча́стье** уви́деться с жено́й и объясни́ться. Он ей сказа́л:

  — Семь лет я **ни за что́** не хоте́л пропи́сывать° ва́шу мама́шу° в на́шей второ́й ко́мнате, но е́сли вы тепе́рь вернётесь, я её, пожа́луй,° так и пропишу́.

  Она́ дала́ согла́сие° верну́ться, но хоте́ла, что́бы он прописа́л та́кже её бра́та. Но он **упёрся на своём** и согласи́лся приня́ть то́лько её мама́шу, кото́рая туда́ че́рез не́сколько часо́в и перее́хала.

  Два и́ли три дня у них шло всё о́чень хорошо́. Но пото́м жена́ **име́ла неосторо́жность** встре́титься со свои́м портрети́стом.

  Худо́жник, узна́в, что она́ верну́лась к му́жу, прояви́л° к ней исключи́тельную не́жность.° Он сказа́л ей, что его́ чу́вства сно́ва° вспы́хнули° как на ю́ге и что он тепе́рь опя́ть бу́дет му́читься° и страда́ть,° что она́ всё вре́мя нахо́дится с му́жем, а не с ним.

  Весь ве́чер они́ провели́° вме́сте и бы́ли о́чень сча́стливы° и дово́льны.°

  Муж, беспоко́ясь,° что её так до́лго нет, вы́шел к воро́там.° Тут у воро́т он уви́дел худо́жника, кото́рый **по́д руку вёл** его́ жену́.

  Тогда́ жена́ сно́ва ушла́ от му́жа и, находя́сь **под впечатле́нием пы́лких слов** худо́жника, пришла́ к нему́, что́бы у него́, е́сли он хо́чет, оста́ться.°

  Но портрети́ст **не прояви́л к э́тому горя́чего жела́ния**, сказа́в°, что он **челове́к непостоя́нный**,° что сего́дня ему́ ка́жется одно́, за́втра друго́е, и что **одно́ де́ло** — любо́вь, а **друго́е де́ло** — брак,° и что он бы хоте́л обду́мать э́тот вопро́с.

  Тогда́ она́ поссо́рилась с худо́жником и оста́лась жить у подру́ги.

	lit.: **paid attention**
	horror
	will appear
	out of respect for his misery; took off; having designated
	the next day after turning in the ad
	had the good fortune (lit.: happiness)
	not for any thing; add to the lease
	=ма́ма
	perhaps
	agreement
	stood his ground
	had the indiscretion
	displayed
	tenderness
	again; flared up
	torment himself; suffer
	spent (time)
	happy; satisfied
	worrying
	gates
	was leading by the arm
	lit.: **under the impression of the passionate words**; to stay
	showed no burning desire for this
	having said; inconsistent
	one thing . . . **another thing**; marriage

Между тем её муж, погоревав° несколько дней, неожиданно° утешился,° встретив **подругу своего детства** из Ростова.

У них и раньше что-то намечалось,° но теперь, находясь в одиночестве,° он почувствовал к ней большую склонность° и предложил° ей поселиться° у него.

В общем° ровно° через одиннадцать дней вышло злосчастное° объявление.

Сам муж, позабыв о нём, не **принял во внимание** этот день. Но его жена, томясь° у подруги, прочитала объявление и была поражена° и обрадована.°

«Всё-таки, — подумала она, — он меня любит. В каждой его строчке° я вижу его страдание.° И я вернусь к нему, поскольку художник большой нахал° и я сама виновата».°

Не будем волновать читателей дальнейшим описанием.° Скажем только, что появление° жены с газетой в руках было **равносильно разорвавшейся бомбе.**

Муж, перебегая° от одной женщины к другой, не мог дать сколько-нибудь удовлетворительных° объяснений.

Жена с презрением° сказала, что **если бы не это объявление**, она бы не вернулась. Подруга из Ростова сказала, что если инженер дал такое объявление с публичным описанием своих чувств, то он должен был бы подождать какого-нибудь результата.

В общем обе° женщины, дружески обнявшись,° ушли от инженера **с тем, чтобы** к нему не возвращаться.

Оставшись° в квартире вместе с мамашей, инженер **впал в бурное отчаяние**, и неизвестно,° **чем бы это всё кончилось**, если бы не вернулась к нему его подруга из Ростова.

Правда, на другой день к нему хотела вернуться также и жена, но узнав от своей мамы, что молодая женщина из Ростова опередила° её, осталась у подруги.

Подруга **устроила её на работу** в психиатрической лечебнице,° и она недавно **вышла замуж** за одного из психиатров. И сейчас она довольна° и счастлива.°

having been sad

unexpectedly; calmed down; **girlfriend from his childhood**

had been about to happen
loneliness
attraction; suggested; move in

all in all; exactly
ill-fated

paid no attention; languishing

surprised
pleased

line (of print); suffering

scoundrel

at fault

description; appearance

equal to an exploded bomb

running back and forth
satisfactory

contempt

if it hadn't been for that ad

both; having hugged each other

with the intention of

having remained

fell into stormy despair; it is unknown

how all would have ended

had gotten there ahead (*of her*)

got her a job

clinic; **got married**

satisfied; happy

Худо́жник, узна́в о её сча́стье,° горячо́ поздравля́л° её
с но́вой жи́знью и попроси́л разреше́ния° поча́ще у неё
быва́ть.

as far as . . . is concerned; slow pace

Что каса́ется объявле́ний, то <u>медли́тельность</u>° э́того
де́ла ника́к не **отвеча́ет тре́бованиям жи́зни,** Тут на́до **по
кра́йней ме́ре** в шесть раз скоре́е.

happiness; congratulated
permission

as far as . . . is concerned; slow pace
corresponds to life's demands
at least

Слова́рь

дово́лен, дово́льна, дово́льны (*short-form adjective*) — satisfied

заявля́ть/заяви́ть — to declare

име́ть — to have (usually something abstract)

    име́ть сча́стье — to have the good fortune

    име́ть неосторо́жность — to have the indiscretion (*to do something*)

ме́жду тем — meanwhile

объявле́ние — announcement; classified advertisement

оста́ться — to stay

поско́льку — in as much as

прийти (*во что*) — to become (+ an emotion)

    Он пришёл в у́жас. — (*lit.:* He came into horror) He became horrified.

прописывать/прописа́ть — *Here:* to add someone's name to a house lease.
    *During the Soviet period one had to have a **прописка,** permission for residence
    from the local authorities. Out-of-towners with family members living in the big
    cities would often pressure them to add them to the apartment lease, thus making
    them legal city residents. Larger cities may still require residence permits.*

прочесть (прочту́, прочтёшь; прочёл, прочла́) = прочита́ть

пы́лкий — passionate

ссо́риться / по- — to quarrel

сча́стлив, -а, -ы — happy

сча́стье — happiness, good fortune

чу́вство — feeling

Давайте послушаем

Listen to the recordings of the poems below. Russians attach great importance to the style of reading. Pushkin is read in a standard dramatic style. Akhmatova's poetry is characterized by intimacy, which is reflected in the reading. Evtushenko is usually read in a somewhat declamatory style.

Алекса́ндр Серге́евич Пу́шкин (1799–1837)

Я вас люби́л (1829)

Я вас люби́л: любо́вь, ещё, быть мо́жет,	
В душе́ мое́й уга́сла° не совсе́м;	extinguished
Но пусть она́ вас бо́льше не трево́жит°;	disturb
Я не хочу́ печа́лить° вас ниче́м.	to sadden
Я вас люби́л безмо́лвно,° безнаде́жно,°	silently; hopelessly
То ро́бостью,° то ре́вностью° томи́м;°	timidity; jealousy; tormented
Я вас люби́л так и́скренно,° так не́жно,°	sincerely; tenderly
Как **дай вам Бог** люби́мой быть други́м.	**God grant**

Анна Андре́евна Ахма́това (1889–1966)

Серогла́зый коро́ль (1910) — The Gray-Eyed King

Сла́ва тебе́, безысхо́дная боль!	**Glory to you, inescapable pain!**
Умер вчера́ серогла́зый коро́ль.	
Ве́чер осе́нний был ду́шен° и ал,°	stuffy; crimson
Муж мой, верну́вшись,° споко́йно° сказа́л:	having returned; calmly
«Зна́ешь, **с охо́ты** его́ принесли́,	**from the hunt**
Те́ло° у ста́рого ду́ба° нашли́.	body; oak tree
Жаль короле́ву. Тако́й молодо́й!	**I feel sorry for the queen.**
За́ ночь одну́ она́ ста́ла седо́й.»	**In one night she has turned gray.**
Тру́бку° свою́° на ками́не° нашёл	pipe; his; fireplace
И на рабо́ту ночну́ю ушёл.	
До́чку° мою́ я сейча́с разбужу́,°	дочь; will wake up
В се́рые гла́зки° её погляжу́.°	глаза́; посмотрю́
А за° окно́м шелестя́т° тополя́:°	beyond; rustle; poplars
«Нет на земле́° твоего́ короля́...»	earth

Евге́ний Алекса́ндрович Евтуше́нко (1933–   )

Окно́ выхо́дит в бе́лые дере́вья (1956)

Окно́ выхо́дит° в бе́лые дере́вья.°   open out; trees
Профе́ссор до́лго смо́трит на дере́вья.
Он о́чень до́лго смо́трит на дере́вья
и о́чень до́лго мел° кроши́т° в руке́.   chalk; crumbles
Ведь э́то про́сто — пра́вила деле́нья!°   rules of long division
А он забы́л их — пра́вила деле́нья!
Забы́л —
    поду́мать! —
        пра́вила деле́нья!
Оши́бка!°   mistake
   Да!
      Оши́бка на доске́!
Мы все сиди́м° сего́дня по-друго́му.°   sit; differently
И слу́шаем и смо́трим по-друго́му,
да и нельзя́ не по-друго́му,
    и нам подска́зка° в э́том не нужна́.   hint
Ушла́° жена́ профе́ссора из до́му.   left
Не зна́ем мы,
    куда́ ушла́ из до́му.
Не зна́ем,
    отчего́° ушла́ из до́му,   why
а зна́ем то́лько,
    что ушла́ она́.
В костю́ме и немо́дном° и нено́вом,   unfashionable
как и всегда́ немо́дном и нено́вом,
да, как всегда́ немо́дном и нено́вом,
спуска́ется° профе́ссор в гардеро́б.°   goes down; cloakroom
Он до́лго по карма́нам° и́щет но́мер:°   pockets; claim check
«Ну что тако́е?
    Где же э́тот но́мер?
А мо́жет быть,
    не брал° у вас я но́мер?   get
Куда́ он де́лся?° —   Where'd it go?
    трёт руко́ю лоб.° —   rubs his forehead
Ах вот он!..
    Что ж,
как ви́дно, я старе́ю.°   I'm getting old
Не спо́рьте,° тётя Ма́ша,   argue
    я старе́ю.
И что уж тут поде́лаешь° — старе́ю. . .»   There's nothing to be done

Мы слы́шим —
дверь внизу́° скрипи́т за ним.°   door downstairs; squeaks behind him
Окно́ выхо́дит в бе́лые дере́вья,
в больши́е и краси́вые дере́вья,
но мы сейча́с гляди́м° не на дере́вья,   смо́трим
мы мо́лча° на профе́ссора гляди́м.   silently
Ухо́дит он,
суту́лый,°   stooped
неуме́лый,°   clumsy
како́й-то беззащи́тно° неуме́лый,   helplessly
я бы сказа́л° —   I would say
      уста́ло° неуме́лый,   tiredly
под сне́гом, мя́гко° **па́дающим в тишь.**   softly; falling in the silence
Уже́ и сам он, как дере́вья, бе́лый,
да,
      как дере́вья,
соверше́нно° бе́лый,   completely
ещё немно́го —
      и насто́лько бе́лый,°   so white that
что **среди́ них его́ не разгляди́шь.**   among [the trees] you can't make him out

Обзорные упражнения

А. Назва́ния книг. There are many ways to avoid using a title that you may not know how to translate.

1. Jot down in English the titles of five of your favorite books.
2. For each, think of a way you could describe the book in Russian without using the title.

 3. Check to see if your classmates know what books you are referring to from your descriptions.

Б. О литерату́ре.

1. Imagine that a student from Russia will be visiting your class for a discussion of the reading habits and preferences of Russian students and those from your country. In preparation for this discussion do the following.

   a. Prepare a detailed answer (3–5 minutes) to the following questions:

   What do you read for pleasure?
   How does what you read differ from what your parents or friends read?
   How do you decide what to read?
   How does what you read for courses differ from what you read for pleasure?

    b. Write 10 questions to ask the guest about the reading habits of Russian students.

 2. Act out the visit of the Russian guest. As you do so, remember that this meeting has been set up as a discussion, not a question-and-answer session. Here are two tips to help you manage the discussion well.

   a. Strive to give more information than required as you answer questions. For example, if you are asked what you read, you might answer that you read Dickens because you love English novels, rather than merely saying "Dickens."
   b. Acknowledge the statements made by others, using expressions such as the following:

   Я ду́маю, что Марк прав...
   Я не согла́сен/согла́сна...
   Я по́нял/поняла́, что́ вы сказа́ли, но мне ка́жется, что...

If possible, record the discussion so that you can listen to it afterward. Were you able to use these response phrases? Are there additional places in your discussion where you could have used them?

 3. Based on your preparation for Exercise 1 and on the class discussion, write a short composition on the reading habits and preferences of people of your age group in your country. Give as much detail as you can, staying within the bounds of the Russian you know.

Новые слова и выражения

NOUNS

век	century
декана́т	dean's office
зада́ние	assignment
иностра́н(е)ц/иностра́нка	foreigner
направле́ние	authorization document; letter of introduction
о́бщество	society
писа́тель	writer
по́весть (*fem.*)	long short story; novella
поэ́зия	poetry
поэ́ма	long poem
поэ́т	poet
про́за	prose
проза́ик	prose writer
произведе́ние	work
пье́са	play
расска́з	short story
револю́ция	revolution
рома́н	novel
сбо́рник	collection
спра́вка	certificate
стиль	style
стихи́	poem, lines of poetry
стихотворе́ние	poem
столе́тие	century

PRONOUNS

кто́-нибудь	someone, anyone (*see 6.5*)
кто́-то	someone, anyone (*see 6.5*)
что́-нибудь	something, anything (*see 6.5*)
что́-то	something, anything (*see 6.5*)
никто́ (не)	no one, not anyone (*see 6.4*)
ничего́ (не)	nothing, not anything (*see 6.4*)

ADJECTIVES

дома́шний	home (*as in homework*)
дома́шнее зада́ние	homework
кото́рый	which, that, who (*as relative pronoun*)
лингвисти́ческий	linguistic
никако́й (не)	no kind of, not any
ну́жен, нужна́, ну́жно, нужны́	necessary, needed (*see 6.2*)
огро́мный	huge

Новые слова и выражения

VERBS

называ́ться (*impf.*)
  (называ́-ется, -ются) — to be named (*of things*)

получа́ть/получи́ть — to receive, to get
  (получа́-ю, -ешь, -ют)
  (получ-у́, получ-ишь, -ат)

почита́ть (*perf.*) — to read for a little bit
  (почита́-ю, -ешь, -ют)

стара́ться/по- — to try
  (стара́-юсь, -ешься, -ются)

ука́зываться (*impf.*) — to be indicated, noted
  (ука́зыва-ется, -ются)

учи́ть/вы́учить — to memorize
  (учу́, у́ч-ишь, -ат)
  (вы́уч-у, -ишь, -ат)

ADVERBS

где́-нибудь	somewhere, anywhere (*see 6.5*)
где́-то	somewhere, anywhere (*see 6.5*)
ка́к-нибудь	somehow, anyhow (*see 6.5*)
ка́к-то	somehow, anyhow (*see 6.5*)
когда́-нибудь	sometime, anytime, ever (*see 6.5*)
когда́-то	sometime, anytime, ever (*see 6.5*)
наизу́сть	by heart
нигде́ (не)	no where, not anywhere (*see 6.4*)
ника́к (не)	in no way (*see 6.4*)
никогда́ (не)	never, not ever (*see 6.4*)
никуда́ (не)	(to) no where, not to anywhere (*see 6.4*)
поле́зно	useful, profitable
почему́-нибудь	for some reason (*see 6.5*)
почему́-то	for some reason (*see 6.5*)

PREPOSITIONS

от (*кого́/чего́*) — from

PHRASES AND OTHER WORDS

вы́учить наизу́сть	to memorize, learn by heart
Как тебе́ (вам) сказа́ть?	How should I put it. . .? (*filler; used to introduce information*)
на па́ру часо́в	for a couple of hours
Проходи́(те)!	Come in!
чита́тельский биле́т	library card

Новые слова и выражения

PASSIVE VOCABULARY

бес	demon
вы́нужден	forced, compelled
вы́слан	exiled
гла́вный	main, important
де́ятельность (*fem.*)	activity
душа́ (*pl.* ду́ши)	soul
жанр	genre
же́ртва	victim
заста́вить (*perf.*) (*кого́*)	to force someone
(заста́вл-ю, заста́в-ишь, -ят)	
изве́стность	fame
коро́ткий	short
мёртвый	dead
мирово́й	world, worldwide
награждён	awarded
(награжден-а́, -ы́) (*чем*)	
насеко́мое	insect
осно́ва	foundation, basis
осо́бый	special
отка́зываться/отказа́ться (*от чего́*)	to decline, reject
(отка́зыва-юсь, -ешься, -ются)	
относи́ться/отнести́сь (*к чему́*)	to regard something
перо́	pen
перево́дчик	translator
персона́ж	character (*in a story*)
подверга́ться (*impf.*)	to be subjected to
поко́нчила жизнь самоуби́йством (*perf.*)	to commit suicide
поруче́ние	assignment, mission
прави́тельство	government
принадлежа́ть (*impf.*) (*чему́*)	to belong to
(принадлеж-у́, -и́шь, -а́т)	
пустота́	emptiness
ревизо́р	inspector general
самолёт	airplane
стать (*perf.*) (*кем/чем*)	to become
(ста́н-у, -ешь, -ут)	
счита́ть (*impf.*)	to consider, be of the opinion
(счита́-ю, -ешь, -ют)	
цени́ть (*impf.*)	to value, appreciate
(цен-ю́, це́н-ишь, -ят)	
Что случи́лось?	What happened?

Новые слова и выражения

PERSONALIZED VOCABULARY

_____

_____

_____

_____

_____

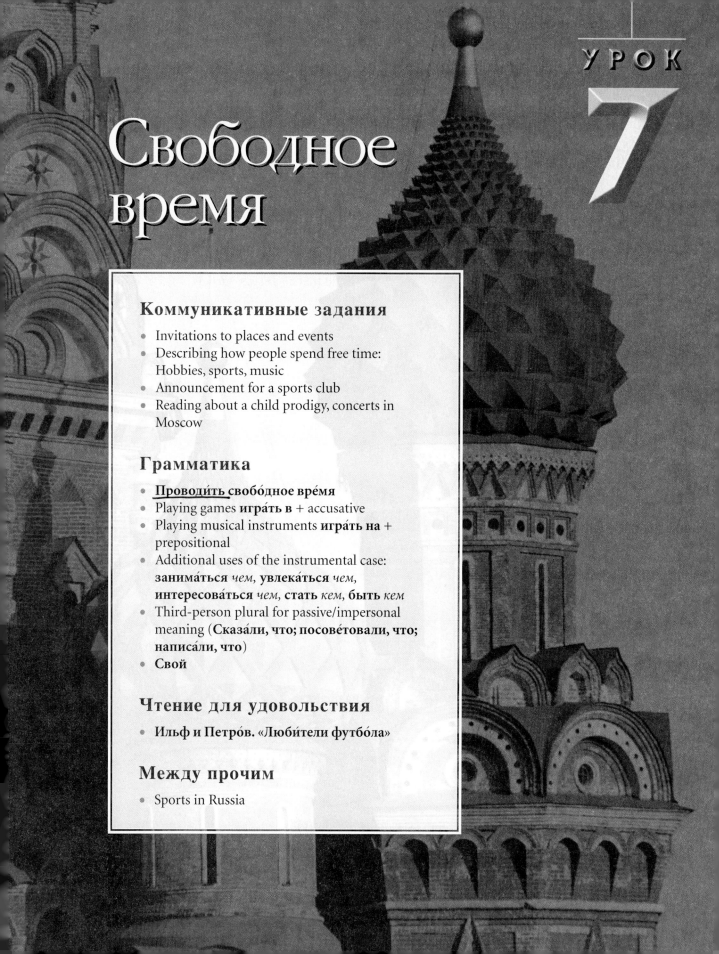

Свободное время

Коммуникативные задания

- Invitations to places and events
- Describing how people spend free time: Hobbies, sports, music
- Announcement for a sports club
- Reading about a child prodigy, concerts in Moscow

Грамматика

- <u>Проводи́ть</u> свобо́дное вре́мя
- Playing games **игра́ть в** + accusative
- Playing musical instruments **игра́ть на** + prepositional
- Additional uses of the instrumental case: **занима́ться** *чем*, **увлека́ться** *чем*, **интересова́ться** *чем*, **стать** *кем*, **быть** *кем*
- Third-person plural for passive/impersonal meaning (**Сказа́ли, что; посове́товали, что; написа́ли, что**)
- **Свой**

Чтение для удовольствия

- **Ильф и Петро́в. «Люби́тели футбо́ла»**

Между прочим

- Sports in Russia

О чём идёт речь?

A. Свобо́дное вре́мя.

1. — Как ты прово́дишь свобо́дное вре́мя?
   — Я люблю́. . .

A person asking this question is generally interested in your hobbies or other activities that you enjoy when you have free time. Bear in mind that an answer such as "I sleep" is most likely to bring a conversation to a dead halt.

общаться с друзьями

занима́ться спо́ртом

отдыха́ть на приро́де

ходи́ть в похо́ды

вышива́ть

вяза́ть

ката́ться на велосипе́де

ката́ться на ро́ликах

купа́ться

чита́ть

смотре́ть телеви́зор

ходи́ть в кино́

2. — Ты занима́ешься спо́ртом?
   — Нет, я спорт не люблю́.
   — Да, я. . .

игра́ю. . .

в хокке́й

в гольф

в футбо́л

в насто́льный
те́ннис

в лакро́сс

в бадминто́н

в бейсбо́л

в волейбо́л

в баскетбо́л

в америка́нский
футбо́л

в те́ннис

пла́ваю

бе́гаю

танцу́ю

поднима́ю
тя́жести

ката́юсь на
лы́жах

ката́юсь на
во́дных
лы́жах

ката́юсь на
конька́х

занима́юсь. . .

аэро́бикой

бо́ксом

гимна́стикой

карата́

лёгкой атле́тикой

па́русным спо́ртом

фехтова́нием

фигу́рным
ката́нием

гре́блей

бо́улингом

занима́юсь на
тренажёрах

занима́юсь
на стациона́рном
велосипе́де

3. — Ты игра́ешь на како́м-нибудь инструме́нте?
   — Нет, но я пою́.
   — Нет, не игра́ю.
   — Да, я игра́ю. . .

на а́льте	на роя́ле
на ба́нджо	на саксофо́не
на бараба́нах	на скри́пке
на валто́рне	на тромбо́не
на виолонче́ли	на трубе́
на гита́ре	на ту́бе
на гобо́е	на фаго́те
на кларне́те	на фле́йте

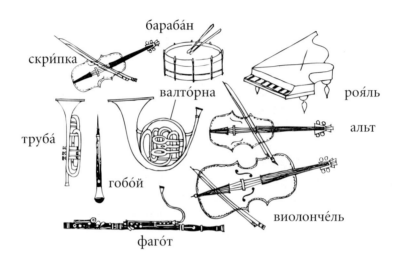

Б. **Музыка́нты.** Match the following musicians with the instruments they play(ed).

_____ Пи́нкас Цукерма́н	а. бараба́ны
_____ Влади́мир Го́ровиц	б. виолонче́ль
_____ Мстисла́в Ростропо́вич	в. гита́ра
_____ Жан-Пьер Рампа́л	г. роя́ль
_____ Уи́нтон Марса́лис	д. скри́пка
_____ Влади́мир Ашкена́зи	е. труба́
_____ Джи́мми Хе́ндрикс	ж. фле́йта
_____ Ри́нго Старр	з. саксофо́н
_____ Боб Ди́лан	
_____ Брэ́нфорд Марса́лис	

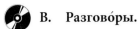 **В. Разгово́ры.**

Разгово́р 1. Если вы хоти́те по́льзоваться спорти́вным ко́мплексом.
      Разгова́ривают тре́нер и иностра́нные студе́нты.

1. Как зову́т заве́дующего спорти́вным ко́мплексом?
2. Как ча́сто мо́жно занима́ться аэро́бикой в э́том спорти́вном ко́мплексе?

      а. 3 ра́за в ме́сяц
      б. 3 ра́за в неде́лю
      в. раз в день
      г. 3 ра́за в день

3. Каки́ми из э́тих кома́ндных ви́дов спо́рта мо́жно занима́ться? Мо́жно игра́ть в. . .

      а. баскетбо́л
      б. бейсбо́л
      в. волейбо́л
      г. ре́гби
      д. футбо́л

4. В како́м ви́де спо́рта нужна́ по́мощь от америка́нцев?
5. Оди́н из студе́нтов передаёт вопро́с сосе́да по ко́мнате. О чём он спра́шивает?
6. Когда́ откры́т бассе́йн?
7. Что на́до сде́лать, что́бы пла́вать в бассе́йне?

      а. На́до пройти́ тест по плава́нию.
      б. На́до получи́ть направле́ние в декана́те.
      в. На́до хорошо́ знать тре́нера.
      г. На́до получи́ть спра́вку от врача́.

8. Где нахо́дится ко́мната заве́дующего?

Разгово́р 2. По телеви́зору — спорт.
      Разгова́ривают Юра и Де́бби.

1. Каки́е ви́ды спо́рта мо́жно сейча́с посмотре́ть по телеви́зору?
2. О каки́х из э́тих ви́дов спо́рта говоря́т Юра и Де́бби?

бейсбо́л
футбо́л (*Это не америка́нский футбо́л, а европе́йский! Как называ́ется э́тот вид спо́рта по-англи́йски?*)
баскетбо́л
волейбо́л
гимна́стика
те́ннис
гольф
бокс
карата́э
пла́вание (*swimming*)
лёгкая атле́тика (*track and field*)

3. Каки́е ви́ды спо́рта нра́вятся Дэ́бби? Каки́е ви́ды спо́рта ей не нра́вятся?
4. Како́й вид спо́рта популя́рен в США?
5. Како́й вид спо́рта бу́дут пока́зывать ве́чером?
6. Как вы ду́маете, кто из них бо́льше лю́бит спо́рт?

Разговор 3. Му́зыка — увлече́ние серьёзное.
Разгова́ривают Ми́тя и Ми́риам.

1. Почему́ Ми́риам не мо́жет за́втра пойти́ на матч с И́горем?
2. На како́м инструме́нте игра́ет Ми́риам?
3. На каки́х инструме́нтах игра́л Ми́тя в шко́ле?
4. Кем он хоте́л стать? Что случи́лось пото́м?
5. Когда́ Ми́риам заинтересова́лась му́зыкой пе́рвый раз?
6. Что она́ поняла́ уже́ в университе́те?

    а. Она́ должна́ серьёзнее относи́ться к му́зыке.
    б. У неё нет настоя́щих спосо́бностей к му́зыке.
    в. Лу́чше игра́ть на тромбо́не, чем на фле́йте.
    г. Де́вушки всегда́ лю́бят молоды́х люде́й, кото́рые игра́ют на гита́ре.

Язык в действии

🎧 Диалоги

1. Ты занима́ешься спо́ртом?

— Ти́моти, мы с Окса́ной сего́дня идём игра́ть в те́ннис. Не хо́чешь пойти́ с на́ми?
— Спаси́бо, но че́стно говоря́, я ма́ло занима́юсь спо́ртом.
— Как же так? У нас счита́ют, что все америка́нцы лю́бят спорт.
— Да как тебе́ сказа́ть? Есть, коне́чно, лю́ди, кото́рые ка́ждый день де́лают заря́дку.
— Ну, чем э́то пло́хо? Они́ забо́тятся о своём здоро́вье.
— А ещё ка́ждый день бе́гают, пла́вают и пры́гают. Они́ всегда́ на дие́те. . .
— А ты вообще́ не занима́ешься спо́ртом?
— Нет. Кро́ме того́, я и пью, и курю́, и непра́вильно ем. Но я не ду́маю, что э́то зна́чит, что я плохо́й челове́к.
— Да что ты! Ты, коне́чно, прав. Всё э́то ерунда́.

2. Я хоте́ла стать балери́ной.

— Али́са, мне сказа́ли, что ты прекра́сно танцу́ешь.
— Да что ты! Пра́вда, когда́ я была́ ма́ленькой, я мечта́ла стать балери́ной.
— Ну, и что случи́лось?
— Я начала́ учи́ться, но ста́ло я́сно, что балери́ной я так и не ста́ну.
— Но все говоря́т, что у тебя́ большо́й тала́нт.
— Коне́чно, гла́вное — тала́нт. Но ну́жно бо́льше, чем тала́нт. Ну́жно бы́ло учи́ться серьёзнее.
— Но ты, ка́жется, танцу́ешь в како́м-то анса́мбле.
— Да, в люби́тельском. Это то́лько увлече́ние, для меня́ э́то не профе́ссия.

Ме́жду про́чим

Кто занима́ется спо́ртом?

Russians are less likely to engage in regular exercise than people in North America. However, hundreds of Olympic gold medals won over many decades bear testimony to the seriousness with which many Russians view high-level performance in sports.

---

3. У меня нет способностей к музыке.

— Мириам, не хочешь пойти на матч? Завтра, в два часа.
— К сожалению, не могу. У меня репетиция.
— Репетиция? Какая репетиция?
— У нас маленький ансамбль. Я играю на флейте и пою.
— Как интересно! А у меня, к сожалению, нет способностей к музыке.
— Никаких?
— Когда я был маленьким, я был уверен, что стану большим рок-музыкантом.
— Ну, и что случилось?
— Я начал учиться играть на гитаре. Но скоро стало ясно, что у меня таланта нет.
— Зато ты стал настоящим спортсменом.

4. Футбол у вас популярен?

— Дэбби, включи телевизор.
— А что показывают?
— Олимпийские игры. Не хочешь посмотреть?
— Ну, как тебе сказать? Если будет футбол, то смотри без меня.
— Но играют наши и ваши. Неинтересно?
— Честно говоря, не очень. Ведь футбол у нас не такой уж популярный вид спорта.
— А у нас считают, что американская команда очень сильная.
— А ты знаешь, мне всё равно, кто выигрывает, кто проигрывает. Для меня главное в спорте — общаться с друзьями.

5. Каким видом спорта вы интересуетесь?

— Скажите, пожалуйста, в институте есть бассейн?
— Есть, в спортивном комплексе.
— И что надо сделать, чтобы им пользоваться?
— Чтобы пользоваться бассейном, надо пройти медицинский осмотр.
— А что ещё есть в спортивном комплексе?
— Если вы интересуетесь другими видами спорта, можно пользоваться тренажёрами или заниматься аэробикой.
— У вас можно пользоваться велосипедами? Сосед по комнате просил узнать об этом.
— Можно.

Вопросы к диалогам

Диалог 1

1. Куда сегодня идёт Оксана?
2. Она идёт одна или с другом?
3. Тимоти любит заниматься спортом?
4. Тимоти на диете?
5. Тимоти заботится о своём здоровье?

Диало́г 2

1. Али́са хорошо́ танцу́ет?
2. Когда́ она́ была́ ма́ленькой, она́ мечта́ла стать хорео́графом?
3. Али́са о́чень серьёзно учи́лась та́нцам?
4. В како́м анса́мбле она́ тепе́рь танцу́ет?
5. Бале́т для Али́сы увлече́ние и́ли профе́ссия?

Диало́г 3

1. Почему́ Ми́риам не смо́жет пойти́ на матч за́втра?
2. На како́м инструме́нте она́ игра́ет?
3. Знако́мый Ми́риам то́же занима́ется му́зыкой?
4. Когда́ он был ма́леньким, он мечта́л стать спортсме́ном и́ли музыка́нтом?
5. Он тепе́рь занима́ется спо́ртом и́ли му́зыкой?

Диало́г 4

1. Кто хо́чет смотре́ть телеви́зор: Дэ́бби и́ли её знако́мый?
2. Что сейча́с пока́зывают по телеви́зору?
3. Каки́е кома́нды игра́ют?
4. Дэ́бби ду́мает, что футбо́л—популя́рный вид спо́рта в США?
5. Дэ́бби о́чень хо́чет, что́бы америка́нская кома́нда вы́играла?

Диало́г 5

1. Где нахо́дится бассе́йн институ́та?
2. Что на́до сде́лать, что́бы им по́льзоваться?
3. Что ещё мо́жно де́лать в спорти́вном ко́мплексе?

🗣 Давайте поговорим

🗣 **A.** **Спорт.** Узна́йте у партнёра.

1. Ты бе́гаешь?
2. Ты пла́ваешь?
3. Ты ката́ешься на велосипе́де?
4. Ты занима́ешься аэро́бикой?
5. Ты танцу́ешь?
6. Ты ката́ешься на конька́х?
7. Ты ката́ешься на лы́жах?
8. Ты по́льзуешься тренажёрами?
9. Ты игра́ешь в футбо́л?
10. Ты игра́ешь в хокке́й?
11. Ты игра́ешь в гольф?
12. Ты игра́ешь в волейбо́л?
13. Каки́ми ви́дами спо́рта ты занима́ешься зимо́й?
14. Каки́ми ви́дами спо́рта ты занима́ешься ле́том?
15. Ты занима́ешься спо́ртом ка́ждый день?

Б.   Семья́ и спорт. Скажи́те партнёру, каки́ми ви́дами спо́рта занима́ются ва́ши ро́дственники.

мать/оте́ц	(не) лю́бит. . . (спорт, футбо́л. . .)
брат/сестра́	(не) игра́ет в. . . (хокке́й, те́ннис. . .)
муж/жена́	(не) ката́ется на. . . (конька́х, ро́ликах. . .)
ба́бушка/де́душка	(не) занима́ется. . . (карате́, аэро́бикой. . .)
дя́дя/тётя	?
двою́родный брат	
двою́родная сестра́	
племя́нник/племя́нница	

В.   Му́зыка. Узна́йте у партнёра.

1. Каку́ю му́зыку ты лю́бишь?
2. Ты игра́ешь на како́м-нибу́дь инструме́нте?
3. Ты поёшь?
4. Ты лю́бишь танцева́ть? Под каку́ю му́зыку?
5. Каку́ю му́зыку ты слу́шаешь до́ма?
6. Ты лю́бишь ходи́ть на конце́рты? На каки́е?
7. Ты лю́бишь ходи́ть на бале́т и́ли на о́перу?
8. Каку́ю му́зыку лю́бит твоя́ ма́ма? твой па́па? твои́ бра́тья и сёстры? твой сосе́д/твоя́ сосе́дка по ко́мнате?

Г.   Подгото́вка к разгово́ру. Review the dialogs. How would you do the following?

1. Say that you and a friend are going to play tennis (baseball, football).
2. Ask in what way something is bad.
3. Say that your friends think about their health.
4. Say that someone is on a diet.
5. Indicate whether you smoke.
6. Say that something is nonsense.
7. Say that when you were little you dreamed of becoming a ballerina (actor, musician, doctor).
8. Ask what happened.
9. Say whether you have a talent for music.
10. Tell someone to turn the TV on.
11. Ask what's on TV.
12. Say whether soccer is popular in your country.
13. Say that the American (Russian, French) team is considered to be very good.
14. Say you don't care who wins and who loses.
15. Ask what you need to do in order to use the pool.
16. Ask what equipment is available in the gym.
17. Ask if it's possible to use the bicycles (weight machines, swimming pool).
18. Say that your roommate asked you to find out about something.

Д. **Двадцать вопросов.** One person in the group is a famous sports figure or musician. Other students find out who it is by asking yes-no questions.

Е. **Вопросы для обсуждения.**

1. Как вы относитесь* к спорту?
2. Вы заботитесь о своём здоровье?
3. Что для вас самое главное — работа или свободное время?
4. Какую роль в вашей жизни играет музыка?
5. Многие американские университеты дают стипендии хорошим спортсменам. Считаете* ли вы, что это правильно*?

> *относиться (*к чему*) — to feel about (*something*)
> *считать, что. . . — to consider; to believe (*that + clause*)
> *правильно — correct; proper

Ж. **Да что ты!** With a partner, take turns making unexpected or outrageous statements. The listener should disagree, using expressions such as **Да что ты!** and **Всё это ерунда.** For example: — **Я слышала, что во Флориде часто идёт снег! — Да что ты! Во Флориде всегда тепло!**

З. **Говорят, что. . . .** Respond to the following assertions. Your answers should be a minimum of three sentences long and prefaced by expressions such as **Да как тебе сказать. . . , Честно говоря. . . , Всё это ерунда,** or **Да что ты!**

> Образец:
> — Говорят, что все американцы любят бейсбол.
> — Да как тебе сказать? Есть люди, которые действительно увлекаются бейсболом. Но есть и те, кто им вообще не интересуется. Я, например, ничего не понимаю в бейсболе.

1. Говорят, что все американцы занимаются спортом.
2. Говорят, что в Америке много вегетарианцев.
3. Говорят, что американцы очень часто ничего не понимают в математике.
4. Говорят, что американцы хорошо знают иностранные языки.
5. Говорят, что американцы мало читают.

И. **Игровые ситуации.**

1. You are on a semester program at a Russian university and would like to find out about the sports facilities. Ask a Russian student you've just met about the gym.
2. A Russian friend is convinced that all Americans work out every day. Explain what you think the national attitude is toward sports.
3. A Russian friend is interested in how music is taught in American schools. Explain when children take up musical instruments.
4. Explain to a Russian which sports are popular in America. What sports do people like to play? What do they like to watch?

5. A Russian friend who loves sports has offered to take you to a soccer game. If you like sports, agree to go and find out when and where the game will be. If you don't like sports, explain and suggest doing something else.
6. With a partner, prepare and act out a situation of your own based on the topics of this unit.

К. **Устный перево́д.** You've agreed to help out an English-speaking student who has just arrived in Moscow. S/he wants to use the university sports facilities. Interpret the conversation between the student and the director of the sports complex.

ENGLISH SPEAKER'S PART

1. Good afternoon. I was wondering if you could tell me a little about your sports facilities.
2. I'm interested in swimming. When is the pool open?
3. Hmmm. That sounds awfully complicated. Maybe I'd be better off doing something like aerobics. Do you offer any classes?
4. That's great. Where are the classes held?
5. Thank you very much. I'll see you on Monday then.

Грамматика

7.1 Как вы проводите свободное время?

To ask someone how s/he spends free time, say **Как вы проводите свободное время?** or **Как ты проводишь свободное время?**

The verb **проводить** is used only for spending time, not money.

The word **время** is neuter (**свободное время**), like all Russian nouns ending in **-мя.**

In English one can say, "I spend my free time *reading*," but this structure is not possible in Russian. Instead, say simply **Я читаю** — *I read* or **В свободное время я читаю** — *In my free time I read.* Other possible answers to this question include **Я занимаюсь спортом** — *I play sports,* **Я слушаю музыку** — *I listen to music,* **Я играю на кларнете** — *I play the clarinet.*

By definition, **свободное время** is time when you are *not* studying, working, or sleeping, but rather pursuing hobbies or other interests. Although many students feel that they have little free time, we urge you to indicate several of your interests when you are asked **Как вы проводите свободное время?**

Упражнения

А. Составьте предложения. Create sentences out of the word strings below. Do not change word order, but do put the correct endings on the words and supply the preposition **в** where needed.

1. — Как / вы / проводить / свободный / время? — Мы / обычно / читать.
2. — Как / Антон / проводить / свободный / время? — Он / слушать / радио.
3. — Как / Маша / и / Гриша / проводить / свободный / время? — Они / любить / ходить / кино.
4. — Как / твой / семья / проводить / свободный / время? — Свободный / время / мама / смотреть / телевизор / а / папа / писать / стихи. / Я / любить / смотреть / хоккей.

Б. О себе. Ответьте на вопросы.

1. Как вы проводите свободное время?
2. Как ваши родители проводят свободное время?
3. Как ваши братья и сёстры проводят свободное время?
4. Если у вас есть дети, как они проводят свободное время?

➤ *Complete Oral Drill 1 and Written Exercise 1 in the Workbook.*

7.2 Talking about Sports

The Russian word for sports is always singular: **спорт. Я люблю́ спорт** — *I love sports.*

- To indicate that you play sports (or participate in sports), say **Я занима́юсь спо́ртом** — *I do sports.* Note that the verb **занима́ться** is followed by the instrumental case.
- To ask what particular sport(s) someone plays, say **Каки́м ви́дом (Каки́ми ви́дами) спо́рта вы занима́етесь?** — literally, *What type[s] of sport do you play?*
- To talk about participating in certain sports, use the verb **занима́ться** plus the name of the sport in the instrumental case.

Я занима́юсь аэро́бикой (бо́ксом, фехтова́нием)   I do aerobics (I box, I fence).

занима́ться	+	*чем* (*name of sport in instrumental case*)

- To talk about playing a particular game, use the verb **игра́ть/сыгра́ть*** — *play* followed by the preposition **в** plus the *accusative case.*

Я игра́ю в футбо́л (хокке́й, те́ннис, ша́хматы. . .).   I play soccer (hockey, tennis, chess . . .).

игра́ть	+	**в**	+	*что* (*name of sport or game in accusative case*)

> *The perfective **сыгра́ть** has the meaning *to play one game of.* It cannot be used without mentioning the game. In music, it means *to play one piece.* The piece must be mentioned.

Упражне́ния

А.   Зада́йте вопро́сы. Ask what sports the following people participate in. Place noun subjects at the end of the question, and pronoun subjects before the verb. Have another student answer the question.

Образцы́:   твой брат → *Каки́ми ви́дами спо́рта занима́ется твой брат?*
                    вы → *Каки́ми ви́дами спо́рта вы занима́етесь?*

1. твоя́ сестра́
2. твои́ роди́тели
3. твой брат
4. твоя́ ба́бушка
5. твой де́душка
6. твои́ друзья́
7. твой преподава́тель
8. твои́ сосе́ди
9. студе́нты в университе́те
10. ты

Б. **Соста́вьте предложе́ния.** Make sentences by combining words from the columns below. Pay attention to verb tense!

ра́ньше	я		лакро́сс
вчера́	ты		те́ннис
сего́дня	мы	(не) игра́ть в	футбо́л
сейча́с	мой знако́мый		хокке́й
за́втра	моя́ знако́мая		волейбо́л
в четве́рг	наш преподава́тель		гольф
в суббо́ту	мои́ роди́тели		баскетбо́л
ле́том	америка́нские студе́нты		бейсбо́л
зимо́й	?		насто́льный те́ннис
			ша́хматы
			?

В. **Соста́вьте предложе́ния.** Make sentences by combining words from the columns below. Remember to use the instrumental case after **занима́ться.** Pay attention to verb tense!

ра́ньше	я		спорт
вчера́	ты		аэро́бика
сего́дня	мы	(не) занима́ться	карате́
на про́шлой неде́ле	мой знако́мый		лёгкая атле́тика
сейча́с	моя́ знако́мая		фехтова́ние
за́втра	наш преподава́тель		па́русный спорт
в понеде́льник	мои́ роди́тели		гре́бля
в суббо́ту	америка́нские		фигу́рное ката́ние
ле́том	студе́нты		бокс
зимо́й	?		гимна́стика
			?

Г. **Запо́лните про́пуски.** Fill in the needed verbs (**занима́ться** or **игра́ть**) in the following dialog.

— Вы _____ спо́ртом?

— Да, я спорт о́чень люблю́.

— А каки́ми ви́дами спо́рта вы _____?

— Зимо́й я _____ фигу́рным ката́нием и ещё ката́юсь на лы́жах. Весно́й и о́сенью мы с друзья́ми _____ в футбо́л. Ле́том я пла́ваю, _____ лёгкой атле́тикой и _____ в те́ннис.

Д. **О себе́.** Отве́тьте на вопро́сы.

1. Вы лю́бите спорт?
2. Вы занима́етесь спо́ртом ча́ще зимо́й и́ли ле́том?
3. Каки́ми ви́дами спо́рта занима́ются ва́ши ро́дственники?
4. Каки́ми ви́дами спо́рта занима́ются ва́ши знако́мые?
5. Вы счита́ете, что де́ти должны́ занима́ться спо́ртом? Почему́?

➤ *Complete Oral Drills 2–3 and Written Exercise 2 in the Workbook.*

7.3 Playing Musical Instruments — играть на чём

To talk about playing a musical instrument, use the verb **игра́ть** — *play* followed by the preposition **на** plus the *prepositional case.*

Я игра́ю на фле́йте (тромбо́не, гобо́е, . . .).   I play the flute (trombone, oboe, . . .).

игра́ть + на +	чём	
	(name of instrument in prepositional case)	

Упражне́ния

A.   Как по-ру́сски?

1. Nikolai's family loves music. He plays the flute. One brother plays the oboe, and the other plays the violin.
2. Kira's family loves music, too. Her parents play the violin. Her sister plays the saxophone and the drums. Kira plays the French horn, and she wants to play the clarinet.

Б.   Соста́вьте предложе́ния. Make sentences by combining words from the columns below. Remember to use the prepositional case of the instrument played. Pay attention to verb tense!

ра́ньше	я			фле́йта
вчера́	ты			бараба́ны
на про́шлой неде́ле	мы	(не) игра́ть	на	скри́пка
сего́дня	мой знако́мый			тромбо́н
сейча́с	моя́ знако́мая			саксофо́н
за́втра	наш преподава́тель			кларне́т
	мои́ роди́тели			роя́ль
	америка́нские студе́нты			гита́ра
	?			ба́нджо
				?

B.   О себе́. Отве́тьте на вопро́сы.

1. Вы лю́бите му́зыку?
2. Вы игра́ете на како́м-нибудь музыка́льном инструме́нте?
3. На каки́х инструме́нтах игра́ют ва́ши ро́дственники?
4. На каки́х инструме́нтах игра́ют ва́ши друзья́?
5. Вы ду́маете, что де́ти должны́ игра́ть на музыка́льном инструме́нте? Почему́?

➤ *Complete Oral Drill 4 and Written Exercise 3 in the Workbook.*

7.4 Additional Activity Verbs

This unit introduces a number of other verbs that might be used to describe free-time activities. All the verbs listed below are imperfective.

пла́вать, купа́ться	to swim	танцева́ть	to dance
поднима́ть тя́жести	to lift weights	петь	to sing
ходи́ть в похо́ды	to go on hikes	бе́гать	to run
ката́ться на лы́жах	to ski	вяза́ть	to knit
(во́дных лы́жах,	(water-ski,	вышива́ть	to embroider
конька́х, ро́ликах,	skate, rollerskate,	гуля́ть	to walk, take a walk
велосипе́де)	ride a bicycle)	отдыха́ть на	spend time
обща́ться с друзья́ми	talk with friends,	приро́де	[relax] in
	spend time with friends		nature

танцева́ть / по- *
танцу́-ю
танцу́-ешь
танцу́-ют
past:
танцева́л, -а, -и

＊The perfective **потанцева́ть** means *to dance for a little while.*

- The verb **петь** — *to sing* is a regular first-conjugation verb, but its conjugated forms do not look like the infinitive.

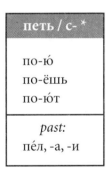

петь / с- *
по-ю́
по-ёшь
по-ю́т
past:
пе́л, -а, -и

＊The perfective **спеть** means *to sing an entire song.* It cannot be used without mentioning the song.

Е́сли хо́чешь, я тебе́ **спою́** ру́сскую наро́дную пе́сню.

If you want, I'll sing you a Russian folk song.

- The verb **вяза́ть** — *to knit* is a first-conjugation verb. It has a consonant mutation throughout the conjugation, as well as a shift in stress.

вяза́ть
вяж-у́
вя́ж-ешь
вя́ж-ут

- You already know the second-conjugation verb **ходи́ть** — *to walk.*

ходи́ть
хож-у́
хо́д-ишь
хо́д-ят
past: ходи́л, -а, -и

- The other activity verbs listed are first-conjugation verbs.

пла́вать	купа́ться	поднима́ть (тя́жести)
пла́ва-ю	купа́-юсь	поднима́-ю
пла́ва-ешь	купа́-ешься	поднима́-ешь
пла́ва-ют	купа́-ются	поднима́-ют

бе́гать	ката́ться (на лы́жах. . .)	вышива́ть
бе́га-ю	ката́-ю-сь	вышива́-ю
бе́га-ешь	ката́-ешь-ся	вышива́-ешь
бе́га-ют	ката́-ют-ся	вышива́-ют

обща́ться	отдыха́ть	гуля́ть
обща́-ю-сь	отдыха́-ю	гуля́-ю
обща́-ешь-ся	отдыха́-ешь	гуля́-ешь
обща́-ют-ся	отдыха́-ют	гуля́-ют

Упражнения

А.   Кто что де́лает в свобо́дное вре́мя?

> Образе́ц: Ната́ша — вяза́ть → *В свобо́дное вре́мя Ната́ша вя́жет.*

1. Гри́ша — ката́ться на конька́х и на лы́жах
2. Алла и Па́ша — бе́гать и поднима́ть тя́жести
3. Ба́бушка — вышива́ть и вяза́ть
4. На́ши сосе́ди — ката́ться на велосипе́де и отдыха́ть на приро́де
5. Мари́на Вита́льевна — пла́вать и ходи́ть в похо́ды
6. Анато́лий Ива́нович — петь и танцева́ть
7. Дми́трий — гуля́ть и обща́ться с друзья́ми
8. Ло́ра — ката́ться на ро́ликах
9. Я — ?

Б.   О себе́. Отве́тьте на вопро́сы.

> Образе́ц: Когда́ вы хо́дите в похо́ды?
>
> *Я обы́чно хожу́ в похо́ды весно́й.*
> *Я обы́чно хожу́ в похо́ды в суббо́ту.*
> *Я никогда́ не хожу́ в похо́ды.*

1. Когда́ вы ката́етесь на велосипе́де?
2. Когда́ вы пла́ваете?
3. Когда́ вы поднима́ете тя́жести?
4. Когда́ вы поёте?
5. Когда́ вы танцу́ете?
6. Когда́ вы вя́жете?
7. Когда́ вы вышива́ете?
8. Когда́ вы бе́гаете?
9. Когда́ вы гуля́ете?
10. Когда́ вы ката́етесь на лы́жах?
11. Когда́ вы обща́етесь с друзья́ми?
12. Когда́ вы отдыха́ете на приро́де?
13. Когда́ вы ката́етесь на ро́ликах?
14. Когда́ вы игра́ете (и́ли поёте) в музыка́льном анса́мбле?

➤   *Complete Oral Drills 5–6 and Written Exercise 4 in the Workbook.*

7.5   Verbs That Require the Instrumental Case

• You know that the instrumental case is used after **c** — *with.*

Мы с бра́том игра́ли в те́ннис.	*My brother and I* played tennis.
Кремль нахо́дится **ря́дом с Кра́сной пло́щадью.**	The Kremlin is *next to Red Square.*

• The instrumental case is used after certain verbs, without the preposition **c.** The verbs in this unit that require the instrumental case are listed below.

увлека́ться *чем*	to be wild about, to be carried away by
занима́ться *чем*	literally: to be occupied with
станови́ться/стать *кем*	to become something or someone
интересова́ться *чем*	to be interested in
по́льзоваться *чем*	to use
быть *кем*	to be something or someone
(See note on **быть** below.)	

— Чем вы увлека́етесь?	"What do you really like?"
— Спо́ртом.	"Sports."
— У вас мо́жно по́льзоваться велосипе́дами?	"Is it possible to use the bicycles here?"
— Да, и е́сли вы интересу́етесь други́ми ви́дами спо́рта, мо́жно по́льзоваться тренажёрами и́ли занима́ться аэро́бикой.	"Yes, and if you are interested in other sports, you can use the exercise equipment or do aerobics."
Когда́ я была́ ма́ленькой, я мечта́ла стать врачо́м.	When I was little I dreamed of becoming a physician.
Когда́ я был ма́леньким, я был уве́рен, что ста́ну изве́стным рок-музыка́нтом.	When I was little I was sure I'd become a big rock star.

станови́ться / стать (to become)	
становл-ю́-сь	ста́н-у
стано́в-ишь-ся	ста́н-ешь
стано́в-ят-ся	ста́н-ут

На́ши студе́нты все стано́вятся спортсме́нами.	Our students all become athletes.
Эта студе́нтка ста́нет спортсме́нкой.	This student will become an athlete.

Note on быть

You already know that the verb *to be* is not normally expressed in Russian in the present tense. In sentences stating that a person or thing *is* something, Russian uses the nominative case for the subject and the complement: **Я музыка́нт.** *I am a musician.*

The instrumental case can be used to convey nonpermanent states, such as professions (**Он был музыка́нтом**) or transient conditions (**Когда́ они бы́ли ма́ленькими, они бы́ли весёлыми, а пото́м ста́ли серьёзными.** *When they were small, they were fun-loving, but then they became serious.*)

The future of **быть** is usually followed by the instrumental case: **Я бу́ду музыка́нтом.** *I will be a musician.*

The past of **быть** is often followed by the instrumental case: **Я был музыка́нтом.** *I was a musician.* If an adjective or noun of nationality follows the verb, it is expressed in the nominative, not the instrumental, since nationality is not considered a transient state: **На́ша ба́бушка была́ ру́сская, а де́душка был францу́з.** *Our grandmother was Russian, and our grandfather was French.*

The infinitive **быть** is followed by the instrumental case: **Я хочу́ быть музыка́нтом.** *I want to be a musician.* **Тру́дно быть молоды́м.** *It is hard to be young.*

Упражнения

А.   С кем? Отве́тьте на вопро́сы.

1. С кем вы обы́чно хо́дите в кино́?
2. С кем вы говори́те по-ру́сски?
3. С кем вы игра́ете в те́ннис?
4. С кем вы игра́ете в ансамбле?
5. С кем вы занима́етесь спо́ртом?

Б.   Раскро́йте ско́бки.

— (Что) вы увлека́етесь?
— (Класси́ческий бале́т)
— (Что) увлека́ются ва́ши роди́тели?
— Ма́ма о́чень лю́бит (му́зыка), а па́па интересу́ется (спорт).
— (Каки́е ви́ды) спо́рта занима́ется ваш оте́ц?
— Он бо́льше всего́ игра́ет в (футбо́л). Но он ещё занима́ется (па́русный спорт).
— А ма́ма (кака́я му́зыка) лю́бит?
— Она́ увлека́ется (джаз).
— Скажи́те, пожа́луйста, вы занима́етесь (спорт)?

— Я хожу́ в спорти́вный зал и там по́льзуюсь (тренажёры). Когда́ я был(а́)
(ма́ленький, ма́ленькая), я хоте́л(а) стать (профессиона́льный спортсме́н).

— А тепе́рь (кто) вы ду́маете стать?

— Ещё не зна́ю.

В.   О себе́. Отве́тьте на вопро́сы.

1. Чем вы интересу́етесь?
2. Чем вы увлека́етесь?
3. Чем увлека́ются ва́ши друзья́?
4. Каки́ми ви́дами спо́рта вы занима́етесь?
5. Когда́ вы бы́ли ма́леньким (ма́ленькой), кем вы мечта́ли стать?

➤ *Complete Oral Drills 7–14 and Written Exercises 5–9 in the Workbook.*

7.6   Third-Person Plural for Passive/Impersonal Meaning

Russian often uses the **они́** form of the verb without an explicit grammatical subject
to indicate the passive voice or a generally held opinion.

У нас **счита́ют,** что все америка́нцы лю́бят спорт.	Here *it is considered* (lit. *they consider*) that all Americans love sports.
По телеви́зору всегда́ **пока́зывают,** как вы бе́гаете.	On television *they always show* you running.

Упражнение

Когда́? Ask when the following activities are normally done. Have another student
answer the question.

Образе́ц: пла́вать → *Когда́ пла́вают? — Обы́чно пла́вают ле́том.*

1. ката́ться на лы́жах
2. занима́ться аэро́бикой
3. ката́ться на во́дных лы́жах
4. ката́ться на конька́х
5. игра́ть в бейсбо́л
6. игра́ть в хокке́й
7. игра́ть в футбо́л
8. игра́ть в баскетбо́л
9. отдыха́ть на приро́де
10. ходи́ть в похо́ды

➤ *Complete Written Exercise 10 in the Workbook.*

7.7 Свой

In English, context and/or intonation normally clarify the meaning of the modifiers *his, her,* and *their* in sentences like *Paula loves her brother.* Without a special context or special intonation, we accept that this sentence means that Paula loves her own brother. If we want to say she loves someone else's brother, we provide a context and alter the sentence intonation, such as *Paula knows Sarah's brother quite well. In fact, she loves her brother.*

Russian has different words to refer to one's own (**свой**) and someone else's (**его, её, их**).

The Russian possessive modifier **свой** — *one's own* always refers to the subject of the clause. Its specific meaning depends on the grammatical subject.

Я забо́чусь		I take care of *my* [*own*] health.
Ты забо́тишься		You take care of *your* [*own*] health.
Он забо́тится		He takes care of *his* [*own*] health.
Она́ забо́тится	о **своём** здоро́вье.	She takes care of *her* [*own*] health.
Мы забо́тимся		We take care of *our* [*own*] health.
Вы забо́титесь		You take care of *your* [*own*] health.
Они́ забо́тятся		They take care of *their* [*own*] health.

In such sentences, the possessive modifiers **его́, её,** and **их** refer to someone else's.

Он забо́тится о **своём** здоро́вье.	He takes care of *his* [*own*] health.
vs.	
Он забо́тится о **его́** здоро́вье.	He takes care of *his* [*someone else's*] health.
Она́ забо́тится о **своём** здоро́вье.	She takes care of *her* [*own*] health.
vs.	
Она́ забо́тится о **её** здоро́вье.	She takes care of *her* [*someone else's*] health.
Они́ забо́тятся о **своём** здоро́вье.	They take care of *their* [*own*] health.
vs.	
Они́ забо́тятся об **их** здоро́вье.	They take care of *their* [*someone else's*] health.

Therefore, **свой** is obligatory for sentences that refer back to a third-person subject (**он, она́, они́, мой брат, мои́ друзья́,** and so forth), but it is optional for sentences whose subject is **я, ты, мы,** or **вы.** Both of the following sentences mean the same thing:

Я забо́чусь о **своём** здоро́вье.	Я забо́чусь о **моём** здоро́вье.

Since **свой** takes its meaning from the subject of the clause it cannot modify the subject.

Máша забóтится о **своéй** мáме.

Refers BACK
to the subject.

?

Её мáма забóтится о дéтях.

Can't use **свой**
because it modifies
the grammatical
subject.

Once you begin a new clause, the **свой** is no longer in effect.

Он дýмает, что егó сестрá не забóтится о своём здорóвье.	He thinks his [own] sister does not take care of her health.

It would be *incorrect* in the sentence above to write **Он дýмает, что своя́ сестра...**

Свой is declined just like **твой,** except that its nominative case forms **свой, своя́, своё, свои́** are used only under special circumstances.

Acc.　Анна ви́дит **своегó** сосéда (**свою́** сосéдку, **свои́х** сосéдей).

Gen.　Анна былá у **своегó** сосéда (у **своéй** сосéдки, у **свои́х** сосéдей).

Prep.　Анна дýмала о **своём** сосéде (о **своéй** сосéдке, о **свои́х** сосéдях).

Dat.　Анна помогáет **своемý** сосéду (**своéй** сосéдке, **свои́м** сосéдям).

Instr.　Анна говори́ла со **свои́м** сосéдом (со **своéй** сосéдкой, со **свои́ми** сосéдями).

Упражнение

Вы́берите нýжное слóво.

1. Пéтя и (егó/свой) знакóмый занимáются спóртом. Они́ забóтятся (об их/ о своём) здорóвье.
2. Аня и (её/своя́) знакóмая занимáются аэрóбикой. Они́ забóтятся (об их/ о своём) здорóвье.
3. Óля не занимáется спóртом. Онá не забóтится о (её/своём) здорóвье.
4. Жáнна лю́бит (её/свою́) сестрý.
5. Как зовýт (её/свою́) сестрý?
6. Вáня расскáзывает о (егó/своём) брáте.
7. Где живёт (егó/свой) брат?
8. Сóня игрáет в тéннис с (её/своéй) мáмой.
9. (Её/Своя́) мáма хорошó игрáет в тéннис.
10. Пáша и Аля подари́ли (их/свои́м) дéтям кни́ги на Нóвый год.

➤　*Complete Written Exercises 11–13 in the Workbook.*

⚏ Давайте почитаем

A.   Заду́мчивый вундерки́нд. The journal *Спу́тник* is similar to *Reader's Digest.* One of its regular features, **Персо́ны гра́та и нон-гра́та,** runs short human-interest stories. Read the following article from **Спу́тник** and answer these questions.

1. Где у́чится Саве́лий Косе́нко?
2. Чем он *не* занима́ется?
3. Как он прово́дит свобо́дное вре́мя?
4. Ско́лько ему́ лет?
5. Ско́лько ему́ бы́ло лет, когда́ он пошёл в шко́лу?
6. В како́м кла́ссе он на́чал учи́ться?
7. Когда́ он поступи́л в вуз?
8. Там он изуча́ет матема́тику и́ли му́зыку?
9. Ско́лько ему́ бы́ло лет, когда́ он научи́лся чита́ть?
10. На како́м музыка́льном инструме́нте он неда́вно научи́лся игра́ть?

Персоны грата и нон-грата
ЗАДУМЧИВЫЙ ВУНДЕРКИНД

Студент факультета информатики и систем управления МГТУ имени Баумана Савелий КОСЕНКО не интересуется политикой, не жует жвачку, не любит сленг и эротику, никогда не пользуется шпаргалками. Всю свою стипендию он без остатка и сожаления отдает маме, которую считает своим лучшим другом. В свободное от занятий время он любит решать задачи и гонять футбол с пацанами. Савелию. . . 11 лет.

Его мама, Елена Борисовна, не видит ничего странного в том, что сын в семь лет пошел в шестой класс общеобразовательной школы, а в 11 поступил в один из наиболее сложных технических вузов России. Ведь читать мальчик научился уже в два года. В четыре решал довольно сложные математические задачи и часто спорил с мамой, настаивая на своем варианте. Сейчас разногласия прекратились: программа маме не по силам. А недавно Савелий самостоятельно научился играть на фортепьяно и теперь сочиняет музыку.

11. **Cognates.** Find as many words related to English as you can.

12. **Learning from context:**

    a. If **жва́чка** is chewing gum, what does **жева́ть (жую́, жуёшь)** mean?

    b. What is the most likely meaning of **гоня́ть**?

        i. chase   iii. design

        ii. compose   iv. study

    c. **Самостоя́тельно** is made up of two roots. What are they? What then must **самостоя́тельно** mean?

    d. What is the most likely meaning of **сочиня́ть**?

        i. chase   iii. design

        ii. study   iv. compose

13. **Как по-ру́сски?**

    a. he hands over (his stipend to his mother)

    b. at (7) years of age

    c. the disagreements have ceased

Слова́рь

вуз (вы́сшее уче́бное заведе́ние) — college-level institution (*lit.* higher education institution)

наста́ивая на своём вариа́нте — defending his position

(кому) не по си́лам — beyond (*one's*) ability

общеобразова́тельная шко́ла — regular public school (**обще** = general; **образова́-** = educate: general education school)

паца́н — kid; guy

реша́ть зада́чи — solve (*math*) problems

спо́рить — to argue

стра́нный — strange

шпарга́лка — crib sheet

Б.   Дава́й пойдём на конце́рт!

Major Russian cities feature a very active concert season. Concert life in Moscow is as rich and varied as New York's. Take a look at this small sample of classical concerts below and decide where you want to go this week.

Концерты с 6 по 10 апреля

Московская государственная консерватория им. П. И. Чайковского

Б. Никитская ул., 13. м. «Библиотека имени Ленина». Касса Большого зала: 12.00–15.00, 16.00–19.00 без выходных (12.00–18.00 — предварительная продажа, 18.00–19.00 продажа на текущий концерт).

Концерты в Большом зале:

сб 6. 19.00. Моцарт. «Реквием» для солистов, хора и оркестра. Концертная симфония для скрипки и альта с оркестром. Государственный академический камерный оркестр, дирижер — К. Орбелян (США).

вс 7. 14.00. Рахманинов. Концерт № 2 для фортепиано с оркестром. Скрябин. «Мечты» (симфоническая поэма). Исполняет государственный симфонический оркестр под руководством В.

Дударовой. Солист — П. Дмитриев (фортепиано).

вс 7. 19.00. Брукнер. «Торжественная месса» для солистов, хора и оркестра. Шнитке. Симфония № 3. Исполняет Государственная академическая симфоническая капелла России, дирижер — В. Полянский.

пн 8. 19.00. Брамс. Концерт № 1 для фортепиано с оркестром. Симфония № 2. Исполняет Российский государственный оркестр «Молодая Россия», дирижер — Ф. Кац, солист — В. Руденко (фортепиано).

вт 9. 19.00. Берлиоз. «Гарольд в Италии» (симфония для альта-соло и оркестра по Байрону). Брамс. Симфония № 4. Исполняет Академический симфонический оркестр Московской государственной академической филармонии, дирижер — Ю. Симонов, солист —

Д. Гандельсман (альт, Израиль).

ср 10. 19.00. Плетнев. «Фантазия на казахские темы для скрипки с оркестром». Берлиоз. «Фантастическая симфония». Исполняет Российский национальный оркестр, дирижер — Ч. Кетчем (США), солист — А. Бруни (скрипка).

Концертный зал имени П. И. Чайковского

Триумфальная площадь, 4/31. м. «Маяковская». Касса: 12.00–15.00, 16.00–18.30.

сб 6. 19.00. Мусоргский. «Ночь на лысой горе» (одноактный балет). Исполняет Государственный академический ансамбль народного танца под руководством И. Моисеева.

вс 7. 15.00. Региональный фестиваль русского народного танца.

вс 7. 19.00. Дебюсси. Прелюдия к «Послеполуденному отдыху фавна». Шопен.

Концерт № 2 для фортепиано с оркестром. Равель. «Испанская рапсодия». «Дафнис и Хлоя» (вторая сюита из музыки балета). Исполняет Государственный симфонический оркестр радио и телевидения, дирижер — В. Вербицкий, солист — К. Корниенко (фортепиано).

пн 8. 19.00. Вечер органной музыки. Бах, Брамс.

вт. 9. 19.00. Дворжак. Романс. Чайковский. Вариации на тему рококо для виолончели с оркестром. Равель. Концерт № 2 для фортепиано с оркестром (для левой руки). Глазунов. Концерт для скрипки с оркестром. Государственный симфонический оркестр под управлением В. Понькина, дирижер — М. Адамович.

ср. 10. 19.00. Фортепианный вечер. Шуберт, Шуман, Шопен. Исполняет М. Лидский (фортепиано).

Вопросы к тексту:

1. Названия каких инструментов вы видите в этом тексте? Каких композиторов вы знаете?
2. На какой концерт вы пойдёте, если вы любите французскую музыку?
3. Ваш знакомый, пианист, приезжает в Москву. Он хочет послушать концерт фортепианной музыки. Куда вы вместе пойдёте?
4. А если вы любите Рахманинова?
5. Вам нравится балетная музыка. Какой концерт вас интересует?

6. Вы хоти́те слу́шать ру́сскую му́зыку, но вы за́няты во вто́рник. Когда́ вы смо́жете послу́шать конце́рт ру́сской му́зыки?

7. Вас интересу́ют ру́сские наро́дные* та́нцы. Куда́ вы пойдёте?

8. Вы рабо́таете недалеко́ от Триумфа́льной пло́щади с 10.00 до 18.00 и хоти́те пойти́ на конце́рт по́сле рабо́ты. Когда́ вы мо́жете купи́ть биле́ты?

9. Вы хоти́те купи́ть биле́ты на конце́рт в консервато́рию, но вы не хоти́те попа́сть в переры́в*. Когда́ ка́сса Большо́го за́ла консервато́рии закры́та днём?

10. Как по-ру́сски:
    a. conductor
    b. under the direction of

* наро́дный — folk
* переры́в — break

B. Чте́ние для удово́льствия. Спорт в ру́сской литерату́ре.

Илья́ Ильф и Евге́ний Петро́в

This condensed version of an Ilf and Petrov essay on a Moscow soccer game may remind you of games you have seen or heard about.

Before reading the text, think about what you might expect to hear about in a report about a soccer game. Jot down a few ideas. Then read the text and answer the questions below.

Люби́тели футбо́ла (Soccer Fans, 1931)

Для всех гра́ждан° ле́то ко́нчилось. Гра́ждане уже́ хо́дят в кало́шах°, поко́рно° ожида́ют° гри́ппа,° ча́сто подхо́дят к тру́бам° центра́льного отопле́ния° и ласка́ют° их холо́дными рука́ми.	citizens galoshes; submissively; await; flu pipes; heating; caress
А для ревни́телей° футбо́ла — ле́то ещё **в са́мом разга́ре**. Те́сно° сидя́т они́ на стадио́не, накры́в° го́ловы° газе́тами, и по их щека́м° стека́ют° то́лстые ка́пли.° И неизве́стно — дождь ли бежи́т° по щека́м ревни́телей или слёзы° восто́рга° пе́ред кла́ссной° игро́й.	fans **at its height**; closely packed; having covered heads; cheeks; flow drops; running tears; of ecstasy fantastic
Не́сколько раз в году́ быва́ют све́тлые° и удиви́тельные,° **почти́ что** противоесте́ственные° дни, когда́ в Москве́ не происхо́дит° ни одного́ заседа́ния.° Не звеня́т° в э́ти дни председа́тельские° колоко́льчики,° **никто́ не про́сит сло́ва к поря́дку веде́ния собра́ния**, не слышны́° замоги́льные° голоса́ докла́дчиков.°	bright surprising; **almost**; unnatural occurs meeting; ring; chairmen's little bells **no one objects to the agenda**; audible from beyond the grave; speakers
Все ушли́. Ушли́ на стадио́н «Дина́мо» смотре́ть футбо́л.	

Со всех сторо́н на Страстну́ю пло́щадь стека́ются° люби́тели футбо́льной игры́, ю́ные° и пожилы́е° ревни́тели физкульту́ры.° Отсю́да° на стадио́н «Дина́мо» **ведёт пряма́я доро́га**. Отсю́да многоты́сячные то́лпы° иду́т напроло́м.°

Именно° здесь, на э́той прямо́й,° образо́ванной° из Тверско́й у́лицы, Ленингра́дского шоссе́ и **«показа́тельного киломе́тра»**, произошёл° пе́рвый и пока́° еди́нственный в ми́ре слу́чай,° когда́ пешехо́ды° задави́ли° автомоби́ль.

Повторя́ем.° Не автомоби́ль задави́л пешехо́да, а пешехо́ды задави́ли автомоби́ль.

Дра́ма разыгра́лась° на «показа́тельном киломе́тре». Нетерпели́вые° ревни́тели футбо́ла, завидев° шерохова́тые° се́рые бастио́ны «Дина́мо», просве́чивавшие° сквозь ку́щи° Петро́вского па́рка, **развили недозво́ленную ско́рость** и мгнове́нно° смя́ли° ми́рно° пересека́вший° доро́гу «фо́рдик», моде́ль «А». «Форд» визжа́л,° как за́йчик.° Но бы́ло по́здно. По нему́ прошло́ пятьдеся́т ты́сяч челове́к, по́сле чего́ потерпе́вший,° есте́ственно,° **был сдан в ути́ль**.

Положе́ние° обыкнове́нных гра́ждан в тако́й день ужа́сно.° Все **пути́ сообще́ния** за́няты люби́телями. **Разма́хивая рука́ми** и гро́мко де́лясь° дога́дками° насчёт° предстоя́щей° игры́, они́ захва́тывают° ваго́ны, мостовы́е,° тротуа́ры,° окружа́ют° одино́чные такси́ и с мо́лящими° ли́цами° про́сят° шофёра отвезти́° их на стадио́н, про́сят как ни́щие,° со слеза́ми на глаза́х.

В о́бщем,° **так и́ли ина́че**, счастли́вые° облада́тели° биле́тов (обы́чно э́то организо́ванные че́рез завко́мы зри́тели°) подбира́ются° к стадио́ну. Здесь их ожида́ют ещё бо́льшие° то́лпы. Это неорганизо́ванные зри́тели, кото́рые биле́тов не доста́ли° и не доста́нут. Пришли́ они́ в наде́жде° на чу́до.°

Расчёт° просто́й: у кого́-нибу́дь из пяти́десяти ты́сяч заболе́ет° жена́ и́ли прия́тель.° «Быва́ют же таки́е слу́чаи»,° — мечта́ет° неорганизо́ванный

From all sides

flow together; молоды́е

ста́рые; спо́рта; from here

leads a direct road

crowds; inexorably

Precisely; direct (*road*); composed (*of*)

"model kilometer"; occurred

for now; only; case

pedestrians; crushed

We repeat.

was played out

impatient

having seen; jagged

shining; through; greenery

built up to an illegal speed; in a flash

crushed; innocently; crossing

squealed; rabbit

victim; naturally

was hauled away for scrap

position

awful; доро́ги

waving their arms

sharing; guesses; about; forthcoming

seize; доро́ги; sidewalks

surround; begging

faces; ask; to drive

beggars

So; **in any event**; lucky

possessors

spectators; make their way

bigger

got; hope

miracle

calculation

will get sick; friend

cases; dreams

зри́тель. И э́тот «кто́-нибу́дь» продаёт свой биле́т. Или вдруг како́й-нибудь полусумасше́дший° индиви́дуум, проби́вшись° **к са́мым воро́там** се́верной трибу́ны,° разду́мает;° вдруг кто́-то **не захо́чет** идти́ на матч. И то́же прода́ст свой биле́т.

Но напра́сно° неорганизо́ванный зри́тель уми́льно° загля́дывает° в глаза́ зри́теля организо́ванного и шéпчет:°

— Нет у вас ли́шнего° биле́тика?

Всё напра́сно. Жёны и прия́тели в тако́й день не боле́ют, а полусумасше́дших индиви́дуумов **и во́все нет.**

Утвержда́ют,° впро́чем,° что како́й-то оригина́л предложи́л° свобо́дный биле́т **на кру́глую трибу́ну.** Едва́° он сообщи́л° об э́том, как утону́л° в толпе́ неорганизо́ванных зри́телей. Мину́ты две продолжа́лось° тяжёлое топта́нье° и возня́,° а когда́ все разошли́сь° с раскрасне́вшимися° ли́цами, **на ме́сте происше́ствия** бы́ли на́йдены° то́лько две пиджа́чные пу́говицы° и ку́чка° пе́пла.° И никто́ **до сих пор** не зна́ет, куда́ дева́лся° опроме́тчивый° со́бственник° биле́та.

За полчаса́ до нача́ла ма́тча, когда́ зри́тель идёт **косяко́м, как сельдь,** а маши́ны, собра́вшиеся° со всей Москвы́, выстра́иваются° в дли́нную весёлую ле́нту,° кинофа́брика высыла́ет° **съёмочную гру́ппу,** кото́рая бы́стро накру́чивает° ка́дры,° изобража́ющие° у́личное движе́ние в Нью-Йо́рке. Это необходи́мо° для карти́ны «Аку́ла° капита́ла».

Наконе́ц звучи́т четырёхто́нный суде́йский° гудо́чек.° Все нево́льно° вздыха́ют.° Куря́щие° зара́нее° заку́ривают,° что́бы° пото́м не отвлека́ться,° а некуря́щие кладу́т° в рот° мя́тные° драже́° и не́рвно **цо́кают языка́ми.**

Матч прохо́дит с возмуща́ющей° ду́шу° люби́теля быстрото́й. Хотя́ игра́ дли́тся° полтора́° часа́, но люби́телю чу́дится,° что его́ обману́ли,° что игра́ли то́лько две мину́ты. И да́же в э́ти две

half-insane
having made his way; **to the very gates**
stand; will change his mind

won't want

in vain
ingratiatingly; glances
whispers
an extra

just don't exist

They say; however
offered

box; as soon as; announced; drowned

continued; stampede; chaos
dispersed; reddened
at the site of the occurrence; found
buttons; a little pile; of ashes
up to now; disappeared
hasty; owner

A half hour before
packed like sardines

gathered; arrange themselves
ribbon; sends out
camera team; films
shots; depicting
necessary; shark

referee's
whistle; unwittingly; sigh; smokers
in advance; light up; in order; to get distracted
put; mouth; mint; candies
click their tongues
exasperating; soul
lasts; one and a half
ка́жется; deceived

мину́ты судья́° был я́вно° пристра́стен° к одно́й
из сторо́н и вообще́, **будь он**, люби́тель, на по́ле,° всё
бы́ло бы гора́здо интере́сней, пра́вильней° и
лу́чше.

Но **всё же** люби́тель футбо́ла хоро́ший и
настоя́щий челове́к. Он мо́лод. Он волну́ется,
кипи́т,° **боле́ет душо́й**, высоко́ це́нит° дру́жную
игру́ кома́нды,° то́чную° переда́чу° мяча́° и
ве́рный° уда́р° по воро́там.° Он не лю́бит **так
называ́емых** индиви́дуумов, кото́рые игра́ют
са́ми за себя́ и по́ртят° всю чуде́сную му́зыку футбо́ла.

Коне́ц второ́го та́йма прохо́дит° в су́мерках.° В
э́ту ти́хую° мину́ту, когда́, **для того́ что́бы
отыгра́ться**, остаётся° то́лько не́сколько
драгоце́нных° мгнове́ний° и игра́ достига́ет°
преде́льного° напряже́ния,° с ме́ста° поднима́ется°
пе́рвый пижо́н° в бе́лой за́мшевой° ке́пке° и,
ступа́я° по нога́м, устремля́ется° к вы́ходу.° Его́
увлека́ет° мечта́ попа́сть в пусто́й° ваго́н трамва́я.
Сейча́с же, **вслед за э́тим собы́тием**,
определя́ется° число́° пижо́нов, прису́тствующих°
на ма́тче. Их приме́рно° три ты́сячи челове́к. Они́
срыва́ются° с ме́ста и, обезу́мев,° бегу́т к вы́ходу.
Э́то жа́лкие° лю́ди, кото́рым трамва́й доро́же
футбо́ла. Их презира́ют° как штрейкбре́херов.°

В то вре́мя как они́ с ви́згом,° куса́я° **друг
дру́га**, бо́рются° за месте́чко° на коне́чной°
остано́вке трамва́я, весь масси́в° зри́телей
пережива́ет° после́дние неповтори́мые°
комбина́ции° футбо́льного бо́я.°

И ещё мину́ту спустя́° по́сле фина́льного
свистка́ все сидя́т° неподви́жно,° встаю́т без суеты́°
и чи́нно° выхо́дят на шоссе́,° **поднима́я облака́
пы́ли**. Тут, на «показа́тельном киломе́тре»,
обсужда́ется° игра́ и **выно́сятся оконча́тельные
сужде́ния о том и́ли ино́м игроке́**.

Здесь **пло́хо прихо́дится одино́чке. Хо́чется
подели́ться, а подели́ться не́ с кем**. С жа́лобной°
улы́бкой° подбега́ет° одино́чка к гру́ппам и
загова́ривает° с ни́ми. Но все за́няты спо́ром,° и
появле́ние° но́вого собесе́дника° встреча́ется° хо́лодно.

referee; clearly; biased	
if he were; field	
would be; more correct	
even so	
seethes; **roots with all his heart**; values	
team; precise; passing; ball	
accurate; kick; goalposts	
so-called	
for themselves; ruin	
takes place; twilight	
quiet	
to win back; remains	
valuable; moments; reaches	
maximum; tension; seat; gets up	
twit; suede; cap	
stepping; fights his way; exit	
carried away; empty	
after this event	
is defined; number; present	
approximately	
tear themselves away; gone insane	
pathetic	
scorn; strike-breakers	
While; shriek; biting	
each other; fight; place; last	
mass	
experiences; irreplaceable	
moves; fight	
later	
sit; motionless; fuss	
in orderly fashion; highway	
raising clouds of dust	
is discussed; **final judgments are heard about one player or another**	
It's tough for the lone spectator	
He feels like sharing; no one to share with; pitiful	
smile; runs up	
strikes up conversation; argument	
appearance; interlocutor; is met	

На после́днем большо́м ма́тче **приключи́лась беда́**	**an awful thing happened**
с вели́ким° люби́телем футбо́ла. Он был на стадио́не	great
в большо́й компа́нии,° но **при вы́ходе**° растеря́л°	group of friends; **at the exit**; lost
прия́телей° в толпе́. И случи́лось для него́ са́мое ужа́сное —	friends
не́ с кем бы́ло подели́ться впечатле́ниями.°	impressions
Он мета́лся° среди́° чужи́х° равноду́шных° спин,° не	ran around; among; unknown; indifferent; backs
зна́я,° что де́лать. **Не бу́дучи в си́лах сдержа́ть чу́вства**,	knowing; **Unable to restrain his feelings**
он реши́л посла́ть° кому́-нибудь телегра́мму. Но кому́?	to send
Результа́том всего́ э́того яви́лось° сле́дующее°	was; following
происше́ствие:° в го́роде Сызра́ни, но́чью,	event
почтальо́н° разбуди́л° ми́рного° служа́щего,° дя́дю	postman; woke up; peaceful; civil servant
ука́занного° люби́теля, и вручи́л° ему́ телегра́мму.	aforementioned; handed
До́лго стоя́л захолу́стный° дя́дя, переступа́я°	provincial; moving slowly
босы́ми нога́ми по холо́дному по́лу и **си́лясь**	**barefoot**
разобра́ть непоня́тную депе́шу:°	**trying to figure out**; dispatch
«Поздравля́ю° счётом° три два по́льзу° сбо́рной°	Congratulations; score; in favor; (our) team
тчк° Ту́рции° выделя́лся° ле́вый край° Ре́бии	"stop" (то́чка, period); Turkey; was outstanding; wing
зпт° больши́м та́ктом суди́л° Кема́ль Рифа́т	(запята́я, comma); refereed
зпт обра́дуй° тётю».	make happy
Дя́дя не спал но́чью. Тётя пла́кала° и то́же ничего́ не	cried
понима́ла.	

Спова́рь

боле́ть (*за кого́/что*) — to root for
  (боле́-ю, -ешь, -ет)

боле́льщик — fan (*contemporary word not in this story*)

воро́та — goalposts (*lit. gates*)

зри́тель — spectator

игра́ — game, playing

кома́нда — team (note: **в кома́нде** — on a team)

люби́тель — fan (note: today the word is **боле́льщик**)

матч — game, match

переда́ча — pass (*of a ball*)

ревни́тель — fan

сбо́рная — united team (*for a championship match*)

тайм — period; half

трибу́на — stand
  кру́глая трибу́на — box

уда́р — kick

физкульту́ра = **физи́ческая культу́ра** (**спорт**) — exercise; gym (*class*)

Други́е слова́ и выраже́ния:

бежа́ть (*impf.*) — to run
(бег-у́, беж-и́шь, бег-у́т)
боле́ть/заболе́ть (*perf.*) — to be sick; get sick
граждани́н (*pl.* гра́ждане) — citizen
дели́ться/подели́ться (*чем*) — to share something
(дел-ю́сь, де́л-ишься, -ятся)
достава́ть/доста́ть — to get (*with difficulty)*
(доста-ю́, -ёшь, -ю́т; доста́н-у, -ешь, -ут)
завко́м = заводско́й комите́т — factory committee
зпт = запята́я — comma
интере́сней = интере́снее
«показа́тельный киломе́тр» — the "model kilometer" of Leningradsky Prospekt
between the Belorussian train station and Dinamo Stadium, meant to be a model
of new urban planning in 1931
пра́вильней = пра́вильнее
продава́ть/прода́ть — to sell
(прода-ю́, -ёшь, -ю́т)
(прода́м, прода́шь, прода́ст, продади́м, продади́те, продаду́т)
тчк = то́чка — period

Вопро́сы:

1. If **оди́н** is one, what do these expressions mean?
   • одино́чные (такси́)
   • одино́чки

2. Как по-ру́сски?
   • in hopes of a miracle
   • with tears in their eyes
   • It was too late.
   • Do you have an extra ticket?
   • stepping on people's feet

3. Как по-англи́йски?
   • многоты́сячные
   • безрезульта́тно
   • пиджа́чные пу́говицы
   • кинофа́брика
   • четырёхто́нный

4. Here is the likely complete text of the telegram.
   Поздравля́ю со счётом три два в по́льзу сбо́рной (Росси́и). В кома́нде Турци́и
   выделя́лся ле́вый край Ре́бии, и с больши́м та́ктом суди́л Кема́ль Рифа́т, обра́дуй тётю.

   What is left out in the text of telegrams? Why?

5. Note that in Russian you can put participial phrases (phrases that include verbal adjectives) in front of nouns.

Ми́рно пересека́вший доро́гу «фо́рдик».

a Ford innocently crossing the road

Матч прохо́дит с возмуща́ющей ду́шу люби́теля быстрото́й.

The game goes by with a speed that exasperates a fan's soul. (The game goes by with exasperating speed.)

6. Note the verbal adjectives. (See the explanations in Unit 5, **Дава́йте почита́ем.**)

Present Active (**они́** form of the verb, minus final -**т**, plus -**щий**)

возмуща́ющий куря́щий, некуря́щий прису́тствующий	возмуща́ть кури́ть прису́тствовать	возмуща́-ют ку́р-ят прису́тству-ют	exasperating smoker, nonsmoker present (attending)

Past Active (masculine past-tense form, minus -**л**, plus -**вший**)

собра́вшийся раскрасне́вшийся	собра́ться раскрасне́ться	собра́-л-ся раскрасне́-л-ся	the one who gathered the one who turned red

Present Passive (**мы** form, plus an adjectival ending)

так называ́емый неповторя́емый	называ́ть не повторя́ть	называ́-ем не повторя́-ем	so-called irreplaceable (*lit.* unrepeatable)

Past Passive (usually - **нн** plus an adjectival ending; details will be explained in Unit 10)

организо́ванный ука́занный на́йденный	организова́ть указа́ть найти́	organized indicated (aforementioned) found

Note the use of verbal adverbs.

Imperfective (**они́** form, minus ending, plus -**я**)

разма́хивая рука́ми куса́я друг дру́га поднима́я облака́ пы́ли бу́дучи	разма́хивать куса́ть поднима́ть быть	разма́хива-ют куса́-ют поднима́-ют бу́д-ут	waving their arms biting each other raising clouds of dust being (*irregular*)

Perfective (masculine past-tense form, minus -**л**, plus -**в** for non-reflexive verbs and -**вшись** for reflexive verbs)

проби́вшись	проби́ться	проби́-л-ся	having made his way

◉ Давайте послушаем

Рекла́ма. You are about to listen to a radio advertisement for a physical fitness club.

1. List three things you would expect to hear in a similar advertisement in your country.

2. Which of the following words do you expect to hear in this passage?

   самочу́вствие ю́ности — healthy feeling of one's youth
   подро́сток — teenager, adolescent
   стациона́рные велосипе́ды — stationary bicycles
   строи́тельство те́ла — body building
   ведётся по мето́дике (*кого́*) — is conducted based on the method (of. . .)
   ма́стер спо́рта — sports champion
   вну́тренний — indoor (*adj.*)
   де́лать заря́дку — to do calisthenics

3. Listen to the passage for the following details.

   a. What facilities does this club offer?
   b. What groups of customers are targeted?
   c. What activities are offered?
   d. Outside of the facilities mentioned and the activities offered, what special features does the advertiser emphasize? Name at least two.
   e. Who is Vadim Ponomarenko? What is the gist of what he has to say?
   f. Where would one go for more information?

4. Как по-ру́сски?

   a. Ping-Pong
   b. football (*not soccer*)
   c. to visit our club

5. Как по-англи́йски?

   а. **восто́чная борьба́**
   б. **борьба́**
   в. **тре́нер**
   г. **самозащи́та**
   д. **защи́та**

6. Return to Exercise 2, above, and check off the words that you indeed heard in the passage.

Обзорные упражнения

 А. **Разгово́р. Не хо́чешь игра́ть с на́ми в те́ннис?**

Разгова́ривают Оле́г и Ти́моти.

ДА и́ли НЕТ?

1. Олег хо́чет игра́ть в те́ннис с Окса́ной и Ти́моти.
2. Ти́моти о́чень лю́бит те́ннис.
3. Ти́моти говори́т, что все америка́нцы забо́тятся о своём здоро́вье.
4. Ти́моти не о́чень забо́тится о своём здоро́вье.

Б. **Социологи́ческий опро́с.**

 1. Prepare a questionnaire designed to ascertain how people spend their free time. Include questions about sports, music, and literature. You may include other topics as well.

 2. With two or three other students, review your questionnaire for clarity and accuracy. Will your readers understand your questions? You may make changes in your questionnaire to reflect suggestions made by your classmates.

 3. Bring five copies of your revised questionnaire to class, and have classmates fill them out. (You will fill out questionnaires for other class members at the same time.)

 4. Write a brief (two- to three-paragraph) analysis of the results of your questionnaire.

 В. **Письмо́.** Your pen pal is interested in how people in your country spend free time. Write a two- to three-paragraph letter in response, using yourself and people you know to illustrate.

Новые слова и выражения

NOUNS

спорт и и́гры	sports and games
аэро́бика	aerobics
бадминто́н	badminton
баскетбо́л	basketball
бейсбо́л	baseball
бокс	boxing
бо́улинг	bowling
гимна́стика	gymnastics
гольф	golf
гре́бля	rowing
заря́дка	(*physical*) exercise
карата́	karate
лакро́сс	lacrosse
лёгкая атле́тика	track
па́русный спорт	sailing
ре́гби	rugby
ро́лики (*pl.*)	skates, rollerblades
те́ннис	tennis
фехтова́ние	fencing
фигу́рное ката́ние	figure skating
футбо́л	soccer
ша́хматы	chess

музыка́льные инструме́нты	musical instruments
альт	viola
ба́нджо	banjo
бараба́н	drum
валто́рна	French horn
виолонче́ль (*fem.*)	cello
гита́ра	guitar
гобо́й	oboe
кларне́т	clarinet
роя́ль	piano (but: конце́рт для фортепиа́но)
саксофо́н	saxophone
скри́пка	violin
тромбо́н	trombone
труба́	trumpet
ту́ба	tuba
фаго́т	bassoon
фле́йта	flute
фортепиа́но (*indecl.*)	piano (*but usually* я игра́ю на роя́ле)
конце́рт для фортепиа́но	piano concerto

други́е слова́	other words
анса́мбль	ensemble
велосипе́д	bicycle

Новые слова и выражения

вид спо́рта	(*individual*) sport
дие́та	diet
ерунда́	nonsense
здоро́вье	health
игра́ (*pl.* и́гры)	game
ка́рта	card
кома́нда	team
ко́мплекс	complex, center
матч	(*sports*) match
мяч	ball
осмо́тр	examination (*as in medical examination*)
пла́вание	swimming
похо́д	hike
приро́да (на)	nature
репети́ция	rehearsal
спортсме́н	athlete
спосо́бность (*fem.*) (*к чему́*)	aptitude (*for something*)
тала́нт (*к чему́*)	talent (*for something*)
тренажёр	exercise equipment; exerciser
увлече́ние	hobby

ADJECTIVES

ка́ждый	each
люби́тельский	amateur
медици́нский	medical
настоя́щий	real, genuine
Олимпи́йский	Olympic
прекра́сный	wonderful
свобо́дный	free
свой	one's own
си́льный	strong
совреме́нный	contemporary
спорти́вный	sport
стациона́рный (велосипе́д)	stationary (bicycle)
уве́рен (-а, -ы)	sure (*of something*)

VERBS

бе́гать (*impf.*) (бе́га-ю, -ешь, -ют)	to run
включа́ть/включи́ть (включа́-ю, -ешь, -ют) (включ-у́, -и́шь, -а́т)	to turn on
выи́грывать/вы́играть (выи́грыва-ю, -ешь, -ют) (вы́игра-ю, -ешь, -ют)	to win
вышива́ть (*impf.*) (вышива́-ю, -ешь, -ют)	to embroider

Новые слова и выражения

~ вяза́ть (*impf.*)
(вяж-у́, вя́ж-ешь, -ут)   to knit

гуля́ть (*impf.*)
(гуля́-ю, -ешь, -ют)   to walk, take a walk

~ забо́титься (*impf.*) (*о чём*)   to take care (*of something*); watch out (*for something*)
(забо́ч-усь, забо́т-ишься, -ятся)

занима́ться (*impf.*)(*чем*)   to be occupied (*with something*)
(занима́-юсь, -ешься, -ются)

игра́ть/сыгра́ть (*во что*)   to play (*a game or sport*)
(игра́-ю, -ешь, -ют)
(сыгра́-ю, -ешь, -ют)

игра́ть (*impf.*) (*на чём*)   to play (*a musical instrument*)

ката́ться (*impf.*) (*на чём*)   to ride (*bicycle, skate, ski*)
(ката́-юсь, -ешься, -ются)

купа́ться (*impf.*)   to swim
(купа́-юсь, -ешься, -ются)

кури́ть (*impf.*)   to smoke
(кур-ю́, ку́р-ишь, -ят)

мечта́ть (*impf.*) (+ *infinitive*)   to dream (*of doing something*)
(мечта́-ю, -ешь, -ют)

— обща́ться (*с кем*)   to talk with, chat
(обща́-юсь, -ешься, -ются)

~ петь/с- (по-ю́, -ёшь, -ю́т)   to sing

пла́вать (*impf.*)   to swim
(пла́ва-ю, -ешь, -ют)

— поднима́ть (тя́жести)   to lift (weights)
(поднима́-ю, -ешь, -ют)

по́льзоваться (*impf.*) (*чем*)   to use
(по́льзу-юсь, -ешься, -ются)

проводи́ть вре́мя (*impf.*)   to spend time
(провож-у́, прово́д-ишь, -ят)

про́игрывать/проигра́ть   to lose (*a game*)
(про́игрыва-ю, -ешь, -ют)
(проигра́-ю, -ешь, -ют)

— проси́ть/по-   to request
(прош-у́, про́с-ишь, -ят)

проходи́ть/пройти́   to pass through
(прохож-у́, прохо́д-ишь, -ят)
(пройд-у́, -ёшь, -у́т)

пры́гать (*impf.*)   to jump
(пры́га-ю, -ешь, -ют)

станови́ться/стать (*кем*)   to become
(становл-ю́сь, стано́в-ишься, -ятся)
(ста́н-у, -ешь, -ут)

счита́ть (*impf.*)   to consider
(счита́-ю, -ешь, -ют)

Новые слова и выражения

танцева́ть/по- (танцу́-ю, -ешь, -ют)	to dance
учи́ться/на- (+ *infinitive*) (уч-у́сь, у́ч-ишься, -атся)	to learn (*how to do something*)

ADVERBS

и́менно	precisely
ма́ло	little
непра́вильно	incorrectly, irregularly
профессиона́льно	professionally
сла́бо	weakly
я́сно	clearly

CONJUNCTIONS

зато́	but on the other hand; to make up for it
что́бы	in order to

PHRASES

всё равно́ (*кому́*)	it doesn't matter (*to someone*); it's all the same (*to someone*)
занима́ться спо́ртом	to play sports
Как же так?	How come?! How can that be?
кро́ме того́	besides
Чем э́то пло́хо (хорошо́)?	What's bad (good) about that?
че́стно говоря́	to be honest
Что случи́лось?	What happened?

PASSIVE VOCABULARY

бежа́ть (*impf., unidirectional*) (бег-у́, беж-и́шь, бег-у́т)	to run
боле́льщик	sports fan
достава́ть/доста́ть (доста-ю́, -ёшь, -ю́т) (доста́н-у, -ешь, -ут)	to get (*with difficulty*)
наро́дный	folk
ша́шки	checkers
«Эруди́т»	Scrabble

PERSONALIZED VOCABULARY

_____

_____

_____

_____

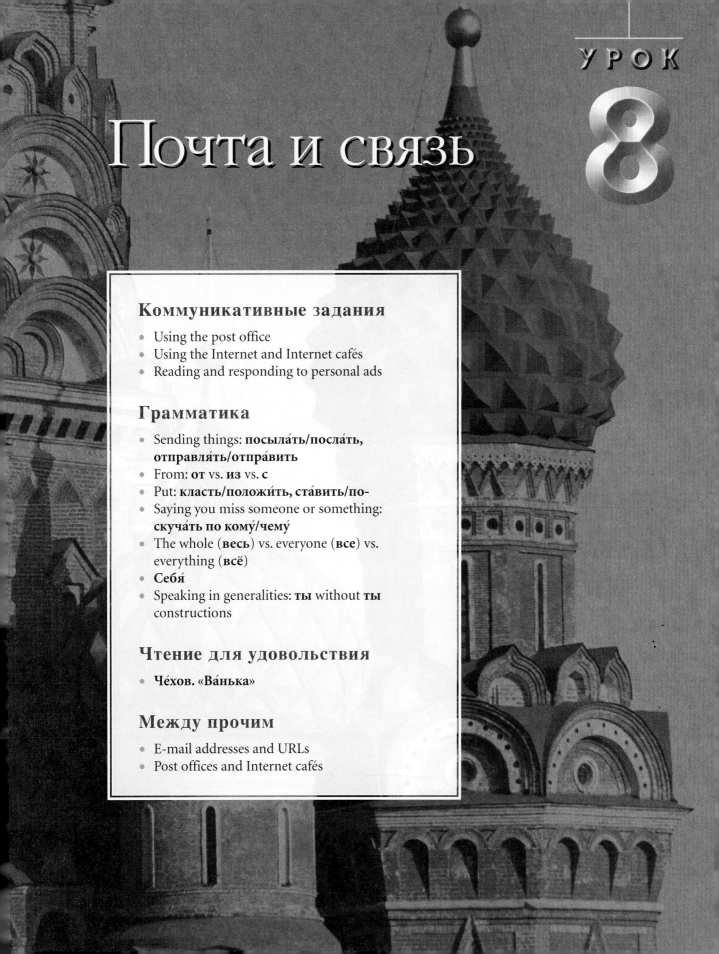

Почта и связь

Коммуникативные задания

- Using the post office
- Using the Internet and Internet cafés
- Reading and responding to personal ads

Грамматика

- Sending things: **посыла́ть/посла́ть, отправля́ть/отпра́вить**
- From: **от** vs. **из** vs. **с**
- Put: **класть/положи́ть, ста́вить/по-**
- Saying you miss someone or something: **скуча́ть по кому́/чему́**
- The whole (**весь**) vs. everyone (**все**) vs. everything (**всё**)
- **Себя́**
- Speaking in generalities: **ты** without **ты** constructions

Чтение для удовольствия

- Че́хов. «Ва́нька»

Между прочим

- E-mail addresses and URLs
- Post offices and Internet cafés

О чём идёт речь?

А. **Что вы хоти́те посла́ть?** Imagine that you are in a post office. Tell the postal clerk that you want to send (**отпра́вить** or **посла́ть**) each of the following types of mail.

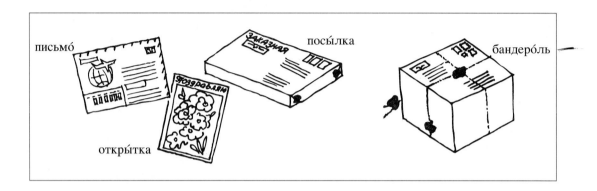

письмо́   посы́лка   бандеро́ль

откры́тка

Я хочу́ посла́ть...

Б. **Как вы хоти́те отпра́вить письмо́ или посы́лку?**

Я хочу́ отпра́вить письмо́...

а́виа   экспре́сс-по́чтой (ЭМС)
обы́чной по́чтой (просто́й)   заказны́м*

*заказны́м (отправле́нием)

1. Tell a postal clerk that you want to send a letter by (a) certified mail, (b) express mail, (c) surface mail, (d) air mail.
2. Now ask the clerk how much it costs to send a letter by each of the methods you specified above.

Ско́лько сто́ит отпра́вить письмо́...?

В. В интерне́т-кафе́

электро́нная по́чта (e-mail)   сообще́ние

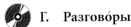 **Г.   Разгово́ры**

Разгово́р 1. На по́чте.

Разгова́ривают Фрэнк и рабо́тники почто́вого отделе́ния.

1. Ско́лько бу́дет сто́ить посла́ть авиаписьмо́ в США?
2. Как до́лго бу́дет идти́ письмо́?
3. Каку́ю фо́рму Франк до́лжен запо́лнить, что́бы посла́ть письмо́ в США?
4. На како́м языке́ Франк до́лжен написа́ть а́дрес?
5. Ско́лько бу́дет сто́ить посла́ть кни́ги домо́й авиапо́чтой?
6. Ско́лько бу́дет сто́ить посла́ть кни́ги обыкнове́нной по́чтой?
7. Как до́лго кни́ги бу́дут идти́ до США?
8. Ско́лько сто́ит отпра́вить кни́ги заказно́й по́чтой?

Между прочим

На почте и в интернет-кафе

To send (nonbreakable) packages in Russia, you bring the items you want to send, and the postal workers wrap everything for you, weigh the item, and collect the money owed. The one complication is customs regulations, which change often and without warning. Postal workers advise patrons on what may not be sent out of the country.

International mail service has greatly improved over the past five years. The prices have increased to American and even European levels, however. Airmail letters take about two weeks to reach the U.S. from Moscow and St. Petersburg. Packages sent by surface mail take about two months. A very reliable express mail service, available at greater expense, cuts delivery time to several business days.

It is a good idea to send letters and packages by certified mail (**заказны́м**).

Internet cafés are as popular in large Russian cities as in American and European cities, and they work essentially the same way. Clients generally pay by the hour, not by volume. Some Internet cafés also function as business centers, with fax and photocopying services as well.

Разгово́р 2. Пи́сьма роди́телям домо́й.
        Разгова́ривают Ва́ся и Ма́ргарет.

1. Почему́ Ма́ргарет ча́сто пи́шет домо́й?
   - а. Она́ скуча́ет по свое́й семье́.
   - б. Она́ дета́льно опи́сывает ру́сский быт.
   - в. Она́ бои́тся, что роди́тели волну́ются о ней.
   - г. Она́ обеща́ла, что бу́дет писа́ть ка́ждый день.

2. По мне́нию Ма́ргарет, что ну́жно, что́бы хорошо́ поня́ть ру́сскую жизнь?
   - а. роди́ться в Росси́и
   - б. име́ть ру́сских друзе́й
   - в. хорошо́ знать исто́рию Росси́и
   - г. пожи́ть в Росси́и

3. Почему́ Ма́ргарет бои́тся сли́шком мно́го рассказа́ть роди́телям о свое́й жи́зни в Росси́и?
4. Что ду́мает Ва́ся: Ма́ргарет—хоро́шая дочь? Почему́ он так ду́мает?

E-mail addresses and URLs

There are certain conventions to pronouncing e-mail addresses:

Пи́шут:	Говоря́т:
npopov@mail.ru	эн-попо́в — соба́чка — мэл — то́чка — ру
russians@hotmail.com	ра́шэнс — соба́чка — хо́тмэл — то́чка — ком
info@indiana.edu	инфо́ — соба́чка — индиа́на — то́чка — эду́
www.chart.ru	вэ-вэ-вэ — то́чка — чарт — то́чка — ру
	www is also read as **три-да́бл-ю** or **тройно́е да́бл-ю.**
www.google.com	вэ-вэ-вэ — то́чка — гугл — то́чка — ком
www.npr.org	вэ-вэ-вэ — то́чка — эн-пэ-эр — то́чка — орг
www.nhl.com	вэ-вэ-вэ — то́чка — эн-ха-эл — то́чка — ком

Unfortunately, there is no uniformity in how web and e-mail addresses are pronounced in Russian. Where the addresses form widely recognized words or brands (e.g., "Google," "Hotmail") no additional explanation is needed. Individual Roman letters present a greater problem. There is an "official" Russian pronunciation of the Roman alphabet, used mostly in reading scientific notation. But the situation with e-mail and web addresses is more anarchical. English letters that have exact one-to-one equivalents in Russian present few problems (e.g., *b* = **бэ**, *n* = **н**, *t* = **тэ**, etc.). But letters such as *c* (usually **цэ**), *h* (**аш, эйч, ха**), *j* (usually **джей**), *q* (**ку, кью**), and *w* (**вэ, да́бл-ю, дублевэ́**) can cause confusion.

Разгово́р 3. Би́знес-це́нтр.
Разгова́ривают Ли́за и рабо́тник би́знес-це́нтра.

1. Что Ли́зе ну́жно в би́знес-це́нтре?
2. Почему́ Ли́за не совсе́м понима́ет, что́ говори́т рабо́тник би́знес-це́нтра?
3. Ско́лько сто́ит по́льзоваться Интерне́том в би́знес-це́нтре?
4. Мо́жно ли распеча́тывать электро́нные сообще́ния?
5. Ско́лько сто́ит посла́ть факс в США?
6. Когда́ закрыва́ется би́знес-це́нтр?

Язык в действии

Диалоги

1. Я хочу́ отпра́вить авиаписьмо́...

— Здра́вствуйте! Я хочу́ отпра́вить авиаписьмо́ в США.
— Пожа́луйста. 90 рубле́й.
— А ско́лько дней бу́дет идти́?
— Тру́дно сказа́ть. Неде́ли две.
— Так до́лго? А е́сли экспре́сс-по́чтой?
— В США? Это до́рого: до 500 грамм — 1100 рубле́й.
— Тогда́ дава́йте а́виа. Ой, чуть не забы́л: мне на́до купи́ть две ма́рки по 10 рубле́й.
— Пожа́луйста.
— А где мо́жно отпра́вить кни́ги?
— Тре́тье око́шко спра́ва.

2. Заказно́й по́чтой.

— Здра́вствуйте. Я бы хоте́л отпра́вить э́ти кни́ги себе́ домо́й в США.
— Положи́те их сюда́. Авиа?
— А ско́лько э́то бу́дет сто́ить?
— 270 рубле́й.
— А кака́я ра́зница в цене́ ме́жду авиапо́чтой и обы́чной?
— Е́сли отпра́вить а́виа, э́то бу́дет сто́ить 270 рубле́й. А е́сли обы́чной, то 110.
— Ра́зница больша́я. Дава́йте просто́й.
— Заказны́м не посыла́ете? Это бу́дет ещё 130 рубле́й.
— Ну, дава́йте заказно́й.
— Тогда́ запо́лните тамо́женный бланк и напиши́те а́дрес, куда́ посыла́ете, спра́ва сни́зу, а обра́тный а́дрес сле́ва све́рху.

3. Скуча́ешь по свои́м?

— Ма́ргарет, ты опя́ть идёшь в интерне́т-кафе́? Скуча́ешь по свои́м?
— Де́ло не в э́том. Про́сто сто́лько впечатле́ний, хо́чется всё всем рассказа́ть.
— А, по-мо́ему, на́шу жизнь в e-mail'е не переда́шь.
— Ещё бы! Что́бы поня́ть ва́шу жизнь, обяза́тельно на́до у вас пожи́ть.
— А хоть что-нибу́дь мо́жно переда́ть слова́ми?
— Ле́гче э́то переда́ть друзья́м. С роди́телями сложне́е. Не хо́чется, что́бы они́ напра́сно волнова́лись.
— Но ты же пи́шешь ка́ждый день.
— Соверше́нно ве́рно! Ведь роди́телям прия́тно получа́ть мои́ сообще́ния. Их мо́жно распеча́тать и́ли пересла́ть други́м.

4. В интернéт-кафé

— Прости́те, мне сказа́ли, что здесь мóжно пóльзоваться фáксом и
   электрóнной пóчтой.
— Мóжно. Вам нýжен факс и́ли e-mail?
— А скóлько стóит пóльзоваться электрóнной пóчтой?
— Шестьдеся́т рублéй за час.
— А скóлько стóит посла́ть факс?
— Фáкс стóит дорóже. Кудá вы посыла́ете?
— В США, в при́город Нью-Йóрка.
— Однá страни́ца — три́ста рублéй.

Вопрóсы к диалóгам

Диалóг 1

1. Где происхóдит разговóр?
2. Скóлько стóит посла́ть авиаписьмó в США?
3. Скóлько дней идёт авиаписьмó в США?
4. Скóлько стóит посла́ть письмó экспрéсс-пóчтой?

Диалóг 2

1. Что он хóчет посла́ть в США?
2. Кака́я рáзница в ценé мéжду обыкновéнной пóчтой и а́виапóчтой?
3. Что он реша́ет дéлать?
4. Он посыла́ет бандерóль заказнóй пóчтой? Это намнóго дорóже?

Диалóг 3

1. Кудá сейча́с идёт Мáргарет?
2. Почемý онá так чáсто тудá хóдит?
3. Что трýдно передáть в письмé?
4. Комý ей лéгче писа́ть и комý труднéе? Почемý?

Диалóг 4

1. Этот разговóр происхóдит в интернéт-кафé в Росси́и и́ли в США?
2. Скóлько стóит пóльзоваться электрóнной пóчтой?
3. Скóлько стóит посла́ть факс в Нью-Йóрк?

♪ Давайте поговорим

А. Как лу́чше отпра́вить. . .? You have a friend who needs to mail a number of items. Advise your friend how best to proceed in each of the following instances.

Образе́ц: Ка́тя хо́чет переда́ть знако́мой в Аме́рике всю информа́цию о своём прие́зде. Ей ну́жно э́то сде́лать о́чень бы́стро.

Я сове́тую ей отпра́вить письмо́ экспре́сс-по́чтой.
и́ли
Я сове́тую ей посла́ть сообще́ние по электро́нной по́чте.

1. Са́ша до́лжен отпра́вить ва́жные докуме́нты по по́чте. Он бои́тся, что они́ мо́гут потеря́ться*.
2. Эмили хо́чет отпра́вить кни́ги домо́й (в США) по по́чте. Ей всё равно́, как до́лго они́ бу́дут идти́. Са́мое гла́вное, что́бы э́то бы́ло дёшево.
3. В после́днюю мину́ту у То́ма измени́лся рейс* домо́й. Он до́лжен сро́чно сообщи́ть роди́телям о но́вом ре́йсе, что́бы они́ его́ встреча́ли.
4. У ма́мы Джо́на ско́ро день рожде́ния, и он хо́чет посла́ть ей откры́тку.

*потеря́ться — to get lost
*измени́лся рейс — the flight was changed

Б. Неде́ли две. Reversing a period of time (hour, day, week, etc.) and its number makes the time period approximate. With a partner, explain roughly when or for how long things will happen.

— Когда́ мы встре́тимся?
— Дава́й встре́тимся часа́ че́рез два.

— Ско́лько мы бу́дем занима́ться?
— Не зна́ю. Часа́ два, наве́рное.

Когда́ мы напи́шем ему́ письмо́?	че́рез два дня (три, пять)
Ско́лько мы бу́дем занима́ться?	два часа́ (три, пять)
Когда́ у нас бу́дет свобо́дное вре́мя?	че́рез два ме́сяца (три, шесть)
Ско́лько мы бу́дем гото́вить у́жин?	два часа́ (три, четы́ре, шесть)
Когда́ мы пойдём на конце́рт?	че́рез две неде́ли (три, четы́ре)
Когда́ мы пое́дем в Росси́ю учи́ться?	че́рез два го́да (три, четы́ре)
Ско́лько мы бу́дем жить в Росси́и?	два ме́сяца (три, четы́ре, шесть)

В.   Де́ло не в э́том. Look at the following lines from the fifth dialog.

— Ма́ргарет, ты опя́ть идёшь в интерне́т-кафе́? Скуча́ешь по свои́м?

— **Де́ло не в э́том.** Про́сто сто́лько впечатле́ний, хо́чется всё всем рассказа́ть.

How does Margaret use the expression **де́ло не в э́том?**

    (a) To preface an explanation that diverges from what was just said.
    (b) To indicate that she is in agreement with what was just said.
    (c) To convey that what comes next should be understood as a joke.
    (d) To indicate that what she is about to say should not be taken literally.

Once you have checked with your teacher to make sure you understand the use of **де́ло не в э́том,** create a short dialog with a partner using this expression. We have provided the first lines for some dialogs below to help you get started.

1. Ты опя́ть идёшь в спорти́вный ко́мплекс? Ты, ка́жется, серьёзно занима́ешься спо́ртом.
2. Почему́ ты изуча́ешь ру́сский язы́к? Ты интересу́ешься языка́ми?

Г.   Кака́я ра́зница?

1. Review Dialog 2 and determine how the customer asks about the difference in price between air and surface mail.

    What case is used after the word **ме́жду?**

2. This is your chance to find out some differences between your culture and Russian culture. With a partner, prepare questions concerning cross-cultural differences using the structure you just learned. We have provided some possible comparisons below to start you off.

    • ру́сское кино́ и америка́нское (кана́дское, англи́йское) кино́
    • ру́сская ку́хня и америка́нская (кана́дская, англи́йская) ку́хня
    • програ́мма в ру́сских шко́лах и програ́мма в америка́нских шко́лах

    Now ask your teacher or a Russian visitor the questions you prepared. Try to ask several follow-up questions.

Д.   Подгото́вка к разгово́ру. Review the dialogs. How would you do the following?

1. Say you want to send an airmail letter.
2. Ask how long a letter will take to reach its destination.
3. Say you want to send a letter express mail (certified, regular mail).
4. Say you want to buy two (three, four) 10-ruble stamps.
5. Ask how much it costs to send a letter by express mail (certified mail, regular mail).
6. Ask if you have to fill out a customs form.
7. Ask what the difference in cost is between airmail and regular mail.
8. Ask how much it costs to use e-mail (send a fax).

Now review the third dialog and find Russian equivalents for the following words and phrases.

9. I miss my friends and family.
10. That's not the point.
11. That's for sure.
12. Can you express anything at all in words?
13. I don't want my parents (friends) to worry for nothing.
14. I think my parents like getting letters more.
15. They can print out or forward messages.

Е. Игровы́е ситуа́ции.

1. You need to get a package to your family very quickly. Your friend has directed you to Moscow's main post office. Arrange to send your package express mail. Be sure to find out how much it costs and how long it will take.
2. You have written a number of postcards to your friends and family. Find out how much it costs to send a postcard to the U.S. by airmail and buy the appropriate number of stamps.
3. You have spent a summer in St. Petersburg and have acquired lots of books. You don't have much money left, but you would like to send the books home and get them in time to use them for your fall courses. Ask a postal clerk how much it will cost and how long it will take to send the books by air and land. Then tell the clerk how you would like to send the books.
4. You have just arrived in Moscow and want to e-mail your parents to say you're all right. Find out where the closest Internet café is, go there, and ask how much it costs to use e-mail at that café.
5. You are about to leave Russia and must say good-bye to a good friend. You both want to stay in touch, but know that international mail can be unreliable. Discuss the pros and cons of letters versus phone calls and decide how you will keep in touch.

Ж. Устный перево́д. An English-speaking friend needs to send an urgent letter to the U.S. Act as an interpreter at the post office.

ENGLISH SPEAKER'S PART

1. Hello. I'd like to send this letter to the United States. Do you have some sort of express mail service?
2. Can you tell me how much it will cost to send this letter express mail to the United States?
3. And when will it get there?
4. That's longer than I thought. I think I'll just go ahead and send this letter air mail.
5. Does the address have to be written in Russian?
6. All right. Here you go. How much do I owe?

Грамматика

8.1 Sending Things: посыла́ть/посла́ть, отправля́ть/отпра́вить *что кому́ куда́*

Russian has two verb pairs meaning *to send:* **посыла́ть/посла́ть** and **отправля́ть/отпра́вить. Отправля́ть/отпра́вить** — *send, dispatch* sounds more official than **посыла́ть/посла́ть** — *send*.

> Ско́лько сто́ит **отпра́вить (посла́ть)** письмо́ в США экспре́сс-по́чтой?
> How much does it cost *to mail* a letter to the USA by express mail?

> Э́ти кни́ги хочу́ **посла́ть (отпра́вить)** обы́чной по́чтой.
> I want *to send* these books by regular mail.

You should be able to recognize both verbs, and you should learn the conjugation of at least one of the pairs so that you can use it actively.

посыла́ть	посла́ть
посыла́-ю	пошл-ю́
посыла́-ешь	пошл-ёшь
посыла́-ют	пошл-ю́т

Note the consonant mutation throughout the conjugation of **посла́ть: сл > шл**

отправля́ть	отпра́вить
отправля́-ю	отпра́вл-ю
отправля́-ешь	отпра́в-ишь
отправля́-ют	отпра́в-ят

Note the consonant mutation in the я form of **отпра́вить: в > вл**

The verb used for forwarding e-mail, **пересыла́ть/пересла́ть,** has the same conjugation as **посыла́ть/посла́ть.**

These verbs have identical verbal environments: **что кому́ куда́.** The thing that is sent is the *direct object* (**что,** *accusative case*); the person to whom it is sent is the *indirect object* (**кому́,** *dative case*); and the place to which it is sent answers the question **куда́** (**в** or **на** *plus the accusative case*):

Анна посла́ла   **телегра́мму**   **бра́ту**   **в Москву́.**
что   *кому́*   *куда́*

You can indicate the type of mail service being used with the instrumental case: **заказны́м (отправле́нием), экспре́сс-(по́чтой), обы́чной (по́чтой), а́виа (авиапо́чтой).** This is an example of the use of instrumental case for instrument. (More details will be given in 9.4.)

To correspond with someone is **перепи́сываться (*с кем*).**

Мы с ним ча́сто перепи́сываемся по электро́нной по́чте.

Упражне́ния

А. Запо́лните про́пуски. Indicate who will send what tomorrow, by filling in the needed form of the verb.

1. Са́ша за́втра _____ (посла́ть) e-mail ма́тери.
2. Я _____ (пересла́ть) тебе́ сообще́ние.
3. Да́ша и Ле́на _____ (посла́ть) откры́тки друзья́м.
4. Ты _____ (посла́ть) письмо́ Ната́ше.
5. Мы _____ (посла́ть) пода́рок де́душке на день рожде́ния.
6. Вы _____ (посла́ть) кни́ги себе́ домо́й.
7. На́ши друзья́ _____ (отпра́вить) посы́лку свои́м роди́телям.
8. Мы _____ (отпра́вить) откры́тку преподава́телю.
9. Ты _____ (отпра́вить) письмо́ в Москву́.
10. Ки́ра _____ (отпра́вить) пи́сьма домо́й.
11. Вы _____ (отпра́вить) бандеро́ль в Ки́ев.
12. Я _____ (отпра́вить) факс в Росси́ю.

Б. Соста́вьте предложе́ния. Make 10 truthful sentences by combining the words in the columns below. Do not change word order.

я	ча́сто	отправля́ть	пи́сьма	а́виа
мои́ друзья́	ре́дко	посыла́ть	факс	заказно́й по́чтой
мой брат	никогда́ не	пересыла́ть	откры́тки	в Росси́ю
моя́ сестра́	ка́ждую неде́лю		сообще́ния	во Фра́нцию
мои́ роди́тели			пода́рки	в Ме́ксику
			бандеро́ли	домо́й
			посы́лки	роди́телям
				друзья́м

B. Отве́тьте на вопро́сы.

1. Вы ча́сто посыла́ете пи́сьма? E-mail'ы? Откры́тки? Посы́лки?
2. С кем вы ча́сто перепи́сываетесь?
3. Вы обы́чно отправля́ете пи́сьма просто́й по́чтой и́ли а́виа? Почему́?
4. Когда́ вы отправля́ете письмо́ заказны́м?
5. Вы когда́-нибудь посыла́ете пи́сьма экспре́сс-по́чтой?
6. Ско́лько сто́ит отпра́вить откры́тку? Письмо́? Посы́лку?
7. Ско́лько сто́ит посла́ть авиаписьмо́ в Росси́ю?
8. Ско́лько сто́ит посла́ть авиаписьмо́ из Росси́и в США?

➤ *Complete Oral Drills 1–5 and Written Exercises 1–3 in the Workbook.*

8.2   From: от vs. из vs. с

To receive something is **получа́ть/получи́ть.**

получа́ть	получи́ть
получа́-ю	получ-у́
получа́-ешь	полу́ч-ишь
получа́-ют	полу́ч-ат

Russian has three prepositions that correspond to the English *from.* They are used in different grammatical environments, as shown below.

— От кого́ вы получи́ли письмо́?   *"From whom* did you get a letter?"
— **От ба́бушки.**   *"From my grandmother."*

— Отку́да э́ти пи́сьма?   *"From where* are these letters?"
— **Из Росси́и и с Аля́ски.**   *"From Russia* and *from Alaska."*

To say *from a person,* use **от** + genitive case. The question *from whom* is **От кого́?**

To say *from a place,* one usually uses **из** + genitive case (**из Росси́и, из Кана́ды, из Москвы́, из Санкт-Петербу́рга**). With nouns that take the preposition **на** for location and direction, however, use **с** + genitive case (**с Аля́ски**). The question *from where* is **Отку́да?**

Упражнение

Make sentences from the following strings of words, giving information about things people received.

Образе́ц: Игорь / получи́ть / посы́лка / сестра́ → *Игорь получи́л посы́лку от сестры́.*

1. А́нна / получи́ть / сообще́ние / Ки́ев
2. Серёжа / получи́ть / пи́сьма / мать
3. Ко́стя / получи́ть / откры́тка / друг
4. Алекса́ндра Васи́льевна / получи́ть / бандеро́ль / Флори́да
5. Со́ня и Яша / получи́ть / пода́рок / Са́ша
6. Вади́м / получи́ть / факс / Аля́ска
7. Даньёл / получи́ть / кни́ги / Москва́
8. Ната́лья Григо́рьевна / получи́ть / письмо́ / дочь
9. Ви́ктор Константи́нович / получи́ть / посы́лка / Нью-Йо́рк

➤   *Complete Oral Drill 6 and Written Exercises 4–5 in the Workbook.*

8.3   Put: класть/положи́ть, ста́вить/поста́вить

Russian has several verbs that are equivalent to the English verb *put*. The verb **класть/положи́ть** indicates putting something in a horizontal position, like papers. The verb **ста́вить/поста́вить** is used for putting something in a vertical position, like books on a shelf, or for putting down heavy items, like a suitcase or furniture.

These verbs are considered motion verbs. Thus where you put the item is indicated in the accusative case, or with the forms **сюда́/туда́.**

Положи́те кни́ги сюда́.	Put the books down here.
	(*This indicates putting the books in a pile, as you would in the post office.*)
Поста́вьте кни́ги на по́лку.	Put the books on the shelf.
Поста́вь чемода́н туда́.	Put the suitcase down over there.

класть	положи́ть
кладу́	положу́
кладёшь	поло́жишь
кладёт	поло́жит
кладём	поло́жим
кладёте	поло́жите
кладу́т	поло́жат
past: кла́л, кла́ла, кла́ли	

ста́вить/по-
ста́влю
ста́вишь
ста́вит
ста́вим
ста́вите
ста́вят

You will most often hear these verbs in their perfective imperative forms, **положи́(те)** and **поста́вь(те).**

Упражнения

А. Запо́лните про́пуски.

1. Ми́ша, (положи́/поста́вь) чемода́н Мэ́ри туда́, в большу́ю ко́мнату.
2. Где пи́сьма, кото́рые ты хо́чешь отпра́вить? (Положи́/поста́вь) их туда́ на стол. Я пойду́ на по́чту и отпра́влю их сего́дня.
3. (*На тамо́жне:*) Это ваш чемода́н? (Положи́те/поста́вьте) его́ на конве́йер.
4. Где ва́ши докуме́нты? — Я их (клал/положи́л) на стол у вас в кабине́те.
5. Где но́вые кни́ги? — Я их (положи́л/поста́вил) на по́лку. Они́ там стоя́т.

Б. Соста́вьте предложе́ния. Compose sentences using words from the columns below.

Ма́ша		кни́ги		шкаф
студе́нты		докуме́нты		стол
администра́тор	класть/положи́ть	чемода́ны	в	пол
мы	ста́вить/поста́вить	рабо́ты	на	по́лка
я		носки́		авто́бус

➤ *Complete Oral Drills 7–8 and Written Exercise 6 in the Workbook.*

8.4 Saying You Miss Someone or Something: скуча́ть по кому́/чему́

In Dialog 3, Margaret's friend asks her, **Ма́ргарет, ты опя́ть идёшь в интерне́т-кафе́? Скуча́ешь по свои́м?** (*Margaret, are you going to the Internet café again? Do you miss your relatives and friends?*)

Note the verb and the verbal environment for the Russian expression meaning *to miss:*

Упражнение

Compose 10 sentences by combining the words in the columns below.

я			родители
ты	обы́чно		друзья́
наш преподава́тель	сейча́с		брат и сестра́
вы	в про́шлом году́	(не) скуча́ть по	сосе́д(ка) по ко́мнате
мы	в бу́дущем году́		де́ти
на́ши роди́тели			муж
иностра́нные студе́нты			жена́

➤ *Complete Oral Drill 9 and Written Exercise 7 in the Workbook.*

8.5 The Whole (весь) vs. Everyone (все) vs. Everything (всё)

In Dialog 3, Margaret tells her friend, **Хо́чется всё всем рассказа́ть** (*I want to tell everyone everything*). Let's look at the different ways the Russian modifier **весь** is used.

The modifier **весь** actually means *the whole* or *the entire*. When it modifies a plural noun, it usually means *all* in English:

Весь уро́к о по́чте.	*The whole* lesson is about the post office.
Всё письмо́ о де́тях.	*The entire* letter is about children.
Вся кни́га о жи́зни в Росси́и.	*The whole* book is about life in Russia.
Все э́ти кни́ги нужны́.	*All* these books are needed.

Like all other modifiers, **весь** always agrees with its noun in gender, number, and case. In the examples above, **весь** is in the nominative case because it modifies the grammatical subject of the sentence. Here are some examples in other cases:

acc.	Мы прочита́ли **весь уро́к** (**всё письмо́, всю кни́гу, все произведе́ния**).
gen.	Здесь нет **всего́ уро́ка** (**всего́ письма́, всей кни́ги, всех произведе́ний**).
prep.	Друзья́ говори́ли **обо всём*** **уро́ке** (**всём письме́, всей кни́ге, всех произведе́ниях**).
dat.	Мы посла́ли откры́тки **всем сосе́дям.**
instr.	Я занима́юсь **всем уро́ком** (**всем письмо́м, всей кни́гой, все́ми произведе́ниями**).

The neuter singular **всё** used alone, without an accompanying noun, means *everything*:

Это **всё?**	Is that *everything (all)?*
Вы ви́дели **всё?**	Did you see *everything?*
Друзья́ говори́ли **обо*** **всём.**	The friends talked about *everything.*

* Note the special form of the preposition **о — обо.**

The plural **все** used alone, without an accompanying noun, means *everyone* or *everybody*:

Все здесь?	Is *everybody* here?
Вы ви́дели **всех?**	Did you see *everyone?*
Все говори́ли о поли́тике.	*Everyone* was talking about politics.
Друзья́ говори́ли **обо всех.**	The friends talked about *everyone.*

The following table shows the complete declension of **весь**:

DECLENSION OF SPECIAL MODIFIER *ВЕСЬ**

	MASCULINE	NEUTER	FEMININE	PLURAL
Nom.	весь	всё	вся	все
Acc.	like nom. or gen.	всё	всю	like nom. or gen.
Gen.	всего		всей	всех
Prep.	всём		всей	всех
Dat.	всему		всей	всем
Inst.	всем		всей	всéми

*This modifier has **е** everywhere one would expect **ы** or **и** (in the masculine singular instrumental and throughout the plural).

Упражнения

Заполните пропуски. Fill in the blanks with the needed form of **весь**.

1. — Ваня и Кира сделали _____ работу? — Нет, но Ваня прочитал _____ книгу, а Кира прочитала _____ журнал. Значит, вместе они сделали _____ .

2. — _____ студенты были в библиотеке? — Нет, не _____. Юра был в лаборатории.

3. — На этом курсе нужно было прочитать 8 книг! — А вы прочитали _____ книги? — Да, _____. Они очень понравились _____ студентам. И _____ сказали, что хотят больше читать.

4. — Сегодня будет вечер. Мы приготовим пиццу. Нужно купить сыр, тесто, томатный соус. — Я куплю _____ . А кто будет на вечере? — Там будут _____ наши новые друзья.

5. — Вы видели статью о нашем университете? Написали обо _____ кафедрах и обо _____ преподавателях.

➤ *Complete Oral Drills 10–14 and Written Exercise 8 in the Workbook.*

8.6   Себя́

The reflexive pronoun **себя́** (*myself, yourself, oneself,* etc.) is used to refer to the subject of the sentence. Dialog 2 in this unit includes the line **Я бы хоте́л отпра́вить э́ти кни́ги себе́ домо́й в США.** — *I would like to send these books to myself in the U.S.* The word **себе́** is in the dative case because it is the indirect object of the sentence.

The reflexive pronoun **себя́** is always singular and does not change for gender; however, its case can change depending on context. It has no nominative form, because it refers to the subject of the sentence; it cannot be the subject. It declines as follows:

себя́	
Nom.	—
Acc.	себя́
Gen.	себя́
Prep.	о себе́
Dat.	себе́
Inst.	собо́й

acc.	Анто́н ви́дел **себя́.**	Anton saw *himself.*
	Анна ви́дела **себя́.**	Anna saw *herself.*
gen.	Мы бы́ли **у себя́.**	We were at home (*at our place*).
	Я был(а́) **у себя́.**	I was at home (*at my place*).
prep.	Вы ду́маете то́лько **о себе́.**	You think only *of yourselves.*
	Они́ ду́мают то́лько **о себе́.**	They think only *of themselves.*
dat.	Я посла́л(а) кни́ги **себе́.**	I sent books *to myself.*
	Ты посла́л(а) кни́ги **себе́.**	You sent books *to yourself.*
instr.	Мы взя́ли кни́ги **с собо́й.**	We took books along (*with ourselves*).
	Же́ня взяла́ кни́ги **с собо́й.**	Zhenya took books along (*with herself*).

Do not confuse the reflexive pronoun **себя́** with the emphatic pronoun **сам,** which adds emphasis to the noun or pronoun it accompanies. This emphasis is often rendered in English by the words *oneself, myself, yourself,* etc. It may also be conveyed in English through intonation. Compare the use of **сам** and **себе́:**

Сам президе́нт посла́л сообще́ние.	The president *himself* sent a message.
Президе́нт посла́л **себе́** сообще́ние.	The president sent a message *to himself.*

Упражнение

Two Russian friends who are coming to visit you have several questions about their upcoming trip. Fill in the blanks in their questions with the needed form of **себя.** Then answer the questions.

1. Ты всё время будешь у _____?
2. Что нужно взять с _____?
3. Нужно будет рассказать о _____?
4. Можно будет послать _____книги домой?

➤   *Complete Oral Drill 15 and Written Exercise 9 in the Workbook.*

8.7   Speaking in Generalities: ты without ты constructions

In Dialog 3, Margaret's friend tells her: **А, по-моему, нашу жизнь в e-mail'е не передашь.** — *You can't convey our life in an e-mail*. The friend is saying that no one could convey a sense of Russian life in an e-mail message. In conversational English such general notions are often conveyed by using the word *you,* as in the above English translation. In more bookish English, the word *one* or a passive construction may be used: *One can't convey our life in a letter. It is impossible to convey our life in a letter.* In Russian, the generalized notion of *you* or *one* is expressed by the **ты** form of the verb *without* the **ты.**

These "**ты** without **ты**" constructions may be used with anyone, even groups of people and individuals with whom you are on formal speech terms (**вы**).

Упражнение

Translate the English phrases into Russian, using "**ты** without **ты**" constructions.

1. (If you want to know more about Russia), нужно там пожить.
2. (If you speak Russian well), можно учиться в русском университете.
3. (If you study in a Russian university), можно жить в общежитии или дома.

➤   *Complete Oral Drill 16 in the Workbook.*

📖 Давайте почитаем

A.   Пе́рвая ма́рка. This piece comes from a 1960 edition of the weekly magazine *Огонёк.* Read it with the following questions in mind.

1. In what country did the first stamp appear?
2. How did people send letters before that?
3. Who had long been considered the father of the stamp? What else can you say about this person?
4. Who else is a contender for this honor?

120 лет назад в Англии была выпущена первая почтовая марка. До её появления письма пересылались со специальными курьерами. Долгое время «отцом» марки считали крупного почтового чиновника Лондона Роланда Гилля, написавшего в 1837 году брошюру о реформе почтовой службы. Другие полагали, что честь изобретения марки принадлежит книготорговцу Джеймсу Чальмерсу, ещё в 1834 году предложившему наклеивать на письма специальные этикетки. Вполне вероятно, что предложение Чальмерса было практически осуществлено Гиллем.

Слова́рь

вполне́ вероя́тно — it's quite possible
выпуска́ть/вы́пустить — to issue
изобрете́ние — invention
книготорго́вец — book-dealer
кру́пный — major
осуществля́ть/осуществи́ть — to realize   *(bring into being)*
полага́ть (*impf.*) — to assume
появле́ние — appearance
принадлежа́ть (*impf.*) — to belong
слу́жба — service
чино́вник — government worker; civil servant
этике́тка — label

5. **New words.** You should be able to guess the meanings of a number of new words. Which of the following words could you guess (a) because they are cognates, words related to English, (b) from context, or (c) because they are related to words you already know? Identify each according to its part of speech (noun, verb, adjective, or adverb).

почто́вый
пересыла́ть
курье́р
брошю́ра
рефо́рма
честь
практи́чески

6. **New phrases.** Judging from the text, how does Russian express the construction "they considered *someone to be something*"?

7. **Verbal adjectives.** You have already seen a number of different *verbal adjectives* in texts you have read:

   - Present active verbal adjectives. Челове́к, **чита́ющий** газе́ту, зна́ет ру́сский язы́к. *The person **who is reading** the paper knows Russian.* Present active verbal adjectives always end in **-щ-** plus an adjectival ending.
   - Past active verbal adjectives. Челове́к, **чита́вший** газе́ту, зна́ет ру́сский язы́к. *The person **who was reading** the paper knows Russian.* Past active verbal adjectives usually end in **-вш-** plus an adjectival ending.
   - Short past passive verbal adjectives. Газе́та **была́ прочи́тана** студе́нтами. *The paper **was read** by the students.* Short past passive verbal adjectives usually end in **-н-** plus a short-form adjectival ending. The phrase *by so-and-so* is rendered by the instrumental case.

   Underline the four verbal adjectives in this text and indicate what kind they are.

8. Dictionaries (and word lists) can be dangerous! Words take on true meaning only in context. After you have read the text and checked the unknown words below, look at these English sentences and pick which sentence has the right meaning for each of the words listed.

   выпуска́ть/вы́пустить
   a. We have decided not to make an **issue** of the matter.
   b. The publisher will **issue** a special edition.

   появле́ние
   a. The **appearance** of talking movies doomed silent films.
   b. The president will be making a personal **appearance.**
   c. He is unpopular because of his shabby **appearance.**

кру́пный

a. Russia is a **major** military power.

b. Many students choose a **major** in economics.

c. My friend wants to be an army **major.**

слу́жба

a. In some countries the phone system is a government **service.**

b. The **service** in this restaurant is excellent.

полага́ть

a. We **assume** that the first people lived in caves.

b. The bank will **assume** your debts.

принадлежа́ть

a. The library **belongs** to the university.

b. Masha feels that she just doesn't **belong.**

c. Our son **belongs** at home.

осуществля́ть/осуществи́ть

a. We didn't **realize** how late it was.

b. If you work hard you can **realize** your dreams.

Б. **Мне ка́жется, я вам понра́влюсь.** Read through the following personal ads. Pick two people you might want to correspond with and write them each a short letter.

Студентка, филолог (английский, французский, немецкий) желает переписываться с молодым иностранцем (студентом или аспирантом) на языке. Среди интересов и хобби: скульптура. Писать: 620083 Екатеринбург, а/я 312, Смирнова М.

Я не предприниматель, не миллионер и не доктор наук. Мне 21 год, учусь на кандидатскую. Хотелось бы найти подругу, с которой мог бы говорить обо всем. Писать: 113224 Москва, а/я 224, Вите.

Мне 20 лет. Русская, рост 170 см, образование высшее, привлекательная, имею квартиру в одном из городов Ростовской области, одинокая. Для создания семьи хочу познакомиться с одиноким мужчиной, добрым и внимательным. Писать: 344006, г. Ростов-на-Дону, 32-я линия, 8-а, Савенко А. Л.

Предприниматель, 24 года, 174 см., познакомится с перспективой создания семьи с молодой женщиной — красивой, стройной, общительной, с деловым характером, темпераментной и без комплексов. Просьба выслать фото. 199164, Санкт-Петербург, а/я 996, СКП-10.

Молодая женщина, 19 лет, преждевременно вышедшая замуж и уже разведенная, но без детей, ищет доброго мужчину, москвича, петербуржца или иностранца. 603950, г. Нижний Новгород, а/я 6403, Попова Ольга.

Телевизионный мастер, 21 год, из интеллигентной семьи, был неудачно женат, без детей. 624061, г. Томск, а/я 779, Алексей.

Молодая женщина, 22 года, образование высшее, надеется познакомиться с интеллигентным иностранцем для переписки. Среди интересов: музыка, литература, кино. 680035, г. Хабаровск, а/я 126, Боброва Евгения.

Мне 22. Работаю в администрации крупного универмага, умная, заботливая из интеллигентной семьи. Писать: 113224 Москва, а/я 3456, Марине.

Начинаюший предприниматель, 27, образование высшее, хочет переписываться с канадцами или американцами, знающими русский язык. 624061, г. Томск, а/я 223, Николай.

Работник сферы искусства, 25 лет, в браке не состояла, образованная и высококультурная девушка ищет мужчину, 22–38 лет, истинного интеллигента. 440026 г. Пенза, а/я 523, Роза.

Не хочу замуж, а только познакомиться с интеллигентом из крупного города или из-за рубежа. Мне 20 лет. Я — девушка темпераментная, начитанная. Люблю спорт, природу и приключения. Зовут меня Анна. Писать можно по 394055 г. Воронеж, а/я 655.

Познакомлюсь с женщиной (любой национальности) не старше 25 лет для совместного ведения хозяйства. Писать 223910, Беларусь, Минская область, Копыльский район, п/о Красная Дуброва, ул. Калинина, 14, С. Г.

Аспирант желает переписываться с аспирантом или аспиранткой из англоязычной страны. Мой английский не потянет на литературные произведения, но я надеюсь, что Вы поймёте то, what I want to say. Меня интересуют искусство, джаз и философия. Если наши интересы совпадают, прошу написать Виктору по адресу 199175 Санкт-Петербург, а/я 130.

Мне 20 лет, звать меня Сашей, рост 179 см. В данный момент нахожусь в лагере строгого режима. На воле всем обеспечен. Хочу познакомиться с женщиной, которая бы связала свою судьбу с судьбою заключенного. Адрес 676400, Амурская обл., г. Свободный II, ПЯ-УВ 14/9, 6-ой отряд. Соколову А. П.

Словарь

а/я = абоне́нтный я́щик — post office box
в бра́ке не состоя́л — not previously married
заключённый — prisoner
име́ть (*impf.*) — to have; to own
иска́ть (ищу́, и́щешь) (*impf.*) — to seek
(был) неуда́чно жена́т — unhappily married
ла́герь — camp
обеспе́чен(а) — well off
предпринима́тель — entrepreneur
разведённый — divorced
совме́стное веде́ние хозя́йства — joint housekeeping

B.   Чте́ние для удово́льствия. «Ва́нька». This is an adapted version of a story by **Анто́н Че́хов** (1860–1904). Chekhov is well known as both a playwright and a master of the short story.

The story you are about to read, **«Ва́нька»** (1886), is about a small boy taken from his home in the countryside to work as a cobbler's apprentice in Moscow after the death of his mother.

Ва́нька Жу́ков, девятиле́тний ма́льчик, три ме́сяца **тому́ наза́д** был о́тдан в уче́ние к сапо́жнику° Аля́хину. В ночь под Рождество́° Ва́нька не ложи́лся спать. Когда́ хозя́ева° ушли́, он доста́л° из шка́фа пузырёк с черни́лами° и ру́чку и стал писа́ть.	**наза́д**; cobbler Christmas masters; got out ink
«Ми́лый° де́душка, Константи́н Мака́рыч! — писа́л он. — И пишу́ тебе́ письмо́. Поздравля́ю° вас с Рождество́м и жела́ю° тебе́ всего́ от **Го́спода Бо́га**. Не́ту у меня́ ни отца́ ни ма́меньки, то́лько ты у меня́ оди́н оста́лся»°.	dear congratulate wish; **Lord God** remain
Ва́нька вздохну́л° и продолжа́л° писа́ть.	sighed; continued
«А вчера́ хозя́ин меня́ би́л° за то, что я кача́л° их ребёнка в лю́льке° и по неча́янности° засну́л.° Все надо мной смею́тся.° А еды́ не́ту никако́й. Утром даю́т хле́ба, в обе́д ка́ши,° а ве́чером то́же хле́ба. А когда́ их ребёнок пла́чет,° я не сплю, а кача́ю лю́льку. Ми́лый де́душка, **сде́лай ми́лость**, возьми́ меня́ отсю́да домо́й на дере́вню, не́ту никако́й мое́й возмо́жности... **Кланя́юсь тебе́ в но́жки** и бу́ду ве́чно° Бо́гу моли́ться,° возьми́ меня́ отсю́да, а то умру́°...	beat; rocked cradle; by accident; fell asleep laugh at me porridge cries **lit.: Do me a kindness** I bow at your feet; forever pray; will die
Де́душка, ми́лый! Не́ту никако́й возмо́жности, про́сто смерть° одна́. Я хоте́л пешко́м на дере́вню бежа́ть,° да сапо́г° не́ту, моро́за бою́сь. А когда́ вы́расту° большо́й, то я бу́ду тебя́ корми́ть,° а когда́ умрёшь, я бу́ду **моли́ться за** тебя́, как молю́сь за ма́му.	death run; boots grow up; feed **pray for**
А Москва́ го́род большо́й. Лошаде́й° мно́го, а ове́ц° не́ту и соба́ки° не злы́е.°	horses; sheep dogs; mean
Ми́лый де́душка, а когда́ у ба́рышни° Ольги Игна́тьевны бу́дет ёлка,° возьми́ мне **золо́ченый оре́х** и в зелёный сунду́к° спрячь.° Попроси́ у Ольги Игна́тьевны, скажи́, для Ва́ньки».	miss Christmas tree; **golden nut** trunk; hide

Ва́нька вздохну́л и опя́ть посмотре́л на окно́. Он вспо́мнил,° что за ёлкой° всегда́ ходи́л в лес° дед и брал с собо́й вну́ка. Весёлое бы́ло вре́мя! Когда́ ещё была́ жива́ Ва́нькина° мать и служи́ла° у ба́рышни, Ольга Игна́тьевна корми́ла° Ва́ньку леденца́ми° и вы́учила его́ чита́ть, писа́ть, **счита́ть до ста** и да́же танцева́ть кадри́ль. Когда́ же ма́ма умерла́,° сироту́° Ва́ньку привезли́° в Москву́.

«Приезжа́й, ми́лый де́душка!» — продолжа́л Ва́нька, — Возьми́ меня́ отсю́да. Пожале́й° ты меня́, сироту́ несча́стную!° Меня́ бьют° и всегда́ ку́шать° хо́чется. А вчера́ хозя́ин меня́ так уда́рил,° что я упа́л.

Твой внук Ива́н Жу́ков».

Ва́нька сверну́л° испи́санный° лист° и вложи́л° его́ в конве́рт. Он поду́мал немно́го и написа́л а́дрес:

На дере́вню де́душке

Пото́м почеса́лся,° поду́мал и приба́вил:° «Константи́ну Мака́рычу». Пото́м он наде́л ша́пку, вы́бежал° на у́лицу, добежа́л до почто́вого я́щика° и су́нул° драгоце́нное° письмо́ в щель°. . .

Убаю́канный° сла́дкими наде́ждами,° он час спустя́° кре́пко° спал. Ему́ сни́лась° дере́вня. Во сне° он ви́дел де́душку, кото́рый чита́ет его́ письмо́. . .

remembered; Christmas tree; forest

Vanya's; worked
fed; lollipops
count to a hundred
died; orphan
they brought

have pity
miserable; beat; eat
struck

folded; covered with writing; sheet;
  inserted

scratched (*his head*); added

ran out; post box
put in; precious; slot (*fem.*)
lulled by; hopes
hour later; soundly; he dreamed of
dream

Слова́рь

бить (бью, бьёшь) (*impf.*) — to beat

вспомина́ть/вспо́мнить — to reminisce, to remember

вы́расту < вы́расти (*perf.*) — to grow up. You have seen the irregular past tense **вы́рос, вы́росла, вы́росли.** The future tense is **вы́расту, вы́растешь, вы́растут.**

Госпо́дь — the Lord. This form limited to set phrases. The word for *God* in most contexts is **Бог.**

жела́ть (*impf.*) (*кому́ чего́*) — wish something to someone: **жела́ю тебе́ всего́ лу́чшего** — I wish you all the best.

жив, жива́, жи́вы (short-form adjective) — alive

засыпа́ть/засну́ть (засн-у́, -ёшь, -ут) — to fall asleep

злой — mean, evil

кача́ть (*impf.*) — to rock

ка́ша — porridge

корми́ть (*impf.*) (*кого́-что чем*) — to feed: **Они́ корми́ли его́ леденца́ми.** — They fed him lollipops.

кре́пко — strongly; soundly: **Он кре́пко спал.** — He slept soundly.

ло́шадь (*gen. pl.* **ло́шадей**) — horse

моли́ться (**мол-ю́сь, мо́л-ишься, -ятся**) (*кому за кого-что*) — to pray
 (*to someone for someone*): **Я бу́ду моли́ться за тебя́ Бо́гу** — I will pray to
 God for you.

наде́жда — hope

не́ту is a colloquial form of **нет** when **нет** indicates absence: **у меня́ не́ту отца́** =
 у меня́ нет отца́.

овца́ (*gen. pl.* **ове́ц**) — sheep

оди́н — alone: **Ты у меня́ оди́н оста́лся** — You alone are left for me. **Про́сто**
 смерть одна́ — death alone.

пла́кать (**пла́ч-у, -ешь, -ут**)/**за-** — to cry

под (*что*) — next to; on the eve of: **под Рождество́** — right before Christmas

поздравля́ть/поздра́вить (**поздра́вл-ю, поздра́в-ишь, -ят**) (*с чем*) — *lit.* to
 congratulate someone (on the occasion of a holiday: **поздравля́ю с Рождество́м** —
 I congratulate you on the occasion of Christmas (="I wish you a Merry Christmas.")

продолжа́ть (*impf.*) — to continue

пря́тать/с- (**пря́ч-у, -ешь, -ут**) — to hide (*something*)

служи́ть (**служ-у́, слу́ж-ишь, -ат**) (*impf.*) — to work; to serve

смерть (*fem.*) — death

смея́ться (**сме-ю́сь, сме-ёшься, -ю́тся**) (*над кем*) — to laugh (at someone):
 смею́тся надо мной — They laugh at me. (**над** => **на́до** because of **мно́й**.)

сни́ться — to be dreamt. This verb is part of a dative construction: **Ему́ сни́лась**
 дере́вня. — He dreamed of the village. (*lit.*: The village was dreamt to him.)

соба́ка — dog

с(о)н — sleep; dream: **ви́деть** (*что-кого*) **во сне** — to see (*something*) in a
 dream; to dream about (*something*)

умира́ть/умере́ть (**умр-у́, умр-ёшь, -ут; у́мер, умерла́, у́мерли**) — to die

хозя́ин — master; lord of the house. Mistress of the house = **хозя́йка.** The plural
 is irregular: **хозя́ева.**

черни́ла — ink. *Note that this word is used as neuter plural.*

Partitive genitive: даю́т хле́ба и ка́ши — they give me *some* bread and *some*
 porridge. Genitive case for direct objects often indicates the idea of *some*.

Possessives ending in -ин: nicknames ending in **-а** or **-я** produce possessive
 modifiers by dropping the **-а** or **-я** and adding an **-ин** suffix plus the appropriate
 gender and case endings: **Ва́нька** => **Ва́нькина мать, Ва́нькин оте́ц,**
 Ва́нькины роди́тели, etc.

Вопро́сы:

1. What do you write to someone on a holiday?

2. What does **девятиле́тний** mean? How would you say ten-year-old boy?
 Five-year-old son? Thirteen-year-old daughter?

3. **Review of imperatives:** Write down all of the imperatives in the story. From what
 infinitives do they come? Are they imperfective or perfective, and why?

Давайте послушаем

С кем перепи́сываться? You are about to listen to an advertisement for a pen-pal service. (Having a foreign pen pal is quite popular in Russia.) But the advertiser promises even more.

1. Listen to the advertisement to find out the following.
   a. Who is eligible for this service? Are there any restrictions?
   b. What does the advertisement recommend that applicants be able to do?
   c. The advertiser promises a number of services. Which services are included? According to the announcer, this group will . . .
      - provide an American pen pal for the applicant
      - arrange a visa for the pen pal to come to Russia
      - pay for the pen pal's trip to Russia
      - help with visa arrangements for a trip to the U.S. to visit the American pen pal
      - pay for the applicant's trip to America
      - return the applicant's money if no pen pal answers an initial letter
   d. Name two of the four ways that applicants could get in touch with this organization.

Words you may need:

па́рень (*pl.* **па́рни**) — guy, fellow
любо́й челове́к — any person
граждани́н, гражда́нка — citizen
приобрести́ — to acquire
вступи́тельный взнос — initial dues; initial fee
да́нные — data; information

2. **Language from context.**
   - **Владе́ть** means *to have mastery* over something. What phrase is it used with and what case does it take?
   - **Перепи́ска** is correspondence. What then is **перепи́сываться**?
   - **Де́ло** is *matter*. Judging from context, which best fits the meaning of **де́ло за ва́ми**?
      (a) The ball's in your court.
      (b) That's water under the bridge.
      (c) That's the way the cookie crumbles.
      (d) The grass is always greener on the other side.

3. Now decide how you would translate the words in parentheses using words you hear in this segment. (The sentences are slightly reworded.)

   Вы (*will receive*) и́мя, а́дрес и фотогра́фию потенциа́льного (*acquaintance*).
   Вы мо́жете познако́миться с иностра́нцами, е́сли вы (*use our service*).
   Наш клуб (*will help you*) получи́ть ви́зу.
   Ваш партнёр (*will invite you*) к себе́ в США.
   Е́сли нет отве́та на ва́ше письмо́, сто́имость взно́са по́лностью (*is returned*).
   В письме́ вы должны́ указа́ть (*age, profession, and main biographical information*).

Обзорные упражнения

A. Письмо́. You work for Kenneth Donaldson, who is in charge of student exchanges for the American Association for the Study of Russian. A number of students have applied through your organization to study at the All Languages Group in St. Petersburg. You have forwarded their applications and have been expecting an official letter of invitation from Russia. The following letter arrives.

1. Summarize its contents for your boss.
2. Write a brief letter answering the questions. (Make up whatever information you have to.)

Фирма «НА ВСЕХ ЯЗЫКАХ»
г. Санкт-Петербург
Светлановский пр., 37
Тел. (812) 225-50-09   Факс: (812) 225-56-56

Дело No 15/190   «23» марта 2004

Американская ассоциация по обучению иностранным языкам

   Доналдсону Кеннету
   Директору учебных программ

КАС: приема стажеров

   Фирма «На всех языках» приглашает аспирантов Калифорнийского университета (г. Беркли) БЕЙКЕР Линду, ПРЕСМАНА Уильяма и СОСНЕР Дженнифер в Санкт-Петербург в мае 2004 сроком на 30 дней в качестве участников спецсеминаров по применению вычислительной техники в обучении иностранным языкам.

   Все расходы, связанные с пребыванием вышеуказанных аспирантов, фирма «На всех языках» берет на себя.

   Просим сообщить нам точную информацию о прибытии аспирантов в Санкт-Петербург (дату, авиакомпанию и номер рейса) по возможности скорее, чтобы мы имели возможность организовать встречу в аэропорту.

                         С искренним уважением

                         Н. Крылов
                         Директор семинаров

Б. Сочине́ние.

1. Write a 5–7 sentence paragraph describing an occasion when you missed someone or something. Give information such as how old you were, whom or what you missed, what you did (write letters, call on the telephone).

2. a. Arrange yourselves in small groups.

   b. Have one group member read his or her paragraph out loud to the group. The other group members should listen to the *information* conveyed in the paragraph, and respond in some way to that information. They may comment on it (e.g., **Как интере́сно, что ты была́ в Пари́же!**) or ask a question about it (e.g., **Ско́лько тебе́ бы́ло лет?**).

   c. Then the group as a whole should briefly discuss the *organization* of the paragraph. Is it a real paragraph, with a definite beginning, middle, and end, or is it just a list of sentences? Make suggestions for improving the organization.

   d. Repeat this process for all the papers in the group.

3. On a separate sheet of paper, rewrite your paragraph. Your teacher may want to see both versions.

Новые слова и выражения

NOUNS

авиаписьмо́ (*pl.* авиапи́сьма)	air mail letter
а́дрес (*pl.* адреса́)	address
адреса́т	addressee
— бандеро́ль (*fem.*)	parcel post
бланк	form
впечатле́ние (*о ком/чём*)	impression (*of someone/something*)
сто́лько впечатле́ний	so many impressions
интерне́т	Internet
интерне́т-кафе́	Internet café
конве́рт	envelope
ма́рка (5 ма́рок)	stamp
око́шко	window
— откры́тка	postcard
отправле́ние	sending
посы́лка	parcel
по́чта (на)	post office, mail
ра́зница (*ме́жду чем*)	difference (*between what*)
разреше́ние	permission
сообще́ние	message
факс	fax
экспре́сс-по́чта	express mail

PRONOUNS

всё	everything
все	everyone
себя́	self

ADJECTIVES

библиографи́ческий	bibliographical
дли́нный	long
заказно́й	registered; insured; certified (mail)
обра́тный (а́дрес)	return (address)
обы́чный	usual, ordinary
сосе́дний	neighboring, next
тамо́женный	customs
электро́нный	electronic

Новые слова и выражения

VERBS

заполня́ть/запо́лнить (заполн-я́ю, -ешь, -ют) (запо́лн-ю, -ишь, -ят)	to fill out (*a form*)
класть (*impf.; perf.* положи́ть) (*что куда́*) (клад-у́, -ёшь, -у́т)	to put (*into a lying position*)
отправля́ть/отпра́вить (*что кому́ куда́*) (отправля́-ю, -ешь, -ют) (отпра́вл-ю, отпра́в-ишь, -ят)	to mail, dispatch
перепи́сываться (*impf.*) (*с кем*) (перепи́сыва-юсь, -ешься, -ются)	to correspond (*with someone*)
пересыла́ть/пересла́ть (*что кому́ куда́*) (пересыла́-ю, -ешь, -ют) (перешл-ю́, -ёшь, -ю́т)	to forward
положи́ть (*perf.; impf.* класть) (*что куда́*) (полож-у́, поло́ж-ишь, -ат)	to put (*into a lying position*)
получа́ть/получи́ть (получа́-ю, -ешь, -ют) (получ-у́, полу́ч-ишь, -ат)	to receive
посыла́ть/посла́ть (*что кому́ куда́*) (посыла́-ю, -ешь, -ют) (пошл-ю́, -ёшь, -ю́т)	to send
распеча́тывать/распеча́тать (распеча́тыва-ю, -ешь, -ют) (распеча́та-ю, -ешь, -ют)	to print (out)
скуча́ть (*impf.*) (*по кому́*) (скуча́ю, -ешь, -ют)	to miss (*someone*)
ста́вить/по- (*что куда́*) (ста́вл-ю, ста́в-ишь, -ят)	to put (*into a standing position*)
удивля́ться/удиви́ться (*кому́/чему́*) (удивля́-юсь, -ешься, -ются) (удивл-ю́сь, удив-и́шься, -я́тся)	to be astonished, surprised (*at someone/something*)
хоте́ться (*impf.*) (*кому́*) *present:* хо́ч-ется *past:* хоте́лось	to want, feel like

ADVERBS

а́виа	airmail
напра́сно	in vain
обяза́тельно	it is necessary
осо́бенно	especially
опя́ть	again

Новые слова и выражения

официа́льно	officially
све́рху	at the top
сни́зу	at the bottom
сра́зу	immediately
я́сно	clearly; it is clear

PHRASES AND OTHER WORDS

в основно́м	primarily
в при́нципе	in principle
Де́ло не в э́том.	That's not the point.
Ещё бы!	And how! I'll say!
ме́жду (*чем*)	between (*what*)
по по́чте	by mail
Соверше́нно ве́рно!	Absolutely right!
с опозда́нием	late, with a delay
сто́лько впечатле́ний	so many impressions
хоть	(*particle*) even
чу́ть не	almost

PASSIVE VOCABULARY

в бу́дущем году́	next year
ви́деть во сне (*impf.*) (*кого́ что*)	to dream
по́лка	shelf

PERSONALIZED VOCABULARY

_____

_____

_____

_____

_____

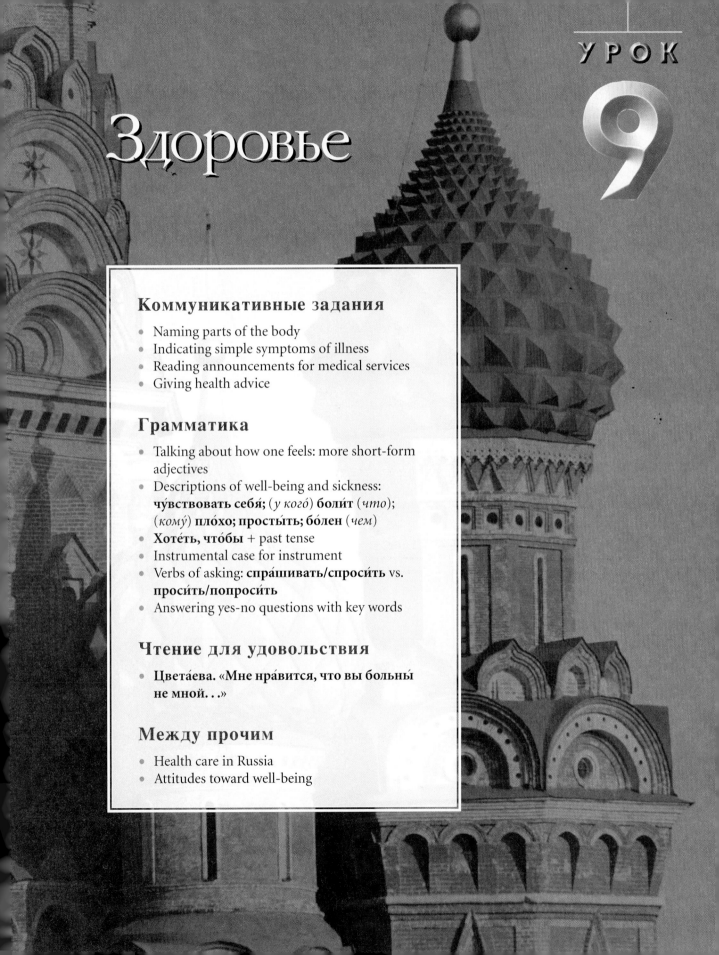

Здоровье

Коммуникативные задания

- Naming parts of the body
- Indicating simple symptoms of illness
- Reading announcements for medical services
- Giving health advice

Грамматика

- Talking about how one feels: more short-form adjectives
- Descriptions of well-being and sickness: **чу́вствовать себя́;** (*у кого́*) **боли́т** (*что*); (*кому́*) **пло́хо; просты́ть; бо́лен** (*чем*)
- **Хоте́ть, что́бы** + past tense
- Instrumental case for instrument
- Verbs of asking: **спра́шивать/спроси́ть** vs. **проси́ть/попроси́ть**
- Answering yes-no questions with key words

Чтение для удовольствия

- **Цвета́ева. «Мне нра́вится, что вы больны́ не мной. . .»**

Между прочим

- Health care in Russia
- Attitudes toward well-being

О чём идёт речь?

A. Части тела.

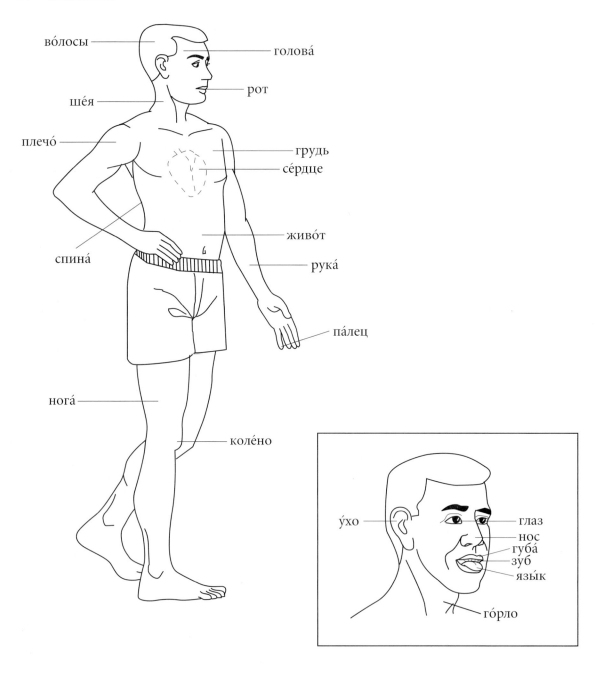

волосы

голова

рот

шея

плечо

грудь

сердце

спина

живот

рука

палец

нога

колено

ухо

глаз

нос

губа

зуб

язык

горло

Б. Что боли́т?

Образцы́:

У него́ боли́т зуб.

У неё боля́т но́ги.

У неё боли́т

_____

У него́ боли́т

_____

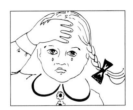

У неё боли́т

_____

У него́ боля́т

_____

У неё боля́т

_____

У него́ боля́т

_____

У него́ боли́т

_____

У неё боли́т

_____

B. **Как вы себя чувствуете?** Imagine that you have the flu or a cold. With a partner, take turns asking and answering the following questions about how you feel, what your symptoms are, and how you have been treating the illness. Follow the models.

1. Как ты себя чувствуешь?

   Я чувствую себя

хорошо.

плохо.

неважно.

хуже.

лучше.

Я болен.

Я больна.

Я простыл.

Я простыла.

У меня грипп.

2. Что с тобой?

   У меня болит

голова.

горло.

рука.

живот.

сердце.

палец.

У меня боля́т

ру́ки.

па́льцы.

у́ши.

но́ги.

Меня́

тошни́т.

nausea)

рвёт/вы́рвало.

У меня́

на́сморк.

высо́кая
температу́ра.

ка́шель.

У меня́ аллерги́я (аллерги́ческая реа́кция) на

молоко́.
ры́бу.
пеницилли́н.

3. Как ты ле́чишься?

Я

лежу́ до́ма.

пью табле́тки/
лека́рство.

принима́ю
антибио́тики.

Г. Разгово́ры.

Разгово́р 1. Ты ужа́сно вы́глядишь!

Разгова́ривают Ольга и Мо́ника.

1. Мо́ника больна́. Её подру́га Ольга хо́чет вы́звать врача́. А Мо́ника ду́мает, что она́ то́лько просты́ла и́ли, мо́жет быть, у неё грипп. Она́ не ду́мает, что ну́жно вызыва́ть врача́. Прослу́шайте разгово́р и узна́йте, каки́е у Мо́ники симпто́мы:

У Мо́ники на́сморк.

У Мо́ники боли́т живо́т.

Мо́ника ка́шляет.

У Мо́ники кру́жится голова́.

У Мо́ники боли́т го́рло.

Мо́нику вы́рвало.

2. Мо́ника сказа́ла, что мо́жно вы́звать врача́, е́сли

   а. ей бу́дет тру́дно спать.
   б. её ещё раз вы́рвет.
   в. у неё бу́дет высо́кая температу́ра.
   г. она́ почу́вствует себя́ ху́же.

Разговóр 2. В больнѝце.

　　　　Разговáривают Кáтя и Эд.

1. Посмотрѝте на картѝнки, прослýшайте разговóр и постáвьте картѝнки в
   нýжном порѝдке. Listen to the conversation and arrange the pictures in the order
   in which the events happened by putting the appropriate number next to each.

Сдѐлали рентгѐн.

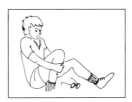

Я не мог встать.

Ребѝта вѝзвали скóрую
пóмощь.

Оказáлось, что я
растянýл нóгу.

Мы с ребѝтами
игрáли в баскетбóл.

Я споткнýлся и
упáл.

2. Скóлько врѐмени Эду нáдо бýдет лежáть в больнѝце?
3. Сосѐд Эда попросѝл Кáтю чтó-то емý передáть. Что онá должнá передáть Эду?

Разговóр 3. Результáт анáлиза крóви.

　　　　Разговáривают врач и Билл.

1. Билл хóчет узнáть результáты анáлиза крóви (blood test). Бѝлла уже не
   тошнѝт, но какѝе-то симптóмы у негó ещё есть. Что он говорѝт врачý
   о своѝх симптóмах?

2. Что показáл анáлиз крóви?
   а. аппендицѝт
   б. грипп
   в. сальмонеллёз
   г. СПИД (синдрóм приобретённого иммунодефицѝта)

3. Врач говорѝт Бѝллу, что емý нýжно лечѝться в больнѝце. Какѝе причѝны
   (*reasons*) он называ́ет?
   а. Такáя болѐзнь лѐчится тóлько в больнѝце.
   б. Это инфекциóнная болѐзнь.
   в. У Бѝлла óчень высóкая температýра.
   г. Бѝллу бýдет полѐзнее, ѐсли врач бýдет егó наблюдáть (*observe*).
   д. У Бѝлла аллергѝческая реáкция на антибиóтики.

Язык в действии

🔘 Диалоги

1. Что с тобо́й?

— Мо́ника, ты ужа́сно вы́глядишь. Что с тобо́й?

— Не зна́ю. Я с утра́ ужа́сно себя́ чу́вствую. Боли́т живо́т. . .

— А го́рло боли́т?

— Да, и голова́ то́же.

— И ка́шляешь. Ты, наве́рно, просты́ла. На́сморк есть?

— Есть. Но са́мое гла́вное — живо́т.

— Что, тебя́ тошни́т?

— Да, у́тром меня́ да́же вы́рвало.

— Тогда́ дава́й вы́зовем врача́.

— Нет, нет, нет. Врача́ вызыва́ть не на́до.

— А температу́ра?

— Невы́сокая. Я ме́рила.

— Ну, ла́дно. Но е́сли за́втра тебе́ бу́дет так же пло́хо. . .

— Тогда́ я обеща́ю пойти́ к врачу́.

2. Вы́звали ско́рую по́мощь.

— Эд, я пришла́, как то́лько узна́ла. Что случи́лось?

— Мы с ребя́тами игра́ли в баскетбо́л и я упа́л. Вы́звали ско́рую по́мощь.

— И что?

— Но́гу слома́л. То́лько что сде́лали рентге́н.

— Наве́рное, хотя́т, чтобы ты не́сколько дней тут полежа́л.

Ме́жду про́чим

Когда́ спра́шивают о здоро́вье. . .

Don't be surprised at negative comments about the state of your health. Whereas English speakers almost automatically say "Hey, you look great!" to a friend who is feeling terrible, Russian speakers are more likely to comment on the actual physical appearance of health. If you look under the weather, you might hear: **Что с тобо́й?! Ты ужа́сно вы́глядишь! Ты тако́й бле́дный (така́я бле́дная)!** (*pale*), followed by offers of home remedies or suggestions that you see a doctor.

— Ви́димо, да.
— Ну, не волну́йся. Ой, чуть не забы́ла. Твой сосе́д по ко́мнате попроси́л, что́бы я передала́ тебе́ твои́ уче́бники. На.
— Спаси́бо, Ка́тя!

3.   Ана́лиз кро́ви.

— Так. . . На что вы жа́луетесь?
— Меня́ уже́ не́сколько дней тошни́т.
— Не́сколько дней?
— Да. И температу́ра 38. И сла́бость. . .
— Так. . . э́то мо́жет быть грипп. . . и́ли. . .
— Или что?
— На вся́кий слу́чай я хочу́ вам сде́лать ана́лиз кро́ви.
— А э́то мо́жно сде́лать здесь?
— Да, лаборато́рия на второ́м этаже́. Вот направле́ние.

4.   Как вы себя́ чу́вствуете?

— Здра́вствуйте, Билл. Как вы сего́дня чу́вствуете себя́? Не лу́чше?
— Ну, в о́бщем, не о́чень. До́ктор, что у меня́?
— К сожале́нию, у вас сальмонеллёз. Вам придётся не́сколько дней у нас полежа́ть.
— Почему́ вы не мо́жете про́сто вы́писать мне лека́рство, что́бы я споко́йно лечи́лся до́ма?
— Понима́ете, лю́ди с инфекцио́нными боле́знями у нас ле́чатся то́лько в больни́це.
— А у нас ле́чат до́ма. Антибио́тиками.
— Молодо́й челове́к, мы не у вас. Че́рез не́сколько дней мы вас вы́пишем.

Use **до́ктор** when directly addressing a physician. Otherwise use the word **врач**.

Ме́жду про́чим

Врач и больно́й. The doctor-patient relationship in Russia often comes as a shock to Westerners seeking medical assistance. Patients are expected to listen to their doctors and follow their orders explicitly. Medical advice is much more on the side of caution than in the West as reflected by extended hospital stays for observation purposes. Emphasis is not placed on a calming bedside manner.

Медици́нское обслу́живание

Medical treatment in Russia is in a state of flux. Once totally state-run, health care is now both public and private.

In many state-run **поликли́ники** and **больни́цы** health care is free but primitive by Western standards. However, doctors do make house calls. A doctor's note (**больни́чный лист** or **спра́вка**) can be used to seek reimbursement for sick days.

Пла́тные кли́ники and **врачи́** require payment. Residents of larger cities have access to clinics with personnel trained in the West. Some private clinics emphasize "nontraditional" medicine: hypnosis, acupuncture, parapsychology, and a variety of oriental folk practices. Traditional Russian herbal treatments also command a considerable amount of respect.

Вопро́сы к диало́гам

Диало́г 1

1. Мо́ника почу́вствовала себя́ пло́хо сего́дня у́тром и́ли вчера́ ве́чером?
2. Что у неё боли́т?
3. Когда́ её вы́рвало?
4. Кака́я у неё температу́ра?
5. Она́ хо́чет вы́звать врача́?
6. Что она́ обеща́ет де́лать за́втра, е́сли она́ не бу́дет чу́вствовать себя́ лу́чше?

Диало́г 2

1. Эд в общежи́тии и́ли в больни́це?
2. Каки́м ви́дом спо́рта он занима́лся, когда́ он упа́л?
3. С кем он игра́л?
4. Эд слома́л ру́ку и́ли но́гу?
5. Врачи́ хотя́т, что́бы он сра́зу пошёл домо́й и́ли что́бы он не́сколько дней полежа́л в больни́це?
6. Кто попроси́л, что́бы знако́мая передала́ Эду уче́бники?

Диало́г 3

1. На что жа́луется де́вушка?
2. Кака́я у неё температу́ра?
3. Что хо́чет сде́лать врач?

Диало́г 4

1. Кто здесь разгова́ривает?
2. Где они́?
3. Что у Би́лла?

4. Это инфекцио́нная и́ли неинфекцио́нная боле́знь?
5. Билл хо́чет лечи́ться в больни́це и́ли до́ма?
6. Врач хо́чет, что́бы Билл лечи́лся в больни́це и́ли до́ма?

Дава́йте поговори́м

А. Что на́до сде́лать, е́сли . . . Вме́сте с партнёром реши́те, что на́до сде́лать в э́тих ситуа́циях.

Ситуа́ции

1. Ва́ша знако́мая занима́лась аэро́бикой и упа́ла. Она́ ду́мает, что слома́ла ру́ку. Что на́до сде́лать?
2. Вас уже́ не́сколько дней тошни́т, и вы не мо́жете есть. Температу́ра высо́кая (39, 5), и боли́т голова́. Что на́до сде́лать?
3. У ва́шего знако́мого на́сморк и боли́т го́рло. Он чу́вствует жар, но он ещё не ме́рил температу́ру. Что на́до сде́лать?
4. Вы о́чень больны́. Врач объясня́ет, что ну́жно сде́лать ана́лиз кро́ви, что́бы узна́ть, что с ва́ми. Что на́до сде́лать?
5. Ваш знако́мый упа́л, когда́ поднима́лся по ле́стнице. У него́ стра́шно боли́т ле́вая нога́, и он не мо́жет ходи́ть. Что на́до сде́лать?

Возмо́жные отве́ты

а. На́до вы́звать врача́.
б. На́до вы́звать ско́рую по́мощь.
в. На́до изме́рить температу́ру.
г. На́до попроси́ть врача́ вы́писать лека́рство.
д. На́до сде́лать ана́лиз кро́ви.
е. На́до сде́лать рентге́н.
ж. На́до пойти́ в поликли́нику.

Б. Подгото́вка к разгово́ру. Review the dialogs. How would you to do the following?

1. Say a friend looks sick.
2. Ask a friend what is wrong with her.
3. Say that you have felt terrible since the morning (since the evening).
4. Say that you have a stomach ache (sore throat, headache, back ache).
5. Say that you have caught a cold.
6. Say that you have a cough.
7. Say that you feel nauseated.
8. Say that you vomited.
9. Suggest summoning a doctor (an ambulance).
10. Say there's no reason to summon a doctor (an ambulance).
11. Say that you have a low (high) temperature.
12. Say that you took your temperature.
13. Say that you promise to go to the doctor (to ask the doctor to come, to go to the clinic).
14. Ask someone what happened.
15. Say you fell down.

16. Say that you broke your leg (arm).
17. Say that an x-ray (blood test) was done.
18. Tell a friend not to worry.
19. Tell a friend his roommate asked you to give him his textbooks (to ask what happened).
20. Ask how someone feels.
21. Say that you feel good (better, worse, bad).
22. Ask the doctor why she can't simply prescribe you some medicine.

В. Игровы́е ситуа́ции. В Росси́и.

1. You have gone to the doctor with a stomach ailment. You feel nauseated and can't eat anything. This has been going on for several days. Describe your symptoms to the doctor.
2. You feel like you have the beginning of a head cold, but you look worse than you feel. The person at the front desk of the dorm wants to call an ambulance. Talk her out of it.
3. You and a friend were running down the stairs and he fell. He is unable to move his leg. Discuss what you should do and get help.
4. You have had cold symptoms for about a week, but now you have a temperature and you feel nauseated. Explain your symptoms to the doctor.
5. The doctor has told you that you have salmonella and that you must stay in the hospital. See if you can get him/her to prescribe medicine and let you go home instead.
6. With a partner, prepare and act out a situation of your own based on the topics of this unit.

Г. Когда́ обраща́ются к врачу́? Russians often don't go to the doctor when many Americans would. On the other hand, Russians are more likely to call an ambulance than most Americans. Imagine that you are talking to a Russian. Explain in what instances people in your country seek medical help and how.

Д. Устный перево́д. In Russia, your English-speaking roommate is quite ill and wants to see a doctor. S/he doesn't feel up to speaking Russian and has asked you to interpret.

ENGLISH SPEAKER'S PART

1. Hello, Doctor.
2. Well, I've been feeling nauseated for the last three or four days. I can't keep anything down.
3. I haven't taken my temperature, but I think it's higher than normal.
4. I thought it was just the flu. I thought I just needed to take it easy for a few days.
5. I've started feeling much worse. I haven't eaten for days and my head is killing me as well.
6. Is it really necessary to go to the hospital? It seems to me I just need some medicine, probably antibiotics.

Грамматика

9.1 Talking About How One Feels

With the use of the material in this unit, you should be able to indicate that you need medical attention if you fall ill during a stay in Russia. In the event of a real illness, however, it is highly likely that you will need more Russian than you know. Do not hesitate to ask medical personnel to repeat questions and instructions, to write down important pieces of information you do not understand, and/or to find someone who can serve as an interpreter.

- **Expressing how you feel: чу́вствовать/по- себя́ (хорошо́, пло́хо).** Use this verb only for discussing health.

    Как ты **себя́ чу́вствуешь?** — Ты зна́ешь, пло́хо.

    The perfective **почу́вствовать себя́** focuses attention on the beginning of the feeling.

Я **почу́вствовала себя́** пло́хо и пошла́ домо́й.	I *began to feel* bad and went home.
Я надéюсь, что вы **почу́вствуете себя́** лу́чше.	I hope that you *will feel* better (*will begin to feel* better).

    As in all verbs with the suffix **-ова-,** the suffix is replaced with **-у-** in the conjugation:

чу́вствовать / по- себя́ (to feel)
чу́вству-**ю** себя́
чу́вству-**ешь** себя́
чу́вству-**ют** себя́

- **Бо́лен — здоро́в.** To say someone is sick, use the short-form adjective **бо́лен (больна́, больны́).** To say someone is healthy, use the short-form adjective **здоро́в (здоро́ва, здоро́вы).**

Сего́дня Гри́ша **бо́лен,** но вчера́ он был **здоро́в.**	Today Grisha is *sick,* but yesterday he was *healthy.*

- **Бо́лен *чем.*** To indicate what someone is sick with, use the instrumental case of the illness.

Ма́ша **больна́ гри́ппом.**	Masha is *sick with the flu.*
Са́ша **бо́лен анги́ной.**	Sasha is *sick with strep throat.*

- ***Кому́* пло́хо.** A common way to say you feel bad or sick is **Мне пло́хо,** with the dative case. The past tense is marked by **бы́ло: Вчера́ мне бы́ло пло́хо** — *Yesterday I felt bad.* The future tense is marked by **бу́дет: Éсли за́втра тебе́ бу́дет так же пло́хо. . .** — *If you feel as bad tomorrow . . . .*

- **Что с кем?** If you look ill or say you don't feel well, a Russian might ask **Что с вáми?** or **Что с тобóй?** — *What's the matter with you?*

- **Просты́л.** The past tense of the perfective verb **просты́ть** is used to indicate that someone has a cold. Literally, one is saying that the person caught a cold and still has it.

Он просты́л.	*He caught a cold.*	*He has a cold.*
Онá просты́ла.	*She caught a cold.*	*She has a cold.*
Они́ простыли.	*They caught a cold.*	*They have a cold.*

- **У меня́ нáсморк.** Another way to say that someone has a certain illness is to use the **у когó** construction you already know, without **есть.**

У Мáши грипп.	*Masha has the flu.*
У Гри́ши анги́на.	*Grisha has strep throat.*
У них кáшель.	*They have a cough.*

In the past and future tenses, a form of **был** or **бýдет** must be used.

У Мáши **бýдет** грипп.	Masha *will have* the flu.
У Гри́ши **былá** анги́на.	Grisha *had* strep.
У них **был** кáшель.	They *had* a cough.

- **У меня́ боли́т головá.** — *I have a headache; my head hurts.* Use the expression **у меня́** without **есть.**

The body part that hurts is the grammatical subject of the Russian sentence, and the verb must agree with it. For this verb, then, you need to learn only the third-person singular and plural forms in the present and past tenses:

[Сейчáс] у меня́	**боли́т** рукá (ногá, ýхо, головá, живóт).	[Now] my	hand (leg, ear, head, stomach) *hurts.*
	боля́т рýки (нóги, ýши).		hands (legs, ears) *hurt.*

[Вчерá] у меня́	**болéл**	живóт (глаз).	[Yesterday] my	stomach (eye) *hurt.*
	болéла	головá (ногá).		head (leg) *hurt.*
	болéло	ýхо (колéно).		ear (knee) *hurt.*
	болéли	ýши (глазá).		ears (eyes) *hurt.*

- **Меня́ тошни́т. Меня́ вы́рвало.** In the Russian equivalents for *I am nauseated* — **Меня́ тошни́т** and *I threw up* — **Меня́ вы́рвало,** the person is expressed in the accusative case. Since these sentences have no grammatical subject for a verb to agree with, the verb is always in the **оно́** form.

Меня́	
Тебя́	
Её	**тошни́т** (сейча́с)
Его́	**тошни́ло** (ра́ньше)
Нас	
Вас	
Их	**рвёт** (сейча́с)
Этого студе́нта	**вы́рвало** (ра́ньше)
Эту студе́нтку	
На́ших друзе́й	

Упражне́ния

А.   Зада́йте вопро́сы. Ask how these people feel. Put the subject at the end of the question if it is a noun.

Образцы́:   Гри́ша → *Как чу́вствует себя́ Гри́ша?*
  он → *Как он чу́вствует себя́?*

1. На́дя
2. она́
3. Ма́ша и Со́ня
4. они́
5. Андре́й
6. он
7. ты
8. вы
9. ва́ши де́ти
10. ваш знако́мый

Б.   Сино́нимы. Match the sentences that have similar meaning.

1. Я простыл(а).
2. Мне пло́хо.
3. Я бо́лен (больна́).
4. Что с ва́ми?
5. Я не бо́лен (больна́).
6. Я ка́шляю.

а. Я чу́вствую себя́ пло́хо.
б. Я здоро́в(а).
в. У меня́ ка́шель.
г. Я не о́чень хорошо́ чу́вствую себя́.
д. Что у вас боли́т?
е. У меня́ на́сморк.

В. Запо́лните про́пуски.

чу́вствовать/по- себя́	бо́лен	здоро́в

1. — Как вы _____? — Не о́чень хорошо́. Я _____.
2. — Как ты _____ вчера́? — Я _____ о́чень хорошо́. Но сего́дня я _____ пло́хо. — Я наде́юсь, что вы _____ лу́чше за́втра.
3. — Вы _____? Что с ва́ми? — У меня́ боли́т голова́.
4. — Вчера́ на рабо́те Ира _____ пло́хо. Она́ пошла́ к врачу́ и получи́ла реце́пт на лека́рство.
5. — Ната́ша, ты _____? — Нет, я совсе́м _____.

Г. Запо́лните про́пуски. Everyone has a different complaint. Fill in the blanks with the needed form of **боле́ть.**

1. У Вади́ма _____ го́рло.
2. У Со́ни _____ у́ши.
3. У Ми́ти _____ у́хо.
4. У Са́ши _____ нога́.
5. У Бо́ри _____ но́ги.
6. У Ви́ктора _____ ру́ки.
7. У Ка́ти _____ рука́.
8. У Лари́сы _____ живо́т.
9. У Та́ни _____ коле́но.
10. У Ма́ши _____ коле́ни.
11. У Кири́лла _____ глаза́.
12. У Ди́мы _____ глаз.
13. У Ло́ры _____ па́льцы.
14. У Жа́нны _____ се́рдце.

Д. Соста́вьте предложе́ния. A week later, everyone from exercise **Г** above feels better. Indicate what was wrong with them last week.

Образе́ц: *У Вади́ма боле́ло го́рло.*

Е. Соста́вьте предложе́ния. The statements below were made several days ago. Express how these people felt at the time they made their statements.

Образцы́: Я́ша: У меня́ высо́кая температу́ра. →
У Я́ши была́ высо́кая температу́ра.

Окса́на: Я чу́вствую себя́ о́чень пло́хо. →
Окса́на чу́вствовала себя́ о́чень пло́хо.

1. Ди́ма: У меня́ боли́т рука́.
2. Аня: У меня́ боли́т коле́но.
3. Со́ня и Ло́ра: Нам пло́хо. У нас анги́на.
4. Ка́тя: Я хорошо́ чу́вствую себя́. Я совсе́м здоро́ва.

5. Вади́м: Я хорошо́ чу́вствую себя́. Я совсе́м здоро́в.
6. Анто́н: Я бо́лен гри́ппом. У меня́ боли́т голова́, и меня́ тошни́т.
7. Валенти́на: Я больна́ сальмонеллёзом. У меня́ боли́т живо́т, и меня́ тошни́т. У меня́ высо́кая температу́ра.
8. Ле́на: У меня́ боля́т у́ши. Я пло́хо чу́вствую себя́. Я больна́.
9. Алексе́й: У меня́ на́сморк.
10. Та́ня: Я ужа́сно себя́ чу́вствую. У меня́ жар, меня́ тошни́т, и у меня́ ка́шель.

Ж.   Отве́тьте на вопро́сы.

1. Как вы чу́вствуете себя́ сего́дня?
2. Как вы себя́ чу́вствовали вчера́?

➤   *Complete Oral Drills 1–10 and Written Exercises 1–4 in the Workbook.*

9.2   Хоте́ть, что́бы

You already know how to use an infinitive after the verb **хоте́ть** to indicate what someone wants (or wanted) to do.

Анна **хо́чет стать** врачо́м.	Anna *wants to become* a physician.
Я не **хочу́ лежа́ть** в больни́це.	I don't *want to be* in the hospital.
На́ши сосе́ди не **хоте́ли забо́титься** о здоро́вье.	Our neighbors didn't *want to take care* of their health.

To say that one person wants someone else to do something, Russian uses a different structure, as noted in the following sentences.

Па́па Анны **хо́чет, чтобы она́ ста́ла** врачо́м.	Anna's father *wants her to become* a physician.
Врач **хо́чет, что́бы я лежа́л** в больни́це.	The doctor *wants me to be* in the hospital.
Мы **хоте́ли, что́бы на́ши сосе́ди забо́тились** о здоро́вье.	We *wanted our neighbors to take care* of their health.

The conjunction **что́бы** is used after a verb that expresses a request (**хоте́ть, проси́ть/по-, сказа́ть** — see 9.3 below). The verb in the second clause, after **что́бы**, is always in the past tense, even though the meaning is not past tense.

subject 1 + **хоте́ть, чтобы** + subject 2 + past-tense verb form
↓   ↓   ↓   ↓   ↓
Врач   **хо́чет, чтобы**   **я**   **лежа́л** в больни́це.

Упражнение

Что хо́чет врач, что́бы де́лал Гри́ша? Grisha does not want to do anything the doctor has ordered. Indicate that the doctor wants him to do (or not do!) these things.

Образе́ц: Гри́ша не хо́чет лежа́ть → *Врач хо́чет, что́бы Гри́ша*
в больни́це. *лежа́л в больни́це.*

1. Гри́ша не хо́чет принима́ть лека́рство.
2. Он не хо́чет лежа́ть в посте́ли три дня.
3. Он не хо́чет де́лать заря́дку.
4. Он хо́чет кури́ть.
5. Он не хо́чет отдыха́ть.
6. Он не хо́чет пра́вильно есть.
7. Он не хо́чет забо́титься о здоро́вье.

➤ *Complete Oral Drill 11 and Written Exercises 5–6 in the Workbook.*

9.3 Спра́шивать/спроси́ть vs. проси́ть/попроси́ть

Russian has two "asking" verbs: **спра́шивать/спроси́ть** — *to inquire, to ask a question, to ask for information* and **проси́ть/попроси́ть** — *to request, to ask for a favor.*

Мы **спроси́ли** дру́га, как он чу́вствует себя́.	We *asked* our friend how he felt.
Он сказа́л, что ему́ пло́хо, и он **попроси́л** нас купи́ть ему́ лека́рство.	He said he felt bad and he *asked* us to buy him some medicine.
Сосе́д по ко́мнате **спроси́л,** есть ли у тебя́ все уче́бники.	Your roommate *asked* if [whether] you have all your textbooks.
Сосе́д по ко́мнате **попроси́л** нас переда́ть тебе́ уче́бники.	Your roommate *asked* us to pass along your textbooks.

спра́шивать	спроси́ть		проси́ть / по-
спра́шива-**ю**	спрош-**у́**		прош-**у́**
спра́шива-**ешь**	спро́с-**ишь**		про́с-**ишь**
спра́шива-**ют**	спро́с-**ят**		про́с-**ят**

The verb **проси́ть/по-,** like the verb **хоте́ть,** can be used with a **что́бы** clause, since one person is asking someone else to do something. Unlike other verbs that express requests, the verb **проси́ть/по-** can also take an infinitive. The following pairs of Russian sentences have the same meaning.

Врач **попроси́л** меня́ не кури́ть.	Врач **попроси́л, что́бы** я не кури́л(а).	The doctor *asked* me *not to smoke.*
Ка́тя **про́сит** подру́гу позвони́ть.	Ка́тя **про́сит** подру́гу, **что́бы** она́ позвони́ла.	Katya *asks* her friend *to call.*
Мы **попро́сим** сосе́да нам помо́чь.	Мы **попро́сим, что́бы** сосе́д нам помо́г.	*We'll ask* our neighbor *to help us.*

With other verbs expressing requests, you cannot use an infinitive. You can only use **что́бы:**

Врач **сказа́л, что́бы** я не кури́л.   The doctor *told me* not to smoke.

Упражнения

А.   Вы́берите ну́жный глаго́л.

1. Зи́не пло́хо. Она́ (спроси́ла/попроси́ла) му́жа вы́звать врача́. Муж (спроси́л/попроси́л), что у неё боли́т.
2. Врач всегда́ (спра́шивает/про́сит) о здоро́вье. Он (спра́шивает/про́сит) всех занима́ться спо́ртом, не кури́ть и пра́вильно есть.
3. Если я за́втра не почу́вствую себя́ лу́чше, я (спрошу́/попрошу́) врача́ вы́писать мне лека́рство. Она́, наве́рное, (бу́дет спра́шивать/бу́дет проси́ть), кака́я у меня́ температу́ра.
4. Эд упа́л и слома́л но́гу. Он лежи́т в больни́це. Окса́на его́ (спра́шивает/про́сит), что случи́лось.
5. Эд упа́л и слома́л но́гу. Он лежи́т в больни́це. Сосе́д по ко́мнате (спроси́л/попроси́л), что́бы Окса́на переда́ла ему́ уче́бники.

Б.   Соста́вьте предложе́ния. You received a letter from Tolya that contained the following questions and requests. Convey the information to another friend.

Образцы́:   Что но́вого?   →   *То́ля спра́шивает, что но́вого.*
Расскажи́ о   →   *Он про́сит, что́бы я рассказа́л(а)*
ку́рсах!   *о ку́рсах.*
Ты просты́л?   →   *То́ля спра́шивает, просты́л ли ты.*

1. Како́й у тебя́ люби́мый курс?
2. Ты сейча́с чита́ешь интере́сные кни́ги?
3. Расскажи́ о кни́ге.
4. У тебя́ есть други́е увлече́ния?
5. Ты занима́ешься спо́ртом?
6. Ты ча́сто хо́дишь в спорти́вный ко́мплекс?
7. Напиши́ письмо́ о том, как ты прово́дишь свобо́дное вре́мя.

8. Пра́вда, что мно́гие америка́нцы де́лают заря́дку ка́ждый день?
9. Что ты ду́маешь о систе́ме здравоохране́ния* в ва́шей стране́?
10. Купи́ мне кни́гу о ва́шей систе́ме здравоохране́ния.

*систе́ма здравоохране́ния — *health care system*

➤ *Complete Oral Drill 12 and Written Exercise 7 in the Workbook.*

9.4   The Instrumental Case for Instrument

A fundamental use of the instrumental case is to express the *instrument* by which an action is carried out. In English this idea is often expressed through the word *with* in the sense of *by means of* or *using*.

У нас ле́чат таку́ю боле́знь **антибио́тиками.**	In our country a disease like that is treated *with (by means of / using) antibiotics.*

Contrast the use of the instrumental case for instrument, and the instrumental case used after the preposition **с** meaning *with* or *together with*.

На́дя пи́шет сочине́ние **ру́чкой.**	Nadya is writing her composition *with a pen.*
На́дя пи́шет сочине́ние **с Та́ней.**	Nadya is writing her composition *with Tanya.*

Упражнения

A.   Как по-ру́сски? For each phrase in boldface, indicate whether it would be rendered in Russian by the instrumental case alone, or by **с** plus the instrumental case.

1. Alex went to the movies **with Pasha.** They saw a new Russian film **with subtitles.** They have to write compositions about the film. Alex is going to write out his composition **with a pen,** and Pasha is going to type his on the computer.
2. Usually they treat this disease **with penicillin,** but I'm allergic to it, so they're treating me **with other antibiotics.** The doctor also wants me to take vitamins. My roommate went to the drugstore, and the medicine together **with the vitamins** cost more than I expected.

Б.   Кого́ чем ле́чат?   Indicate how the following people are being treated.

Образе́ц: Ми́ша — но́вое лека́рство →
Ми́шу ле́чат но́вым лека́рством.

1. Са́ша — антибио́тики
2. Бо́ря — аспири́н
3. Ло́ра — витами́ны
4. Дми́трий Петро́вич — пеницилли́н
5. Алекса́ндра Ива́новна — э́ти табле́тки

B. Кто чем пи́шет? Indicate what the following people are using to write.

Образе́ц: Ма́ша — но́вый каранда́ш →

Ма́ша пи́шет но́вым карандашо́м.

1. Со́ня — кра́сная ру́чка
2. Ла́ра — си́няя ру́чка
3. Ва́ня — чёрная ру́чка
4. Ива́н Миха́йлович — бе́лый мел*
5. Анна Бори́совна — цветно́й мел
6. я — ?

*мел — *chalk*

➤ *Complete Oral Drill 13 in the Workbook.*

9.5   Answering Yes-No Questions with Key Words

Compare how Russian and English give short answers to questions.

— Ми́ша бо́лен?	"Is Misha ill?"
— **Бо́лен.**	*"Yes, he is."*
— Он пойдёт к врачу́?	"Will he go see the doctor?"
— Наве́рное, **пойдёт.**	*"He* probably *will."*
— Он зна́ет, что́ с ним?	"Does he know what's wrong?"
— Нет, **не зна́ет.**	*"No, he doesn't."*

As you can see, English uses helping verbs in short answers. To give a short answer in Russian, repeat the word that is the focus of the question.

Упражне́ние

Отве́тьте на вопро́сы. Give short answers to the following questions.

1. Вы здоро́вы?
2. Вы принима́ете витами́ны?
3. Вы когда́-нибудь лежа́ли в больни́це?
4. Вы вчера́ ходи́ли к врачу́?
5. Вы де́лаете заря́дку?
6. Вы бе́гаете?
7. Вы пла́ваете?
8. Вы забо́титесь о своём здоро́вье?
9. Вы занима́етесь спо́ртом?
10. Вы чу́вствуете себя́ хорошо́?

➤ *Complete Oral Drill 14 in the Workbook.*

⬛ Давайте почитаем

A. Как до́лго вы проживёте?

1. This self-test for life expectancy is divided into three parts: personal qualities, life style, and age. Read the subheading and determine what age is taken as the starting point.
2. Now take the test. How long does it predict you will live?
3. In the text, find each of the following words and expressions. Determine their meaning from context.

    а. **прибавля́ть/приба́вить**

    б. **отнима́ть/отня́ть**

    в. **пре́дки**

    г. **боле́знь се́рдца**

    д. **одино́чество**

    е. **от** (*чего́*) **. . . до** (*чего́*)

    ж. **па́чка**

    з. **стака́н**

    и. **напи́ток**

    к. **медици́нская диспансериза́ция** (Hint: a word similar in meaning, and more commonly used, is **осмо́тр,** in the following paragraph.)

4. **Счита́ть** means *to consider.* **Вы́ше сре́днего** means *above average.* What is **Если ваш дохо́д счита́ется вы́ше сре́днего. . . ?** Why is the verb reflexive (**счита́ется**)?
5. **Образова́ние** means *education.* What is **вы́сшее образова́ние?**
6. You know the word **пить** — *to drink.* Which verb in this text is related to it?
7. **Как по-ру́сски?**

    a. with a population of over. . .   d. physical labor

    b. even-tempered   e. in a small town

    c. Is it easy to get you riled?

Слова́рь

    бо́лее = бо́льше

    дохо́д — income

    ежего́дно = ка́ждый год, раз в год

    избы́ток ве́са — extra weight

    име́ть — to have (*used mostly in written texts*)

    инфа́ркт — heart attack

    -ли́бо = -нибудь

    парали́ч — stroke

    по кра́йней ме́ре — at least; no less than

    рак — cancer

    счастли́вый (сча́стлив -а, -о, -ы) — happy

    супру́г, супру́га — spouse (*husband, wife*)

    су́тки = 24 часа́

    тре́бовать (чего́) — to demand (*something*)

КАК ДОЛГО ВЫ ПРОЖИВЕТЕ?

За точку отсчета возьмите 72 года. А после этого займитесь сложением и вычитанием.

ЛИЧНЫЕ КАЧЕСТВА

—Если вы мужчина — отнимите 3.

—Если вы женщина — прибавьте 4.

—Если вы живете в черте города с населением более 2 миллионов человек — отнимите 2.

—Если вы живете в поселке с населением до 10 тысяч человек или в деревне — прибавьте 2.

—Если кто-либо из ближайших предков (дедушка или бабушка) прожил до 85 лет — прибавьте 2.

— Если все четыре дедушки и бабушки дожили до 80 лет — прибавьте 6.

—Если кто-либо из родителей умер от инфаркта или от паралича в возрасте до 50 лет — отнимите 4.

—Если родители, брат или сестра до 50 лет имели или имеют рак или болезни сердца, или больны диабетом с детства — отнимите 3.

—Если ваш доход считается выше среднего — отнимите 2.

—Если у вас высшее образование — прибавьте 1.

—Если у вас есть научная степень — прибавьте еще 2.

—Если вам 65 лет или более и вы работаете — прибавьте 3.

—Если вы живете с супругом или сожителем — прибавьте 5. Если нет — отнимите 1 за каждые десять лет жизни в одиночестве, начиная с 25 лет.

ОБРАЗ ЖИЗНИ

—Если у вас сидячая работа — отнимите 3.

—Если ваша работа требует постоянного, тяжелого физического труда — прибавьте 3.

—Если вы энергично занимаетесь спортом (теннис, плавание, бег и т.д.) 5 раз в неделю по крайней мере полчаса — прибавьте 4, или 3 раза в неделю — прибавьте 2.

—Спите ли вы более 10 часов каждую ночь? — отнимите 4.

—Вы впечатлительны, агрессивны, вас легко вывести из себя? — отнимите 3.

—Вы уравновешены, спокойны? — прибавьте 3.

—Вы счастливы? — прибавьте 1. Несчастливы? — отнимите 2.

—Штрафовали ли вас за превышение скорости в прошлом году? — отнимите 1.

—Курите более 2 пачек в день? — отнимите 8. От одной до 2 пачек? — отнимите 6. От половины до 1 пачки? — отнимите 3.

—Выпиваете ли вы 1.5 стакана каких-либо алкогольных напитков в сутки? — отнимите 1.

—Ваш избыток веса составляет 20 кг и более — отнимите 8, от 12 кг до 20 кг — отнимите 4, от 4 кг до 12 кг — отнимите 2.

—Если вы мужчина после 40 лет и ежегодно проходите медицинскую диспансеризацию — прибавьте 2.

—Если вы женщина и раз в год проходите осмотр у гинеколога — прибавьте 2.

УТОЧНЕНИЕ ВОЗРАСТА

—Если вам между 30 и 40 — прибавьте 2.

—Если вам между 40 и 50 — прибавьте 3.

—Если вам между 50 и 70 — прибавьте 4.

—Если вам после 70 — прибавьте 5.

Получившаяся у вас после всех сложений и вычитаний окончательная цифра и будет означать возможную продолжительность вашей жизни.

Б.   Как сде́лать зи́му коро́че. Экспре́сс Ltd., a Moscow weekly tabloid, gave its readers some advice on staying healthy through the winter.

1. **Words you will need.** Familiarize yourself with these words before reading this passage.

   вещество́ — substance
   выводи́ть/вы́вести — to remove
   голода́я — while going hungry; **не голода́я** — without going hungry
   давле́ние — pressure
   кипяти́ть/про- — to boil
   кише́чная фло́ра — intestinal chemistry
   наполови́ну = на 50 проце́нтов
   наступле́ние — onset
   облива́ть — pour
   органи́зм — organism (*in the sense of the internal workings of the body*)
   пита́ться = есть (What case does пита́ться take?)
   посеща́ть — to attend
   сре́дство = ме́тод
   худе́ть/по- — to lose weight
   яд — toxin

   Useful expressions. The words below would be useful in your active vocabulary.

   в тече́ние (*чего́*) — for a period of . . . : **в тече́ние дня** — for a period of one day
   доста́точно — enough
   есте́ственный — natural
   несмотря́ (*на что, кого́*) — despite . . .
   о́ба, о́бе — both: this word works like **два, две**. It agrees in gender with the noun it modifies and takes genitive singular: **о́бе руки́** — both hands.
   переры́в — break; rest period
   продолжа́ться — to last; to go on
   просту́да — cold

2. **Using what you know.** Most of the words of this article are new to you. Don't read word for word. Remember that this is an advice column. Look for imperatives telling you what to do. List five pieces of advice based on five imperatives.

3. **Main ideas.** What was said about the following topics?

   · losing weight without going hungry
   · boiling water
   · the length of colds caught by people who regularly use the sauna
   · pouring cold water on one's hands
   · evening walks
   · room temperature
   · sleep
   · flu immunizations

ЧАШЕЧКА ГОРЯЧЕЙ ВОДЫ, ХОЛОДНОЕ ОБЛИВАНИЕ, БАНЯ И НЕСКОЛЬКО КИЛОГРАММОВ ЯБЛОК

СДЕЛАЮТ ЗИМУ КОРОЧЕ

С наступлением холодной погоды организм перестраивается на зиму. И чувствуешь себя не так бодро, как летом. «Но каждый может повысить свой тонус», — считает специалист по естественным средствам и методам лечения доктор Хельмут Браммер из Дипхольца (Германия). Если вы воспользуетесь некоторыми его советами, то перенесете зиму без потерь для здоровья.

Попробуем похудеть

В течение одной недели питайтесь только яблоками в неограниченном количестве. Так выводятся шлаки из организма, и вы, не голодая, можете похудеть почти на три килограмма.

Как вывести из организма вредные вещества

Выпивайте ежедневно два литра горячей воды. Утром прокипятите водопроводную воду в течение 10 минут и залейте ее в термос. Каждые полчаса в течение дня выпивайте маленькими глотками по одной чашке. Эта вода, не содержащая минеральных веществ, выводит из организма яды, нормализует кишечную флору.

Попытайтесь закаляться

Один раз в неделю посещайте сауну. Это лучшая профилактика от простуды. И если, несмотря на это, вы все же подхватите насморк, то он пройдет у вас через 4 дня (обычно он продолжается неделю).

Стресс можно предотвратить

Пойте, если утром едете на работу на машине. Во время перерывов на работе обливайте обе руки холодной водой, пока они не покроются мурашками. Это снижает повышенное давление. По вечерам гуляйте по полчаса, даже когда идет дождь. Все это естественным образом нейтрализует стресс, который ослабляет сопротивляемость организма.

Обеспечьте себе здоровый сон

Температура в спальне не должна превышать 17°C. Спите по возможности при открытом окне или форточке (разогретый воздух сушит кожу). Тот, кто в зимние месяцы спит достаточно (минимум 8 часов в сутки), наполовину меньше рискует простудиться.

Не забудьте сделать прививки

Хронические больные (болезни сердца, диабет, астма) или люди с ослабленным здоровьем должны осенью сделать прививки от гриппа. Она защитит вас не только от вируса, но даст мощный импульс имунной системе.

4. **Using context.** Match these words and their meanings:

бо́дро	adjust
перестра́иваться	attend
подхвати́ть	buoyant
профила́ктика	cup
то́нус	catch
ча́шка, ча́шечка	prevention
шла́ки	(muscle) tone
	slag; waste

5. **Using roots.** The root **-выс-** (and its variant **-выш-**) means "high" or "raised." Using context, figure out what the following words mean:

повы́сить
превыша́ть
повы́шенное

6. **Cognates.** Foreign verbs are often formed by means of **-овать**. In what context were these cognate verbs used? What do they mean?

нормализова́ть
нейтрализова́ть
рискова́ть

B.   Боле́зни быва́ют ра́зные...

The following poem by Marina Tsvetaeva appeared as a song in the classic Russian New Year's film, **Иро́ния судьбы́** (1975).

Мари́на Ива́новна Цвета́ева (1892–1941) родила́сь в Москве́. Её мать была́ пиани́сткой, а оте́ц профе́ссором Моско́вского университе́та. Он основа́л музе́й, кото́рый тепе́рь называ́ется Госуда́рственный музе́й изобрази́тельных иску́сств и́мени А. С. Пу́шкина. В 1922 году́ Цвета́ева уе́хала из Сове́тской Росси́и за грани́цу, к му́жу, Серге́ю Я́ковлевичу Эфро́ну, кото́рый уже́ находи́лся в Евро́пе. У них бы́ло две до́чери, Ариа́дна и Ири́на. Втора́я дочь, Ири́на, умерла́ в де́тском до́ме в голо́дном 1920 году́, во вре́мя гражда́нской войны́. Сын Гео́ргий роди́лся в 1925 году́. Цвета́ева с семьёй жила́ в Пра́ге, а пото́м в Пари́же. В конце́ тридца́тых годо́в они верну́лись в Сове́тский Сою́з. Му́жа арестова́ли и расстреля́ли, дочь Ариа́дну то́же арестова́ли и отпра́вили в ла́герь. Цвета́еву с сы́ном эвакуи́ровали в нача́ле войны́ в Ела́бугу, в Тата́рию, на восто́к от Москвы́. Там она́ поко́нчила с собо́й в а́вгусте 1941 го́да.

голо́дный — hungry
гражда́нская война́ — civil war (1918–22)
грани́ца — border
   за грани́цу — abroad (*accusative used with a motion verb*)
де́тский дом (детдо́м) — дом, в кото́ром живу́т де́ти без роди́телей
изобрази́тельные иску́сства — fine arts
ла́герь — camp; prison camp
основа́ть (*perf.*) — to found
расстреля́ть (*perf.*) — to shoot; execute by shooting
сосла́ть (*perf.*) — to exile

«Мне нра́вится, что вы больны́ не мной...» (1915)

Мне нра́вится, что вы больны́ не мной,
Мне нра́вится, что я больна́ не ва́ми,
Что никогда́ тяжёлый шар земно́й
Не уплывёт под на́шими нога́ми.
Мне нра́вится, что мо́жно быть смешно́й —
Распу́щенной — и не игра́ть слова́ми,
И не красне́ть удуш́ливой волно́й,
Слегка́ соприкосну́вшись рукава́ми.

Мне нра́вится ещё, что вы при мне
Споко́йно обнима́ете другу́ю,
Не про́чите мне в а́довом огне́
Горе́ть за то, что я не вас целу́ю.
Что и́мя не́жное моё, мой не́жный, не
Упомина́ете ни днём, ни но́чью — всу́е...
Что никогда́ в церко́вной тишине́
Не пропою́т над на́ми: аллилу́йя!

Спаси́бо вам и се́рдцем и руко́й
За то, что вы меня́ — не зна́я са́ми! —
Так лю́бите: за мой ночно́й поко́й,
За ре́дкость встреч зака́тными часа́ми,
За на́ши не-гуля́нья под луно́й,
За со́лнце, не у нас над голова́ми, —
За то, что вы больны́ — увы́! — не мной,
За то, что я больна́ — увы́! — не ва́ми!

Слова́рь

а́довый — hell, hellish (*adj.*)
больны́ (бо́лен, больна́) (*чем*) — sick
волна́ — wave
встре́ча (*от сло́ва* встре́титься) — meeting
горе́ть — to burn
зака́т (зака́тный) — sunset
за то́, что — because (of)
земно́й — earth (*adj.*)
зна́я — knowing
луна́ — moon
над (*чем*) — over
не́жный — tender
обнима́ть (*impf.*) — to embrace
под (*чем*) — under
поко́й — peace
при (*ком*) — in someone's presence
пропе́ть (пропо-ю́, -ёшь, -ю́т) (*perf.*) — to sing
про́чить (*impf.*) — (*here*) to condemn
распу́щенный — быть распу́щенным — to let one's hair down, not be on guard
ре́дкость — infrequency
рука́ — hand
са́ми — yourself, oneself
се́рдце — heart
слегка́ соприкосну́вшись рукава́ми — when our sleeves touch
споко́йно — peacefully; without worrying
тишина́ — quiet
тяжёлый — heavy
уду́шливый — stifling, suffocating

уплы́ть (уплывёт) (*perf.*) — to swim away
упомина́ть и́мя всу́е (*impf.*) — to take someone's name in vain
целова́ть (целу́-ю, -ешь, -ют) (*impf.*) — to kiss
шар — sphere

Дава́йте послу́шаем

Рекла́ма. You are about to hear an advertisement for a private medical clinic called the **Оздорови́тельный це́нтр нетрадицио́нной медици́ны.** The term **нетрадицио́нный** here has a number of applications, referring to folk medicine, oriental treatments, and parapsychology (which many Russians take quite seriously), as well as technological innovations that have not been put into wide use. Here are some terms you may need:

лека́рственные тра́вы и сбо́ры — medicinal herbs and mixtures
явле́ние — phenomenon
инфа́ркт (миока́рда) — heart attack
мануа́льная терапи́я — chiropractic

1. Before listening, list some categories of treatment you expect to hear about in such an announcement.
2. Listen to find out if the announcement contains any of the categories you expected.
3. Listen to the text again for the following specific information.

    a. The advertisers are proud of the people who work for them. What do they say about their qualifications?
    b. What sort of therapy does this clinic claim is effective, painless, and devoid of harmful side effects?
    c. List at least five disorders that this clinic treats. State as much as you can about the nature of the treatment offered for each disorder.

4. **Words from context.** Break up each of the following words into its constituent parts. Determine each word's part of speech (noun, adjective, verb, etc.) and its meaning. State in what context the words were used.

    а. **безболе́зненность**
    б. **безопа́сность**
    в. **обезбо́ливание**
    г. **немедикаменто́зное лече́ние**

5. **Recognizing cognates in context.** What do the following words **аллерги́ческое явле́ние** and **протéз** mean? The term **стоматологи́ческий** is a cognate from *stomatological.* To what field of medicine does this word refer?

6. **Cognates.** Listen to the advertisement again to find Russian equivalents for the words below. Do your best to come up with the *nominative* case forms.

    a. consultations
    b. laser therapy
    c. infrared
    d. cardiologist
    e. -itis
    f. stress
    g. psychiatrist
    h. psychologist
    i. anonymous (*adj.*) or anonymity (*n.*)
    j. alcoholic (person, not beverage)

Обзорные упражнения

A. Туристи́ческая гру́ппа в Росси́и.

In Tver (over two hours north of Moscow), you are in charge of a group of tourists from your hometown. One of them (played by another student) has come down with serious stomach cramps. You do not want to deal with public health facilities. Your best option is a private clinic. Read the announcements below and find the clinic that best suits your needs.

Кооператив «ГИППОКРАТ»

ПРОВОДИТ

- раннюю диагностику беременности без осмотра, обследование на СПИД и консультативный прием гинеколога
- гастроэнтерологическое обследование
- лечение с помощью мануальной терапии
- консультацию и лечение больных с невротическими и неврозоподобными состояниями

ул. Попова, д. 12.
Справки по телефону 18-22-17

ЛУЧШИЕ ВРАЧИ ДЛЯ ВАС!

Экстренное анонимное прерывание запоев, лечение похмельного состояния на дому. Лечение алкоголизма эффективными методами. Лечение депрессий. Массаж, мануальная терапия. Наши специалисты учат родителей методам лечебной физкультуры.
Все это для вас в медицинской ассоциации «МИТС».
Справки по телефону 214-89-67 с 9 до 21 час.

ЕСЛИ ВЫ УСТАЛИ ОТ ОТЕЧЕСТВЕННОЙ МЕДИЦИНЫ — ПРИХОДИТЕ К НАМ!

Медицинский центр «Физздоров», ул. Волгина 45, предлагает:
— занятия ритмической и атлетической гимнастикой, лечебной физкультурой; различные виды массажа; лечение от ожирения — телефон 345-89-54.
— консультацию и лечение больных с невротическими состояниями, а также лечение табакокурения методами восточной акупунктуры и электропунктуры. Телефон 345-98-96.

Б.   Письмо́ преподава́телю. In Russia, you have been sick for a number of days. You avoided the doctor and therefore you have no **медици́нская спра́вка** excusing you from the classes and major exam that you missed. Write a page-long note (skipping lines) to your teacher explaining the nature of your illness (that it was serious enough to keep you out of school). Explain why you did not see a doctor.

В.   Сочине́ние.

1. Write a short composition about an illness you or someone you know experienced. You might include such things as how old you were, what hurt, what was wrong with you, whether you went to the doctor, whether you took medicine, what you did when you felt better.

2. After you have completed your composition, have one or two classmates read it. Discuss its organization. Does it have a definite beginning, middle, and end? Consider ways in which you might change the sequencing of information to make the story more understandable and/or more interesting to your reader.

3. Revise your composition, based on the suggestions made by your classmate(s). Your teacher may wish to look at your first draft *and* your revised version.

Новые слова и выражения

NOUNS

Части тела
	Body Parts
волосы (*pl.*)	hair
глаз (*pl.* глаза)	eye
голова	head
горло	throat
грудь	chest, breast
губа (*pl.* губы, губам, губами, губах)	lip
живот	stomach
зуб	tooth
колено (*pl.* колени)	knee
нога (*pl.* ноги, ногам, ногами, ногах)	leg
нос	nose
палец (*pl.* пальцы)	finger
плечо (*pl.* плечи, плечам, плечами, плечах)	shoulder
рот	mouth
сердце	heart
спина	back
шея	neck
ухо (*pl.* уши, ушам, ушами, ушах)	ear
язык (*ending always stressed*)	tongue

Другие слова
	Other Words
анализ	test
ангина	strep throat
антибиотик	antibiotic
болезнь (*fem.*)	disease, illness
боль (*fem.*)	pain
больница	hospital
больной (*adj. declension*)	patient
бронхит	bronchitis
гастрит	gastritis
грипп	flu
доктор	doctor (*used as form of address*)
лекарство (*от чего*)	medicine (*for what*)
мел	chalk
насморк	nose cold; stuffed nose; runny nose
пенициллин	penicillin
поликлиника	clinic
простуда	cold (*illness, not temperature*)
просьба	request
ребята (*pl.*)	kids, guys

Новые слова и выражения

рентге́н	x-ray
реце́пт (*на что*)	prescription (*for*)
сальмонеллёз	salmonella
табле́тка	pill
температу́ра	temperature
уко́л	injection
уче́бник	textbook

ADJECTIVES

высо́кий (не-)	high (not)
инфекцио́нный	infectious
пла́тный	for pay; requiring payment
поле́зный	useful
совреме́нный	modern

VERBS

беспоко́ить (*impf.*) (беспоко́-ю, -ишь, -ят)	to disturb, upset
боле́ть (боли́т, боля́т) (*impf.*) (*у кого́*)	to hurt
вы́глядеть (*impf.*) (вы́гляж-у, вы́гляд-ишь, -ят)	to look, appear
вызыва́ть/вы́звать (вызыва́-ю, -ешь, -ют) (вы́зов-у, -ешь, -ут)	to call, summon
выпи́сывать/вы́писать (выпи́сыва-ю, -ешь, -ют) (вы́пиш-у, -ешь, -ут)	1. to prescribe; 2. to release (*from hospital*)
жа́ловаться (*impf.*) (жа́лу-юсь, -ешься, -ются)	to complain
На что вы жа́луетесь?	(*lit.*) What is your complaint? What's wrong?
ка́шлять (*impf.*) (ка́шля-ю, -ешь, -ют)	to cough
лежа́ть/по- (в больни́це) (леж-у́, -и́шь, -а́т)	to lie, to be (in the hospital)
лома́ть/с- (*себе́ что*) (лома́-ю, -ешь, -ют)	to break
лечи́ть(ся)/вы- (лечу́[сь], ле́чишь[ся], ле́чат[ся])	to treat, cure (be treated, be cured)
ме́рить/из- (ме́р-ю, -ишь, -ят)	to measure
обеща́ть (*impf.*) (*кому́*) (обеща́-ю, -ешь, -ют)	to promise

Новые слова и выражения

отпусти́ть (*perf.*)
  (отпущ-у́, отпу́ст-ишь, -ят)
to release

передава́ть/переда́ть
  (переда-ю́, -ёшь, -ю́т)
  (переда́м, переда́шь, переда́ст,
  передади́м, передади́те, передаду́т;
  past переда́л, передала́, переда́ли)
to pass on; to transmit

принима́ть/приня́ть (лека́рство)
  (принима́-ю, -ешь, -ют)
  (прим-у́, при́м-ешь, -ут;
  past при́нял, приняла́, при́няли)
to take (*medicine*)

приноси́ть/принести́
  (принош-у́, принос-ишь, -ят)
  (принес-у́, -ёшь, -у́т;
  past принёс, принесла́, принесли́)
to bring

проси́ть/по-
  (прош-у́, про́с-ишь, -ят)
to request

просты́ть (*perf.*)
  Я просты́л(а).
to catch cold
  I have a cold.

растя́гивать/растяну́ть (*себе́ что*)
  (растя́гива-ю, -ешь, -ют)
  (растян-у́, растя́н-ешь, -ут)
to strain, sprain

рвать/вы́- (*кого́*)
  Меня́ рвёт.
  Меня́ вы́рвало.
to vomit
  I am vomiting.
  I vomited.

сиде́ть/по-
  (сиж-у́, сид-и́шь, -я́т)
to sit, to be sitting

тошни́ть (*impf.*) (*кого́*)
  Меня́ тошни́т.
  Меня́ тошни́ло.
to be nauseous
  I am nauseous.
  I was nauseous.

па́дать/упа́сть
  (па́да-ю, -ешь, -ют)
  (упад-у́, -ёшь, -у́т;
  past упа́л, -а, -и)
to fall

чу́вствовать/по- себя́
  (чу́вству-ю себя́, -ешь себя́, -ют себя́)
to feel

ADVERBS

ви́димо — evidently
за (*чем*) — behind (*what*)
нева́жно — not too well
снача́ла — at first
споко́йно — calmly

Здоровье ● 349

Новые слова и выражения

ужа́сно	terribly
чуть не	nearly, almost, all but

SUBJECTLESS EXPRESSIONS

бо́льно (*кому́*)	it is painful (*to someone*)
лу́чше (*кому́*)	(*someone*) feels better
пло́хо (*кому́*)	(*someone*) feels bad
тошни́ть (*кого́*)	to be nauseous
рвать/вы- (*кого́*)	to vomit
хорошо́ (*кому́*)	(*someone*) feels good
ху́же (*кому́*)	(*someone*) feels worse

CONJUNCTIONS

хотя́	although
что́бы	*See 9.2.*

QUESTION WORD

заче́м	what for

PHRASES AND OTHER WORDS

в о́бщем	in general
На.	Here it is, take it. (*Said when handing someone something — use only with someone on* **ты.**)
Оказа́лось…	It turned out …
с утра́	since morning
ско́рая по́мощь	ambulance
У меня́ кру́жится голова́.	I feel dizzy.
Что с (*кем?*)	What's the matter (*with someone*)?

PASSIVE VOCABULARY

жар	fever
наблюда́ть (*impf.*)	to observe
причи́на	reason
систе́ма здравоохране́ния	health care system
споткну́ться (*perf.*)	to trip

PERSONALIZED VOCABULARY

_____

_____

_____

_____

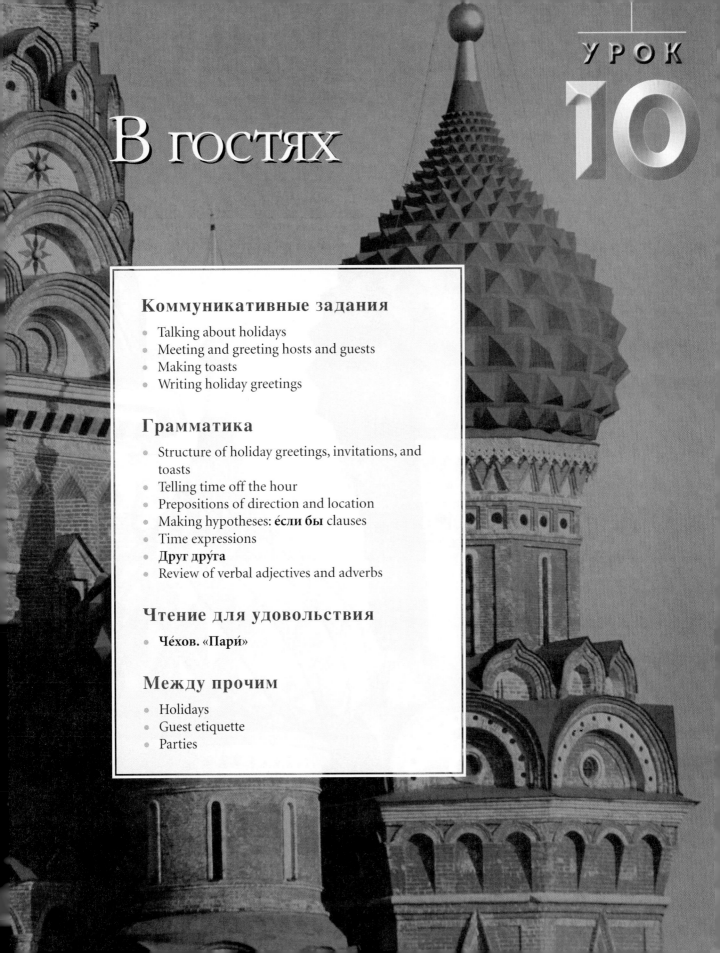

В гостях

Коммуникативные задания

- Talking about holidays
- Meeting and greeting hosts and guests
- Making toasts
- Writing holiday greetings

Грамматика

- Structure of holiday greetings, invitations, and toasts
- Telling time off the hour
- Prepositions of direction and location
- Making hypotheses: **éсли бы** clauses
- Time expressions
- **Друг друга**
- Review of verbal adjectives and adverbs

Чтение для удовольствия

- **Чéхов. «Парú»**

Между прочим

- Holidays
- Guest etiquette
- Parties

Точка отсчёта

О чём идёт речь?

А. Америка́нские пра́здники. Каки́е у вас са́мые люби́мые пра́здники?

День благодаре́ния

Рождество́

Па́сха

Но́вый год

День незави́симости

Ха́нука

День ветера́нов

День труда́

День свято́го Валенти́на

Б. Ру́сские пра́здники.

1 января́ — Но́вый год.

7 января́ — Рождество́. Orthodox Christmas has been a paid holiday since 1992.

13 января́ — Ста́рый Но́вый год. Many Russians celebrate the New Year twice, on January 1 and again on January 13, when the New Year was celebrated according to the old calendar. This is not an official holiday.

23 февраля́ — **День защи́тников Оте́чества,** Day of the Defenders of the Homeland. Before 1995 this holiday was called **День Сове́тской а́рмии и вое́нно-морско́го фло́та,** Soviet Army-Navy Day. The date was chosen in honor of a Red Army victory in 1918. It is considered the masculine equivalent of **Междунаро́дный же́нский день.** On this day women sometimes give their male relatives presents.

8 ма́рта — **Междунаро́дный же́нский день,** International Women's Day. This holiday was widely observed in socialist countries. Russians still observe this holiday—men give flowers—but the political edge (the Socialist juridical emphasis on women's equality) is gone.

Па́сха — Passover and Easter. Just as Passover dwarfs Hanukkah in religious significance for Jews, so Russian Easter dwarfs Christmas in significance in the Russian Orthodox Church.

1 ма́я — Formerly **День междунаро́дной солида́рности трудя́щихся,** Labor Day. Once the second biggest national holiday in the former Soviet Union, May 1 (which originated with the *American* labor movement in the nineteenth century) has maintained its official status, perhaps less as a celebration of the working class than as a marking of the beginning of warm weather.

9 ма́я — **День Побе́ды,** Victory Day. This holiday commemorates the surrender of Nazi Germany in 1945. The huge Russian losses during the war—over twenty million dead—give this national holiday a special significance, especially for the generation that was touched by the conflagration.

12 ию́ня — **День Росси́и,** Russia's national holiday since 1994. The date marks Russia's declaration of independence from the Soviet Union in 1990. Thus the full name of the holiday is **День деклара́ции о госуда́рственном суверените́те.**

7 ноября́ — **День примире́ния и согла́сия,** Day of National Harmony and Reconciliation. The holiday has had this title since 1996. Before then it was **День октя́брьской револю́ции.** On November 7, 1917 (October 25 by the calendar in use at the time) Bolshevik forces stormed the Winter Palace, thus toppling the fragile Russian provisional government. For 74 years the event was celebrated as the high holiday of Communism, with parades on Red Square. June 12 has now replaced November 7 as the main national holiday in Russia, but November 7 is still observed as a day of national reconciliation.

12 декабря́ — **День Конститу́ции Росси́йской Федера́ции,** Constitution Day. This celebrates the ratification of the first post-Soviet Russian constitution in 1994.

The Russians have a twist on the American system of automatic Monday holiday observations. If a holiday falls near a weekend, the weekend is rearranged. If a holiday falls on a Thursday, for example, Thursday, Friday, and Saturday will be days off, and Sunday will be a workday.

Между прочим

Russian Orthodox Calendar

The dates for Russian holidays, especially those connected with Russian Orthodoxy, can look confusing to those not familiar with the older Julian calendar used by the Serbian and the Russian Orthodox church. In 1582, under Pope Gregory XIII, the Roman Catholic Church adopted the calendar we use today. But Russia switched from the older Julian calendar to the new Gregorian calendar only after the October Revolution. By the time of the switch, the two calendars were thirteen days apart. As a result, the Russian Orthodox Church (**Ру́сская Правосла́вная Це́рковь**) observes Christmas on January 7, not December 25. Orthodox Easter also comes after its Roman Catholic and Protestant equivalents. Since the date for Orthodox Easter is calculated differently from that of Roman Catholic and Protestant Easter, the gap between the two holidays varies.

В. **Когда́?** Когда́ отмеча́ют америка́нские пра́здники?

1. _____ Де́нь благодаре́ния
2. _____ Рождество́
3. _____ Па́сха
4. _____ Но́вый год
5. _____ День незави́симости
6. _____ День ветера́нов
7. _____ Ха́нука
8. _____ День труда́
9. _____ День свято́го Валенти́на

   а. Четвёртого ию́ля.
   б. Пе́рвого января́.
   в. Два́дцать пя́того декабря́.
   г. Четы́рнадцатого февраля́.
   д. Три́дцать пе́рвого октября́.
   е. В четвёртый четве́рг ноября́.
   ж. Три́дцать пе́рвого ма́я.
   з. Пе́рвый пра́здник в сентябре́.
   и. Весно́й.
   к. В середи́не декабря́.

Г. **Когда́?** Когда́ отмеча́ют ру́сские пра́здники? Прочита́йте информа́цию в упр. **Б** и скажи́те, когда́ ру́сские отмеча́ют э́ти пра́здники.

1. _____ Де́нь Конститу́ции
2. _____ Рождество́
3. _____ Па́сха
4. _____ Но́вый год
5. _____ Ста́рый Но́вый год
6. _____ День защи́тников Оте́чества
7. _____ День Побе́ды
8. _____ День Росси́и
9. _____ Междунаро́дный же́нский день
10. _____ День примире́ния и согла́сия

   а. Восьмо́го ма́рта.
   б. Пе́рвого января́.
   в. Два́дцать тре́тьего февраля́.
   г. Двена́дцатого ию́ня.
   д. Двена́дцатого декабря́.
   е. Девя́того ма́я.
   ж. Седьмо́го января́.
   з. Седьмо́го ноября́.
   и. Трина́дцатого января́.
   к. Весно́й.
   л. Пе́рвого ма́я.

Между прочим

Ру́сское гостеприи́мство

Russian warmth and hospitality are an integral part of national tradition. Get-togethers are usually informal sit-down affairs with an abundance of food and drink, laughing and singing, even in hard times. Formal place-name dinners and quiet stand-up cocktail parties are virtually unknown.

 Д.   Разгово́ры.

Разгово́р 1. С Но́вым го́дом!
            Разгова́ривают Гэ́ри, Нэ́лли, Ле́на, Све́та, Алёша, Ва́ся и Аля.

1. Како́й пра́здник здесь отмеча́ют?
2. О каки́х пра́здниках говоря́т Гэ́ри и Нэ́лли?
3. Нэ́лли расска́зывает, как америка́нцы отмеча́ют Но́вый год. Она́ говори́т, что америка́нцы. . .

    а. пьют ме́ньше шампа́нского.
    б. гото́вят ме́ньше еды́.
    в. приглаша́ют ме́ньше госте́й.
    г. разгова́ривают ме́ньше с друзья́ми.

4. Что Нэ́лли обы́чно *не* де́лает, когда́ она́ встреча́ет Рождество́ до́ма, в США?

    а. Не идёт в го́сти к друзья́м.
    б. Не помога́ет гото́вить обе́д.
    в. Не да́рит пода́рки.
    г. Не идёт в це́рковь.

5. За кого́ предлага́ет тост Алёша?
6. Кто из госте́й опозда́л на ве́чер?
7. Что де́лают го́сти по́сле у́жина?

Разгово́р 2. Америка́нцы отмеча́ют День благодаре́ния в Росси́и.
            Разгова́ривают Ре́йчел и На́стя.

1. На како́й америка́нский пра́здник Ре́йчел приглаша́ет На́стю?
2. Что ду́мает На́стя об э́том пра́зднике?

    а. Это национа́льный пра́здник США.
    б. Это са́мый большо́й пра́здник го́да.
    в. Этот пра́здник отмеча́ют в честь пилигри́мов.
    г. На э́тот пра́здник го́сти должны́ принести́ како́е-то национа́льное блю́до.

3. Ле́на не зна́ет, что едя́т на э́тот пра́здник. Что она́ ду́мает?

Разгово́р 3. За пра́здничным столо́м.

Разгова́ривают На́стя, Эллиот и Ре́йчел.

1. Почему́ удивля́ется На́стя? Кто гото́вил у́жин?
2. Каки́е три блю́да подаю́т Эллиот и Ре́йчел?
3. В своём то́сте Эллиот расска́зывает, как На́стя помога́ла ему́ и Ре́йчел. Что На́стя де́лала для них?

   а. Знако́мила их с ру́сскими.
   б. Пока́зывала интере́сные места́ в го́роде.
   в. Помога́ла с языко́м.
   г. Дава́ла им де́ньги.
   д. Нашла́ им хоро́шую кварти́ру.

4. Ре́йчел наде́ется, что...
   а. она́ и Эллиот ско́ро верну́тся в Росси́ю.
   б. На́стя забу́дет, что она́ и Эллиот — иностра́нцы.
   в. На́стя смо́жет прие́хать в го́сти к ним в Аме́рику.
   г. она́ и Эллиот бу́дут говори́ть по-ру́сски до́ма в США.

Ме́жду про́чим

Та́почки

In many Russian homes, guests are expected to take off their shoes and put on **та́почки** (house slippers). The custom is a matter of practicality: by trading slush-covered winter boots for **та́почки**, guests are assured of comfort and hosts of clean floors.

Язык в действии

🔘 Диалоги

1. Заходите!

Лена: Здравствуй, Нелли! Гэри, привет!
Гэри: С праздником!
Лена: И вас тоже! Что вы стоите? Заходите!
Раздевайтесь, берите тапочки!
Света: Садитесь! Стол готов.
Нелли: Ой, всё выглядит так вкусно!
Света: Не стесняйтесь! Салат берите! Селёдочку!
Икру!
Алёша: Ребята, я хочу предложить тост за наших американских гостей.
Лена: Да, давайте выпьем за наших ребят.
Алёша: Я поднимаю бокал за наших друзей Гэри и Нелли. Пусть они приезжают к нам чаще.

2. Если бы вы были дома...

Алёша: Ребята, вы бы так встречали Новый год, если бы вы были у себя дома?
Гэри: Ты знаешь, у нас Новый год — не такой уж большой праздник.
Нелли: Да. Вот если бы я знала, что у вас Новый год — такой большой праздник, я бы тоже приготовила что-нибудь.
Гэри: У нас самый большой праздник года — Рождество.
Нелли: И Ханука для евреев.
Лена: Значит, большой вечер вы устраиваете на Рождество?
Гэри: Ну, как тебе сказать? Стол действительно большой. Но Рождество обычно отмечают в семье.
Нелли: Да. Как раз 25-го я здесь очень скучала по своим. Ведь если бы я была дома, мы дарили бы друг другу подарки, мы с мамой готовили бы обед, пошли бы в церковь...
Лена: А у вас все ходят в церковь на Рождество?
Нелли: Верующие ходят.

Между прочим

Когда гостям предлагают. . .

Russian hospitality can be overwhelming. So how do you say no? If you want to turn down food, you might try something like **Ой, спасибо. Это действительно очень вкусно, но я просто больше не могу.** (Keep in mind that etiquette requires your hosts to make a number of attempts to entice you.) Finally you might try: **Я на строгой диете!**

If offered something to which you are allergic, you can thank your hosts profusely and then say: **Вы знаете, у меня на это аллергия.**

If you are a **вегетарианец (вегетарианка)**, you can say so directly. Note, however, that many Russians assume that vegetarians eat fish and fowl.

If you observe religious dietary restrictions, and you don't mind indicating so openly, you could say: **В моей религии это запрещено** — *In my religion that is forbidden.*

The legal drinking age in Russia is 18. If you do not drink alcohol, say so directly: **Я непьющий (непьющая)** — *I don't drink.* If you feel you've had enough to drink but your hosts insist, you might try saying that you don't want to get drunk because of something important happening the next day: **Я боюсь опьянеть. Я рано встаю завтра.** Russian traffic regulations on driving under the influence allow for absolutely no blood alcohol level. If you drive to a gathering in Russia, you'll have to avoid drinking and explain: **Я за рулём.** — *I'm at the wheel.*

Поднимаю бокал. . . Russian toasts are ubiquitous. Even in informal settings, nearly every sip is preceded by a toast.

---

3. **С наступающим!**

    Аля: С наступающим, ребята!

   Вася: Привет! Ребята, извините, что мы опоздали.

   Лена: Да что ты, Вася! Заходите, раздевайтесь! Прошу к столу!

    Аля: Какой стол праздничный! Лена, ты, наверное, три дня готовила.

   Вася: Ребята, я бы хотел тост поднять за хозяйку дома.

 Алёша: Давай. Мы все слушаем!

   Вася: Друзья, я предлагаю выпить за Лену. За все годы нашего знакомства ты нам принесла столько счастья, столько добра. Лена, за тебя!

   Лена: Ой, Вася. Спасибо. Ты просто прелесть.

 Алёша: Ребята! Уже без пяти двенадцать! Сейчас по телевизору будет новогоднее шоу.

    Аля: Ребята! Давайте без телевизора! Поставьте музыку. Будем танцевать!

4. Приглашаем к себе!

Рейчел: Настя, мы с Эллиотом хотели бы пригласить тебя на американский праздник. Ты когда-нибудь слышала о нашем Дне благодарения?

Настя: Что-то я слышала. Это, кажется, ваш национальный праздник? А я думала, что это 4-го июля.

Рейчел: Нет, 4-ое июля — это День независимости. А День благодарения мы отмечаем в ноябре. Устраиваем большой обед.

Настя: Я с удовольствием приду. А когда это?

Рейчел: На этой неделе. В четверг. В половине шестого.

Настя: Что принести?

Рейчел: Приносить ничего не надо. Мы всё сами.

Настя: Договорились. До четверга.

5. Американский праздник в России.

Настя: Здравствуйте, ребята! С праздником!

Эллиот: Здравствуй, Настя! Проходи, раздевайся.

Настя: Ой, как вкусно пахнет! Рейчел, ты, наверное, весь день готовила.

Рейчел: Если сказать честно, это Эллиот всё готовил.

Эллиот: Настя, передай свою тарелку. Я тебе индейку положу.

Настя: Спасибо.

Эллиот: Тебе картошку положить?

Настя: Спасибо.

Рейчел: И салат бери.

6. Я предлагаю тост...

Эллиот: Настя, я предлагаю выпить за тебя. Когда мы приехали в Россию, у нас здесь не было знакомых и, сама знаешь, мы плохо знали язык. Но ты нас знакомила со своими друзьями, исправляла наши ошибки в русском языке и объясняла всё, что было нам непонятно. Спасибо.

Рейчел: Совершенно верно. За тебя, Настя.

Настя: Ребята, я не знаю, что сказать. Наше знакомство приносит мне столько радости. Я часто забываю, что вы иностранцы. Понимаете, вы мне, как родные. Мне просто становится очень грустно, когда я думаю, что вы скоро от нас уедете.

Эллиот: Ну, мы надеемся, что в следующем году ты приедешь к нам в Штаты.

Рейчел: Давайте за это выпьем.

Настя: Давайте.

Вопро́сы к диало́гам

Диало́г 1

1. Кто разгова́ривает в э́том диало́ге?
2. Кто они́ по национа́льности?
3. Кто предлага́ет пе́рвый тост?
4. За кого́ он предлага́ет э́тот тост?

Диало́г 2

1. Гэ́ри и Нэ́лли ду́мают, что Но́вый год — са́мый большо́й пра́здник в Аме́рике?
2. На како́й пра́здник Гэ́ри и Не́лли устра́ивают до́ма большо́й стол?
3. Е́сли бы Не́лли была́ до́ма на Рождество́, с кем она́ бы гото́вила обе́д?
4. Е́сли бы Не́лли была́ до́ма на Рождество́, она́ бы пошла́ в це́рковь?

Диало́г 3

1. Кто разгова́ривает в э́том диало́ге?
2. Како́й пра́здник они́ отмеча́ют?
3. За кого́ Ва́ся предлага́ет тост?
4. Кто предлага́ет посмотре́ть нового́днее шоу?
5. Кто не хо́чет смотре́ть телеви́зор?

Диало́г 4

1. На како́й пра́здник Ре́йчел и Э́ллиот приглаша́ют На́стю?
2. В како́м ме́сяце отмеча́ют э́тот пра́здник?
3. В како́й день отмеча́ют э́тот пра́здник?
4. Ре́йчел про́сит, что́бы На́стя принесла́ что́-нибудь на ве́чер?
5. Когда́ начина́ется ве́чер?

Диало́г 5

1. Кто гото́вил обе́д?
2. Что пригото́вили на обе́д?

Диало́г 6

1. Кто и за кого́ предлага́ет тост?
2. Как На́стя помогла́ свои́м америка́нским друзья́м?
3. На что наде́ются Э́ллиот и Ре́йчел?

❧ Давайте поговорим

A. Как принимают гостей?

1. Review the dialogs. Using context to help you, match each expression with the appropriate picture below. More than one expression may be used for a picture.

Заходи!
Раздевайся!
Прошу́ к столу́.
Сади́сь! Стол гото́в.
Что принести́?
Переда́й свою́ таре́лку.
Тебе́ карто́шку положи́ть?
Бери́ сала́т!

а.

б.

в.

г.

д.

е.

ж.

2. Отве́тьте на вопро́сы.

   а. Что вы ска́жете, е́сли вас приглаша́ют в го́сти и вы хоти́те узна́ть, ну́жно ли принести́ что́-нибудь (наприме́р, вино́ и́ли торт)?
   б. Что ска́жет хозя́ин в пе́рвую о́чередь, когда́ прихо́дят го́сти?
   в. Что ска́жет хозя́ин, когда́ хо́чет предложи́ть гостя́м сесть за стол?
   г. Что вы ска́жете, е́сли вам нужна́ соль?
   д. Что ска́жет хозя́ин, е́сли он хо́чет предложи́ть го́стю мя́со?

Б. Тост. Propose toasts to the members of your class.

   Образцы́: За тебя́!
              За вас!
              За Ле́ну!
              За Бори́са!
              За на́ших друзе́й!
              За всех студе́нтов!

В. Подгото́вка к разгово́ру. Review the dialogs. How would you do the following?

1. Greet someone on a holiday.
2. Respond to a holiday greeting.
3. Invite guests to come inside.
4. Offer to take a guest's coat.
5. Ask guests to put on house slippers in place of their shoes.
6. Say how good all the food looks.
7. Indicate what is the biggest holiday of the year in your country.
8. Say that Christmas is normally celebrated within the family.
9. Apologize for being late.
10. Offer a toast to your hostess.
11. Say it is five minutes to twelve.
12. Invite a Russian friend to spend Thanksgiving (Fourth of July, Christmas, New Year's) with you.
13. Say you are organizing a big dinner (a party).
14. Accept an invitation.
15. Ask if you can bring anything.
16. Say it smells good.
17. Offer to put turkey (potatoes, vegetables) on someone's plate.
18. Invite guests to help themselves to salad (meat, potatoes, turkey).

Г. Игровы́е ситуа́ции.

1. You are in Russia for Thanksgiving. Invite a Russian friend to have Thanksgiving dinner with you.
2. You are spending New Year's Eve with Russian friends. They ask how you would spend the holiday if you were at home. Answer, giving as much detail as you can.
3. Your Russian friends are interested in how Americans celebrate birthdays. Explain how you and your family and friends like to celebrate birthdays.
4. It is the end of your semester in Russia and your favorite teacher has invited your class to dinner. You have all had a wonderful time and your group has asked you to propose a toast to your teacher.
5. You are at a party in Russia, where you know very few of the guests. Strike up a conversation with someone and make small talk. Find out as much as you can about this person.
6. Describe how your favorite holiday is celebrated.
7. With a partner, prepare and act out a situation of your own that deals with the topics of this unit.

Д.   Устный перево́д. A Russian delegation is visiting your university. You have been asked to interpret at a formal dinner given in their honor. Render the following toast into Russian.

ENGLISH SPEAKER'S PART:

1. I'd like to propose a toast to our Russian friends.
2. You came to our university just a few months ago, but it seems we have known you for many years.
3. When you arrived in this country, you didn't know English very well.
4. To tell the truth, we didn't know if we'd be able to communicate with you at all.
5. But we worried for nothing. I can tell you that our friendship has brought all of us such joy. We often forget that you aren't Americans.
6. You have become like family, and although we are sad that you are leaving so soon, we know that we will see you next year in Russia. To our Russian friends.

Грамматика

10.1 Wishing Someone a Happy Holiday: С праздником!

С пра́здником serves as an all-purpose holiday greeting. The following specific holiday greetings are also used.

С Но́вым го́дом!	Happy New Year!
С Рождество́м (Христо́вым)!	Merry Christmas!
С днём рожде́ния!	Happy Birthday!

In Dialog 3 a guest says **С наступа́ющим!** on arriving at a New Year's party. She is greeting everyone with the *approaching* New Year (it is still before midnight).

To reply *You too* or *The same to you,* say **И вас то́же!** or **И тебя́ то́же!**

The reason for the use of the instrumental and accusative cases becomes evident if you look at the entire phrase, even though it is generally shortened as noted above:

Поздравля́ю вас (тебя́) с пра́здником!   I greet you with the holiday!

Упражнение

С пра́здником! Соста́вьте коро́ткие диало́ги.

> Образе́ц: Но́вый год →
> — *С Но́вым го́дом!* — *И тебя́ то́же!*

1. День благодаре́ния
2. Па́сха
3. Но́вый год
4. Рождество́
5. Ха́нука
6. День незави́симости
7. день рожде́ния (*Think about the response!*)
8. пра́здник

➤ *Complete Oral Drill 1 and Written Exercise 1 in the Workbook.*

10.2 Talking About Celebrating Holidays

To talk about celebrating the New Year, use the verb **встреча́ть: Как вы встреча́ли Но́вый год?** — *How did you celebrate the New Year?* (*literally: How did you greet the New Year?*)

To talk about celebrating other holidays, use the verb **отмеча́ть: Как вы отмеча́ли день рожде́ния (Рождество́, Па́сху, . . .)?** — *How did you celebrate your birthday (Christmas, Passover/Easter, . . .)?*

Упражнение

О себе. Ответьте на вопросы.

> Образец: Где вы отмечали Хануку в прошлом году? →
> *Я отмечал(а) Хануку дома у родителей.*
> *Я отмечал(а) Хануку в Нью-Йорке.*
> *Я не отмечал(а) Хануку.*

1. Где вы отмечали Хануку в прошлом году?
2. Где вы отмечали День независимости в США в прошлом году?
3. Как вы обычно отмечаете американский День независимости?
4. Где вы отмечали американский День благодарения в прошлом году?
5. Где вы отмечали канадский День благодарения в прошлом году?
6. Где вы встречали Новый год в прошлом году?
7. Где вы обычно встречаете Новый год?
8. Как вы обычно встречаете Новый год?
9. Где вы отмечали день рождения в прошлом году?
10. Как вы обычно отмечаете день рождения?

➤   *Complete Written Exercise 2 in the Workbook.*

10.3   Making Toasts

Russians usually offer numerous toasts at festive occasions. The basic form of a toast is
за кого/что.

A toast can be as simple as these:

За тебя!	**За Наташу!**	**За наших ребят!**
За вас!	**За Бориса!**	**За всех студентов!**

You can introduce a toast using the following formulas. Select one or two to
memorize for active use.

Preamble (*optional*)	ЗА	КОГО/ЧТО (*person or thing being toasted in the accusative case*)
Я хочу предложить тост Я хотел(а) бы предложить тост Я предлагаю тост Я предлагаю выпить Давайте выпьем Я поднимаю бокал	за	тебя вас Лену нашу подругу Вадима нашего друга наших гостей наших ребят всех студентов

Упражнение

Тост. Propose toasts to the following.

1. Екатери́на Миха́йловна
2. Ю́рий Никола́евич
3. на́ши преподава́тели
4. но́вые профессора́
5. Ди́ма и Ви́ктор
6. На́стя и Ма́ша
7. всё на́ши друзья́
8. на́ши но́вые сосе́ди
9. ва́ше здоро́вье
10. на́ше знако́мство
11. Вади́м Па́влович
12. Со́фья Бори́совна

➤ *Complete Oral Drill 2 and Written Exercises 3–4 in the Workbook.*

10.4   Making Invitations

You already know several ways to make invitations, such as: **Ты не хо́чешь пойти́ на ве́чер?** — *Would you like to go to a party?* and **Дава́йте пойдём на фильм** — *Let's go to a movie.*

It is also possible to use the Russian verb **приглаша́ть/пригласи́ть** — *to invite.*

На́стя, мы с Эллиотом хоте́ли бы **пригласи́ть** тебя́ на америка́нский пра́здник.	Nastya, Elliot and I would like *to invite* you to an American holiday.

The following imperfective imperatives are considered to be invitations.

Входи́(те)! Заходи́(те)! Проходи́(те)!	Come in.
Раздева́йся! (Раздева́йтесь!)	Take your coat off. (*Let me take your coat.*)
Сади́сь! (Сади́тесь!)	Have a seat.
Приходи́(те) в го́сти!	Come for a visit. (*to someone in your town*)
Приезжа́й(те) в го́сти!	Come for a visit. (*to someone from out of town*)

Упражнение

Как по-ру́сски?

1. *To someone in your town.*

   a. We would like to invite you to our place for dinner on Saturday.
   b. We would like to invite you to our dacha on Sunday.
   c. We would like to invite you to the movies on Tuesday.
   d. Let's go to the library tomorrow.
   e. Would you like to go to a party on Friday?
   f. Come for a visit this evening.

2. *To someone from another city.*

  a. We would like to invite you to visit us in June.
  b. We would like to invite you to come to our place in the autumn.
  c. Come for a visit.

➤ *Complete Oral Drill 3 and Written Exercise 5 in the Workbook.*

10.5   Clock Time Off the Hour

Russians use the 24-hour clock for schedules and the 12-hour clock in conversation.

— Ско́лько сейча́с вре́мени?	"What time is it now?"
— Сейча́с **3 часа́.**	"It's *3 o'clock.*"
(**три часа́**)	

| Приходи́те **в 7 часо́в!** | Come over *at 7 o'clock.* |
| (**в семь часо́в**) | |

| Сеа́нс начина́ется **в 20 часо́в.** | The showing begins *at 8 o'clock.* |
| (**в два́дцать часо́в**) | |

When the 24-hour clock is used, time expressions using minutes are stated as follows.

| По́езд отхо́дит **в 18.10.** | The train leaves *at 6:10 p.m.* |
| (**в восемна́дцать де́сять**) | |

| Музе́й открыва́ется **в 9.30.** | The museum opens *at 9:30 a.m.* |
| (**в де́вять три́дцать**) | |

In conversational Russian, time expressions using minutes are more complex.

Overview

During the first half of an hour, state the number of minutes *of the next hour.*	During the second half of the hour, state the hour *minus the number of minutes.*
Ten minutes after six is said as *Ten minutes of the seventh [hour]:* **де́сять мину́т седьмо́го.**	*Ten minutes before six* is said as *Without ten minutes six:* **без десяти́ шесть.**
↑	↑

| ordinal number adjective in genitive | cardinal number in genitive after **без** |

полови́на седьмо́го
(полседьмо́го)

lit.: half of the seventh [hour]
At 6:30: **В полови́н̲е седьмо́го.**

че́тверть седьмо́го

lit.: quarter of the seventh [hour]

без че́тверти семь

lit.: seven without a quarter

Stating the Time During the First Thirty Minutes of the Hour

The literal translation of *one minute after one* is *one minute of the second* [*hour*]. This structure is used for all times from one minute to twenty-nine minutes past the hour, as in the following examples.

1.01	Сейча́с одна́ мину́та второ́го.
2.02	Сейча́с две мину́ты тре́тьего.
3.03	Сейча́с три мину́ты четвёртого.
4.04	Сейча́с четы́ре мину́ты пя́того.
5.05	Сейча́с пять мину́т шесто́го.
6.10	Сейча́с де́сять мину́т седьмо́го.
7.13	Сейча́с трина́дцать мину́т восьмо́го.
8.18	Сейча́с восемна́дцать мину́т девя́того.
9.20	Сейча́с два́дцать мину́т деся́того.
10.21	Сейча́с два́дцать одна́ мину́та оди́ннадцатого.
11.23	Сейча́с два́дцать три мину́ты двена́дцатого.
12.29	Сейча́с два́дцать де́вять мину́т пе́рвого.

The words **че́тверть** and **полови́на** or **пол-** are used for *quarter past* and *half past*.

12.15	Сейча́с че́тверть пе́рвого.
6.30	Сейча́с полови́на седьмо́го (полседьмо́го).

Stating the Time During the Last Half of the Hour

The literal translation of *one minute before one* is *without one minute one* (*one without one minute*). The Russian word for *minute* may or may not be stated. This structure is used for all times from one minute to twenty-nine minutes before the hour, as in the following examples.

1.31	Сейча́с без двадцати́ девяти́ (мину́т) два.
2.32	Сейча́с без двадцати́ восьми́ (мину́т) три.
3.33	Сейча́с без двадцати́ семи́ (мину́т) четы́ре.
4.34	Сейча́с без двадцати́ шести́ (мину́т) пять.
5.35	Сейча́с без двадцати́ пяти́ (мину́т) шесть.
6.40	Сейча́с без двадцати́ (мину́т) семь.

7.43	Сейча́с без семна́дцати (мину́т) во́семь.
8.48	Сейча́с без двена́дцати (мину́т) де́вять.
9.50	Сейча́с без десяти́ (мину́т) де́сять.
10.51	Сейча́с без девяти́ (мину́т) оди́ннадцать.
11.53	Сейча́с без семи́ (мину́т) двена́дцать.
—12.55	Сейча́с без пяти́ (мину́т) час.
1.56	Сейча́с без четырёх (мину́т) два.
—1.57	Сейча́с без трёх (мину́т) два.
1.58	Сейча́с без двух (мину́т) два.
—1.59	Сейча́с без одно́й (мину́ты) два.

The expression **без че́тверти** is used for *quarter to:*

1.45	Сейча́с без че́тверти два.

Note the genitive case of the numbers used after the preposition **без.** The forms are given in the list above: for numbers ending in **-ь,** the genitive case ends in **-и;** for the numbers 1–4, the genitive must be learned.

In practice, most people round off clock time expressions to the nearest 5-minute interval.

Stating the Time When Something Takes Place

To state that something will occur *at* a certain time, use the preposition **в** for times on the hour and on the half hour.

Мы пришли́ домо́й **в пять часо́в.**	We came home *at five o'clock.*
Мы пришли́ домо́й **в полови́не четвёртого (в полчетвёртого).**	We came home *at three-thirty.*

Do not use **в** when stating *at* other off-hour times.

Мы пришли́ домо́й **че́тверть пя́того.**	We came home *at four fifteen.*
Мы пошли́ в кино́ **два́дцать мину́т шесто́го.**	We came home *at five twenty.*
Мы пришли́ домо́й **без че́тверти семь.**	We came home *at six forty-five.*

Specifying Morning or Evening (A.M. or P.M.)

Context often makes it clear whether one is talking about the morning or the evening, as in the sentence **Я за́втракаю в 8 часо́в.** When the specific time might be ambiguous otherwise, add **утра́, дня, ве́чера,** or **но́чи** after the clock time. These expressions are in the genitive case.

(в) три часа́ но́чи ≠ (в) три часа́ дня
(в) во́семь часо́в утра́ ≠ (в) во́семь часо́в ве́чера

Упражнения

А. **Ско́лько вре́мени?** Соста́вьте диало́ги.

Образе́ц: 4.05 → *Ско́лько сейча́с вре́мени? — Сейча́с пять мину́т пя́того.*

1. 3.10
2. 7.25
3. 2.15
4. 12.20
5. 9.04
6. 1.05
7. 11.30
8. 8.29
9. 6.08
10. 10.30
11. 4.02
12. 2.07
13. 5.15
14. 12.23

Б. **Ско́лько вре́мени?** Соста́вьте диало́ги.

Образе́ц: 4.50 → *Ско́лько сейча́с вре́мени? — Сейча́с без десяти́ пять.*

1. 3.50
2. 7.59
3. 2.45
4. 12.57
5. 9.40
6. 1.32
7. 11.35
8. 8.49
9. 6.55
10. 10.36
11. 4.58
12. 2.47
13. 5.45
14. 12.46

В. **Дава́йте встре́тимся.** Соста́вьте предложе́ния.

Образе́ц: 7.20 → *Дава́й встре́тимся два́дцать мину́т восьмо́го.*

1. 2.50
2. 6.30
3. 1.45
4. 11.00
5. 8.40
6. 12.30
7. 10.25
8. 7.15
9. 5.55
10. 9.10
11. 3.50
12. 1.30
13. 4.15
14. 11.45

Г. **О себе́.** Отве́тьте на вопро́сы.

1. Во ско́лько вы обы́чно встаёте? Во ско́лько вы вста́ли сего́дня? Вчера́?
2. Во ско́лько вы обы́чно ложи́тесь? Когда́ вы легли́* вчера́?
3. Когда́ начина́ется ва́ша пе́рвая ле́кция? Когда́ она́ конча́ется?
4. Во ско́лько начина́ется ва́ша втора́я ле́кция? Когда́ она́ конча́ется?
5. Когда́ обы́чно начина́ются вечера́ у вас в университе́те?
6. Во ско́лько начина́ется ва́ша люби́мая програ́мма по телеви́зору?

*легли́— past tense of **лечь**, perfective of **ложи́ться**

Д. **Как по-ру́сски?**

1. We're leaving for the dacha at 6:45 a.m.
2. That means we'll have to get up at 5 a.m.
3. We'll arrive at 8:15 a.m.
4. Lena has to work in the morning. She'll arrive at the dacha at 3:30 p.m.
5. We invited our neighbors to a small party. The party will begin at 7:30 p.m.
6. The guests will probably leave at 1:00 or 2:00 a.m.

➤ *Complete Oral Drills 4–7 in the Workbook.*

10.6   Location and Direction: Overview

Remember that Russian has two different words that are equivalent to the English *where* and one word for *where from:*

где	*where at* — used for location
куда́	*where to* — used for direction toward something
отку́да	*where from* — used for direction away from something

To tell where someone or something is located, use the preposition **в** or **на** followed by a place name in the prepositional case. To tell where someone is going, use the preposition **в** or **на** followed by a place name in the accusative case.

— **Где** была́ Анна?	— **Куда́** ходи́ла Анна?
— **В библиоте́ке.**	— **В библиоте́ку.**
— **Где** был Ко́ля?	— **Куда́** ходи́л Ко́ля?
— **На рабо́те.**	— **На рабо́ту.**

Recall that the preposition **в** is used with most enclosed areas (e.g., **шко́ла, библиоте́ка, рестора́н**) and the names of most cities and countries (e.g., **Москва́, Росси́я**), whereas the preposition **на** is used with wide open areas (e.g., **пло́щадь, у́лица**), with events (e.g., **ле́кция, бале́т, ве́чер**), and with "**на** words" (certain words that are used with **на** for historical reasons, e.g., **по́чта, Аля́ска, ста́нция**).

To say someone or something is at someone's place, use the preposition **у** followed by the name of a person in the genitive case. To say someone is going to someone else's place, or going to see someone, use the preposition **к** followed by the name of a person in the dative case.

— **Где** вы бы́ли?	— **Куда́** вы ходи́ли?
— **У друзе́й.**	— **К друзья́м.**

To answer the question **отку́да** — *from where,* use the preposition **из** or **с** followed by a place name in the genitive case. The opposite of **в** is **из**. The opposite of **на** is **с**.

— **Отку́да** пришла́ Анна?	— **Отку́да** пришёл Ко́ля?
— Она́ пришла́ **из библиоте́ки.**	— Он пришёл **с рабо́ты.**

To answer the question **отку́да** with the name of a person (indicating motion away from the person's place), use the preposition **от** followed by the name of a person in the genitive case.

— **Отку́да** вы пришли́?
— Мы пришли́ **от друзе́й.**

The following chart summarizes the structures used for location and direction.

	Where At где	Where To куда́	Where From отку́да
Person	**у** + *genitive* (у сосе́да)	**к** + *dative* (к сосе́ду)	**от** + *genitive* (от сосе́да)
"**в** noun"	**в** + *prepositional* (в библиоте́ке)	**в** + *accusative* (в библиоте́ку)	**из** + *genitive* (из библиоте́ки)
"**на** noun"	**на** + *prepositional* (на рабо́те)	**на** + *accusative* (на рабо́ту)	**с** + *genitive* (с рабо́ты)
Here	здесь	сюда́	отсю́да
There	там	туда́	отту́да
Home	до́ма	домо́й	из до́ма

Упражнение

А.   Как по-ру́сски?

1. "Where are you going, to the lecture or to Sasha's?"
   "We're going to a party."
   "Will Sasha be at the party?"
   "No, but her sister will be there."

2. "Are you going to the library?"
   "No, I'm coming [walking] from there."
   "How long were you there?"
   "Four hours."

3. "Did you celebrate New Year's Eve at your parents' house?"
   "No, they were at our apartment."

Б.   О себе́. Отве́тьте на вопро́сы.

1. Отку́да вы идёте на уро́к ру́сского языка́?
2. Куда́ вы идёте по́сле уро́ка?
3. Где вы бы́ли в суббо́ту?
4. Куда́ вы е́здили про́шлым ле́том?
5. У кого́ вы встреча́ли Но́вый год в э́том году́?

➤   *Complete Oral Drills 8–14 and Written Exercises 6–9 in the Workbook.*

10.7 Making Hypotheses

In Dialog 2, Alyosha asks Nellie and Gary if they would have celebrated the New Year the same way had they been at home: **Вы бы так встреча́ли Но́вый год, е́сли бы вы бы́ли у себя́ до́ма?** The particle **бы** used in each of the clauses indicates that Alyosha is talking about a hypothetical situation, one he knows to be unreal.

The following examples show how real conditions and hypothetical situations are expressed in English and Russian.

CONDITIONAL STATEMENTS

HYPOTHETICAL STATEMENTS

Past

If Nellie and Gary were in Russia last year, [then] *they* probably *celebrated* the New Year at their friends' home.

If Nellie and Gary had been home last year, [then] they probably *would have* celebrated the New Year at their parents'.

Е́сли Не́лли и Гэ́ри в про́шлом году́ бы́ли в Росси́и, они́, наве́рное, **встреча́ли** Но́вый год у друзе́й.

Е́сли бы Не́лли и Гэ́ри в про́шлом году́ бы́ли до́ма, они́, наве́рное, **встреча́ли бы** Но́вый год у роди́телей.

Present

If Nellie and Gary are in Russia now, *they're* probably at their friends' home.

If Nellie and Gary were in Russia now, *they'd* probably be at their friends' home.

Е́сли Не́лли и Гэ́ри сейча́с в Росси́и, они́, наве́рное, у друзе́й.

Е́сли бы Не́лли и Гэ́ри сейча́с бы́ли в Росси́и, они́, наве́рное, **бы́ли бы** у друзе́й.

Future

If Nellie and Gary are in Russia next year, *they'll* probably spend the New Year at their friends' home.

If Nellie and Gary were going to be in Russia next year, *they'd* probably spend the New Year at their friends' home.

Е́сли Не́лли и Гэ́ри в бу́дущем году́ бу́дут в Росси́и, они́, наве́рное, **бу́дут встреча́ть** Но́вый год у друзе́й.

Е́сли бы Не́лли и Гэ́ри в бу́дущем году́ бы́ли в Росси́и, они́, наве́рное, **встреча́ли бы** Но́вый год у друзе́й.

Russian hypothetical situations are expressed with the particle **бы** plus a verb in the past tense, no matter what tense you have in mind. Both clauses of the hypothetical statement must have the **бы** + past tense construction. Go by these two rules of thumb:

1. If you use **бы** without a past tense, you have made a mistake.
2. If you use only one **бы** in a sentence, you have probably made a mistake. Nearly all **бы** constructions occur in hypothetical statements with two clauses, and both clauses must contain **бы**.

Упражнения

А. Check the hypothetical statements. Leave the conditional statements unmarked.

1. Предложе́ния на англи́йском языке́.

    a. ___If the weather had been nice, we would have gone on a picnic yesterday.
    b. ___Since it was cold, we went to the movies instead.
    c. ___Tomorrow we'll study, even if it's nice outside.
    d. ___If we hadn't relaxed yesterday, we wouldn't have to do homework tomorrow.

2. Предложе́ния на ру́сском языке́.

    а. ___Если за́втра бу́дет хоро́шая пого́да, дава́й пое́дем на да́чу.
    б. ___Если бы мне не на́до бы́ло занима́ться, я бы пое́хала с тобо́й.
    в. ___За́втра у́тром я иду́ в библиоте́ку, да́же если вы пое́дете на да́чу.
    г. ___А е́сли вы пое́дете на да́чу в суббо́ту, я то́же пое́ду.

Б. Зако́нчите предложе́ния.

1. Если бы у меня́ бы́ло бо́льше вре́мени, . . .
2. Если бы у меня́ бы́ло бо́льше де́нег, . . .
3. Если бы я был (была́) в Росси́и сейча́с, . . .
4. Если бы я был (была́) в Росси́и на Но́вый год, . . .
5. Если бы мне бы́ло 5 лет, . . .
6. Если бы я лу́чше знал(а) ру́сский язы́к, . . .
7. Если бы я мог (могла́) познако́миться с изве́стным челове́ком, . . .
8. Если бы у меня́ была́ маши́на вре́мени, . . .

➤ *Complete Oral Drills 15–17 and Written Exercises 10–13 in the Workbook.*

10.8 Each Other: друг дру́га

In Dialog 2, Nellie tells her friends how she would have spent Christmas if she had been at home: **Мы дари́ли бы друг дру́гу пода́рки** — *We would have given each other gifts.*

The second element in the phrase **друг дру́га** declines like a masculine noun. The first **друг** never changes.

If there is a preposition, it goes between the declined and undeclined **друг.**

Acc.	кого́	друг		дру́га	Мы лю́бим друг дру́га.
Gen.	кого́	друг		дру́га	Мы бои́мся друг дру́га.
	кого́	друг	у	дру́га	Мы бы́ли друг у дру́га.
Prep.	ком	друг	о	дру́ге	Мы говори́м друг о дру́ге.
Dat.	кому́	друг		дру́гу	Мы да́рим друг дру́гу пода́рки.
	кому́	друг	к	дру́гу	Мы хо́дим друг к дру́гу.
Inst.	кем	друг		дру́гом	Мы интересу́емся друг дру́гом.
	кем	друг	с	дру́гом	Мы перепи́сываемся друг с дру́гом.

Упражнение

Как по-ру́сски?

1. Vasya and Lora love each other.
2. They think about each other often.
3. They call each other every day.
4. They see each other at the university.
5. They study with each other at the library.
6. They are often at each other's apartments.

➤ *Complete Oral Drill 18 in the Workbook.*

10.9   Verbal Adjectives and Verbal Adverbs

The following summary of verbal adjectives and verbal adverbs will be of use as you continue your study of Russian and as you begin to read Russian texts on your own.

Both verbal adjectives and verbal adverbs are more common in formal language (e.g., scholarly books and articles, newspaper articles, official speeches) than they are in colloquial language (e.g., personal letters and casual conversations). In most of your own production of Russian, it is inappropriate to use verbal adjectives and verbal adverbs. You will encounter them more and more often, however, if you continue to read articles, stories, and books in Russian.

Verbal adjectives (adjectives made from verbs) are called *participles* in some grammar and reference books. Like other adjectives, verbal adjectives agree with the noun they modify in gender, number, and case. There are four types of verbal adjectives.

1. **Present active** verbal adjectives tell *who or which is doing something.*
   Giveaway sign: **-щ-** plus an adjective ending.

   Formation:

   входи́ть → они́ вхо́дят   вхо́дя**Щ** + adj. ending   входя́щий
                                      ↓   входя́щая
                                      т   входя́щее
                                                                  etc.
                                                                  Note: sometimes the stress changes.

   Образе́ц: Го́стя, **входя́щего** в ко́мнату, зову́т Пётр Ива́нович.
              The guest *who is entering* the room is named Pyotr Ivanovich.

2. **Past active** verbal adjectives tell *who or which did something* or *was doing something.*
   Giveaway sign: **-вш-** plus an adjective ending.

   Formation:

   опозда́ть → опозда́л   опозда́**ВШ** + adj. ending   опозда́вший
                                   ↓   опозда́вшая
                                   л   опозда́вшее
                                                                  etc.

   Образе́ц: **Опозда́вших госте́й** счита́ют ду́рно воспи́танными.
              Guests who have arrived late are considered poorly brought up.

3. **Present passive** verbal adjectives tell *which is being done.* They are quite rare.
   Giveaway sign: **-м-** plus an adjective ending.

   Formation: Take the **мы** form of the verb and add an adjectival ending. The stress follows that of the infinitive (**лю́бим — люби́мый**).

   Образе́ц: Хозя́ева предложи́ли свои́ **люби́мые** блю́да.
              The hosts offered their *favorite dishes* (*the dishes that are loved*).

4. **Past passive** verbal adjectives tell *which was done*. They are formed only from perfective verbs. The person or thing who performed the action may be indicated by a noun phrase in the instrumental case.

Giveaway signs: **-н-** plus short-form adjective ending

                     -нн- plus long-form adjective ending

                     -т- plus short- or long-form adjective ending.

Formation:

Infinitive	**-ать**	not **-ать** (**-ти**, **-еть**, **-ить**, etc.)
Base form	perfective infinitive: ↓ написа**ть**	future **я** form: ↓ купл**ю** ↓ принес**у́**
Determine stress	Move back one syllable if possible: **напи́са**	Use the **ты** form: **ку́пл** (was **ку́пишь**) **принес** (was **принесёшь**)
Add ending	- **н**: **напи́сан**	unstressed: **-ен, ена, ено, ены** **ку́плен, ку́плена**, etc. stressed: **-ён, ена́, ено́, ены́** **принесён, принесена́**, etc.

The long form is made by doubling the **-н-** and adding regular adjectival endings: **напи́санный, поста́вленный, принесённый.**

Some adjectives with one-syllable roots have past passive participles in **-т: откры́т, откры́та, откры́то, откры́ты, откры́тый,** etc.

    Образе́ц: То́лько ду́рно **воспи́танные го́сти** опа́здывают.
                      Only *guests who were poorly brought up* arrive late.

Verbal adjectives may be placed either before or after the noun:

    Го́стя, **входя́щего** в ко́мнату, зову́т Пётр Ива́нович.
    Входя́щего в ко́мнату го́стя зову́т Пётр Ива́нович.

Verbal adverbs (adverbs made from verbs) are called *gerunds* in some grammar and reference books. They are used in subordinate clauses. Like other adverbs, verbal adverbs do not have gender and they do not change their form. There are two types of verbal adverbs.

1. **Imperfective** verbal adverbs indicate an action that occurred (occurs, will occur) *at the same time as* the action in the main clause. The tense of the verb in the main clause is very important.
   Giveaway sign: **-я**.

   Formation: Imperfective verbal adverbs come from present-tense verbs (**они́** form):

   приве́тству + ют → приве́тству + **я** → приве́тству**я**

   >Образцы́: **Приве́тствуя** хозя́йку, гость благодари́т её за приглаше́ние.
   >*While greeting* (*As he greets*) the hostess, the guest thanks her for the invitation.
   >
   >**Приве́тствуя** хозя́йку, гость благодари́л её за приглаше́ние.
   >*While greeting* (*As he greeted*) the hostess, the guest thanked her for the invitation.

2. **Perfective** verbal adverbs indicate an action that occurred (occurs, will occur) *before* the action in the main clause. The tense of the verb in the main clause is very important.
   Giveaway sign: **-в** (sometimes **-вши** or **-вшись**), or **-я** at end of a *perfective* verb.

   Formation is based on the past tense:

узна́ - л	→	узна́ + **в**	→	узна́в
опроси́ - л	→	опроси́ + **в**	→	опроси́в
встре́ти - лся	→	встре́ти + **вшись**	→	встре́тившись
вош - ёл	→	войд + **я́**	→	войдя́
(all **-ёл** verbs)		Use future tense **они́**:		
		ут → я		

   >Образцы́: Гость, **войдя́** в ко́мнату, подхо́дит к хозя́йке.
   >A guest, *after entering* the room, walks up to the hostess.
   >
   >**Поприве́тствовав** хозя́йку, гость благодари́т её за приглаше́ние.
   >*Having greeted* (*After greeting*) the hostess, the guest thanks her for the invitation.
   >
   >**Поприве́тствовав** хозя́йку, гость поблагодари́л её за приглаше́ние.
   >*Having greeted* (*After greeting*) the hostess, the guest thanked her for the invitation.

SUMMARY OF VERBAL ADJECTIVES		
	ACTIVE	*PASSIVE*
PRESENT	**-щ-** *who/which is doing*	**-м-** *who/which is being done*
PAST	**-вш-** *who/which was doing (did)*	**-н- -нн- -т-** *who/which was done*

SUMMARY OF VERBAL ADVERBS	
IMPERFECTIVE	**-я** *while doing*
PERFECTIVE	**-в** *having done*

📑 Давайте почитаем

A.   Как себя вести. В кни́ге по этике́ту а́втор сове́тует чита́телю, как вести́ себя́ в гостя́х. Она́ объясня́ет, когда́ и к кому́ мо́жно обраща́ться[1] на «ты».

1. Прочита́йте текст и узна́йте:
    а. Как ну́жно обраща́ться к де́тям? В како́м во́зрасте[2] обраща́ются к де́тям на «вы»?
    б. Как сле́дует[3] обраща́ться к знако́мому, кото́рого вы не ви́дели с де́тства?
    в. Что мо́жно сде́лать, е́сли вы забы́ли, как вы обраща́лись к знако́мому ра́ньше?

[1]*address*   [2]*age*   [3]на́до

КОГДА И К КОМУ мо́жно обраща́ться на «ты»? Фо́рма обраще́ния на «ты» говори́т о бо́лее бли́зких[1] отноше́ниях с челове́ком. «Ты» означа́ет уваже́ние,[2] возни́кшее к кому́-либо на по́чве това́рищества,[3] дру́жбы и́ли любви́.

У нас при́нято, что чле́ны семьи́ и други́е бли́зкие ро́дственники[4] ме́жду собо́й на «ты». Ча́сто на «ты» обраща́ются друг к дру́гу сотру́дники,[5] колле́ги, друзья́. «Ты» ука́зывает в э́том слу́чае на тёплые това́рищеские отноше́ния.

Есте́ственно,[6] что де́ти говоря́т друг дру́гу «ты». Взро́слые говоря́т им «ты» до тех пор, пока́ они́ не стано́вятся подро́стками.[7] Обы́чно к чужи́м[8] де́тям обраща́ются на «вы» с 16 лет, т.е. с моме́нта, когда́ они́, получи́в па́спорт, признаю́тся отве́тственными за свои́ посту́пки.[9]

[1]*close*   [2]*respect*   [3]*camaraderie*   [4]*relatives*   [5]*co-workers*   [6]коне́чно   [7]*teenagers*   [8]не свои́м
[9]признаю́тся. . . *are recognized as being responsible for their deeds*

Как обратиться после многолетней разлуки[1] к своему другу детства? В такой обстановке следует, в первую очередь, полагаться[2] на свои чувства. Если уже в те времена вы относились друг к другу с симпатией, и если теперь при встрече[3] проявилась взаимная радость,[4] то «ты» само собой и естественно сорвётся с губ.[5] Но если и раньше между вами не было личного[6] контакта, то правильнее обратиться к своему бывшему товарищу на «вы». Если это будет звучать непривычно[7] и возникнет потребность[8] перейти на «ты», то это сделать гораздо легче, чем перейти с «ты» на «вы». В случае сомнения[9] самое правильное — решить этот вопрос сразу же, потому что отказ от[10] «ты» обычно рассматривается как сознательное отдаление.[11]

[1]многолетняя разлука — *separation of many years*   [2]*rely*   [3]при встрече — *upon meeting*   [4]взаимная радость — *mutual joy*   [5]сорвётся с губ — *will burst from one's lips*   [6]*personal*   [7]звучать непривычно — *sound unusual*   [8]возникнет потребность — *the need will arise*   [9]в случае сомнения — *in case of doubt*   [10]отказ от… — *refusal to use…*   [11]сознательное отдаление — *conscious distancing*

Может случиться, что вы забыли, как обращались друг к другу раньше. Из этого неловкого положения[1] можно выйти, употребив вначале косвенное обращение.[2] Вместо «Какие же у вас (у тебя) теперь планы?» можно спросить: «Какие теперь планы»?

[1]неловкое положение — *awkward situation*   [2]косвенное обращение — *indirect address*

2. Читайте дальше и узнайте, кто первый предлагает перейти на «ты» в этих ситуациях:

   а. старший — младший
   б. начальник — подчинённый
   в. мужчина — женщина

ПЕРЕХОД НА «ТЫ». Есть люди, которые очень быстро и легко переходят на «ты», но есть и такие, которые делают это не очень охотно,[1] считая, что для перехода на «ты» недостаточно[2] знакомство, нужна особая дружественность.

В целом нет правил,[3] когда переходить на «ты». Основное правило: переход на «ты» может предложить старший младшему и начальник[4] подчинённому.[5] Между мужчиной и женщиной это правило условно.[6] Разрешить говорить на «ты» — право[7] женщины, мужчина может только просить об этой форме обращения. С предложением перейти на «ты» нужно быть довольно осторожным, потому что отказ[8] может вызвать[9] чувство неловкости,[10] особенно у того, кто сделал это предложение.

Молодой человек может попросить близких старших говорить ему «ты». При этом он сам продолжает говорить им «вы». Если же старший разрешит и себя называть на «ты», то молодой человек должен принять это как знак доверия[11] и соответственно[12] вести себя: в тоне и манере разговора должно выражаться уважение.[13]

[1]*willingly*   [2]*insufficient*   [3]правило — *rule*   [4]*boss*   [5]*employee*   [6]*not fixed*   [7]*right*   [8]*refusal*   [9]*cause*   [10]*embarrassment*   [11]*trust*   [12]*accordingly*   [13]должно…— *respect should be expressed*

3. **Рабо́та со слова́ми.** Now review the entire text. You will find many words related to words you already know. What are the roots of these words?

дружéственность — feeling of friendship
непривы́чно — strange
осо́бый — particular
отвéтственный — responsible
отдалéние — distancing
подро́сток — teenager (Hint: под = *under*)
пра́вило — rule (Hint: a rule is something that's right.)
рассма́тривать — to view (*something as something*)
ро́дственник — relative
сотру́дник — co-worker

Б. Чтéние для удово́льствия. The pros and cons of capital punishment have long been the subject of discussion. Here is Chekhov's account of a bet (**пари́**) over the merits of life imprisonment versus capital punishment. The story has been slightly condensed.

Пари́ (1889)
Анто́н Чéхов

I

Была́ тёмная° осéнняя ночь. Ста́рый банки́р ходи́л у себя́ в кабинéте из угла́° в у́гол и вспомина́л,° как пятна́дцать лет **тому́ наза́д**, о́сенью, он дава́л вéчер. На э́том вéчере бы́ло мно́го у́мных° людéй и вели́сь° интерéсные разгово́ры. **Ме́жду про́чим, →** говори́ли о **смéртной ка́зни**. Го́сти, среди́° кото́рых бы́ло нема́ло учёных и журнали́стов, в большинствé° относи́лись к смéртной ка́зни отрица́тельно. Они́ находи́ли э́тот **спо́соб наказа́ния** устарéвшим,° непригодным° для христиа́нских госуда́рств и безнра́вственным.° По мнéнию° нéкоторых° из них, смéртную казнь **слéдовало бы замени́ть пожи́зненным заключéнием.**

— Я с ва́ми не согла́сен,— сказа́л хозя́ин°-банки́р. Я не про́бовал° ни смéртной ка́зни, ни пожи́зненного заключéния, но éсли мо́жно суди́ть° a priori, то по-мо́ему, смéртная казнь нра́вственнее и гума́ннее заключéния. Казнь убива́ет° сра́зу, а пожи́зненное заключéние мéдленно. Како́й пала́ч° человéчнее°? Тот ли, кото́рый убива́ет вас в нéсколько мину́т, или тот, кото́рый **вытя́гивает из вас** жизнь в **продолжéние мно́гих лет?**

	dark
	corner
	reminisced; =наза́д
	intelligent
	were conducted; **by the by**
	capital punishment; among
	in the majority
	felt negatively about capital punishment
	method of punishment; old fashioned
	unsuitable
	immoral; opinion; several
	should be replaced with life imprisonment
	host
	tried out
	to judge
	kills
	executioner; more humane
	pulls from you; over a period of many years

— **То и друго́е** одина́ково° безнра́вственно,— заме́тил° кто́-то из госте́й, — потому́ что име́ет° одну́ и ту же цель° — **отня́тие жи́зни.** Госуда́рство — не Бог.° Оно́ не **име́ет пра́ва** отнима́ть° **то, чего́** не мо́жет верну́ть, е́сли захо́чет.

Среди́° госте́й находи́лся оди́н юри́ст, молодо́й челове́к лет двадцати́ пяти́. Когда́ спроси́ли его́ мне́ния, он сказа́л:

— И сме́ртная казнь, и пожи́зненное заключе́ние одина́ково безнра́вственны, но е́сли бы мне предложи́ли вы́брать° ме́жду ка́знью и пожи́зненным заключе́нием, то, коне́чно, я бы вы́брал второ́е. **Жить ка́к-нибудь лу́чше, чем ника́к.**

Подня́лся° оживлённый° спор.° Банки́р вдруг кри́кнул:°

— Непра́вда! **Держу́ пари́** на два миллио́на, что вы не вы́сидите° в казема́те° и пяти́ лет.

— Е́сли э́то серьёзно,— отве́тил ему́ юри́ст,— то держу́ пари́, что вы́сижу не пять, а пятна́дцать.

— Пятна́дцать? Идёт!° — кри́кнул банки́р. — Господа́,° я ста́влю° два миллио́на!

— Согла́сен! Вы ста́вите миллио́ны, а я свою́ свобо́ду! — сказа́л юри́ст.

И тепе́рь банки́р, шага́я° из угла́ в у́гол, вспомина́л всё э́то и спра́шивал себя́:

— К чему́° э́то пари́? Кака́я по́льза° **от того́, что** юри́ст потеря́л пятна́дцать лет жи́зни, а я бро́шу° два миллио́на? Мо́жет ли э́то доказа́ть° лю́дям, что сме́ртная казнь ху́же и́ли лу́чше пожи́зненного заключе́ния? Нет и нет. **С мое́й стороны́** э́то была́ **при́хоть сы́того челове́ка**, а со стороны́ юри́ста — проста́я а́лчность° к деньга́м...

Да́лее вспомина́л он **о том, что** произошло́° по́сле опи́санного° ве́чера. Решено́ бы́ло, что юри́ст бу́дет отбыва́ть° своё заключе́ние **под строжа́йшим надзо́ром** в одно́м из до́миков, постро́енных в саду́ банки́ра. Усло́вились,° что в продолже́ние пятна́дцати лет он бу́дет **лишён пра́ва переступа́ть поро́г** до́мика, ви́деть живы́х люде́й, слы́шать челове́ческие голоса́ и получа́ть пи́сьма и газе́ты. Ему́ разреша́лось° име́ть° музыка́льный инструме́нт, чита́ть кни́ги, писа́ть пи́сьма, пить вино́ и кури́ть таба́к.

both the former and the latter; equally	
remarked; has	
goal; **the taking of life**	
God; **have the right**; to take away; **that which**	
among	
to choose	
to live by any means is better than none at all	
arose; lively; argument	
shouted	
I wager	
lit.: sit out; prison cell	
=договори́лись	
gentlemen; wager	
pacing	
for what; usefulness; **from the fact that**	
will throw away	
to prove	
on my part	
whim of a self-satisfied person	
greed	
about that which; had occurred	
described	
serve (*time*); **under the strictest supervision**	
=договори́лись	
deprived of the right to step across the threshold	
it was permitted; to have	

В пе́рвый год заключе́ния юри́ст си́льно
страда́л° от одино́чества° и ску́ки. Из его́ до́мика
постоя́нно днём и но́чью слы́шались зву́ки° роя́ля!
Он отказа́лся° от вина́ и табаку́: нет ничего́ скучне́е,
как пить хоро́шее вино́ и никого́ не ви́деть. А таба́к
по́ртит° в его́ ко́мнате во́здух.° В пе́рвый год юри́сту
посыла́лись кни́ги преиму́щественно° лёгкого
содержа́ния°: рома́ны со сло́жной любо́вной
интри́гой, уголо́вные° и фантасти́ческие расска́зы,
коме́дии и т.п.°

Во второ́й год му́зыка уже́ смо́лкла° в до́мике,
и юри́ст тре́бовал° то́лько кла́ссиков. В пя́тый год
сно́ва послы́шалась му́зыка, и заключённый°
попроси́л вина́. Те, кото́рые наблюда́ли за ним,
говори́ли, что весь э́тот год он то́лько ел, пил и
лежа́л на посте́ли, ча́сто зева́л,° серди́то°
разгова́ривал сам с собо́ю. Книг он не чита́л.
Иногда́ по ноча́м он сади́лся писа́ть, писа́л до́лго
и под у́тро разрыва́л на клочки́ всё напи́санное.
Слы́шали не раз, как он пла́кал.°

Во второ́й полови́не шесто́го го́да заключённый
заня́лся° изуче́нием языко́в, филосо́фией и исто́рией.

Зате́м° по́сле деся́того го́да юри́ст неподви́жно°
сиде́л за столо́м и чита́л одно́° то́лько ева́нгелие.

В после́дние два го́да заключе́ния юри́ст
чита́л чрезвыча́йно° мно́го без вся́кого разбо́ра.
То он занима́лся есте́ственными° нау́ками, то тре́бовал
Ба́йрона и́ли Шекспи́ра.

II

Стари́к банки́р вспомина́л всё э́то и ду́мал:
«За́втра в двена́дцать часо́в он получа́ет
свобо́ду. Я до́лжен бу́ду уплати́ть ему́ два
миллио́на. Е́сли я уплачу́, я оконча́тельно°
разорён°…» Пятна́дцать лет тому́ наза́д он
не знал счёта свои́м миллио́нам, тепе́рь же он
боя́лся спроси́ть себя́, чего́ бо́льше — де́нег и́ли
долго́в°? Аза́ртная° биржева́я° игра́, риско́ванные
спекуля́ции и горя́чность° ма́ло по ма́лу привели́
в упа́док его́ дела́.

suffered; loneliness	
sounds	
abstained	
ruins; air	
mainly	
content	
criminal	
etc. (и тому́ подо́бное)	
was silenced	
demanded	
prisoner	
watched over him	
yawned; angrily	
toward morning he ripped to shreds all that had been written; more than once; cried	
took up	
=пото́м; motionless	
alone	
extremely; **indiscriminately**	
то… то… — first … then … then …; natural	
totally	
broke	
could not even count his millions	
debts; chancy; stock-market (adj.)	
hotheadedness	
little by little had brought him to financial ruin	

— Прокля́тое° пари́! — бормота́л° стари́к. —
Заче́м же э́тот челове́к не у́мер°? Ему́ ещё со́рок лет.
Он возьмёт с меня́ после́днее, же́нится,° бу́дет
наслажда́ться° жи́знью. . . Нет, это сли́шком!
Еди́нственное спасе́ние° — смерть° э́того челове́ка!

Проби́ло° три часа́. В до́ме все спа́ли.
Стара́ясь° не издава́ть ни зву́ка, он доста́л° из шка́фа
ключ от две́ри, кото́рая не открыва́лась в
продолже́ние пятна́дцати лет, наде́л° пальто́ и
вы́шел и́з дому.

В саду́ бы́ло темно́ и хо́лодно. Шёл дождь.
В ко́мнате заключённого **ту́скло горе́ла свеча́.** Сам
он сиде́л у стола́. Видны́° бы́ли то́лько его́ спина́,
во́лосы на голове́ да ру́ки. На столе́, на двух кре́слах
и на ковре́ бы́ли раскры́тые° кни́ги.

Прошло́ пять мину́т, и заключённый **ни ра́зу**
не шевельну́лся.° Банки́р постуча́л° па́льцем в окно́,
но заключённый не отве́тил. Тогда́ банки́р
вложи́л ключ в замо́чную сква́жину и вошёл в ко́мнату.
Заключённый спал. **Пе́ред его́ склонённою голово́й** на
столе́ лежа́л лист° бума́ги, на кото́ром бы́ло что-то
напи́сано ме́лким° по́черком.°

«Жа́лкий° челове́к! — поду́мал банки́р —
Спит и, вероя́тно,° **ви́дит во сне** миллио́ны!
А сто́ит мне слегка́ придуши́ть его́ поду́шкой,
и эксперти́за° не найдёт зна́ков наси́льственной°
сме́рти. Одна́ко° прочтём° снача́ла, что он тут
написа́л.

Банки́р взял со стола́ лист и прочёл
сле́дующее:

«За́втра в двена́дцать часо́в дня я получа́ю
свобо́ду. Но, пре́жде чем оста́вить° э́ту ко́мнату и
уви́деть со́лнце, я **счита́ю ну́жным** сказа́ть вам
не́сколько слов. **По чи́стой со́вести и пе́ред Бо́гом,**
кото́рый ви́дит меня́, заявля́ю° вам, что я презира́ю°
и свобо́ду, и жизнь, и здоро́вье, и **всё то, что** в
ва́ших кни́гах называ́ются **бла́гами ми́ра.**

Пятна́дцать лет я внима́тельно° изуча́л жизнь.
Пра́вда, я не ви́дел ни земли́,° ни люде́й, но в ва́ших
кни́гах я пил арома́тное вино́, пел пе́сни, люби́л
же́нщин. . . В ва́ших кни́гах я **взбира́лся на верши́ны**
Эльбруса и Монбла́на и ви́дел отту́да, как по
утра́м восходи́ло° со́лнце и как по вечера́м залива́ло°
оно́ не́бо,° океа́н и **го́рные верши́ны багря́ным зо́лотом.**

	damned; muttered
	died
	will marry
	enjoy
	solution; death
	the clock struck
	trying; took out
	put on
	a candle burned dimly
	visible
	opened
	not once
	move; knocked
	inserted the key into the keyhole
	In front of his inclined head
	sheet
	small; handwriting
	pitiful
	most likely; *lit.:* sees in a dream
	I have only to choke him lightly with a pillow
	autopsy; violent
	nevertheless; let's read (=прочитаем)
	to leave behind
	consider it necessary
	by my pure conscience before God
	declare; detest
	all that which
	earthly comforts
	attentively
	earth
	scaled the peaks
	rose; filled
	sky; mountaintops with crimsoned gold

Я ви́дел зелёные леса́, поля́, ре́ки, озёра, города́, слы́шал **пе́ние сире́н**... В ва́ших кни́гах я **твори́л чудеса́**, убива́л,° сжига́л° города́, пропове́довал° но́вые рели́гии, **завоёвыва́л це́лые ца́рства**...

Ва́ши кни́ги да́ли мне му́дрость.° Я зна́ю, что я умне́е вас всех. Вы идёте **не по той доро́ге.** Ложь° вы принима́ете за пра́вду и безобра́зие° за красоту́. Вы променя́ли° не́бо на зе́млю. Я не хочу́ понима́ть вас.

Что́бы показа́ть вам **на де́ле**° **презре́ние к тому́, чем живёте** вы, я отка́зываюсь° от двух миллио́нов, о кото́рых я когда́-то мечта́л° и кото́рые я тепе́рь презира́ю. Что́бы **лиши́ть себя́ пра́ва** на них я вы́йду отсю́да за пять часо́в до усло́вленного° сро́ка° и **таки́м о́бразом** нару́шу° догово́р...»

Прочита́в это, банки́р положи́л лист на стол, поцелова́л° стра́нного° челове́ка в го́лову, запла́кал° и вы́шел из до́мика. Придя́ домо́й, он лёг спать в посте́ль, но волне́ние° и слёзы° до́лго не дава́ли ему́ усну́ть°...

	singing of the sirens; made miracles; killed
	burned; preached
	conquered entire kingdoms
	wisdom
	along the wrong road
	lies; ugliness
	have exchanged; earth
	by deed
	loathing of that by which you live; abstain
	dreamt
	deprive myself of the right
	thereby; will abrogate
	kissed; strange; cried
	agitation; tears
	fall asleep

Слова́рь

безнра́вственный — immoral (**нра́вственный** — moral)

Бог — God

во́здух — air

вспомина́ть (*impf.*) — to reminisce

господа́ — gentlemen (**Господи́н** — *gentleman* is an old form of address roughly equivalent to *Mister,* which was replaced by **това́рищ** — *comrade* after the Bolshevik revolution. It has now made inroads back into the language, especially in official settings. The feminine form is **госпожа́.**)

держа́ть (**держу́, де́рж-ишь, -ат**) **пари́** (*impf.*) — to make a bet (This is a slightly archaic expression. In contemporary Russian, for *Do you want to bet on it?* most speakers would say **Дава́йте поспо́рим!**)

заключе́ние — imprisonment

заключённый — imprisoned person; prisoner (In the original, Chekhov uses the obsolete word **у́зник.**)

заменя́ть/замени́ть (*что чем*) — to replace something with something else: **На́до замени́ть сме́ртную казнь заключе́нием.** — Capital punishment should be replaced with imprisonment.

замеча́ть/заме́тить — to remark

име́ть (**име́-ю, -ешь, -ют**) (*impf.*) — to have (*usually used with abstract concepts*): **име́ть пра́во** — to have the right

ма́ло по ма́лу — little by little

ме́жду про́чим — by the way

мне́ние — opinion: **по мне́нию** — in the opinion

наказа́ние — punishment: **спо́соб наказа́ния** — method of punishment

не раз — many times (*not once, but rather more than once*). (Compare with
ни разу — not once, never.)

одинаково — equally

пробовать/по- to try; to try out: **Я не пробовал смертной казни.** — I've never
tried out the death penalty.

портить (**порч-у, порт-ишь, -ят**) **/ по-** — to ruin: **Табак портит воздух.** —
Tobacco ruins the air.

относиться (*impf.*) (*к чему*) — to relate (*to something*); to feel (a certain way)
(*about something*): **Относились к смертной казни отрицательно.** — They
felt negatively toward capital punishment.

сад — garden: **где: в саду**

смертная казнь — capital punishment

среди (*чего*) — among

страдать (*impf.*) — to suffer: **страдать от одиночества** — to suffer from
loneliness

убивать (*impf.*) — to kill

угол — corner: **из угла в угол** — from corner to corner

то и другое — both

тому назад ≅ назад — ago (**тому назад** is slightly higher in style).

требовать (**требу-ю, -ешь, -ют**) (*impf.*) (*чего*) — to demand (*something*)

умный — intelligent

хозяин — host; master; landlord

Irregular plurals. The story contains these irregular noun plurals:

леса < **лес** — forest
поля < **поле** — field
озёра < **озеро** — lake
города < **город** — city

Reflexive verbs as passive voice.—Russian often expresses passive voice by means of
reflexive verbs. This is especially true in the imperfective.

Велись интересные разговоры. — Interesting discussions were conducted.

Ему разрешалось иметь музыкальный инструмент. — It was permitted for
him to have a musical instrument.

Ему посылались книги. — Books were sent to him.

Послышалась музыка. — Music was heard.

Давайте послушаем

Радионя́ня: Как принима́ть госте́й и ходи́ть в го́сти.

Вы, наве́рное, по́мните фрагме́нт «Радионя́ни» из Уро́ка 2 «Как по́льзоваться телефо́ном». Тепе́рь «Радионя́ня» расска́зывает, как вести́ себя́ в гостя́х.

A. Часть I: Как принима́ть госте́й. В пе́рвой ча́сти уро́ка Никола́й Влади́мирович пока́зывает Са́ше и Алику, как принима́ть госте́й.

1. Что́бы лу́чше поня́ть часть I, познако́мьтесь с но́выми слова́ми.

   уме́ть (*impf.*) — to know how (*to do something*)
   приглаша́ть/пригласи́ть — to invite
   вести́ себя́ (*impf.*) — to behave oneself
   хозя́ин — host, master
   звать (**зов-у́, -ёшь, -у́т**) (*impf.*) — (*here*): to invite
   ходи́ть ~ идти́ в го́сти (**куда́**) — go visiting
   быть в гостя́х (**где**) — to be visiting
   неве́жливо — impolite(ly)
   наоборо́т — just the opposite; *au contraire*
   необходи́мо — it is imperative
   Го́споди! — Lord!
   обма́нывать (*impf.*) — to deceive
   внима́ние — attention

2. Прослу́шайте пе́рвую часть уро́ка и отве́тьте на вопро́сы:

   а. Никола́й Влади́мирович про́сит Са́шу и Алика показа́ть, как на́до принима́ть госте́й. Кто игра́ет роль хозя́ина? Кто игра́ет роль го́стя?

   б. «Хозя́ин» про́сит го́стя прийти́ «пря́мо сейча́с». Что об э́том ду́мает Никола́й Влади́мирович?

   в. Что ду́мает Са́ша: во ско́лько должны́ прийти́ го́сти?

   г. Что спра́шивает «хозя́ин» о пода́рках? Что об э́том говори́т Никола́й Влади́мирович?

   д. Како́й пода́рок принёс Са́ша Алику? Что ду́мает Алик об э́том пода́рке?

3. Прослу́шайте пе́рвую часть за́писи ещё раз. В каки́х конте́кстах вы услы́шали э́ти слова́? Да́йте их значе́ния:

   а. **в после́днюю мину́ту**
   б. **во́время**
   в. **благодари́ть/по-**
   г. **Прошу́ к столу́!**

4. Прослу́шайте пе́рвую часть уро́ка после́дний раз. Узна́йте, как сказа́ть по-ру́сски. Based on the segment, how would you say the following in Russian? You may have to recombine some of the elements you heard.

    a. Do you know how to receive guests?
    b. Who will be the host?
    c. I invite you.
    d. We'll assume that it's seven.
    e. I have to say thank you for that?!
    f. Don't arrive at the last minute.

Б. **Часть II: Как ходи́ть в го́сти.** В э́той ча́сти уро́ка Никола́й Влади́мирович пока́зывает, как ну́жно вести́ себя́ в гостя́х. Он игра́ет роль хозя́ина.

1. Что́бы лу́чше поня́ть часть II, познако́мьтесь с но́выми слова́ми.

напра́сно — in vain (Here it is used as a scolding: You said that in vain = You shouldn't have said that!)

зря = напра́сно

де́лать гостя́м замеча́ния — to comment to (one's) guests

Хва́тит, хва́тит! — Enough already!

терпе́ние — patience

Не беспоко́йтесь! = Не волну́йтесь!

Я и так приду́ — I'll come anyway

Кто по́здно пришёл, тому́ объе́дки и мосо́л! — Whoever came late gets leftovers and a bone.

такти́чно — tactful(ly)

хрю́шка — piglet

осты́ть (осты́нет) (*perf.*) — to cool down

нали́ть (нале́йте!) (*perf.*) — to pour

ру́ки как крю́ки — hands like hooks

воспи́танный — (well) brought up

2. Прослу́шайте пе́рвую часть уро́ка и отве́тьте на вопро́сы ДА и́ли НЕТ.

    а. Никола́й Влади́мирович говори́т: «Чай у нас сего́дня "уче́бный", потому́ что А́лик и Са́ша чита́ют уче́бник, когда́ пьют чай.
    б. По слова́м Никола́я Влади́мировича, пе́рвыми за стол всегда́ садя́тся го́сти.
    в. Са́ша и А́лик понима́ют, что на́до ждать, пока́ все го́сти ся́дут.
    г. А́лик счита́ет, что мо́жно прийти́ в го́сти без специа́льного приглаше́ния.
    д. Са́ша пьёт чай, «как хрю́шка», потому́ что он горя́чий.
    е. Никола́й Влади́мирович объясня́ет, что когда́ зака́нчивают пить чай, пе́рвым из-за стола́ встаёт хозя́ин.

3. Прослу́шайте фрагме́нт ещё раз и узна́йте, как сказа́ть по-ру́сски:

    a. It is not tactful to talk that way.
    b. A polite person comes visiting only when invited.
    c. Pour me another glass of tea!
    d. We will get up when the host gets up.

Обзорные упражнения

А. Приглаше́ние. Imagine you are studying for a semester at a Russian university. You and your American friends would like to invite your teachers and some of the university staff to Thanksgiving dinner.

1. With two or three classmates, make a menu for the dinner and a list of things to buy. Decide who will do the shopping.
2. Decide where and when the party will take place.
3. Write an invitation to **Симако́в Вале́рий Петро́вич.**

Б. Те́мы для разгово́ра. Imagine that you are guests at a Russian party. Your instructor will play the part of the curious Russian, who will ask you one or more of the following questions, which reflect some common Russian perceptions about life in the United States. Think about the answers at home so that you can answer in class. *Remember to say what you can, not what you can't.*

1. Пра́вда, что в Аме́рике при́нято, что́бы мужчи́ны всегда́ помога́ли свои́м жёнам по до́му?
2. Е́сли чита́ть на́ши газе́ты, прихо́дишь к вы́воду, что у вас рабо́тают лу́чшие врачи́ ми́ра. Но я слы́шала, что стра́шно до́рого у вас лечи́ться и что ча́сто быва́ет, что бе́дные не име́ют до́ступа к медици́не. Это действи́тельно так?
3. В на́шей пре́ссе пи́шут, что америка́нцы счита́ют, что мы отста́ли на 100 лет, что по у́ровню нау́ки, би́знеса и культу́ры мы живём ещё в XIX ве́ке. Вы согла́сны с э́тим?
4. По телеви́зору всегда́ пока́зывают, как вы с энтузиа́змом занима́етесь спо́ртом. (Я не говорю́ о профессиона́льных спортсме́нах.) Все следя́т за фигу́рой. Вы действи́тельно так забо́титесь о своём здоро́вье, и́ли э́тот «культ здоро́вья» то́лько у не́которых?
5. У нас мно́гие ду́мают, что у вас совсе́м нет бе́дных, что все живу́т в огро́мных роско́шных дома́х, все е́здят на «Мерседе́сах» и что ка́ждый тре́тий — миллионе́р. Есть у вас бе́дные лю́ди?
6. У меня́ есть племя́нник, кото́рый эмигри́ровал в Нью-Йо́рк. Он ка́к-то неда́вно говори́л, что мо́жно вы́играть 40 миллио́нов в госуда́рственной лотере́е. Быва́ет тако́е?
7. Неда́вно оди́н знако́мый америка́нец сказа́л мне, что у вас челове́к мо́жет око́нчить шко́лу не уме́я чита́ть и писа́ть. Неуже́ли кто́-нибудь у вас мо́жет зако́нчить 10 кла́ссов и оста́ться безгра́мотным?
8. Ско́лько в ме́сяц зараба́тывает рядово́й америка́нец? Же́нщины зараба́тывают ме́ньше, чем мужчи́ны?
9. У вас действи́тельно больша́я пробле́ма с нарко́тиками? У нас неда́вно пока́зывали фильм, в кото́ром рассказа́ли, что да́же шко́льники ку́рят марихуа́ну, принима́ют кокаи́н и ко́лются герои́ном. У вас с э́той пробле́мой не бо́рются?
10. Неда́вно в «Огоньке́» писа́ли, что жи́тели больши́х городо́в, как, наприме́р, Нью-Йо́рк и Чика́го, боя́тся вы́йти на у́лицу в ночно́е вре́мя. У вас престу́пность действи́тельно така́я высо́кая и́ли э́то преувеличе́ние? Опа́сно ли ходи́ть по го́роду но́чью?

Новые слова и выражения

NOUNS

Пра́здники

	Holidays
День благодаре́ния	Thanksgiving Day
День незави́симости	Independence Day
День труда́	Labor Day
Но́вый год	New Year
Па́сха	Passover; Easter
Рождество́	Christmas
Ха́нука	Hanukkah

Други́е слова́

	Other Words
бока́л	wine glass
ве́чер (*pl.* вечера́)	party
выступле́ние	presentation
добро́	goodness
евре́й (-ка)	Jewish (man, woman)
знако́мство	friendship
инде́йка	turkey
оши́бка	mistake
пилигри́м	pilgrim
пра́здник	holiday
ребя́та (*pl.; gen.* ребя́т)	kids, guys (*colloquial*)
ра́дость	joy
сча́стье	happiness
та́почки (*pl.*)	slippers
таре́лка	plate
тост	toast (*drinking*)
удово́льствие	pleasure
хозя́ин (*pl.* хозя́ева)	host
хозя́йка (до́ма)	hostess
чу́вство	feeling, emotion

ADJECTIVES

наступа́ющий	approaching (holiday)
национа́льный	national
нового́дний	New Year's
пра́здничный	festive
родны́е (*pl., used as noun*)	relatives

VERBS

выключа́ть/вы́ключить	to turn off (*a device*)
(выключа́-ю, -ешь, -ют)	
(вы́ключ-у, вы́ключ-ишь, -ат)	

Новые слова и выражения

заходи́ть/зайти́	to come in
(захож-у́, захо́д-ишь, -ят)	
(зайд-у́, -ёшь, -у́т;	
past: зашёл, зашла́, зашли́)	
✳ исправля́ть/испра́вить	to correct
(исправля́-ю, -ешь, -ют)	
(испра́вл-ю, испра́в-ишь, -ят)	
корми́ть (*impf.*)	to feed (*provide food*)
(кормл-ю́, ко́рм-ишь, -ят)	
находи́ть/найти́	to find
(нахож-у́, нахо́д-ишь, -ят)	
(найд-у́, -ёшь, -у́т;	
past: нашёл, нашла́, нашли́)	
отмеча́ть (*impf.*) (*что*)	to celebrate (*a holiday*)
(отмеча́-ю, -ешь, -ют)	
пережива́ть/пережи́ть	to live through, experience
(пережива́-ю, -ешь, -ют)	
(пережив-у́, -ёшь, -у́т)	
поднима́ть/подня́ть	to raise
(поднима́-ю, -ешь, -ют)	
(подним-у́, подни́м-ешь, -ут;	
past: по́днял, подняла́, по́дняли)	
положи́ть (*perf.*)	to serve
(полож-у́, поло́ж-ишь, -ат)	
предлага́ть/предложи́ть	to offer, propose
(предлага́-ю, -ешь, -ют)	
(предлож-у́, предло́ж-ишь, -ат)	
приглаша́ть/пригласи́ть	to invite
(приглаша́-ю, -ешь, -ют)	
(приглаш-у́, приглас-и́шь, -я́т)	
приноси́ть/принести́	to bring
(принош-у́, прино́с-ишь, -ят)	
(принес-у́, -ёшь, -у́т;	
past: принёс, принесла́, принесли́)	
уме́ть/с-	to know how to (*perf.:* to manage to)
(уме́-ю, -ешь, -ют)	
устра́ивать/устро́ить	to arrange, to organize
(устра́ива-ю, -ешь, -ют)	
(устро́-ю, -ишь, -ят)	

Новые слова и выражения

ADVERBS

действи́тельно	really, truly
сто́лько (*чего́*)	so much; so many

OTHER WORDS AND PHRASES

бы	*See 10.7.*
в честь (*кого́/чего́*)	in honor (*of something/someone*)
всё, что ну́жно	everything necessary
встреча́ть Но́вый год	to see in the New Year
Как вку́сно па́хнет!	How good it smells!
на э́той (про́шлой, бу́дущей) неде́ле	this (last, next) week
Не стесня́йся (стесня́йтесь).	Don't be shy.
Поста́вь(те) му́зыку.	Put on the music.
Прошу́ к столу́!	Come to the table.
Раздева́йся (Раздева́йтесь).	Take off your coat.
Сади́сь (Сади́тесь).	Have a seat.

PASSIVE VOCABULARY

Де́нь защи́тников Оте́чества	Defenders of the Fatherland Day
Де́нь Конститу́ции	Constitution Day
Де́нь Побе́ды	Victory Day
Де́нь примире́ния и согла́сия	Day of Harmony and Reconciliation
Междунаро́дный же́нский день	International Women's Day

PERSONALIZED VOCABULARY

_____

_____

_____

_____

Русско-английский словарь

Bold numbers in brackets indicate the unit in which a word is first introduced as active vocabulary. Roman numerals indicate volume number: the number I indicates that the word is from *Golosa*, Book One, and II indicates that the word is from Book Two. Non-bold numbers indicate a first-time use as passive vocabulary. Irregular plural forms are given in this order: nominative, genitive, dative, instrumental, prepositional. Only irregular forms or forms with stress changes are given, e.g. *pl.* сёстры, сестёр, сёстрам, -ами, -ах).

For words denoting cardinal and ordinal numbers, see Appendix D.

This glossary does not contain vocabulary for readings in Давайте почитаем sections. Please see the marginal glossaries and individual vocabulary lists for each reading.

А

а [I: 1, *see 3.10*] — and (*often used to begin questions or statements*)

авангардист [I: 8] — avant-garde artist

áвгуст [II: 1] — August

áвиа [II: 8] — air mail

авиабилéт [I: 2] — airplane ticket

авиаписьмó (*pl.* авиапúсьма) [II: 8] — air mail letter

автоотвéтчик [I: 5, II: 5] — answering machine

áвтор [II: 6] — author

автóбус [II: 3] — bus

áдрес (*pl.* адресá) [II: 3] — address

адресáт [II: 8] — addressee

Áзия [I: 4] — Asia

аллергúя [I: 9] — allergy

Аллó! [I: 5] — hello (*on telephone*)

альбóм [I: 8] — album

альт [II: 7] — viola

Амéрика [I: 1] — America (the U.S.)

америкáнец / америкáнка [I: 1] — American (person)

америкáнский [I: 2, *see 3.7*] — American

анáлиз [II: 9] — test (*medical*), analysis

ангúна [II: 9] — strep throat

англúйский [I: 3, *see 3.6, 3.7*] — English

англичáнин / англичáнка [I: 1] (*pl.* англичáне, англичáн [I: 3, *see 3.6, 3.7*]) — English (person)

Áнглия [I: 1] — England

áнгло-рýсский [I: 2] — English-Russian

анкéта [I: 1] — questionnaire

аннулúрован (-а, -ы) [II: 4] — canceled

ансáмбль [II: 7] — ensemble

антибиóтик [II: 9] — antibiotic

антропологúя [I: 4] — anthropology

апельсúн [I: 9] — orange

апрéль [II: 1] — April

арáб / арáбка [I: 3, *see 3.7*] — Arab

арáбский [I: 3, *see 3.6, 3.7*] — Arabic

Армéния [I: 3] — Armenia

армянúн (*pl.* армя́не, армя́н), армя́нка [I: 3, *see 3.7*] — Armenian

армя́нский [I: 3, *see 3.6, 3.7*] — Armenian

архитéктор [I: 7] — architect

архитектýра [I: 4] — architecture

аспирáнт(ка) [I: 4] — graduate student

аспирантýра [I: 4] — graduate school

ассортú (*indecl.*) [I: 9] — assortment

   мяснóе ассортú — cold cuts assortment

аудитóрия [I: 2, 5] — classroom

аэрóбика [I: 4, II: 7] — aerobics

Б

бáбушка [I: 6] — grandmother

бадминтóн [II: 7] — badminton

бакалéя [I: 9] — baking goods store

балéт [I: 4] — ballet

банáн [I: 9] — banana

бандерóль (*fem.*) [II: 8] — parcel post package

бáнджо [II: 7] — banjo

банк [I: 5] — bank

бáнка (бáночка) [I: 9] — jar; can

барабáн [II: 7] — drum

баскетбóл [II: 7] — basketball

бассéйн [I: 5, II: 3] — swimming pool

бéгать (*impf., multidirectional:* бéга-ю, -ешь, -ют) [II: 7] — to run

бежáть (*impf., unidirectional:* бег-ý, беж-úшь, бег-ýт) [II: 7] — to run

без (*когó/чегó*) [I: 9] — without

бейсбóл [II: 7] — baseball

бéлый [I: 6] — white

бес [II: 6] — devil

бесплáтный [II: 2] — free of charge

беспоко́йство [II: 2] — bother; trouble; worry
   Извини́те за беспоко́йство. [II: 2] — Sorry to bother you.
беспоко́ить (*impf.*: **беспоко́-ю, -ишь, -ят**) [II: 9] — to bother; disturb; upset
библиоте́ка [I: 4] — library
библиоте́карь [I: 7] — librarian
бизнесме́н / бизнесме́нка [I: 1] — businessperson
биле́т [II: 5] — ticket
   биле́т (*на что: acc.*) — ticket (*for an event, for a certain time*)
   чита́тельский биле́т [II: 6] — library card
биоло́гия [I: 4] — biology
бифште́кс [I: 9] — steak
благодаре́ние [II: 1] — thanksgiving; act of thanking
   День благодаре́ния [II: 10] — Thanksgiving Day
бланк [II: 8] — form
ближа́йший [II: 3] — nearest
бли́зко (*от чего*) [II: 3] — close (*to something*)
   бли́же [II: 5] — closer
блу́зка [I: 2] — blouse
блю́до [I: 9] — dish (*food, not the physical plate*)
бока́л [II: 10] — wine glass
бокс [II: 7] — boxing
бо́лее [II: 5, *see 5.3*] — more (*with adj., comparative*)
боле́знь (*fem.*) [II: 9] — disease, illness
боле́льщик [II: 7] — sports fan
бо́лен (**больна́, больны́**) [II: 9] — ill, sick
боле́ть (*impf.*: **боли́т, боля́т**) (*у кого*) [II: 9, *see 9.1*] — to hurt
боль (*fem.*) [II: 9] — pain
   бо́льно (*кому*) [II: 9] — painful
больни́ца [I: 7] — hospital
больно́й (*adj. decl.*) [II: 9] — patient
бо́льше [II: 5, *see 5.3*] — bigger; more
   бо́льше всего́ [II: 5] — most of all
большо́й [I: 2] — large
   Большо́е спаси́бо! [I: 3] — Thank you very much!
борщ [I: 9] — borsch
ботани́ческий сад [II: 3] — botanical garden
боти́нки [I: 2] — men's shoes
бо́улинг [II: 7] — bowling
боя́ться (*impf.*: **бо-ю́сь, бо-и́шься, -я́тся**) (*чего*) [II: 4] — to be afraid of
брат (*pl.* **бра́тья, бра́тьев**) [I: 4, 6] — brother
брать (**бер-у́, -ёшь, -у́т; брала́, бра́ли**) / **взять** (**возьм-у́, -ёшь, -у́т; взяла́, взя́ли**) [I: 9] — to take

Что вы посове́туете нам взять? [I: 8] — What do you advise us to order?
брони́ровать/за- (**брони́ру-ю, -ешь, -ют**) [II: 4] — to reserve, to book
бронхи́т [II: 9] — bronchitis
бронь (**бро́ня**) (*fem.*) [II: 4] — reservation
брю́ки (*pl. only; gen.:* **брюк**) [I: 2] — pants
бу́блик [I: 9] — bagel
бу́дущий [II: 8, 10] — next
   в бу́дущем году́ — next year
   на бу́дущей неде́ле — next week
Бу́дьте добры́! [I: 9, *see also* **быть**] — Could you please . . . ?
   Бу́дьте добры́ (*кого*)! [II: 2] — Please call . . . to the phone.
бу́лка [I: 9] — small white loaf of bread; roll
бу́лочная (*adj. decl.*) [I: 9] — bakery
бульо́н [I: 9] — bouillon
бутербро́д [I: 9] — sandwich (open-faced)
буты́лка [I: 9] — bottle
буфе́т [I: 5] — snack bar
бухга́лтер [I: 7] — accountant
бы [II: 10, *see 10.7*] — would
   я бы хоте́л(а). . . [II: 2] — I would like . . .
быва́ть (*impf.*: **быва́-ю, -ешь, -ют**) [II: 1] — to tend to be
бы́стро [I: 3] — quickly
быть (*fut.*: **бу́д-у, -ешь, -ут; был, бы́ло, была́, бы́ли**) [I: 8, *see 8.1, 9.3, 9.4, 9.5*] — to be
бюро́ (*indecl.*) [I: 7] — bureau
   бюро́ недви́жимости — real estate agency
   туристи́ческое бюро́ — travel agency

В

в — in; on; at; to
   + *prepositional case* [I: 1, *see 3.8, 5.5*] — in
   + *accusative case for direction* [I: 5, *see 5.5*] — to
   + *accusative case of days of week* [I: 5, *see 5.1*] — on
   + *hour* [I: 5, *see 5.1*] — at
   в о́бщем [II: 9] — in general
   В то́м-то и де́ло. [II: 4] — That's just the point.
   во-пе́рвых. . . во-вторы́х. . . в-тре́тьих [I: 6, 9] — in the first (second, third) place
   Во ско́лько? [I: 5] — At what time?
валто́рна [II: 7] — French horn
валю́та [II: 4] — foreign currency
   обме́н валю́ты — currency exchange
ва́нная (*declines like adj.*) [I: 6] — bathroom (bath/shower; no toilet)

ва́режки (*pl.*) [I: 2] — mittens

ваш (ва́ше, ва́ша, ва́ши) [I: 2, *see 2.4*] — your (*formal or plural*)

введе́ние [I: 1] — introduction

вво́дный [II: *introduction*] — introductory

ведь [I: 8] — you know; after all (*filler word, never stressed*)

век [II: 6] — century

велосипе́д [II: 3] — bicycle

   стациона́рный велосипе́д [II: 7] — stationary bicycle

ве́рно [II: 4] — it's correct; correctly

верну́ться (*perf.: see* возвраща́ться/верну́ться) [II: 1] — to return

ве́рсия [I: 2] — version

ве́рующий (*declines like adj.*) [I: 6] — believer

весёлый; ве́село (*adv.*) [I: 7, II: 1] — cheerful, happy, fun

   Нам бы́ло ве́село. — We had a good time.

весна́ [II: 1] — spring

   весно́й [II: 1] — in the spring

весь [I: 5; *see II: 8.5*] — all; whole

   весь день [I: 5] — all day

ве́тер [II: 1] — wind

ве́чер (*pl.* вечера́) [I: 1, II: 10] — evening; party

   вече́рний [II: 5] — evening (*adj.*)

   ве́чером [I: 5] — in the evening

   До́брый ве́чер! [I: 1] — Good evening!

вещь (*fem., all pl. endings stressed except nom.*) [I: 8] — thing

взять (*perf.: see* брать/взять) [II: 8] — to take

   Что вы посове́туете нам взять? [I: 8] — What do you advise us to order?

вид — type

   вид спо́рта [II: 7] — individual sport, type of sport

   вид тра́нспорта [II: 3] — means of transportation

видеока́мера [I: 2] — video camera

видеокассе́та [I: 2] — video cassette

видеомагнитофо́н [I: 2] — video cassette recorder

ви́деть (ви́ж-у, ви́д-ишь, ят)/у- [I: 6] — to see

   ви́деть во сне (*impf.*) (*кого/что*) [II: 8] — to dream (*of someone/something*)

ви́димо [II: 9] — evidently

ви́за [I: 2] — visa

виктори́на [II: 5] — quiz show (*on television*)

виногра́д (*singular only*) [I: 9] — grapes

виолонче́ль (*fem.*) [II: 7] — cello

висе́ть (виси́т, вися́т) [I: 6] — hang(s)

включа́ть (включа́-ю, -ешь, -ют) / включи́ть (включ-у́, -и́шь, -а́т) [II: 7] — to turn on

вку́сный [I: 9] — good; tasty

   Как вку́сно па́хнет! [II: 10] — How good it smells!

вме́сте [I: 5] — together

внима́тельно [II: 3] — carefully

внук [I: 7] — grandson

вну́чка [I: 7] — granddaughter

вода́ (*pl.* во́ды) [I: 6] — water

возвраща́ться (возвраща́-юсь, -ешься, -ются) / верну́ться (верн-у́сь, -ёшься, -у́тся) [II: 1] — to return

война́ [I: 10] — war

войти́ (*perf.: see* входи́ть/войти́ (*во что*) [II: 4] — to enter

вокза́л (на) [II: 1] — train station

волнова́ться/вз- (волну́-юсь, -ешься, -ются) [II: 4] — to be worried

во́лосы (*pl.*) [II: 9] — hair

вообще́ [II: 1] — in general

Во-пе́рвых. . . , во-вторы́х. . . [I: 6, 9] — In the first place . . . , in the second place . . .

вопро́с [I: 1] — question

воскресе́нье [I: 5] — Sunday

восто́к (на) [I: 10] — east

вот [I: 2]. . . — here is . . .

   Вот как?! [I: 4] — Really?!

впечатле́ние (*о чём*) [II: 8] — impression (*of something*)

врач (*all endings stressed*) [I: 7] — physician

вре́мя (*neuter; gen., dat., prep.* вре́мени; *acc.* вре́мя; *nom. pl.* времена́; *gen. pl.* времён) [I: 5] — time

   вре́мя го́да (*pl.* времена́ го́да) [II: 1] — season

   на како́е вре́мя [II: 2] — for what time?

   Ско́лько вре́мени? — What time is it?

все [I: 5, *see II: 8.3*] — everybody; everyone (*used as a pronoun*)

всё [I: 2, 3; *see II: 8.3*] — everything; that's all

   всё равно́ (*кому*) [II: 7] — it doesn't matter

   всё-таки [II: 2] — nevertheless

   всё, что ну́жно [II: 10] — everything necessary

всегда́ [I: 3] — always

всего́ (+ *number*) [II: 1] — only (+ *number*)

встава́ть (*impf.:* встаю́, -ёшь, -ю́т) [I: 5] — to get up

встреча́ть Но́вый год [II: 10] — to see in the New Year

встреча́ться (встреча́-емся, -етесь, -ются) / встре́титься (встре́т-имся, -итесь, -ятся) [II: 1] — to meet up (with each other)

вто́рник [I: 5] — Tuesday

второ́е (*adj. decl.*) [I: 9] — main course; entree

второй [I: 4] — second

вуз (высшее учебное заведение) [I: 4] — institute of higher education

вход [II: 3] — entrance

входить (вхож-у, вход-ишь, -ят) / войти (войд-у, войд-ёшь, -ут; вошёл, вошла, вошли) (во что) [II: 4] — to enter

вчера [I: 5] — yesterday

въезжать (въезжа-ю, -ешь, -ют) / въехать (въед-у, -ешь, -ут) (во что) [II: 4, see 4.6] — to enter (by vehicle)

вы [I: 1] — you (formal and plural)

выбор [I: 8] — selection

выглядеть (impf.: выгляж-у, выгляд-ишь, -ят) [II: 9] — to look (appearance)

выезжать (выезжа-ю, -ешь, -ют) / выехать (выед-у, -ешь, -ут) (из чего) [II: 4, see 4.6] — to exit (by vehicle)

вызывать (вызыва-ю, -ешь, -ют) / вызвать (вызов-у, -ешь, -ут) [II: 4, II: 9] — to summon

выигрывать (выигрыва-ю, -ешь, -ют) / виграть (виигра-ю, -ешь, -ют) [II: 7] — to win

выйти (perf.: see выходить/выйти) [II: 3] — to exit

выключать (выключа-ю, -ешь, -ют) / выключить (выключ-у, выключ-ишь, -ат) [II: 10] — to turn off (a device)

вынужден [II: 6] — forced, compelled

выписывать (выписыва-ю, -ешь, -ют) / выписать (выпиш-у, -ешь, -ут) [II: 9] — to prescribe; to release (from hospital)

выпить (выпь-ю, -ешь, -ют; perf., see пить) [I: 9, see 9.1] — to drink

вырасти (perf. past: вырос, выросла, выросли) [I: 7, see 7.3] — to grow up

выслан (-а, -ы) [II: 6] — exiled

высокий [I: 6, II: 3] — high; tall

выступление [II: 10] — presentation

выучить (perf.: see учить/выучить) [II: 6] — to memorize

выучить наизусть — to memorize [II: 6]

выходить (выхож-у, выход-ишь, -ят) / выйти (выйд-у, выйд-ешь, выйд-ут; imperative выйди, выйдите; вышел, вышла, вышли) [II: 3] — to exit

Вы сейчас выходите? — Are you getting off now? (in public transport)

вышивать (impf.: вышива-ю, -ешь, -ют) [II: 7] — to embroider

выяснять (выясня-ю, -ешь, -ют) / выяснить (выясн-ю, -ишь, -ят) [II: 4] — to clarify

вьетнамский [I: 4, see 3.6, 3.7] — Vietnamese

вязать (impf.: вяж-у, вяж-ешь, -ут) [II: 7] — to knit

Г

газ [I: 6] — natural gas

газета [I: 2] — newspaper

галантерея [I: 8] — men's/women's accessories (store or department)

галерея [II: 3] — gallery

галстук [I: 2] — tie

гараж (ending always stressed) [I: 6] — garage

гардероб [II: 4] — cloakroom

гастрит [II: 9] — gastritis

гастроном [I: 9] — grocery store

где [I: 1, see 5.4, 5.5] — where

где-нибудь, где-то [II: 6, see 6.5] — somewhere, anywhere

Германия [I: 3] — Germany

гимнастика [II: 7] — gymnastics

гитара [II: 7] — guitar

главный [I: 10, II: 3] — main

глаз (pl. глаза) [II: 9] — eye

гобой [II: 7] — oboe

говорить (говор-ю, -ишь, -ят) / сказать (скаж-у, скаж-ешь, -ут) [I: 3] — to speak, to say

Говорите медленнее. [I: 3] — Speak more slowly.

Говорят, что... [I: 7] — They say that...; It is said that...

Как вы сказали? [I: 1] — What did you say?

год (2-4 года, 5-20 лет) [I: 7] — year(s) [old]

(кому) год (года, лет). [See 7.4] — ... is ... years old.

В каком году [See 10.4] — in what year

Новый год [II: 10] — New Year

встречать Новый год [II: 10] — to see in the New Year

Годится. [II: 5] — That's fine.

голова [II: 9] — head

У меня кружится голова [II: 9] — I feel dizzy.

головной убор [I: 8] — hats

голос (pl. голоса) [I: 1] — voice

голубой [I: 6] — light blue

гольф [II: 7] — golf

гора (nom. pl. горы; в горах) [II: 1] — mountain

гораздо [II: 5] — much (in comparisons)

горло [II: 9] — throat

город (pl. города) [I: 1] — city

код города [II: 2] — area code

горчица [I: 9] — mustard

горя́чий [I: 6] — hot (*of things, not weather*)
гости́ная (*declines like adj.*) [I: 6] — living room
гости́ница [II: 3] — hotel
гость [II: 10] — guest
    быть в гостя́х — to be a guest at someone's home
    ходи́ть~идти́/пойти́ в го́сти — to visit someone
госуда́рственный [I: 4] — state
гото́в (-а, -ы) [II: 1] — ready
гото́вить (гото́в-лю, -ишь, -ят)/при- [I: 9] —
    to prepare
гото́вый [I: 9] — prepared
    short form: гото́в: Обе́д гото́в. — Lunch is ready.
гра́дус (5–20 гра́дусов) [II: 1] — degree
    (*temperature measure*)
грамма́тика [I: 1] — grammar
грани́ца — border
    за грани́цей (*answers* где) [I: 10] — abroad
гре́бля [II: 7] — rowing
гриб (*ending always stressed*) [I: 9] — mushroom
грипп [II: 9] — flu
грудь (*fem.*) [II: 9] — chest; breast
гру́ппа [II: 4] — group
гру́стный; гру́стно (*adv.*) [II: 1] — sad
губа́ (*pl.* гу́бы, губа́м, губа́ми, губа́х) [II: 9] — lip
гуля́ть/по- (гуля́-ю, -ешь, -ют) [II: 1] — to stroll,
    take a walk

Д

да [I: 1] — yes
да (*unstressed particle*) [I: 7] — but; well
    Да как сказа́ть? — How should I put it?
дава́й(те) [I: 1, *see* II: 1.6] — Let's . . .
    Дава́й(те) лу́чше. . . [II: 1] — Let's . . . instead.
    Дава́й перейдём на ты. [I: 10] — Let's switch
        to ты.
    Дава́йте поговори́м! [I: 1] — Let's talk!
    Дава́й(те) пое́дем. . . [I: 5] — Let's go . . .
        (*by vehicle; to another city*)
    Дава́йте познако́мимся! [I: 1] — Let's get
        acquainted.
    Дава́й(те) пойдём. . . [I: 5] — Let's go . . . (*on
        foot; someplace within city*)
    Дава́йте почита́ем! [I: 1] — Let's read!
    Дава́йте послу́шаем! [I: 1] — Let's listen!
дава́ть (да-ю, -ёшь, -ют) / дать (дам, дашь, даст,
    дади́м, дади́те, даду́т; дал, дала́, да́ли)
    [II: 2, *see* 5.5] — to give
давно́ (+ *present tense verb*) [I: 8] — for a long time
да́же [I: 8] — even

далеко́ (*от чего́*) [II: 3] — far away
да́льше [I: 6, II: 5] — further; next
дари́ть/по- (дар-ю́, да́р-ишь, -ят) (*кому́ что*)
    [I: 8] — to give someone a present
дать (*perf.: see* дава́ть/дать) [II: 5] — to give
да́ча (на) [I: 5] — dacha; summer cottage
дверь (*fem.*) [I: 6] — door
движе́ние [I: 10] — movement
    движе́ние за права́ челове́ка — human rights
        movement
дво́е [I: 7, *see* 7.6] — two (*most often with* дете́й:
    дво́е дете́й)
дво́йка [I: 4] — D (a failing grade in Russia)
двою́родная сестра́ (*pl.* сёстры, сестёр, сёстрам,
    -ами, -ах) [I: 7] — cousin (female)
двою́родный брат [I: 7] (*pl.* бра́тья, бра́тьев) —
    cousin (male)
де́вочка [I: 6] — (little) girl
де́вушка [I: 8] — (young) woman
    Де́вушка! [I: 8] — Excuse me, miss!
де́душка [I: 7] — grandfather
дежу́рная (*adj. decl.*) [II: 4] — hotel floor manager
де́йствие: ле́ксика в де́йствии [I: 1] — vocabulary
    in action
действи́тельно [II: 1, II: 10] — really; truly
дека́брь (*ending always stressed*) [II: 1] — December
декана́т [II: 6] — dean's office
деклара́ция [I: 2] — customs declaration
де́лать (де́ла-ю, -ешь, -ют)/с- [I: 5] — to do; to make
    Я хочу́ сде́лать (*кому́*) пода́рок. [I: 8] — I want
        to give (*someone*) a present.
де́ло — matter, issue
    В то́м-то и де́ло. [II: 4] — That's just the point.
    В чём де́ло? [II: 4] — What's the matter?
    Де́ло в то́м, что. . . [II: 4] — The thing is that . . .
    Де́ло не в э́том. [II: 8] — That's not the point.
д(е́)нь (*masc., pl.* дни; *gen. pl.* дней) [I: 1] — day
    День благодаре́ния [II: 10] — Thanksgiving Day
    Де́нь защи́тников Оте́чества [II: 10] —
        Defenders of the Fatherland Day
    Де́нь Конститу́ции [II: 10] — Constitution Day
    День незави́симости [II: 10] — Independence
        Day
    Де́нь Побе́ды [II: 10] — Victory Day
    Де́нь примире́ния и согла́сия [II: 10] — Day of
        Harmony and Reconciliation
д(е)нь рожде́ния [I: 8] — birthday
    День труда́ [II: 10] — Labor Day
днём [I: 5, *see* день] — during the day (afternoon)
    весь день [I: 5] — all day

Добрый день! [I: 1] — Good day! Good afternoon!

Какой сегодня день [I: 5]? — What day is it today?

Международный женский день [II: 10] — International Women's Day

С днём рождения! [I: 8] — Happy Birthday!

деньги (*always plural; gen.* **денег**) [I: 8] — money

детектив [II: 5] — mystery novel

дети (**5 детей**) [I: 7, *see* 7.6] — children

детский [I: 8] — children's

дешёвый [I: 8, II: 5] — cheap, inexpensive

дешевле [II: 5] — cheaper

деятельность [I: 10, II: 6] — activity

общественная деятельность [I: 10] — public activity

политическая деятельность [I: 10] — political activity

джинсы (*pl.*) [I: 2] — jeans

диалог [I: 1] — dialog

диван [I: 6] — couch

диета (**на**) [II: 7] — diet

диплом [I: 4] — college diploma

диск [I: 8] — short for **компакт-диск** (CD)

дискетка [I: 2] — diskette

дискотека (**на**) [I: 5] — discotheque, dance club

длинный [II: 5] — long

днём [I: 5, *see* **день**] — in the afternoon

до (*чего*) [II: 3] — up until; before

До свидания. [I: 3] — Goodbye.

до этого [I: 10] — before that

добро [II: 10] — goodness, kindness

добрый [I: 1] — *lit.:* kind

Будьте добры! [I: 9] — Be so kind as to . . .

Доброе утро! [I: 1] — Good morning!

Добрый вечер! [I: 1] — Good evening!

Добрый день! [I: 1] — Good afternoon!

довезти (*perf.*) — to take (*someone by vehicle*)

До (*чего*) **не довезёте?** [II: 3] — Will you take me to . . . ?

довольно [I: 3, II: 1] — quite, fairly

договариваться (**договарива-юсь, -ешься, -ются**) / **договориться** (**договор-юсь, -ишься, -ятся**) (*с кем*) [II: 4] — to come to an agreement (*with someone*)

Договорились. [I: 5] — Okay. (We've agreed.)

доезжать (**доезжа-ю, -ешь, -ют**) / **доехать** (**доед-у, -ешь, -ут**) (*до чего*) [II: 4, *see* 4.6] — to reach a destination (*by vehicle*)

дождь (*ending always stressed*) [II: 1] — rain

Идёт дождь (**снег**). [II: 1] — It's raining (snowing).

дойти (*perf.: see* **доходить/дойти**) (*до чего*) [II: 4, *see* 4.6] — to reach a destination (*on foot*)

доктор [II: 9] — doctor (*used as a form of address*)

документ [I: 2] — document; identification

документальный [II: 5] — documentary

долго [I: 10] — for a long time

дольше [II: 5] — longer

должен (**должна, должны**) + *infinitive* [I: 5, *see* 5.6] — must

должность [I: 10] — position; duty

доллар (**5–20 долларов**) [I: 8] — dollar

дом (*pl.* **дома**) [I: 2] — home; apartment building

дома [I: 3] — at home

домой [I: 5] — to home (*answers* **куда**)

домашний [II: 6] — home (*as in homework*)

домохозяйка [I: 7] — housewife

дорогой [I: 8]; **дорого** (*adv.*) [II: 3] — expensive; dear

Это (**совсем не**) **дорого!** [I: 8] — That's (not at all) expensive!

дороже [II: 5] — more expensive

доска (*pl.* **доски**) [I: 2] — (black)board

доставать (**доста-ю, -ёшь, -ют**) / **достать** (**достан-у, -ешь, -ут**) [II: 7] — to get (*with difficulty*)

достопримечательность (*fem.*) [II: 3] — sight, place, object of note

доходить (**дохож-у, доход-ишь, -ят**) / **дойти** (**дойд-у, -ёшь, -ут; дошёл, дошла, дошли**) (*до чего*) [II: 4, *see* 4.6] — to reach a destination (*on foot*)

дочь (*gen., dat., prep. sg.* **дочери**, *instr.* **дочерью**; *nom. pl.* **дочери, дочерей, дочерям, -ями, -ях**) [I: 4, 7] — daughter

драгоценности [II: 4] — valuables

друг (*pl.* **друзья**) [I: 5, 7] — friend

друг друга [II: 10, *see* 10.8] — each other

другой [I: 10] — other; another

дружба [II: 10] — friendship

думать (**дума-ю, -ешь, -ют**)/**по-** [I: 4] — to think

душ [I: 5] — shower

душа (*pl.* **души**) [II: 6] — soul

дядя (*gen. pl.* **дядей**) [I: 7] — uncle

Е

еврей (**-ка**) [II: 10] — Jewish (*man, woman*)

европейский [I: 3, *see* 3.6, 3.7] — European

Еги́п(е)т [I: 3] — Egypt

его [I: 2] — his; him

единица [I: 4] — F (grade)

единственный [I: 7] — the only

её [I: 2] — her, hers

éздить (éзж-у, éзд-ишь, -ят) [I: 10, *see 10.7; II: 3.8*] — to go (*by vehicle, round trips*)

Ереван [I: 3] — Yerevan (capital of Armenia)

ерунда [II: 7] — nonsense

если [I: 6, 9] — if

éсли..., то — if ... then [II: 1, *see 1.10*]

есть (+ *nom.*) [I: 2, 6, *see 2.8, 6.3, 8.2; II: 3.1–3.2*] — there is

есть (ем, ешь, ест, едим, едите, едят; ел, éла)/съ- [I: 9, *see 9.1*] — to eat

поéсть (*perf.*) [II: 5] — to have a bite to eat

éхать (éд-у, -ешь, -ут)/по- [I: 5, *see 5.3, 10.7; II: 3.8*] — to go; set out (*by vehicle*)

ещё [I: 3, II: 5] — still; yet; else; even (*in comparisons*)

Ещё бы! [II: 8] — And how! I'll say!

Что ещё нужно? [I: 9] — What else is needed?

Ж

жáловаться (*impf.:* жáлу-юсь, -ешься, -ются) [II: 9] — to complain

На что вы жáлуетесь? — What's wrong? (*doctor to patient*)

жанр [II: 6] — genre

жар [II: 9] — fever

жáркий; жáрко (*adv.*) [II: 1] — hot (*weather*)

Нам было жáрко. — We were hot.

жáрче [II: 5] — hotter

ждать (*impf.:* жду, ждёшь, ждут) (*чего*) [I: 5, II: 2] — to wait

Жду письмá... [II: introduction] — Write! (I'm awaiting your letter.)

жёлтый [I: 6] — yellow

женá (*pl.* жёны) [I: 5, 7] — wife

женáт [I: 7] — married (*said of a man*)

жéнский [I: 8] — women's

Международный жéнский день [II: 10] — International Women's Day

жéнщина [I: 8, II: 4] — woman

жéртва [II: 6] — victim

живóт [II: 9] — stomach

жизнь (*fem.*) [II: 5] — life

жилищные услóвия [I: 6] — living conditions

жить (жив-у, -ёшь, -ут; жилá, жили) [I: 3] — to live

Я живу... Кто живёт... [I: 1] — I live; who lives ...

журнáл [I: 2] — magazine

журналист [I: 7] — journalist

журналистика [I: 4] — journalism

З

за (+ *acc.*) — for (*in exchange for*)

платить/за- за — to pay for

Спасибо за письмó. [II: introduction] — Thank you for your letter.

за (+ *inst.*) [II: 9] — behind

за (+ *nom.*)

Что это за...? (*noun in nom.*) [II: 5] — What kind of a ... is that?

забóтиться (*impf.:* забóч-усь, забóт-ишься, -ятся) (*о чём*) [II: 7] — to take care of

забронирован (-а, -ы) [II: 4] — reserved

забронировать (*perf.: see* бронировать/-за) [II: 4] — to reserve, to book

забыть (*perf. past:* забыла, забыли) [I: 3] — to forget

завóд (на) [I: 7] — factory

зáвтра [I: 5] — tomorrow

зáвтрак [I: 5] — breakfast

зáвтракать (зáвтрака-ю, -ешь, -ют)/по- [I: 5] — to eat breakfast

загорáть (*impf.:* загорá-ю, -ешь, -ют) [II: 1] — to sunbathe

задáние [I: 1, II: 6] — task; assignment

коммуникативные задáния — communicative tasks

зайти (*perf.: see* заходить/зайти) [II: 10] — to come in

заказнóй [II: 8] — registered; insured; certified (*mail*)

закáзывать (закáзыва-ю, -ешь, -ют) / заказáть (закаж-у, закáж-ешь, -ут) [I: 9] — to order

закáнчивать (закáнчив-аю, -аешь, -ают) / закóнчить (закóнч-у, -ишь, -ат) (*что*) [II: 5] — to end, finish (*something*)

закрывáть(ся) (закрывá-ю, -ешь, -ют) / закрыть(ся) (закр-óю, -óешь, -óют) [II: 5] — to close

закрыт (-а,-о,-ы) [I: 8] — closed

закрыть (*perf.: see* закрывáть(ся)/закрыть(ся)) [I: 8] — to close

Закрóйте! [I: 2] — Close.

закуски [I: 9] — appetizers

зáмужем [I: 7] — married (*said of a woman*)

занимáть [I: 10] — to occupy

занима́ться (*impf.:* занима́-юсь, -ешься, -ются) (*чем*) [I: 4, *see 4.3;* II: 7] — to study, do homework; to practice; to be occupied with

занима́ться спо́ртом [II: 7] — to play sports

за́нят, занята́, за́нято, за́няты [II: 2] — busy

заня́тие (*usually plural:* заня́тия) (на) [I: 5] — class

за́пад (на) [I: 10, *see 10.2*] — west

запи́сывать (запи́сыва-ю, -ешь, -ют) / записа́ть (запиш-у́, -ешь, -ут) [II: 4] — to note in writing, to write down

за́пись (*fem.*) [I: 2] — recording

заплати́ть (*perf.: see* плати́ть/заплати́ть) [I: 8] — to pay

заполня́ть (заполн-я́ю, -ешь, -ют) / запо́лнить (запо́лн-ю, -ишь, -ят) [II: 8] — to fill out (*a form*)

Запо́лните про́пуски. [I: 2] — Fill in the blanks.

заря́дка [II: 7] — (*physical*) exercise

заста́вить (*perf.:* заста́вл-ю, -ишь, -ят) (*кого*) [II: 6] — to force

зато́ [II: 7] — on the other hand; to make up for it

заходи́ть (захож-у́, захо́д-ишь, -ят) / зайти́ (зайд-у́, -ёшь, -ут; зашёл, зашла́, зашли́) [II: 10] — to come in

зачем [II: 9] — what for

зачёт [I: 4] — passing grade (pass/fail)

защища́ть/защити́ть [I: 10] — to defend

Де́нь защи́тников Оте́чества [II: 10] — Defenders of the Fatherland Day

зва́ние [I: 10] — title

звать/по- (зову́, зовёшь, -у́т) [II: 2] — to call (*not by phone*)

(*кого*) зову́т. . . [I: 1] — (*Someone's*) name is . . .

Сейча́с позову́. [II: 2] — I'll call [*him, her*] to the phone.

звони́ть/по- (звон-ю́, -и́шь, -я́т) (*кому куда*) [II: 2] — to call, phone

зда́ние [II: 3] — building

здесь [I: 1] — here

здоро́вый [I: 7] — healthy

здоро́вье [II: 7] — health

Здра́вствуй(те)! [I: 1] — Hello!

зелёный [I: 6] — green

зима́ [II: 1] — winter

зимо́й — in the winter

знако́мство [II: 10] — friendship

знако́мый [I: 5] — acquaintance; friend (*used as a noun*)

знамени́тый [II: 3] — famous

знать (*impf.:* зна́-ю, -ешь, -ют) [I: 3] — to know

зна́чить — to mean

Зна́чит. . . [I: 1] — So . . . ; It means . . .

Зна́чит так. [I: 7] — Let's see . . .

зову́т (*see* звать/по-)

зо́нт(ик) [II: 1] — umbrella

зоологи́ческий сад [II: 3] — zoo

зоопа́рк [II: 3] — zoo

зуб [II: 9] — tooth

зубно́й врач [I: 7] — dentist

И

и [I: 2, *see 3.10*] — and

игра́ (*pl.* и́гры) [I: 2] — game

игра́ть (игра́-ю, -ешь, -ют) / сыгра́ть (сыгра́-ю, -ешь, -ют) [II: 7, *see 7.2–7.3*] — to play

игра́ть (*во что*) — to play (*a game or sport; see 7.2*)

игра́ть (*на чём*) — to play (*a musical instrument; see 7.3*)

игрова́я ситуа́ция [I: 1] — role-play

игру́шка [I: 8] — toy

идти́ (иду́, -ёшь, -у́т) / пойти́ (пойд-у́, -ёшь, -у́т) [I: 5, *see 5.3, 8.3, 10.7;* II: 3.8] — to go (*on foot*); to walk; to set out; to be playing (*of a movie*)

Идёт дождь (снег). [II: 1] — It's raining (snowing).

Идёт фильм. [II: 5] — A movie is playing.

из (*чего́*) [I: 8, 10; *see* II: 8.2, 10.6] — from (*not a person*)

изве́стный [II: 5] — famous

изве́стность [II: 6] — fame

извини́ть (*perf.*) — to excuse

Извини́те. [I: 3] — Excuse me.

Извини́те за беспоко́йство. [II: 2] — Sorry to bother you.

изуча́ть (*impf.:* изуча́-ю, -ешь, -ют) (*что*) [I: 3, 4, *see 4.3*] — to study (requires direct object)

ико́на [I: 6] — religious icon

икра́ [I: 9] — caviar

и́ли [I: 4] — or

и́менно [II: 3] — exactly, precisely

име́ть (*impf.*) — to have (*used for abstractions or compound expressions*)

име́ть ребёнка [I: 10] — to have a child

импера́тор [II: 4] — emperor

императри́ца [II: 4] — empress

импрессиони́ст [I: 8] — impressionist

и́мя (*neuter*) [I: 1, *see 1.2*] — first name
   и́мя-о́тчество [I: 1] — name and patronymic
инде́йка [II: 10] — turkey
инжене́р [I: 7] — engineer
иногда́ [I: 3] — sometimes
иностра́н(е)ц/иностра́нка [II: 6] — foreigner
иностра́нный [I: 4] — foreign
институ́т [I: 1] — institute (*institution of post-secondary education*)
   Институ́т иностра́нных языко́в [I: 4]
   — Institute of Foreign Languages
интере́сный; (*adv.*) **интере́сно** [I: 2] —
   interesting
   Интере́сно... — I wonder ...; It's
   interesting ...
интересова́ться (*impf.*: **интересу́-юсь, -ешься,
-ются**) (*чем*) [II: 7] — to be interested in
интерне́т [II: 8] — Internet
   интерне́т-кафе́ — Internet café
инфекцио́нный [II: 9] — infectious
информа́ция [II: 1] — information
Ирку́тск [I: 1] — Irkutsk (*city in Siberia*)
иска́ть/по- (**ищ-у́, и́щ-ешь, -ут**) (*кого́/что*)
   [II: 4] — to search, look for
иску́сство [I: 8] — art
испа́н(е)ц / испа́нка [I: 3] — Spanish (*person*)
Испа́ния [I: 3]
испа́нский [I: 3, *see 3.6, 3.7*] — Spanish
исправля́ть (**исправля́-ю, -ешь, -ют**) / **испра́вить**
   (**испра́вл-ю, испра́в-ишь, -ят**) [II: 10] — to
   correct
исто́рия [I: 4] — history
истори́ческий [II: 3] (*adj.*) — history; historical
Ита́лия [I: 3]
италья́н(е)ц / италья́нка [I: 3, *see 3.7*] — Italian
италья́нский [I: 3, *see 3.6, 3.7*]
их [I: 2] — their; them
ию́ль [II: 1] — July
ию́нь [II: 1] — June

К

к (*кому́/чему́*) [II: 2, 10, *see 10.6*] — towards; to
   someone's house
   к восьми́ утра́ [II: 4] — towards 8:00 a.m.
   к сожале́нию [II: 4] — unfortunately
кабине́т [I: 6] — office
ка́ждый [I: 5] — each, every
   ка́ждый день [I: 5] — every day
ка́жется (*кому́*) [I: 10] — it seems

как [I: 4] — how
   Как вас (тебя́) зову́т? [I: 1, 7] — What's your
   name?
   Как ва́ша фами́лия? [I: 1] — What's your last
   name?
   Как ва́ше о́тчество? [I: 1] — What's your
   patronymic?
   Как вы сказа́ли? [I: 1] — What did you say?
   (*formal and plural*)
   Как же так? [II: 7] — How come? How can
   that be?
   Как называ́ется (называ́ются)...? [I: 9, *see II:
   6.1*] — What is (are) ... called? (*said of things,
   not people*)
   Как по-ру́сски...? [I: 3] — How do you say ...
   in Russian?
   Как ты? [I: 2] — How are you? (*informal*)
   Как ты сказа́л(а)? [I: 1] — What did you say?
   (*informal*)
   ка́к-нибудь, ка́к-то [II: 6, *see 6.5*] — somehow,
   anyhow
како́й [I: 2, *see 2.6*] — what; which
   На каки́х языка́х вы говори́те? [I: 3] — What
   languages do you speak?
   Како́й сего́дня день? [I: 5] — What day is it?
   Како́го цве́та...? [I: 6] — What color is/
   are ...?
   Како́го числа́...? [II: 4, *see 4.2*] — What date?
   како́й-нибудь, како́й-то [II: 6, *see 6.5*] — some
   sort of, any sort of
калифорни́йский [I: 4] — Californian
календа́рь (*masc.; ending always stressed*) [II: 1]
   — calendar
ка́мера хране́ния [II: 4] — storage room
   (*in a museum or hotel*)
Кана́да [I: 1] — Canada
кана́дец / кана́дка [I: 1, *see 3.7*] — Canadian
   (*person*)
кана́дский [I: 3, *see 3.6, 3.7*] — Canadian
капу́ста [I: 9] — cabbage
каранда́ш (*pl.* **карандаши́**) [I: 2] — pencil
карате́ [II: 7] — karate
ка́рта [I: 8, II: 7] — map; (playing) card
карто́фель (**карто́шка**) [I: 9] — potato(es)
ка́рточка [I: 8] — card
   креди́тная ка́рточка [I: 8] — credit card
каса́ться (*чего́*)... [II: 4] — with regard to
   (*something*)
   Что каса́ется (*чего́*)... [II: 4] — with regard to,
   as for (*something*)

ка́сса [I: 8] — cash register

кассе́та [I: 2] — cassette

кассе́тник (кассе́тный магнитофо́н) [I: 2] — cassette player

кастрю́ля [I: 8] — pot

ката́ться (*impf.*: ката́-юсь, -ешься, -ются) [II: 1]

    на велосипе́де — to ride a bicycle

    на конька́х — to skate

    на лы́жах — to ski

кафе́ [*pronounced* кафэ́] (*masc.; indecl.*) [I: 5] — café

    интерне́т-кафе́ [II: 8] — Internet café

ка́федра (на) [I: 4] — department

    ка́федра англи́йского языка́ [I: 4] — English department

    ка́федра ру́сского языка́ [I: 4] — Russian department

кафете́рий [I: 9] — restaurant-cafeteria

ка́ша [I: 9] — cereal; grain

ка́шлять (*impf.*: ка́шля-ю, -ешь, -ют) [II: 9] — to cough

квадра́тный [I: 6] — square

кварти́ра [I: 3] — apartment

Квебе́к [I: 1] — Quebec

кино́ (*indecl.*) [I: 5] — the movies

кинотеа́тр [I: 5] — movie theater

кио́ск [II: 4] — kiosk (newsstand)

кита́ец / китая́нка [I: 3, *see 3.7*] — Chinese

Кита́й [I: 3] — China

кита́йский [I: 3, *see 3.6, 3.7*] — Chinese

кларне́т [II: 7] — clarinet

класс (в) [I: 7] — class; year of study in grade school or high school (*in school: 1st, 2nd, 3rd, etc.*)

класси́ческий [II: 5] — classical

класть (клад-у́, -ёшь, -у́т) / положи́ть (полож-у́, поло́ж-ишь, -ат) (*что куда́*) [II: 8; *see 8.3*] — to put something down (*into a lying position*)

кли́мат [II: 1] — climate

ключ (*pl.* ключи́) (*от чего́*) [II: 4] — key

кни́га [I: 2] — book

кни́жный [I: 8] — book(ish)

ков(ё)р (*ending always stressed*) [I: 6] — rug

когда́ [I: 3] — when

    когда́-нибудь, когда́-то [II: 6, *see 6.5*] — sometime, anytime, ever

код го́рода [II: 2] — area code

колбаса́ [I: 9] — sausage

колго́тки (*pl.*) [I: 2] — pantyhose

коле́но (*pl.* коле́ни) [II: 9] — knee

ко́лледж [I: 4] — in the U.S.: small college; in Russia: similar to community college

колумби́йский [I: 4] — Columbia(n)

кома́нда [II: 7] — team

коме́дия [II: 5] — comedy

ко́мик [II: 5] — comic

коммерса́нт [I: 7] — businessperson

комме́рческий [I: 7] — commercial; trade

коммуникати́вные зада́ния [I: 1] — communicative tasks

коммуника́ция [I: 4] — communications

ко́мната [I: 6] — room (*in a house or apartment*)

компа́кт-ди́ск [I: 2] — CD

ко́мплекс [II: 7] — complex, center

комплиме́нт [I: 3] — compliment

компью́тер [I: 2] — computer

компью́терная те́хника [I: 4] — computer science

конве́рт [II: 8] — envelope

коне́чно [I: 4] — of course

конститу́ция [II: 10] — constitution

    Де́нь Конститу́ции [II: 10] — Constitution Day

контро́льная рабо́та [II: 2] — quiz, test

конце́рт [II: 5] — concert

конча́ться (конча́-ется, -ются) / ко́нчиться (ко́нч-ится, -атся) [*impf.* II: 1, 5] — to come to an end

копе́йка (5-20 копе́ек) [I: 7] — kopeck

коре́йский [I: 4, *see 3.6, 3.7*] — Korean

коридо́р [I: 6] — hallway; corridor

кори́чневый [I: 6] — brown

корми́ть (*impf.*: кормл-ю́, ко́рм-ишь, -ят) [II: 10] — to feed

коро́бка [I: 9] — box

коро́ткий [II: 5] — short

    коро́че [II: 5] — shorter

косме́тика [I: 8] — cosmetics

костю́м [I: 2] — suit

котле́ты по-ки́евски [I: 9] — chicken Kiev

кото́рый [II: 6, *see 6.3*] — which, that, who (*as relative pronoun*)

ко́фе (*masc., indecl.*) [I: 9] — coffee

    ко́фе с молоко́м — coffee with milk

ко́фта [I: 2] — cardigan

краси́вый [I: 2] — pretty

кра́сный [I: 6] — red

красота́ [II: 1] — beauty

креди́тный [I: 8] — credit

    креди́тная ка́рточка — credit card

Кремль (*masc.; endings always stressed*) [II: 3] — Kremlin

кресло [I: 6] — armchair
кровать (*fem.*) [I: 6] — bed
кровь (*fem.*) [II: 9] — blood
    анализ крови — blood test
кроме того [II: 7] — besides
кроссовки (*pl.*) [I: 2] — athletic shoes
кружиться — to spin (*intrans.*)
    У меня кружится голова [II: 9] — I feel dizzy.
кто [I: 1] — who
    Кто... по национальности? [I: 3] — What
    is ...'s nationality?
    Кто по профессии... [I: 7] — What is ...'s
    profession?
    Кто такой...? [II: 5] — Just who is ...?
    кто-нибудь, кто-то [II: 6, *see* 6.5] — someone,
    anyone
куда [I: 5, *see* 5.4, 5.5] — where (to)
    куда-нибудь, куда-то [II: 5, *see* 6.5] — somewhere
культура [I: 4] — culture
купальник [I: 2] — woman's bathing suit
купаться (*impf.:* купа-юсь, -ешься, -ются)
    [II: 1] — to swim
купить (*perf., see* покупать/купить) [I: 8] — to buy
курить (*impf.:* кур-ю, кур-ишь, -ят) [II: 7] —
    to smoke
курица [I: 9] — chicken
курс (на) [I: 4] — course; year in university or
    institute
куртка [I: 2] — short jacket
кусок (кусочек) [I: 9] — piece
кухня (на) [I: 6] — kitchen; cuisine; style of cooking

Л

лаборатория [I: 3, 7] — laboratory
ладно [I: 7] — okay
лакросс [II: 7] — lacrosse
лампа [I: 6] — lamp
лангет [I: 9] — fried steak
лёгкий [II: 5]; легко (*adv.*) [I: 8, *see* 8.6] — easy;
    easily
    лёгкая атлетика [II: 7] — track
    Нам было легко. — It was easy for us.
    легче [II: 5] — easier
лежать/по- (леж-у, -ишь, -ат) [I: 6] — to lie
    лежать/по- в больнице [II: 9] — to be in the
    hospital
лекарство (*от чего*) [II: 9] — medicine
лексика [I: 1] — vocabulary
    лексика в действии — vocabulary in action

лекция [I: 3] — lecture
лес [II: 1] — forest
    в лесу — in the forest
лестница [I: 6] — stairway
лет (*see* год) [I: 7] — years
лететь/по- (леч-у, -ишь, -ят) [II: 4] — to fly
лето [II: 1] — summer
    летом — in the summer
лечить(ся)/вы- (леч-усь, леч-ишься, -атся)
    [II: 9] — to treat, cure; (*reflexive*) to be treated,
    cured
ли [II: 1, *see* 1.8] — if, whether
лимон [I: 9] — lemon
лимонад [I: 9] — soft drink
лингвистический [I: 4, II: 6] — linguistic
литература [I: 4] — literature
лифт [II: 4] — elevator
лично [II: 4] — personally
ложиться (лож-усь, -ишься, -атся) / лечь (*past:* лёг,
    легла, легли) спать [I: 5, II:9] — to go to bed
ломать/с- (лома-ю, -ешь, -ют) (*себе что*) [II: 9] —
    to break
Лондон [I: 1] — London
Лос-Анджелес [I: 1] — Los Angeles
лук [I: 9] — onion(s)
лучше [II: 5, *see* 5.3] — better
    Мне лучше. [II: 9] — I feel better.
лыжи (*pl.*) [II: 1] — skis
    кататься на лыжах — to ski
любимый — favorite [I: 5]
любительский [II: 7] — amateur (*adj.*)
любить (*impf.:* любл-ю, люб-ишь, -ят)
    [I: 4, 7, *see* 7.1] — to love

М

магазин [I: 7] — store
    книжный магазин [II: 3] — bookstore
магнитофон [I: 2] — tape recorder
май [II: 1] — May
майка [I: 2] — t-shirt; undershirt
маленький [I: 2] — small
мало (*чего*) [II: 4] — few, too little
мальчик [I: 6] — (little) boy
мама [I: 3] — mom
марка (5 марок) [II: 8] — stamp
март [II: 1] — March
масло [I: 9] — butter
мастер (*pl.* мастера) [II: 4] — skilled workman
математика [I: 4] — mathematics

математи́ческий [I: 4] — math

матрёшка [I: 8] — Russian nested doll

матч [II: 7] — match (*sports*)

мать (*fem., gen., dat. prep. sg.* ма́тери, *instr.* ма́терью; *pl.* ма́тери, матере́й, -я́м, -я́ми, -я́х) [I: 3, 7] — mother

маши́на [I: 2, II: 3] — car

МГУ (Моско́вский госуда́рственный университе́т) [I: 4] — MGU, Moscow State University

ме́бель (*fem., always sing.*) [I: 6] — furniture

медбра́т (*pl.* медбра́тья, медбра́тьев) [I: 7] — nurse (male)

медици́на [I: 4] — medicine

медици́нский [II: 7] — medical

ме́дленно [I: 3] — slowly

медсестра́ (*pl.* медсёстры, -сестёр, -сёстрам, -сёстрами, -сёстрах) [I: 7] — nurse (female)

ме́жду (*чем*) [II: 8] — between

ме́жду про́чим [I: 1] — by the way

междунаро́дный [II: 2] — international

междунаро́дные отноше́ния [I: 4] — international affairs

Междунаро́дный же́нский день [II: 10] — International Women's Day

Ме́ксика [I: 3] — Mexico

мексика́н(е)ц / мексика́нка [I: 3, *see 3.7*] — Mexican

ме́ксиканский [I: 3, *see 3.6, 3.7*]

мел [I: 2] — chalk

ме́неджер [I: 7] — manager

ме́нее [II: 5, *see 5.3*] — *less* (with adj., comparative)

ме́ньше [II: 5, *see 5.3*] — smaller; less

меню́ (*neuter; indecl.*) [I: 9] — menu

ме́рить/из- (ме́р-ю, -ишь, -ят) [II: 9] — to measure

мёртвый [II: 6] — dead

ме́сто (*pl.* места́) [II: 1] — place

ме́сто рабо́ты [I: 7] — place of work

ме́сяц (2–4 ме́сяца, 5 ме́сяцев) [I: 10] — month

метр [I: 6] — meter

квадра́тный метр — square meter

метро́ [II: 3] — metro, subway

мех (*pl.* меха́) [I: 8] — fur(s)

мече́ть (*fem.*) [II: 3] — mosque

мечта́ [I: 10] — dream (aspiration, *not* sleep)

мечта́ть (*impf.:* мечта́-ю, -ешь, -ют) + *infinitive* [II: 7] — to dream (*of doing something*)

милиционе́р [II: 3] — police officer

минера́льный [I: 9] — mineral (*adj.*)

минера́льная вода́ [I: 9] — mineral water

ми́нус [II: 1] — minus

мину́та [II: 10] — minute

мину́точка: [Одну́] мину́точку! [I: 8] — Just a moment/minute!

мирово́й [II: 6] — worldwide

мичига́нский [I: 4] — of Michigan

мла́дше *or* моло́же (*кого́*) на (год, . . . го́да, . . . лет) [I: 7, *see 7.7*] — . . . years younger than . . .

мла́дший [I: 7] — (the) younger

мно́го (*чего́*) [II: 4] — much, many

могу́ [I: 5, *see* мочь / с-] — I can

мо́да [I: 8] — fashion

мо́дный [I: 8] — fashionable

мо́жет быть [I: 4] — maybe

Не мо́жет быть! [I: 5] — That's impossible!

мо́жно (*кому́*) + *infinitive* [I: 8, *see 8.5*] — it is possible

Мо́жно посмотре́ть кварти́ру? [I: 6] — May I look at the apartment?

мой (моё, моя́, мой) [I: 2, *see 2.4*] — my

Молод(е́)ц! [I: 2] — Well done!

молодо́й [I: 7] — young

молодо́й челове́к [I: 8] — young man

моло́же *or* мла́дше (*кого́*) на (год, . . . го́да, . . . лет) [I: 7, *see 7.7;* II: 5, *see 5.3*] — . . . years younger than . . .

молоко́ [I: 9] — milk

моло́чный [I: 9] — milk; dairy

мо́ре [II: 1] — sea

морко́вь (*fem.*) [I: 9] — carrot(s)

моро́женое (*adj. decl.*) [I: 9] — ice cream

моро́з [II: 1] — frost; intensely cold weather

моро́за [II: 1] — below zero

Москва́ [I: 1] — Moscow

моско́вский [I: 4] — Moscow

мочь/с- (могу́, мо́жешь, мо́гут; мог, могла́, могли́) [II: 2] — to be able

ника́к не могу́. . . / ника́к не мог (могла́). . . [II: 3] — I just can't/couldn't . . .

муж (*pl.* мужья́, муже́й, мужья́м, -я́ми, -я́х) [I: 5, 7] — husband

мужско́й [I: 8] — men's

мужчи́на [I: 8, II: 4] — man

музе́й [I: 1] — museum

му́зыка [I: 4] — music

Поста́вь(те) му́зыку. [II: 10] — Put on the music.

музыка́льный [II: 5] — musical

музыка́льный инструме́нт [II: 7] — musical instrument

музыка́нт [I: 7] — musician

мультфи́льм [II: 5] — cartoon

мы [I: 3] — we

    мы с (кем) [I: 9] — (someone) and I

мю́зикл [II: 5] — musical (show, film)

мясно́й [I: 9] — meat

    мясно́е ассорти́ [I: 9] — cold cuts assortment

мя́со [I: 9] — meat

мяч [II: 7] — ball

Н

на [I: 4, see 3.8, 4.2, 5.5; II: 10.6] — in; on; at; to

    На. [II: 9] — here it is; take it (informal, when handing something to someone)

    на (+ accusative case for direction) [I: 5] — to

    на (+ prep.) [I: 5] — at; on

    На каки́х языка́х вы говори́те до́ма? [I: 3] — What languages do you speak at home?

    на како́м ку́рсе [I: 4] — in what year (in university or institute)

набира́ть (набира́-ю, -ешь, -ют) / набра́ть (набер-у́, -ёшь, -у́т) [II: 5] — to dial

наблюда́ть (impf.) [II: 9] — to observe

наве́рное [I: 7] — probably

награждён (награжден-а́, -ы́) (чем) [II: 6] — awarded

наде́яться (наде́-юсь, -ешься, -ются) (impf.) [II: 4] — to hope

на́до (кому́) + infinitive [I: 8, see 8.5] — it is necessary

    На́до же! [II: 2] — (an expression of surprise or disbelief)

наза́д [I: 10, see 10.5] — ago

называ́ться (impf.: называ́-ется, -ются) [II: 3, see 6.1] — to be called (used for things)

наизу́сть (adv.) [II: 6] — by heart, from memory

    вы́учить наизу́сть [II: 6] — to memorize, learn by heart

найти́ (perf.: see находи́ть/найти́) [I: 8] — to find

наконе́ц [I: 5] — finally

нале́во [II: 3] — (to the) left

нали́чные (де́ньги) [I: 8] — cash

написа́ть (perf.: see писа́ть/на-) [I: 8] — to write

напи́т(о)к [I: 9] — drink

направле́ние [II: 6] — authorization document; letter of introduction

напра́во [II: 3] — (to the) right

напра́сно [II: 8] — in vain

наприме́р [I: 4, 7] — for example

напро́тив (чего́) [II: 3] — opposite (something)

наро́дный [II: 7] — folk

насеко́мое [II: 6] — insect

на́сморк [II: 9] — nose cold; stuffed nose; runny nose

настоя́щий [II: 7] — real

наступа́ющий [II: 10] — approaching (holiday)

нау́чный [II: 5] — science, scientific

    нау́чный сотру́дник [I: 10] — researcher

находи́ть (нахож-у́, нахо́д-ишь, -ят) / найти́ (найд-у́, найд-ёшь, -у́т; нашёл, нашла́, нашли́) [II: 3] — to find

находи́ться (impf.: нахо́дится, нахо́дятся) [I: 8, II: 3] — to be located

национа́льность (fem.) [I: 3, see 3.7] — nationality; ethnicity

    по национа́льности — by nationality

национа́льный [II: 10] — national

начина́ть(ся) (начина́-ю, -ешь, -ют) / нача́ть(ся) (начн-у́, -ёшь, -у́т; на́чал, начала́, на́чали) [II: 1, see 5.4] — to begin

наш (на́ше, на́ша, на́ши) [I: 2, see 2.4] — our

не [I: 3] — not (negates following word)

    Не мо́жет быть! [I: 5] — That's impossible!

нева́жно [II: 9] — not very well

невозмо́жно (кому́) [I: 8, see 8.6] — impossible

невысо́кий [II: 9] — not high; not tall

неда́вно [I: 8] — recently

недалеко́ [I: 9] — not far

неде́ля (2–4 неде́ли, 5 неде́ль) [I: 10] — week

    на э́той (про́шлой, бу́дущей) неде́ле [II: 10] — this (last, next) week

незави́симость [II: 10] — independence

    День незави́симости [II: 10] — Independence Day

нельзя́ (кому́) [I: 8, see 8.6] — forbidden, not allowed

не́м(е)ц / не́мка [I: 3] — German

неме́цкий [I: 3] — German

немно́го, немно́жко [I: 3] — a little

    немно́го о себе́ [I: 1] — a bit about oneself (myself, yourself)

непло́хо [I: 3] — pretty well

неплохо́й [I: 8] — pretty good

непра́вильно [II: 7] — incorrectly

не́сколько (чего́) [II: 4] — a few, several

нет [I: 2] — no

нет (кого́/чего́) [I: 6, see 6.4, 8.2] — there is not

неуже́ли [II: 1] — Really . . . ?

ни. . . ни. . . [I: 6] — neither . . . nor . . .

нигде́ (не) [II: 6, see 6.4] — nowhere

ни́зкий [I: 6] — low

ника́к (не) [II: 6, *see 6.4*] — in no way

   ника́к не могу́. . . / ника́к не мог (могла́). . .
     [II: 3] — I just can't/couldn't . . .

никако́й (не) [II: 6] — no kind of, not any

никогда́ (не) [I: 5, II: 6, *see 6.4*] — never

никто́ (не) [II: 6, *see 6.4*] — no one

никуда́ (не) [II: 6, *see 6.4*] — nowhere, not to
   anywhere

ничего́ [I: 5, *see II: 6.4*] — nothing; it's no bother

   Я ничего́ не зна́ю. [I: 7] — I don't know
     anything.

но [I: 3, *see 3.10*] — but

нового́дний [II: 10] — New Year's

но́вости [II: 5] — news

но́вый [I: 2] — new

   Но́вый год [II: 10] — New Year

   встреча́ть Но́вый год [II: 10] — to see in the
     New Year

нога́ (*pl.* **но́ги, нога́м, нога́ми, нога́х**) [II: 9] —
   leg; foot

но́мер [I: 5, II: 4] — number; room (*in a hotel or
   dormitory*)

норма́льно [I: 3] — in a normal way

нос [II: 9] — nose

носки́ (*pl.*) [I: 2] — socks

ночь (*fem.*) [I: 1] — night (*midnight–4:00 am*)

   но́чью [I: 5] — at night

   Споко́йной но́чи! [I: 1] — Good night!

ноя́брь (*ending always stressed*) [II: 1] — November

нра́виться/по- (**нра́в-ится, -ятся**) (*кому́*)
   [II: 5, *see 5.1*] — to like

   Мне нра́вятся рома́ны Пеле́вина. — I like
     Pelevin novels.

ну [I: 2] — well . . .

ну́жен, нужна́, ну́жно, нужны́ [II: 6, *see 6.2*] —
   necessary

   ну́жно (*кому́*) + *infinitive* [I: 8, *see 8.5*] — it is
     necessary

   всё, что ну́жно [II: 10] — everything necessary

Нью-Йо́рк [I: 1] — New York

О

о (об, обо) + *prepositional* [I: 3, *see 3.9*] — about

обе́д [I: 5] — lunch

   Обе́д гото́в. [I: 6] — Lunch is ready.

обе́дать (**обе́да-ю, -ешь, -ют**)/**по-** [I: 5] — to eat
   lunch

обеща́ть (*impf.:* **обеща́-ю, -ешь, -ют**) (*кому́*)
   [II: 9] — to promise

обзо́рный [I: 1] — review

   обзо́рные упражне́ния — review exercises

обме́н [II: 4] — exchange

   обме́н валю́ты — currency exchange

обору́дование [I: 8] — equipment

образе́ц [I: 1] — example

образова́ние [I: 4] — education

   вы́сшее образова́ние [I: 4] — higher
     education

обра́тный (а́дрес) [II: 8] — return (*address, ticket*)

обраща́ться (*impf.:* **обраща́-юсь, -ешься, -ются**)
   (*к кому́*) [II: 3] — to turn to (*someone*)

о́бувь (*fem.*) [I: 8] — footwear

обуче́ние [I: 7] — schooling

обща́ться (*impf.:* **обща́-юсь, -ешься, -ются**)
   (*с кем*) [II: 7] — to talk with, chat

общежи́тие [I: 3] — dormitory

о́бщество [II: 6] — society

объявле́ние [I: 8] — announcement

объясня́ть (**объясня́-ю, -ешь, -ют**) / **объясни́ть**
   (**объясн-ю́, -и́шь, -я́т**) [II: 5] — to explain

обыкнове́нный [I: 7] — ordinary

обы́чно [I: 4, *see 4.3*] — usually

обы́чный [II: 8] — usual, ordinary

обяза́тельно [II: 1, II: 8] — surely; it is necessary

о́вощи (*pl.*) [I: 9] — vegetables

овощно́й [I: 9] — vegetable

огро́мный [I: 8] — huge

   Огро́мное спаси́бо! [I: 8] — Thank you very
     much!

огур(е́)ц [I: 9] — cucumber

одева́ться (*impf.:* **одева́-юсь, -ешься, -ются**) [I: 5]
   — to get dressed

оде́жда [I: 2] — clothing

оде́т (-а, -ы) [II: 1] — dressed

оди́н (одна́, одно́, одни́) [I: 6, *see 6.6*] — one

   Одну́ мину́точку! [I: 8] — Just a moment!

   С одно́й стороны́. . . , с друго́й стороны́. . .
     [I: 9] — On the one hand . . . , on the other
     hand . . .

о́зеро (*pl.* **озёра**) [II: 1] — lake

Ой! [I: 2] — Oh!

Оказа́лось. . . [II: 9] — It turned out . . .

окно́ (*pl.* **о́кна**) [I: 6] — window

око́нчить (*perf.:* **око́нч-у, око́нч-ишь, -ат**)
   [I: 10, *see 10.3*] — to graduate from
   (*requires direct object*)

око́шко [II: 8] — (*service*) window

октя́брь (*ending always stressed*) [II: 1] — October

Олимпи́йский [II: 7] — Olympic

он [I: 2, *see 2.3*] — he; it
она́ [I: 2, *see 2.3*] — she; it
они́ [I: 2, *see 2.3*] — they
оно́ [I: 2, *see 2.3*] — it
опа́здывать (опа́здыва-ю, -ешь, -ют) / опозда́ть
   (опозда́-ю, -ешь, -ют) [I: 5] — to be late
   Я не опозда́л(а)? [I: 6] — Am I late?
опозда́ние [II: 8] — delay
   с опозда́нием [II: 8] — with a delay
о́пыт рабо́ты [I: 7] — job experience
опя́ть [II: 8] — again
оса́дки (*pl.*) [II: 1] — precipitation
о́сень [II: 1] — autumn
   о́сенью — in the autumn
осмо́тр [II: 7] — examination (*medical*)
осно́ва [II: 6] — foundation, basis
   в основно́м [II: 8] — primarily
осо́бенно [II: 8] — especially
осо́бый [II: 6] — special
остава́ться (оста-ю́сь, оста-ёшься, -ются) /
   оста́ться (остан-у́сь, -ешься, -утся) [II: 4] —
   to remain
   У нас оста́лся час. — We have an hour left.
оставля́ть (оставля́-ю, -ешь, -ют) / оста́вить
   (оста́вл-ю, оста́в-ишь, -ят) [II: 4] — to leave
   (*something behind*)
остано́вка (авто́буса, трамва́я, тролле́йбуса)
   [II: 3] — stop (bus, tram, trolley)
от (*кого/чего*) [II: 6] — from
отвеча́ть (отвеча́-ю, -ешь, -ют) / отве́тить
   (отве́ч-у, отве́т-ишь, -ят) (*на что*)
   [I: 4, II: 3] — to answer (*something*)
отде́л [I: 8] — department
отдыха́ть (отдыха́-ю, -а́ешь, -ют) [I: 5] — to relax
от(е́)ц (*all endings stressed*) [I: 3] — father
оте́чество [II: 10] — fatherland
   Де́нь защи́тников Оте́чества [II: 10] —
   Defenders of the Fatherland Day
отка́зываться (отка́зыва-юсь, -ешься, -ются) /
   отказа́ться (отка́ж-у́сь, отка́ж-ешься, -утся)
   (*от чего*) [II: 6] — to decline, reject
открыва́ть(ся) (открыва́-ю, -ешь, -ют) /
   откры́ть(ся) (откро́-ю, -ешь, -ют)
   [I: 8, I: 9, II: 5, *see 5.4*] — to open
   Откро́йте! [I: 2] — Open.
откры́тка [II: 8] — postcard
отку́да [I: 3] — where from
   Отку́да вы (ты)? [I: 10] — Where are you from?
   Отку́да вы зна́ете ру́сский язы́к? [I: 3] — How
   do you know Russian?

отли́чно [I: 4] — perfectly; excellent
отмеча́ть (*что*) (*impf.:* отмеча́-ю, -ешь, -ют)
   [II: 10] — to celebrate (*a holiday*)
относи́ться (отнош-у́сь, отно́с-ишься, -ятся) /
   отнести́сь (отнес-у́сь, отнес-ёшься, -у́тся)
   (*к чему*) [II: 6] — to regard (*something*)
отноше́ния(*pl.*) [I: 4] — relations
   междунаро́дные отноше́ния — international
   affairs
отойти́ (*perf.: see* отхо́дить/ отойти́) [II: 4] — to
   depart (*on foot*)
отправля́ть (отправля́-ю, -ешь, -ют) / отпра́вить
   (отправл-ю, -ишь, -ят) [II: 8] — to send
   отправле́ние [II: 8] — sending
отпусти́ть (*perf.:* отпущ-у́, отпу́ст-ишь, -ят)
   [II: 9] — to release
отсю́да [II: 2, *see 10.6*] — from here
отту́да [II: 10, *see 10.6*] — from there
отхо́дить (отхож-у́, отхо́д-ишь, -ят) / отойти́
   (отойд-у́, -ёшь, -у́т) [II: 4, *see 4.6*] — to depart
   (*on foot; used for trains*)
о́тчество [I: 1, *see 1.2*] — patronymic
   Как ва́ше о́тчество? [I: 1] — What's your
   patronymic?
   и́мя-о́тчество [I: 1] — name and patronymic
отъезжа́ть (отъезжа́-ю, -ешь, -ют) / отъе́хать
   (отъе́д-у, -ешь, -ут) (*от чего*) [II: 4, *see 4.6*] —
   to move away from (*by vehicle*)
о́фис [I: 7] — office
официа́льно [II: 8] — official; officially
официа́нт/ка [I: 9] — server
о́чень [I: 3] — very
о́чередь (*fem.*) [I: 8] — line
очки́ (*pl.*) [I: 2] — eyeglasses
оши́бка [II: 10] — mistake

П

па́дать (па́да-ю, -ешь, -ют) / упа́сть (упад-у́,
   -ёшь, -у́т; упа́л, -а, -и) [II: 9] — to fall
па́лец (*pl.* па́льцы) [II: 9] — finger; toe
пальто́ (*indecl.*) [I: 2] — coat; overcoat
па́мятник [II: 3] — monument
па́па [I: 3] — dad
па́ра [I: 5] — class period
парк [I: 1, II: 3] — park
паро́дия [II: 5] — parody
па́русный спорт [II: 7] — sailing
парфюме́рия [I: 8] — cosmetics (store or
   department)

па́спорт (*pl.* паспорта́) [I: 2] — passport
Па́сха [II: 10] — Passover; Easter
па́хнет [II: 10] — it smells
  Как вку́сно па́хнет! — How good it smells!
педаго́гика [I: 4] — education (*a subject in college*)
пельме́ни [I: 9] — pelmeni (*Siberian dumplings*)
пеницилли́н [II: 9] — penicillin
пенсильва́нский [I: 4] — Pennsylvanian
пе́нсия [I: 7] — pension
  на пе́нсии [I: 7] — retired
пе́рвое (*adj. decl.*) [I: 9] — first course (always soup)
пе́рвый [I: 4] — first
перево́дчик [II: 6] — translator
передава́ть (переда-ю́, -ёшь, -ю́т) / переда́ть
  (переда́м, переда́шь, переда́ст, передади́м,
  передади́те, передаду́т; пе́редал, передала́,
  пе́редали) (*кому́ что*) [II: 2, II: 5, II: 9] — to
  broadcast; to convey, pass on
  Что (*кому́*) переда́ть? — What should I pass on
  (to whom)? (Any message?)
  Переда́йте, что... [II: 2] — Pass on that ...
переда́ча [II: 5] — broadcast, program
переезжа́ть (переезжа́-ю, -ешь, -ют)/перее́хать
  (перее́д-у, -ешь, -ут) (*куда́*) [I: 10] — to move,
  to take up a new living place
пережива́ть (пережива́-ю, -ешь, -ют)/пережи́ть
  (пережив-у́, -ёшь, -у́т) [II: 10] — to live
  through, experience
Перезвони́те [II: 2] — Call back.
перепи́сываться (*impf.:* перепи́сыва-юсь,
  -ешься, -ются) (*с кем*) [II: 8] — to correspond
  (*with someone*)
пе́р(е)ц [I: 9] — pepper
перо́ [II: 6] — pen (*archaic, literary*)
персона́ж [II: 6] — character (*in a story or novel*)
перча́тки (*pl.*) [I: 2] — gloves
пе́сня (*gen. pl.* пе́сен) [I: 7] — song
петь/с- (по-ю́, -ёшь, -ю́т) [II: 7] — to sing
печа́тать [I: 10] — to publish
пешко́м [II: 3] — on foot
пиджа́к [I: 2] — suit jacket
пилигри́м [II: 10] — pilgrim
писа́тель [I: 7, II: 6] — writer
писа́ть (пишу́, пи́шешь, -ут)/на- [I: 3] — to write
пи́сьменный [I: 6] — writing
  пи́сьменный стол [I: 6] — desk
письмо́ (*pl.* пи́сьма, пи́сем) [I: 2, 4] — letter (mail)
пить (пь-ю, -ёшь, -ют; пила́, пи́ли)/вы́пить
  (вы́пь-ю, -ешь, -ют; вы́пил, -а, -и)
  [I: 9, *see 9.1*] — to drink

пи́цца [I: 9] — pizza
пи́ща [I: 9] — food
пла́вание [II: 7] — swimming
пла́вать (*impf.:* пла́ва-ю, -ешь, -ют) [II: 7] — to
  swim
пла́вки (*pl.*) [I: 2] — swimming trunks
плати́ть (плачу́, пла́тишь, пла́тят)/за- (за + *acc.*)
  [I: 8] — to pay (*for something*)
  Плати́те в ка́ссу. [I: 8] — Pay the cashier.
пла́тный [II: 9] — for pay, requiring payment
плат(о́)к (*endings always stressed*) [I: 8] —
  (hand)kerchief
пла́тье [I: 2] — dress
плащ (*ending always stressed*) [II: 1] — raincoat
пле́йер: CD [сиди́]-пле́йер [I: 2] — CD player
племя́нник [I: 7] — nephew
племя́нница [I: 7] — niece
плечо́ (*pl.* пле́чи, плеча́м, плеча́ми, плеча́х)
  [II: 9] — shoulder
плита́ (*pl.* пли́ты) [I: 6] — stove
пло́хо [I: 3] — poorly
  пло́хо (*кому́*) [II: 9] — (*someone*) feels bad
плохо́й [I: 2] — bad
пло́щадь (на) (*fem.*) [II: 3] — square (*in a city*)
по [I: 8, *see 8.5*; II: 3] — by way of; by means of; along
  по национа́льности [I: 3] — by nationality
  по профе́ссии [I: 7] — by profession
  по телеви́зору [II: 5] — on television
  кни́га по иску́сству [I: 8] — art book
  сосе́д/ка по ко́мнате [I: 4] — roommate
по-англи́йски (по-ру́сски, по-япо́нски, *etc.*) [I: 3,
  see 3.6] — in English (Russian, Japanese, *etc.*)
побе́да [II: 10] — victory
  Де́нь Побе́ды [II: 10] — Victory Day
побли́же [II: 5] — near the front (*in a movie theater*)
повора́чивать (повора́чива-ю, -ешь, -ют) /
  поверну́ть (поверн-у́, -ёшь, -у́т) (*куда́*)
  [II: 3] — to turn (*right, left*)
  Поверни́(те) (напра́во, нале́во). — Turn
  (*right, left*).
по́весть (*fem.*) [I: 10, II: 6] — novella
пого́да [II: 1] — weather
погуля́ть (*perf.: see* гуля́ть/по-) [II: 1] — to stroll,
  take a walk
пода́льше [II: 5] — near the back (*in a movie
  theater*)
подари́ть (*perf.: see* дари́ть/по-) (*кому́ что*)
  [I: 8] — to give someone a present
пода́р(о)к [I: 2] — gift
подва́л [I: 6] — basement

подвергáться (*impf.*) (*чему*) [II: 6] — to be subjected to

подготóвка [I: 1] — preparation

поднимáть (*impf.*: поднимá-ю, -ешь, -ют) (*тяжести*) [II: 7] — to lift (weights)

подойти́ (подойду́) [II: 2, *see* подходи́ть/подойти́ 4.6] — to approach

подру́га [I: 5] — friend (female)

подтверждáть (подтвержда́-ю, -ешь, -ют) / подтверди́ть (подтверж-у́, подтверд-и́шь, -я́т) [II: 4] — to confirm

поду́мать (*perf.*: *see* ду́мать/поду́мать) [I: 4] — to think

подходи́ть (подхож-у́, подхо́д-ишь, -ят) / подойти́ (подойд-у́, -ёшь, -у́т; подошёл, подошла́, подошли́) (*к кому́/чему́*) [II: 2, II: 4, *see* 4.6] — to approach

подъезжáть (подъезжá-ю, -ешь, -ют) / подъéхать (подъéд-у, -ешь, -ут) (*к чему́*) [II: 4, *see* 4.6] — to approach (*by vehicle*)

поéсть (*perf.*: *see* есть/съ-) [II: 5] — to have a bite to eat

поéхать (*perf.*: *see* éхать/поéхать) [I: 5] — to go
Поéдем... [I: 6] — Let's go ...

пожáлуйста [I: 2, 3] — please; you're welcome

позáвтракать (*perf.*: *see* зáвтракать/по-) [I: 9] — to have breakfast

позвáть (*perf.*: *see* звать/по-) [II: 2] — to call (*not by phone*)

позвони́ть (*perf.*: *see* звони́ть/по-) (*кому́ куда́*) [II: 2] — to call, phone

пóздно [I: 5] — late
пóзже (позднéе) [II: 5] — later

познакóмиться (*perf.*) [I: 1] — to make one's acquaintance
Познакóмьтесь! — Let me introduce you (*lit.* Get acquainted!)

поискáть (*perf.*: *see* искáть/по-) [II: 4] — to search, look for

пойти́ (*perf.*: *see* идти́) — to go (*by foot*)
Пойдём лу́чше... [I: 8] — Let's go to ... instead.
Пойдём! [I: 8] — Let's go!
пойти́ рабо́тать (*куда́*) [I: 10] — to begin to work; to begin a job
Пошли́! [I: 9] — Let's go!

покá [I: 9, II: 4] — meanwhile, while, for the time being

покáзывать (покáзыва-ю, -ешь, -ют)/показáть (покаж-у́, покáж-ешь, -ут) [I: 10] — to show
Покажи́(те)! [I: 8] — Show!

покупáтель [I: 8] — customer

покупáть (покупá-ю, -ешь, -ют)/купи́ть (куп-лю́, ку́пишь, -ят) [I: 8] — to buy

пол (на полу́; *ending always stressed*) [I: 6] — floor (as opposed to ceiling)

полéзный [II: 9]; (*adv.*) полéзно [II: 6] — useful

поликли́ника [I: 7, II: 9] — health clinic

полити́ческий [I: 4] — political

политоло́гия [I: 4] — political science

пóлка [II: 8] — shelf

пóлночь (*fem.*) [II: 4] — midnight

полови́на [II: 4] — half

положéние: семéйное положéние [I: 7] — family status (marriage)

положи́ть (*perf.*: полож-у́, поло́ж-ишь, -ат; *see* класть/положи́ть) [II: 10] — to serve

получáть (получá-ю, -ешь, -ют)/получи́ть (получ-у́, полу́ч-ишь, -ат) [I: 4, 9] — to receive
Я получи́л(а). [I: 4] — I received.
Получи́те! [I: 9] — Take it! (*said when paying*)

пóльзоваться (*impf.*: пóльзу-юсь, -ешься, -ются) (*чем*) [II: 7] — to use

помидóр [I: 9] — tomato

помогáть (помогá-ю, -ешь, -ют)/помо́чь (помог-у́, помо́ж-ешь, помо́г-ут; помо́г, помогла́, помогли́) (*кому́*) [II: 4] — to help (*someone*)

по-мóему [II: 5] — in my opinion

пóмощь (*fem.*) [II: 10] — aid, help
скóрая пóмощь — ambulance

понедéльник [I: 5, *see* 5.1] — Monday

понимáть (понимá-ю, -ешь, -ют)/поня́ть (пойм-у́, -ёшь, -ут; пóнял, поняла́, пóняли [I: 3, II: 5] — to understand
Я не пóнял (поняла́). [I: 4] — I didn't catch (understand) that.

поня́тный [II: 5] — understandable
Поня́тно. [I: 2] — Understood.

пообéдать (*perf.*: *see* обéдать) [I: 9] — to have lunch

попáсть (*perf.*: попаду́, -ёшь, -у́т; попáл, -а, -и) [I: 9] — to manage to get in; to get to
Как попáсть (*куда́*)? [II: 3] — How does one get to ...?
Мы тóчно попадём. [I: 9] — We'll get in for sure.
Вы не туда́ попáли. [II: 2] — You have the wrong number.

попроси́ть (*perf.*: *see* проси́ть/по-) [II: 7] — to request, ask for популя́рный [II: 7] — popular

пора́ньше [II: 1] — a little earlier

поруче́ние [II: 6] — assignment, mission

по́рция [I: 9] — portion; order

посла́ть (*perf.: see* посыла́ть/посла́ть) (*что кому́ куда́*) [II: 8] — to send

после́дний [I: 2] — last

послеза́втра [II: 4] — the day after tomorrow

послу́шать (*perf.: see* слу́шать) — to listen
  Послу́шай(те)! [I: 7] — Listen!

посмотре́ть (*perf.: see* смотре́ть) [I: 6] — to look
  Посмо́трим. [I: 6] — Let's see.

посове́товать (*perf.: see* сове́товать) [I: 8] — to advise
  Что вы (нам, мне) посове́туете взять? [I: 9] — What do you advise (us, me) to order?

поступа́ть (поступа́-ю, -ешь, -ют)/поступи́ть (поступ-лю́, посту́п-ишь, -ят) (*куда́*) [I: 10, *see* 10.3] — to apply to; to enroll in

посыла́ть (посыла́-ю, -ешь, -ют)/посла́ть (пошл-ю́, -ёшь, -ю́т) (*что кому́ куда́*) [II: 8] — to send

посы́лка [II: 8] — package, parcel

потол(о́)к [I: 6] — ceiling

пото́м [I: 5, II: 5] — later; afterwards; then

потому́ что [I: 4] — because

поу́жинать (*perf.: see* у́жинать) [I: 9] — to have supper

похо́д [II: 7] — hike

похо́ж (-а, -и) (*на кого́: acc.*) [I: 10, *see* 10.1] — resemble, look like

почему́ [I: 4, 5] — why
  почему́-нибудь, почему́-то [II: 6, *see* 6.5] — for some reason

почита́ть (*perf.:* почита́-ю, -ешь, -ют) [II: 6] — to read for a little while

по́чта (на) [II: 3] — post office; mail
  по по́чте [II: 8] — by mail
  электро́нная по́чта [II: 8] — e-mail

Пошли́! [I: 9] — Let's go!

поэ́зия [II: 6] — poetry

поэ́ма [II: 6] — long poem

поэ́т [II: 6] — poet

прав (-а́, пра́вы) [II: 1] — right, correct

пра́вда [I: 7] — truth
  Пра́вда? [I: 1] — Really?

пра́вильно (*adv.*) [II: 4] — correct; it's correct

прави́тельство [II: 6] — government

пра́во (*pl.* права́) [I: 10] — right
  защи́та гражда́нских прав [I: 10] — defense of civil rights
  защи́та прав челове́ка [I: 10] — defense of human rights
  вопро́с прав челове́ка [I: 10] — human rights issue

пра́здник [II: 10] — holiday
  пра́здничный [II: 10] — festive
  С пра́здником! [II: 10] — Happy Holiday!

пра́ктика (на) [I: 4, 7] — practice; internship
  ча́стная пра́ктика [I: 7] — private practice

предлага́ть (предлага́-ю, -ешь, -ют)/предложи́ть (предлож-у́, предло́ж-ишь, -ат) [*impf.* I: 8; II: 10] — to offer; propose

предложе́ние — sentence
  Соста́вьте предложе́ния. [I: 2] — Make up sentences.

предме́т [I: 4] — subject

предста́виться (*perf.*) [I: 3] — to introduce oneself

прекра́сный; прекра́сно (*adv.*) [II: 1] — wonderful, beautiful

преподава́тель [I: 4] — teacher (in college)
  преподава́тель ру́сского языка́ [I: 4] — Russian language teacher

приглаша́ть (приглаша́-ю, -ешь, -ют)/пригласи́ть (приглаш-у́, приглас-и́шь, -я́т) [II: 10] — to invite

приглаше́ние [II: 1] — invitation

при́город [I: 6] — suburb

пригото́вить (*perf.: see* гото́вить) [I: 9] — to prepare

прие́зд [II: 1] — arrival

приезжа́ть (приезжа́-ю, -ешь, -ют)/прие́хать (прие́д-у, -ешь, -ут) [I: 10, II: 4] — to arrive (*by vehicle*)
  Приезжа́й(те) (Приходи́те) в го́сти. [II: 1] — Come for a visit.

прийти́ (*perf.: see* приходи́ть/прийти́) [II: 4] — to arrive (*on foot*)

приключе́нческий [II: 5] — adventure (*adj.*)

прилета́ть (прилета́-ю, -ешь, -ют)/прилете́ть (прилеч-у́, прилет-и́шь, -я́т) [II: 4] — to arrive (*by air*)

примире́ние [II: 10] — reconciliation
  День примире́ния и согла́сия [II: 10] — Day of Harmony and Reconciliation

принадлежа́ть (*impf.:* принадлеж-у́, -и́шь, -а́т) (*кому́*) — to belong

Принеси́те, пожа́луйста, меню́. [I: 9] — Please bring a menu.

принима́ть (принима́-ю, -ешь, -ют)/**приня́ть** (прим-у́, при́м-ешь, -ут; при́нял, приняла́, при́няли) [*impf.* I: 5; II: 9] — to take

принима́ть/приня́ть душ [I: 5] — to take a shower

принима́ть/приня́ть лека́рство [II: 9] — to take medicine

приноси́ть (принош-у́, принóс-ишь, -ят)/ **принести́** (принес-у́, -ёшь, -у́т; принёс, принесла́, принесли́) [II: 9] — to bring

при́нтер [I: 2] — printer

при́нцип — principle

в при́нципе [II: 8] — in principle

приня́ть (прим-у́, при́м-ешь, -ут; при́нял, приняла́, при́няли) [*perf.* II: 9; *see* принима́ть/приня́ть] — to take

приро́да (на) [II: 1, II: 7] — nature

приходи́ть (прихож-у́, прихо́д-ишь, -ят)/**прийти́** (прид-у́, -ёшь, -у́т; пришёл, пришла́, пришли́) [II: 4] — to arrive (*on foot*)

причи́на [II: 9] — reason

прия́тно [I: 1] — pleasant

Óчень прия́тно с ва́ми познакóмиться. — Pleased to meet you.

проблéма [II: 4] — problem

проводи́ть врéмя (*impf.:* провож-у́, провóд-ишь, -ят) [II: 7] — to spend time

прогрáмма [II: 5] — program, show, channel; program, schedule

программи́ст [I: 7] — computer programmer

продава́ть (прода-ю́, -ёшь, -ю́т) [I: 8] — to sell

продав(é)ц (*all endings stressed*) [I: 7] — salesperson (*man*)

продавщи́ца [I: 7] — salesperson (*woman*)

продовóльственный магази́н [I: 9] — grocery store

проду́кты (*pl.*) [I: 9] — groceries

проезжа́ть (проезжа́-ю, -ешь, -ют)/**проéхать** (проéд-у, -ешь, -ут) [II: 3, 4] — to go past; go a measured distance (*by vehicle*)

прóза [II: 6] — prose

прозáик — prose writer

проигрывать (проигрыва-ю, -ешь, -ют)/ **проигра́ть** (проигра́-ю, -ешь, -ют) [II: 7] — to lose (*a game*)

произведéние [I: 10, II: 6] — work (of art or literature)

пройти́ (*perf.:* пройд-у́, -ёшь, -у́т) [II: 3] — to go (*on foot, a certain distance*)

Разреши́те пройти́. — Please allow me to pass.

проси́ть/по- (прош-у́, прóс-ишь, -ят) [II: 7] — to request, ask for

Прошу́ к столу́! [II: 10] — Come to the table!

прослу́шать (*perf., see* слу́шать) [I: 9] — to listen

проспéкт (на) [II: 3] — avenue

Прости́те! [I: 1] — Excuse me!

простóй [II: 5]; **прóсто** (*adv.*) [I: 9] — simple; simply

прóще [II: 5] — simpler

просту́да [II: 9] — cold (*illness*)

просты́ть (*perf.*) [II: 9] — to catch cold

Я просты́л(а). — I have a cold.

прóсьба [II: 2] — request

У меня́ к тебé большáя прóсьба. — I have a big favor to ask you.

профессионáльно [II: 7] — professionally

профéссия [I: 7] — profession

Кто по профéссии. . . — What is . . .'s profession?

прохлáдный; прохлáдно (*adv.*) [II: 1] — cool

проходи́ть (прохож-у́, прохóд-ишь, -ят)/**пройти́** (пройд-у́, -ёшь, -у́т; прошёл, прошла́, прошли́) [II: 4] — to pass (*on foot*)

Проходи́те. [I: 2, 6] — Go on through; Come in!

прохóжий [II: 3] — passer-by

прочитáть (*perf.: see* читáть/про-) [I: 3, 9] — to read

прóшлый [I: 10] — last

на прóшлой недéле — last week

в прóшлом году́ — last year

прóще [II: 5] — simpler

пры́гать (*impf.:* пры́га-ю, -ешь, -ют) [II: 7] — to jump

пря́мо [II: 3] — straight ahead

психолóгия [I: 4] — psychology

пустотá [II: 6] — emptiness

пьéса [I: 10, II: 6] — stage play

пюрé (*indecl.*) [I: 9] — creamy mashed potatoes

пятёрка [I: 4] — A (grade)

пя́тница [I: 5, *see* 5.1] — Friday

Р

рабóта (на) [I: 4] — work

рабóтать (рабóта-ю, -ешь, -ют)/**по-** [I: 4] — to work

рабóтник (**рабóтница**) [II: 4] — employee

рáдио (**радиоприёмник**) [I: 2] — radio

рáдость [II: 10] — joy

разгова́ривать [I: 1] — to converse
разгово́р [I: 1, II: 2] — conversation, telephone call
  разгово́ры для слу́шания — listening
    conversations
Раздева́йся! (Раздева́йтесь)! [II: 10] — Take off
  your coat.
разме́р [I: 8] — size
ра́зница (ме́жду чем) [II: 8] — difference (between
  what)
разреше́ние [II: 8] — permission
Разреши́те [I: 3] — Allow me.
  Разреши́те предста́виться. [I: 3] — Allow me to
    introduce myself.
  Разреши́те пройти́. [II: 3] — Please allow me
    to pass.
ра́но [I: 5, II: 1] — early
  ра́ньше [I: 3, II: 5] — previously
распеча́тывать (распеча́тыва-ю, -ешь, -ют) /
  распеча́тать (распеча́та-ю, -ешь, -ют) [II: 8]
    — to print
расписа́ние [I: 1] — schedule
распоря́док дня [I: 5] — daily routine
расска́з [II: 5, II: 6] — story
расска́зывать (расска́зыва-ю, -ешь, -ют) /
  рассказа́ть (расскаж-у́, расска́ж-ешь, -ут)
    [I: 10] — to tell, narrate
  Расскажи́(те) (мне)... [I: 7] — Tell (me) ...
    (request for narrative)
рассо́льник [I: 9] — fish (or meat) and
  cucumber soup
Рассчита́йте (нас, меня́)! [I: 9] — Please give
  (us, me) the check.
растя́гивать (растя́гива-ю, -ешь, -ют)/растяну́ть
  (растян-у́, растя́н-ешь, -ут) (себе́ что)
    [II: 9] — to sprain, strain
рвать/вы́- (кого́) [II: 9] — to vomit
  Меня́ рвёт. — I am vomiting.
  Меня́ вы́рвало. — I vomited.
ребён(о)к (pl. де́ти, дете́й) [I: 7] — child(ren)
  име́ть ребёнка [I: 10] — to have a child
ребя́та (pl.; gen. ребя́т) [I: 10] — kids; guys
  (conversational term of address)
ревизо́р [II: 6] — inspector general
револю́ция [II: 6] — revolution
ре́гби [II: 7] — rugby
ре́дко [I: 5] — rarely
  ре́же [II: 5, see 5.3] — more rarely
режиссёр [II: 5] — (film) director
рейс [II: 4] — flight
река́ [II: 3] — river

рекла́ма [I: 3] — advertisement
рем(е́)нь (endings always stressed) [I: 8]
  — belt (man's)
рентге́н [II: 9] — x-ray
репети́ция [II: 7] — rehearsal
рестора́н [I: 1] — restaurant
реце́пт (на что) [II: 9] — prescription (for)
реша́ть (реша́-ю, -ешь, -ют)/реши́ть (реш-у́,
  -и́шь, -а́т) [I: 10] — to decide
рис [I: 9] — rice
ро́дина [II: 5] — motherland
роди́тели [I: 3] — parents
роди́ться (perf.: роди́лся, родила́сь, роди́ли́сь)
  [I: 7, see 7.3] — to be born
родны́е (pl., used as noun) [II: 10] — relatives
ро́дственник [I: 7] — relative
рожде́ние — birth
  д(е)нь рожде́ния [I: 8] — birthday (lit. day of
    birth)
  С днём рожде́ния! [I: 8] — Happy Birthday
Рождество́ [II: 10] — Christmas
ро́лики (pl.) [II: 7] — skates
  ката́ться на ро́ликах — to rollerskate, rollerblade
рома́н [I: 8] — novel
росси́йский [I: 3, see 3.6, 3.7] — Russian (pertaining
  to the Russian Federation)
Росси́я [I: 3] — Russia
россия́нин (pl. россия́не, россия́н)/
  россия́нка [I: 3, see 3.6, 3.7] — Russian
    (citizen)
ро́стбиф [I: 9] — roast beef
рот (где: во рту) [II: 9] — mouth
роя́ль [II: 7] — piano
руба́шка [I: 2] — shirt
рубль (2–4 рубля́, 5–20 рубле́й; endings always
  stressed) [I: 7] — ruble
рука́ (acc. sing. ру́ку; pl. ру́ки, рук, рука́м, рука́ми,
  рука́х) [II: 9] — hand; arm
руководи́тель [II: 4] — director
ру́сский/ру́сская [I: 1, 2, 3, see 3.6, 3.7] — Russian
  (person)
ру́сско-англи́йский [I: 2] — Russian-English
ру́чка [I: 2, II: 9] — pen
ры́ба [I: 9] — fish
ры́н(о)к (на) [I: 3, 8] — market
  кни́жный ры́н(о)к [I: 8] — book mart
рюкза́к (pl. рюкзаки́) [I: 2] — backpack
ряд (в ряду́) [II: 5] — row
ря́дом (с чем) [I: 6, II: 3] — alongside; next
  (to something)

С

с (+ *gen.*) [I: 9] — Someone owes . . . ; [II: 9] since; [II: 10] from (*opposite of* **на**)

    Сколько с нас? — How much do we owe?

    С одной стороны. . . , с другой стороны. . . [I: 9] — On the one hand . . . , on the other hand . . .

с (+ *inst.*) [I: 9] — with; together with

    С днём рождения! [I: 8] — Happy birthday!

    С приездом! [I: 2] — Welcome! (*to someone from out of town*)

    С удовольствием. [I: 5] — With pleasure.

сад (**в саду́;** *pl. endings always stressed*) [II: 3] — garden

    ботани́ческий сад — botanical garden

    зоологи́ческий сад [II: 3] — zoo

сади́ться (**саж-у́сь, сад-и́шься, -я́тся**)/**сесть** (**ся́д-у, -ешь, -ут**) [II: 3] — *lit.* to sit down; to get onto (a bus, tram, trolley, subway)

    Сади́тесь! [II: 3, II: 10] — Have a seat.

саксофо́н [II: 7] — saxophone

сала́т [I: 9] — salad; lettuce

    сала́т из огурцо́в [I: 9] — cucumber salad

    сала́т из помидо́ров [I: 9] — tomato salad

сальмонеллёз [II: 9] — salmonella

сам (**сама́, са́ми**) [I: 8, II: 2] — self

самолёт [II: 6] — airplane

самоуби́йство [II: 6] — suicide

    поко́нчить жизнь самоуби́йством (*perf.*) [II: 6] — to commit suicide

са́мый + *adj.* [I: 5, II: 5; *see 5.3*] — the most + *adj.*

    са́мый люби́мый [I: 5] — most favorite

    са́мый нелюби́мый [I: 5] — least favorite

санкт-петербу́ргский [I: 3] — (of) St. Petersburg

сантиме́тр [I: 8] — centimeter

сапоги́ (*gen. pl.* **сапо́г**) [I: 2] — boots

сати́ра [II: 5] — satire

са́хар [I: 9] — sugar

сбо́рник [II: 6] — collection

све́жий [I: 9] — fresh

све́рху [II: 8] — at the top

сви́тер (*pl.* **свитера́**) [I: 2] — sweater

    спорти́вный сви́тер [I: 2] — sweatshirt

свобо́да [I: 10] — freedom

свобо́дный [II: 7] — free

    свобо́ден (**свобо́дна, свобо́дны**) (*short form*) [I: 5] — free, not busy

свобо́дно говори́ть по-ру́сски [I: 3] — to speak Russian fluently

свой (**своя́, своё, свои́**) [I: 6; II: 7, *see 7.7*] — one's own

сде́лать (*perf.: see* **де́лать/сде́лать**) [I: 8] — to do; to make

    Я хочу́ сде́лать (*кому*) **пода́рок.** [I: 8] — I want to give *someone* a present.

сеа́нс [II: 5] — showing (*of a film*)

себя́ [II: 8] — self

се́вер (**на**) [I: 10, *see 10.2*] — north

сего́дня [I: 5] — today

сейча́с [I: 3] — now

секрета́рь (*all endings stressed*) [I: 3, 7] — secretary

семе́йное положе́ние [I: 7] — family status (marriage)

семина́р [I: 5] — seminar

семья́ (*pl.* **се́мьи, семе́й, се́мьям, се́мьями, о се́мьях**) [I: 7] — family

сентя́брь (*endings always stressed*) [II: 1] — September

се́рдце [II: 9] — heart

середи́на [II: 5] — middle

се́рый [I: 6] — gray

серьёзный [I: 7] — serious

сестра́ (*pl.* **сёстры, сестёр, сёстрам, -ами, -ах**) [I: 4, 6] — sister

сиде́ть/по- (**сиж-у́, сид-и́шь, -я́т**) [II: 9] — to sit

си́льный [II: 7] — strong

симпати́чный [I: 7] — nice

синаго́га [II: 3] — synagogue

си́ний [I: 2] — dark blue

систе́ма здравоохране́ния [II: 9] — health care system

ситуа́ция — situation

    игрова́я ситуа́ция [I: 1] — role-play

сказа́ть (*see* **говори́ть/сказа́ть**) [I: 8] — to say

    Мне сказа́ли, что. . . [I: 8] — I was told that . . .

    Как тебе́ (вам) сказа́ть? [II: 6] — How should I put it?

    Как ты сказа́л(а)? [I: 1] — What did you say?

ски́дка [I: 8] — discount

ско́лько [I: 5, 6] — how many; how much

    Ско́лько (*кому*) **лет?** [I: 7] — How old is . . . ?

    Ско́лько вре́мени туда́ идти́ (е́хать)? [II: 3] — How long does it take to get there?

    Ско́лько мину́т [II: 2] — How many minutes?

    Ско́лько сейча́с вре́мени? [I: 5] — What time is it?

Ско́лько сто́ит. . . ? [I: 8] — How much does . . . cost?

Ско́лько сто́ят. . . ? [I: 8] — How much do . . . cost?

Ско́лько э́то бу́дет сто́ить? [II: 3] — How much will it cost?

Ско́лько у вас ко́мнат? [I: 6] — How many rooms do you have?

Во ско́лько? [I: 5] — At what time?

ско́рая по́мощь [II: 9] — ambulance

ско́ро [I: 8] — soon

скоре́е (всего́) [II: 5] — most likely

скри́пка [II: 7] — violin

скуча́ть (*impf.:* **скуча́ю, -ешь, -ют**) (*по кому́*) [II: 8] — to miss (*someone*)

ску́чный [I: 4] — boring

сла́бо [II: 7] — weakly

сла́дкое (*adj. decl.*) [I: 9] — dessert

сле́ва (*от чего́*) [I: 6, II: 3] — on the left (*of something*)

сле́дующий [II: 3] — next

слова́рь (*stressed endings*) [I: 2] — dictionary

сло́во [I: 1, 3] — word

одно́ сло́во [I: 3] — one word

сло́жный [II: 5]; **сло́жно** (*adv.*) [II: 2] — complicated

слу́чай — case (not grammatical)

на вся́кий слу́чай [II: 2] — just in case

случи́ться (*perf.*) [II: 6, 7] — to happen

Что случи́лось? — What happened?

слу́шай(те) [I: 5] — listen (*command form*)

слу́шать (**слу́ша-ю, -ешь, -ют/про-**) (*кого́/что*) [I: 5, 9] — to listen

слы́шать (**слы́ш-у, -ишь, -ат**)/**у-** [I: 9, II: 2] — to hear

смешно́й [II: 5] — funny

смотре́ть (**смотр-ю́, смо́тр-ишь, -ят**)/**по-** [I: 10] — to watch

Смотря́. . . [I: 9] — It depends . . .

смочь (*perf.:* see **мочь/с-**) [II: 2] — to be able to; (*perf.*) to manage (*to do something*)

снача́ла [I: 5] — to begin with; at first

снег [II: 1] — snow

сни́зу [II: 8] — at the bottom

собира́ться (*impf.:* **собира́-юсь, -ешься, -ются**) [II: 1] — to plan (to do something)

соверше́нно [II: 4] — absolutely, completely

Соверше́нно ве́рно! [II: 8] — Absolutely right!

сове́товать (**сове́ту-ю, -ешь, -ют**)/**по-** (*кому́*) [I: 9] — to advise

Что вы (нам, мне) посове́туете взять? [I: 9] — What do you advise (us, me) to order?

совреме́нный [II: 3] — modern, contemporary

совсе́м [I: 7] — quite, completely

совсе́м не [I: 7] — not at all . . .

Это (совсе́м не) до́рого! [I: 8] — That's (not at all) expensive!

согла́сен (**согла́сна, -ны**) (*с кем*) [I: 5] — agree

согла́сие [II: 10] — agreement, harmony

Де́нь примире́ния и согла́сия [II: 10] — Day of Harmony and Reconciliation

со́лнце [II: 1] — sun, sunshine

соль (*fem.*) [I: 9] — salt

сообще́ние [II: 8] — message

соотве́тствовать [I: 1] — to match

Что чему́ соотве́тствует? — What matches what?

сосе́д (*pl.* **сосе́ди, сосе́дей**)/**сосе́дка** [I: 4] — neighbor

сосе́д/ка по ко́мнате [I: 4] — roommate

сосе́дний [II: 8] — neighboring, next

со́ус [I: 9] — sauce

социоло́гия [I: 4] — sociology

спа́льня [I: 6] — bedroom

спаси́бо [I: 2] — thank you

Огро́мное спаси́бо! [I: 8] — Thank you very much!

специализи́рованный [I: 8] — specialized

специа́льность (*fem.*) [I: 4] — major

спина́ (*acc.* **спи́ну**) [II: 9] — back

спи́сок [I: 8] — list

споко́йный; споко́йно (*adv.*) [II: 9] — calm(ly)

Споко́йной но́чи! [I: 1] — Good night!

спорт (*always singular*) [I: 7] — sports

вид спо́рта [II: 7] — individual sport, type of sport

па́русный спорт [II: 7] — sailing

спорти́вный [II: 7] — sport (*adj.*)

спорти́вный свитер (*pl.* **свитера́**) [II: 2] — sweatshirt

спортсме́н [II: 7] — athlete

спосо́бность (*fem.*) (*к чему́*) [II: 7] — aptitude (*for something*)

споткну́ться (*perf.*) [II: 9] — to trip

спра́ва (*от чего́*) [I: 6, II: 3] — on the right (*of something*)

спра́вка [II: 6] — certificate

спра́шивать (**спра́шиваю, -ешь, -ют**)/**спроси́ть** (**спрош-у́, спро́с-ишь, -ят**) [I: 4] — to ask

сра́зу [II: 4] — right away, immediately

среда́ (в сре́ду) [I: 5, *see 5.1*] — Wednesday (on Wednesday)

ста́вить/по- (**ста́вл-ю, ста́в-ишь, -ят**) (*что куда́*) [II: 8] — to put something down (*into a standing position*)

Поста́вь(те) му́зыку. [II: 10] — Put on the music.

стадио́н (на) [I: 5] — stadium

стажёр [I: 4] — a student in a special course not leading to degree; used for foreign students doing work in Russian

станови́ться (**становл-ю́сь, станóв-ишься, -ятся**)/**стать** (**стáн-у, -ешь, -ут**) (*кем/чем*) [II: 7] — to become

стáнция (**метрó**) (**на**) [II: 3] — (metro/subway) station

старáться (**старá-юсь, -ешься, -ются**)/**по-** [II: 6] — to try

стáрше (**когó**) **на** (**год, . . . гóда, . . . лет**) [I: 7, *see 7.7;* II: 5, *see 5.3*] — . . . years older than . . .

стáрший [I: 7] — older; the elder

стáрый [I: 2] — old

стать (**стáн-у, -ешь, -ут**) (*perf.: see* **станови́ться/стать**) [II: 6] — to become

статья́ [I: 4] — article

стенá (*pl.* **стéны**) [I: 6] — wall

стéпень [I: 4] — degree (academic)

   стéпень бакалáвра (**нау́к**) [I: 4] — B.A.

   стéпень маги́стра (**нау́к**) [I: 4] — M.A.

   стéпень кандидáта нау́к [I: 4] — Candidate of Science (second highest academic degree awarded in Russia)

   стéпень дóктора нау́к [I: 4] — Doctor of Science (highest academic degree awarded in Russia)

стесня́ться (**стесня́-юсь, -ешься, -ются**) [II: 10] — to be shy

   Не стесня́йся (**стесня́йтесь**). [II: 10] — Don't be shy.

стиль [II: 6] — style

стихи́ [II: 6] — poetry, verse

стихотворéние [II: 6] — poem

стóить (*impf.:* **стóит, стóят**) [I: 8] — to cost

стол (*endings always stressed*) [I: 6] — table

   Прошу́ к столу́! [II: 10] — Come to the table!

столéтие [II: 6] — century

столóвая (*declines like adj.*) [I: 6] — dining room; cafeteria

стóлько [II: 8, II: 10] — so much; so many

   стóлько впечатлéний — so many impressions!

сторонá — side

   С однóй стороны́. . . , с другóй стороны́. . . [I: 9] — On the one hand . . . , on the other hand . . .

стоя́нка (**такси́**) (**на**) [II: 3] — (taxi) stand

стоя́ть (*impf.:* **стои́т, стоя́т**) [I: 6] — to stand

странá [I: 10] — country; nation

странове́дение [I: 4] — area studies

   росси́йское странове́дение [I: 4] — Russian area studies

стрáшно [I: 9] — terribly

стрелá [I: 8, II: 4] — arrow

строи́тельство [I: 10] — construction

студéнт/студéнтка [I: 1]; **студéнческий** [II: 3] (*adj.*) — student

стул (*pl.* **сту́лья, сту́льев**) [I: 6] — (hard) chair

суббóта [I: 5, *see 5.1*] — Saturday

сувени́р [I: 8] — souvenir

суп [I: 9] — soup

счáстье [II: 10] — happiness

считáть (*impf.:* **считá-ю, -ешь, -ют**) [II: 6, II: 7] — to consider, be of the opinion

США [I: 1] — USA

съесть (*perf.: see* **есть/съ-**) [I: 9, *see 9.1*] — to eat

сыгрáть (*perf.: see* **игрáть/сыгрáть**) [II: 7, *see 7.2–7.3*] — to play

сын (*pl.* **сыновья́, сыновéй, сыновья́м, сыновья́ми, о сыновья́х**) [I: 7] — son

сыр [I: 9] — cheese

сюрпри́з [I: 2] — surprise

Т

таблéтка [II: 9] — pill

так [I: 3] — so

тáкже [I: 4, *see 4.7*] — also; too

такóй [I: 6, II: 1] — such; so (used with nouns)

   Кто такóй. . . ? [II: 5] — Just who is . . . ?

   такóй же [I: 6] — the same kind of

   (**не**) **так**(**óй**)**. . . , как. . .** [II: 1] — (not) as . . . as . . .

   Что э́то такóе? — Just what is that?

такси́ (*neut., indecl.*) [II: 3] — taxi

   стоя́нка (**такси́**) (**на**) [II: 3] — (taxi) stand

талáнт (**к чему́**) [II: 7] — talent (*for something*)

там [I: 2] — there

тамóжня (**на**) [I: 2] — customs

   тамóженный [II: 8] — customs (*adj.*)

танцевáть/по-/про- (**танцу́-ю, -ешь, -ют**) [II: 2, II: 7] — to dance

тáпочки (*pl.*) [I: 2, II: 10] — slippers

тарéлка [I: 8, II: 10] — plate

твой (**твоё, твоя́, твои́**) [I: 2, *see 2.4*] — your (*informal*)

теáтр [I: 1] — theater

телеви́зор [I: 2] — television

   по телеви́зору [II: 5] — on television

телестáнция (**на**) [I: 7] — television station

телефóн [II: 2] — telephone; telephone number

   по какóму телефóну [II: 2] — at what number?

телефони́ст(-ка) [II: 2] — telephone operator

те́ло (*pl.* тела́) [II: 9] — body

температу́ра [II: 9] — temperature

те́ннис [II: 7] — tennis

тепе́рь [I: 8] — now (*as opposed to some other time*)

тёплый; тепло́ (*adv.*) [II: 1] — warm

    Нам бы́ло тепло́. — We were warm.

    тепла́ [II: 1] — above zero

теря́ть (теря́-ю, -ешь, -ют)/по- [II: 4] — to lose

те́сто [I: 9] — dough

тетра́дь (*fem.*) [I: 2] — notebook

тётя [I: 7] — aunt

те́хника [I: 2] — gadgets

то [II: 1, *see 1.10*] — then (*used in if . . . then constructions*)

това́р [I: 8] — goods

тогда́ [I: 10] — then; at that time; [I: 6, II: 1] — in that case; then

то́же [I: 1, *see 4.7*] — also; too

то́лько [I: 2] — only

    то́лько что [I: 9] — just

тома́тный [I: 9] — tomato

    тома́тный со́ус — tomato sauce

торго́вля [I: 8] — trade

торго́вый [I: 8] — trading

тост [II: 10] — toast (*drinking*)

тот (то, та, те) [I: 6] — that; those (as opposed to э́тот)

то́т же (та́ же, то́ же, те́ же) [II: 2] — the same

то́чка отсчёта [I: 1] — point of departure

то́чно [I: 7] — precisely; for sure

    Мы то́чно попадём. [I: 9] — We'll get in for sure.

тошни́ть (*кого*) (*impf.*) [II: 9] — to be nauseous

    Меня́ тошни́т. — I am nauseous.

    Меня́ тошни́ло. — I was nauseous.

тради́ция [I: 6] — tradition

трамва́й [II: 3] — tram

тренажёр [II: 7] — exercise equipment

тре́тий (тре́тье, тре́тья, тре́тьи) [I: 4] — third

три́ллер [II: 5] — thriller (*movie*)

тро́е [I: 7] — three (*most often with* де́тей: тро́е де́тей)

тро́йка [I: 4] — C (grade)

тролле́йбус [II: 3] — trolley

тромбо́н [II: 7] — trombone

труба́ [II: 7] — trumpet

труд (*endings always stressed*) [II: 1] — labor

тру́дный [I: 4]; тру́дно (*adv.*) [I: 8, *see 8.7*] — difficult

туале́т [I: 6] — bathroom

ту́ба [II: 7] — tuba

туда́ [I: 8] — there (*answers* куда́)

    Вы не туда́ е́дете. [II: 3] — You're going the wrong way.

туристи́ческий [I: 7] — tourist; travel

тут [I: 2] — here

ту́фли (*genitive pl.* ту́фель) [I: 2] — shoes (*usu. women's formal*)

ты [I: 1, *see 1.1*] — you (*informal, singular*)

    Дава́й перейдём на «ты». [I: 10] — Let's switch to ты.

У

у [I: 2, 6] — at, near, by, "having" "at someone's place"

    у (*кого*) [I: 6, *see 6.3, 6.7*] — at (*somebody's*) house

    у (*кого*) + есть (+ *nominative*) [I: 2, 6, *see 2.8, 6.3*] — (*someone*) has (*something*)

    У вас (тебя́, меня́, *etc.*) есть. . . ? [I: 2] — Do you have . . . ?

    у (*кого*) + нет (+ *genitive*) [I: 6, *see 6.4*] — (*someone*) doesn't have (*something*)

    У меня́ нет. [I: 2] — I don't have any of those.

убира́ть (убира́-ю, -ешь, -ют) (дом, кварти́ру, ко́мнату) [I: 5] — to clean (house, apartment, room)

уваже́ние [II: introduction] — respect

    С уваже́нием — respectfully yours (*in a letter*)

уве́рен (-а, -ы) [II: 7] — sure

уви́деть (*perf.: see* ви́деть/у-) [I: 6] — to see

увлека́ться (*impf.:* увлека́-юсь, -ешься, -ются) (*чем*) [II: 7] — to be fascinated with, carried away by

увлече́ние [II: 7] — hobby

удивля́ться (удивля́-юсь, -ешься, -ются)/ удиви́ться (удивл-ю́сь, удив-и́шься, -я́тся) (*кому/чему*) [II: 8] — to be surprised (*at someone/something*)

удовлетвори́тельно [I: 4] — satisfactor(il)y

удово́льствие [II: 10] — pleasure

    С удово́льствием. [I: 5] — With pleasure.

уезжа́ть (уезжа́-ю, -ешь, -ют)/уе́хать (уе́д-у, -ешь, -ут) [II: 4, *see 4.6*] — to depart (*by vehicle*)

у́жас [II: 5] — horror

    ужа́сно [II: 9] — terrible; terribly

    фильм у́жасов — horror movie

уже́ [I: 4] — already

у́жин [I: 5] — supper

ужинать (у́жина-ю, -ешь, -ют)/по- [I: 5] — to have supper

у́зкий [I: 6] — narrow

узнава́ть (узна-ю́, -ёшь, -ю́т)/узна́ть (узна́-ю, -ешь, -ют) [*perf.* I: 8; II: 1, II: 4] — to find out

уйти́ (*perf.:* see уходи́ть/уйти́) [II: 4, *see 4.6*] — to depart, leave (*on foot*)

ука́зываться (*impf.:* ука́зыва-ется, -ются) [II: 6] — to be indicated, noted

уко́л [II: 9] — injection

украи́н(е)ц / украи́нка [I: 3, *see 3.7*] — Ukrainian

Украи́на (на)[I: 3] — Ukraine

украи́нский [I: 3, *see 3.6, 3.7*] — Ukrainian

у́лица (на) [I: 6, II: 3] — street

на у́лице [II: 1] — outside

умере́ть (*perf. past:* у́мер, умерла́, у́мерли) [I: 10, II: 5] — to die

уме́ть/с- (уме́-ю, -ешь, -ют) [II: 10] — to know how to; (*perf.*) to manage to

у́мный [I: 7] — intelligent

универма́г [I: 8] — department store

универса́м [I: 9] — self-service grocery store

университе́т [I: 1]; университе́тский (*adj.*) [II: 3] — university

упражне́ние [I: 1] — exercise

обзо́рные упражне́ния — summary exercises

уро́к (на) [I: 5] — class; lesson (*practical*)

уро́к ру́сского языка́ — Russian class

усло́вие — condition

жили́щные усло́вия [I: 6] — living conditions

у́стный: у́стный перево́д [I: 1] — oral interpretation

устра́ивать (устра́ива-ю, -ешь, -ют)/устро́ить (устро́-ю, -ишь, -ят) [II: 10] — to arrange; organize

у́тро [I: 1] — morning

До́брое у́тро! [I: 1] — Good morning!

у́тром [I: 5] — in the morning

у́хо (*pl.* у́ши, уша́м, уша́ми, уша́х) [II: 9] — ear

уходи́ть (ухож-у́, ухо́д-ишь, -ят)/уйти́ (уйд-у́, -ёшь, -у́т; ушёл, ушла́, ушли́) [II: 4, *see 4.6*] — to depart, leave (*on foot*)

уча́стие [I: 10] — participation

принима́ть уча́стие [I: 10] — to participate, take part

уче́бник [I: 2, II: 9] — textbook

уче́бный [I: 4] — academic

учёный (*declines like an adjective; masculine only*) [I: 7] — scholar; scientist

учи́тель (*pl.* учителя́) [I: 7] — school teacher (man or woman)

учи́тельница [I: 7] — school teacher (woman)

учи́ть (учу́, у́ч-ишь, -ат) / вы́учить (вы́уч-у, -ишь, -ат) [II: 6] — to memorize

вы́учить наизу́сть — to memorize [II: 6]

учи́ться (учу́сь, у́чишься, у́чатся) [I: 4, *see 4.1, 4.3*] — to study; be a student (*cannot have a direct object*); учи́ться/на- + *infinitive* [II: 7] — to learn (*how to do something*)

Я учу́сь... [I: 1] — I study . . .

ую́тный [I: 6] — cozy; comfortable (*about room or house*)

Ф

фаго́т [II: 7] — bassoon

факс [II: 8] — fax

факульте́т (на) [I: 4] — department (academic)

фами́лия [I: 1, *see 1, 2*] — last name

Как ва́ша фами́лия? [I: 1] — What's your last name?

фанта́стика [II: 5] — fantasy

нау́чная фанта́стика — science fiction

фарш [I: 9] — chopped meat, ground meat

февра́ль (*ending always stressed*) [II: 1] — February

фе́рма (на) [I: 7] — farm

фехтова́ние [II: 7] — fencing

фигу́рное ката́ние [II: 7] — figure skating

фи́зика [I: 4] — physics

филологи́ческий [I: 4] — philological (*relating to the study of language and literature*)

филоло́гия [I: 4] — philology (*study of language and literature*)

филосо́фия [I: 4] — philosophy

фильм [II: 5] — movie, film

документа́льный фильм — documentary film

приключе́нческий фильм — adventure film

фильм у́жасов — horror film

худо́жественный фильм — feature-length film (*not documentary*)

фина́нсовый [I: 3] — financial

фина́нсы [I: 4] — finance

фи́рма [I: 3, 7] — firm; company

комме́рческая фи́рма [I: 7] — trade office; business office

юриди́ческая фи́рма [I: 7] — law office

фле́йта [II: 7] — flute

фоне́тика [I: 4] — phonetics

фортепья́но (*indecl.*) [II: 7] — piano

конце́рт для фортепья́но [II: 7] — piano concerto

фо́рточка [II: 4] — small hinged pane in window

фотоаппара́т [I: 2] — camera

фотогра́фия (на) [I: 6] — photograph
Фра́нция [I: 3] — France
францу́з/францу́женка [I: 3, *see 3.7*] — French
францу́зский [I: 3, *see 3.6, 3.7*] — French
фру́кты [I: 9] — fruit
футбо́л [II: 7] — soccer
футбо́лка [I: 2] — t-shirt, jersey

Х

Ха́нука [II: 10] — Hannukah
хи́мия [I: 4] — chemistry
хлеб [I: 9] — bread
ходи́ть (**хож-у́, хо́д-ишь, -ят**) [I: 5, *see 5.3, 8.3, 10.7*;
    II: 3, *see 3.8*] — to make a round trip (*on foot*)
хозя́ин (*pl.* **хозя́ева**) [II: 10] — host
хозя́йка (**до́ма**) [II: 10] — hostess
холоди́льник [I: 6] — refrigerator
холо́дный; хо́лодно (*adv.*) [II: 1] — cold
хоро́ший [I: 2] — good
хорошо́ [I: 2] — well; fine; good
    хорошо́ (*кому*) [II: 9] — (*someone*) feels good
хоте́ть (**хочу́, хо́чешь, хо́чет, хоти́м, хоти́те,**
    хотя́т) [I: 6, *see 6.1*] — to want
    Не хо́чешь (**хоти́те**) **пойти́** (**пое́хать**)**...?** [I: 5]
    — Would you like to go ...?
    я бы хоте́л(а)... [II: 2] — I would like ...
хоте́ться (*кому*) (*impf.*: **хо́чется; хоте́лось**)
    [II: 8, II: 9] — to feel like (*doing something*)
хоть [II: 8] — even
хотя́ [II: 9]   although
    хотя́ бы по телефо́ну [II: 2] — at least by phone
худо́жественный [II: 5] — artistic
    худо́жественный фильм — feature-length film
    (*not documentary*)
    худо́жественная литерату́ра — belles-lettres
    (*fiction, poetry*)
худо́жник [I: 7] — artist
ху́же [II: 5, *see 5.3*] — worse
    ху́же (*кому*) [II: 9] — (*someone*) feels worse

Ц

царь (*endings always stressed*) [II: 4] — tsar
цвет (*pl.* **цвета́**) [I: 6] — colors
    Како́го цве́та...? — What color is ...?
цветно́й [I: 6] — color
цени́ть (*impf.*: **цен-ю́, це́н-ишь, -ят**) [II: 6] — to
    appreciate, value
цент (**5–20 це́нтов**) [I: 8] — cent

центр [I: 5, II: 3] — center; downtown
центра́льный [II: 3] — central
це́рковь (*fem.*) (*pl.* **це́ркви, церкве́й, в церква́х**)
    [II: 3] — church
цирк [I: 5] — circus
цыпля́та табака́ [I: 9] — a chicken dish from
    the Caucasus

Ч

чаевы́е (*pl.; adj. decl.*) [I: 9] — tip
чай [I: 9] — tea
час (**2–4 часа́, 5–12 часо́в**) [I: 5] — o'clock
    на па́ру часо́в [II: 6] — for a couple of hours
ча́стный [I: 7] — private (business, university; etc.)
    ча́стная пра́ктика — private practice
ча́сто [I: 5, II: 5] — frequently, often
часть (*fem.*) [II: 9] — part
    часть те́ла — part of the body
часы́ (*pl.*) [I: 2] — watch; clock
ча́ще [II: 5, *see 5.3*] — more often, more frequently
чей (**чьё, чья, чьи**) [I: 2, *see 2.4*] — whose
чек [I: 8] — check; receipt
челове́к (*pl.* **лю́ди**) [I: 8] — person
чем [II: 5] — than (*in comparisons*)
    Чем э́то пло́хо (**хорошо́**)**?** [II: 7] — What's bad
    (good) about that?
чемода́н [I: 2] — suitcase
чердак (**на**) (*ending always stressed*) [I: 6] — attic
че́рез (**+ *acc.***) [I: 10, *see 10.5*; II: 2] — in; after
    (*a certain amount of time*)
чёрно-бе́лый [I: 6] — black and white
чёрный [I: 6] — black
че́стно [II: 5] — honestly
    че́стно говоря́ [II: 5, II: 7] — to tell the truth,
    to be honest
честь (*fem.*) [II: 10] — honor
    в честь (*кого/чего*) [II: 10] — in honor of
четве́рг [I: 5, *see 5.1*] — Thursday
четвёрка [I: 4] — B (grade)
че́тверо [I: 7] — four (*most often with* **дете́й**:
    че́тверо дете́й)
че́тверть (*fem.*) [II: 10, *see 10.5*] — quarter
    че́тверть тре́тьего — quarter past two
числи́тельные [I: 1] — numbers
число́ — date (calendar)
    Како́е сего́дня число́? [II: 4] — What is the date
    today?
    Како́го числа́...? [II: 4, *see 4.2*] — (On) what
    date?

чита́ть (чита́ю, -ешь, -ют)/про- [I: 3, 9] — to read
  почита́ть (*perf.*) [II: 6] — to read for a
    little while
чита́тельский биле́т [II: 6] — library card
член [I: 10] — member
что [I: 2, 4, *see 2.6*] — what; that
  Что́ вы (ты)! [I: 3] — What do you mean?!
    (*Response to a compliment*)
  Что каса́ется (*чего́*). . . [II: 4] — with regard to
    (*something*)
  что́-нибудь [II: 5, II: 6, *see 6.5*] — something,
    anything
  что́-то [II: 6, *see 6.5*] — something, anything
  Что с (*кем*)? [II: 9] — What's wrong with
    (*someone*)?
  Что случи́лось? [II: 6, II: 7] — What happened?
  Что чему́ соотве́тствует? [I: 1] — What matches
    what?
  Что э́то за. . . ? (*noun in nom.*) [II: 5] — What
    kind of a . . . is that?
  Что э́то тако́е? [I: 3] — (Just) what is that?
что́бы [II: 7, II: 9, *see 9.2*] — in order to
чу́вство [II: 10] — feeling, emotion
чу́вствовать/по- (чу́вству-ю, -ешь, -ют) себя́
    [II: 9] — to feel
чуде́сный [II: 1] — wonderful, fabulous
чулки́ (*pl.*) [I: 8] — stockings
чу́ть не [II: 8, II: 9] — almost

Ш

ша́пка [I: 8] — cap; fur hat; knit hat
ша́хматы [II: 7] — chess
ша́шки [II: 7] — checkers
шашлы́к [I: 9] — shishkebab
ше́я [II: 9] — neck
широ́кий [I: 6] — wide
шкату́лка [I: 8] — painted or carved wooden box
    (souvenir)
шкаф (в шкафу́) (*ending always stressed*) [I: 6] —
    cabinet; wardrobe; free-standing closet
шко́ла [I: 1] — school (*primary or secondary, not
    post-secondary*)
шля́па [I: 8] — hat (e.g., business hat)
шокола́д [I: 9] — chocolate
штат [I: 1, II: 2] — state

Щ

щи (*pl. gen.* щей) [I: 9] — cabbage soup

Э

эконо́мика [I: 4] — economics
экономи́ческий [I: 4] — economics
экра́н (на) [II: 5] — screen
экраниза́ция [II: 5] — film version
экспре́сс-по́чта [II: 8] — express mail
электри́чка [I: 1] — suburban train
электро́нный [II: 8] — electronic
энерги́чный [I: 7] — energetic
«Эруди́т» [II: 7] — Scrabble
эта́ж (на) (*endings always stressed*) [I: 6] —
    floor, story
э́то [I: 2, *see 2.7*] — this is; that is; those are;
    these are
э́тот, э́та, э́то, э́ти [I: 2, *see 2.7*] — this

Ю

ю́бка [I: 2] — skirt
юг (на) [I: 10, *see 10.2*] — south
ю́мор [II: 5] — humor
юриди́ческий [I: 7] — legal; law
юриспруде́нция [I: 4] — law
юри́ст [I: 7] — lawyer

Я

я [I: 1] — I
я́блоко [I: 9] — apple
язы́к (*endings always stressed*) [I: 3, *see 3.6; II: 9*]
    — language; tongue
яи́чница [I: 9] — scrambled eggs
яйцо́ (*pl.* я́йца, яи́ц, я́йцам, -ами, -ах)
    [I: 9] — egg
янва́рь (*endings always stressed*) [II: 1]
    — January
япо́н(е)ц/япо́нка [I: 3, *see 3.7*] — Japanese
Япо́ния [I: 3] — Japan
япо́нский [I: 3, *see 3.6, 3.7*] — Japanese
я́сно [II: 4] — it's clear, clearly

Англо-русский словарь

A

A (*grade in school*) — **пятёрка** [I: 4]

able (can): **мочь/с-** (**могу́, мо́жешь, мо́гут; мог, могла́, могли́**) [II: 2] — to be able

about — **о** (**об, обо**) (*чём*) [I: 3, *see 3.9*]

above zero — **тепла́** [II: 1]

abroad — **за грани́цей** (*answers* **где**) [I: 10]
   take abroad — **вы́везти за грани́цу** [II: 8]

absolutely, completely — **соверше́нно** [II: 4]
   Absolutely right! — **Соверше́нно ве́рно!** [II: 8]

academic — **уче́бный** [I: 4]

accessories (*men's/women's in a store or department*) — **галантере́я** [I: 8]

accountant — **бухга́лтер** [I: 7]

acquaintance — **знако́мый** (*used as a noun*) [I: 5]
   make one's acquaintance — **познако́миться** (*perf.*) [I: 1]
   Get acquainted! (Let me introduce you!) — **Познако́мьтесь!**

across (from something) — **напро́тив** (*чего́*) [II: 3]

activity — **де́ятельность** [I: 10]
   political activity — **полити́ческая де́ятельность** [I: 10]
   public activity — **обще́ственная де́ятельность** [I: 10]

address — **а́дрес** (*pl.* **адреса́**) [II: 3]
   addressee — **адреса́т** [II: 8]

adventure (*adj.*) — **приключе́нческий** [II: 5]

advertisement — **рекла́ма** [I: 3]

advise — **сове́товать** (**сове́тую, -ешь, -ют**)/**по-** (*кому́*) [I: 9]
   What do you advise (us, me) to order? — **Что вы (нам, мне) посове́туете взять?** [I: 9]

aerobics — **аэро́бика** [I: 4, II: 7]

afraid of — **боя́ться** (*impf.:* **бо-ю́сь, бо-и́шься, -я́тся**) (*чего́*) [II: 4]

after (*a certain amount of time*) — **че́рез** [I: 10, *see 10.5*]

after all (*filler word, never stressed*) — **ведь** [I: 8]

afternoon: in the afternoon — **днём** [I: 5, *see* **день**]

afterwards — **пото́м** [I: 5]

again — **опя́ть** [II: 8]

agency — **бюро́** (*indecl.*) [I: 7]
   real estate agency — **бюро́ недви́жимости**
   travel agency — **туристи́ческое бюро́**

ago — **наза́д** [I: 10, *see 10.5*]

agree, come to an agreement (*with someone*) — **догова́риваться** (**догова́рива-юсь, -ешься, -ются**)/**договори́ться** (**договор-ю́сь, -и́шься, -я́тся**) (*с кем*) [II: 4]; **согла́сен** (**согла́сна, -ны**) (*с кем*) [I: 5]

agreement — **согла́сие** [II: 10]
   День примире́ния и согла́сия [II: 10] — Day of Harmony and Reconciliation

aid — **по́мощь** (*fem.*) [II: 10]
   ambulance — **ско́рая по́мощь**

airmail — **а́виа** [II: 8]

air mail letter — **авиаписьмо́** (*pl.* **авиапи́сьма**) [II: 8]

airplane — **самолёт** [II: 6]
   airplane ticket — **авиабиле́т** [I: 2]

album — **альбо́м** [I: 8]

all — **весь** [I: 5]
   all day — **весь день** [I: 5]
   that's all — **всё!**
   not at all + *adj./adv.* — **...совсе́м не** [I: 7]
   That's (not at all) expensive! — **Это (совсе́м не) до́рого!** [I: 8]

allergy — **аллерги́я** [I: 9]

allow (*perf.*) — **разреши́ть**
   Allow me to introduce myself. — **Разреши́те предста́виться.** [I: 3]
   Allow me to pass. — **Разреши́те пройти́.** [II: 3]

almost — **почти́; чу́ть не** [II: 8]

along — **по** (*чему́*) [II: 3]

alongside — **ря́дом** [I: 6]

already — **уже́** [I: 4]

also — **то́же; та́кже** [I: 1, *see 4.7*]

although — **хотя́** [II: 9]

always — **всегда́** [I: 3]

amateur (*adj.*) — **люби́тельский** [II: 7]

ambulance — **ско́рая по́мощь** [II: 9]

America — **Аме́рика** [I: 1]

American — (*person*) **америка́нец/америка́нка** [I: 1]; **америка́нский** [I: 2, *see 3.6, 3.7*]

analysis — **ана́лиз** [II: 9]

and — **и; а** [I: 1, *see 3.10*]
   And how! I'll say! — **Ещё бы!** [II: 8]

announcement — **объявле́ние** [I: 8]

another — **друго́й** [I: 10]

answer (*something*) — **отвеча́ть** (**отвеча́-ю, -ешь, -ют**)/**отве́тить** (**отве́ч-у, отве́т-ишь, -ят**) (*на что*) [I: 4, II: 3]

answering machine — **автоотве́тчик** [I: 5, II: 5]

anthropology — **антрополо́гия** [I: 4]

antibiotic — **антибио́тик** [II: 9]

any sort of — **како́й-нибудь, како́й-то** [II: 6, *see 6.5*]

anyhow — **ка́к-нибудь, ка́к-то** [II: 6, *see 6.5*]

anyone — **кто́-нибудь, кто́-то** [II: 6, *see 6.5*]

anytime — **когда́-нибудь, когда́-то** [II: 6, *see 6.5*]

anything — **что́-нибудь, что́-то** [II: 6, *see 6.5*]

anything: I don't know anything. — **Я ничего́ не зна́ю.** [I: 7]

anywhere — **где́-нибудь, где́-то; куда́-нибудь, куда́-то** [II: 6, *see 6.5*]

apartment — **кварти́ра** [I: 3]
  apartment building — **дом** (*pl.* **дома́**) [I: 2]

appetizers — **заку́ски** [I: 9]

apple — **я́блоко** (*pl.* **я́блоки**) [I: 9]

apply (*to a college*) — **поступа́ть** (**поступа́-ю, -ешь, -ют**)/**поступи́ть** (**поступ-лю́, посту́п-ишь, -ят**) *куда́* [I: 10, *see 10.3*]

appreciate — **цени́ть** (**цен-ю́, це́н-ишь, -ят**) (*impf.*) [II: 6]

approach (*by vehicle*) — **подъезжа́ть** (**подъезжа́-ю, -ешь, -ют**)/**подъе́хать** (**подъе́д-у, -ешь, -ут**) *к чему́* [II: 4, *see 4.6*]

approach (*on foot*) — **подходи́ть** (**подхож-у́, подхо́д-ишь, -ят**)/**подойти́** (**подойд-у́, -ёшь, -у́т; подошёл, подошла́, подошли́**) (*к кому́/чему́*) [II: 2, II: 4, *see 4.6*] — to approach
  approaching (*holiday*) — **наступа́ющий** [II: 10]

April — **апре́ль** [II: 1]

aptitude (*for something*) — **спосо́бность** (*fem.*) (*к чему́*) [II: 7]

Arab — **ара́б/ара́бка** [I: 3, *see 3.7*]

Arabic — **ара́бский** [I: 3, *see 3.6, 3.7*]

architect — **архите́ктор** [I: 7]

architecture — **архитекту́ра** [I: 4]

area code — **код го́рода** [II: 2]

area studies — **странове́дение** [I: 4]
  Russian area studies — **росси́йское странове́дение** [I: 4]

arm — **рука́** (*acc. sing.* **ру́ку;** *pl.* **ру́ки, рук, рука́м, рука́ми, рука́х**) [II: 9]

armchair — **кре́сло** [I: 6]

Armenia — **Арме́ния** [I: 3]

Armenian — (*person*) **армяни́н** (*pl.* **армя́не**), **армя́нка; армя́нский** [I: 3, *see 3.6, 3.7*]

arrange — **устра́ивать** (**устра́ива-ю, -ешь, -ют**)/**устро́ить** (**устро́-ю, -ишь, -ят**) [II: 10]

arrival — **прие́зд** [II: 1]

arrive (*by air*) — **прилета́ть** (**прилета́-ю, -ешь, -ют**)/**прилете́ть** (**прилеч-у́, прилет-и́шь, -я́т**) [II: 4]; (*by vehicle*) — **приезжа́ть** (**приезжа́-ю, -ешь, -ют**)/**прие́хать** (**прие́д-у, -ешь, -ут**) [I: 10, II: 4, *see 4.6*]; (*on foot*) — **приходи́ть** (**прихож-у́, прихо́д-ишь, -ят**)/**прийти́** (**прид-у́, -ёшь, -у́т; пришёл, пришла́, пришли́**) [II: 4, *see 4.6*]

arrow — **стрела́** [I: 8, II: 4]

art — **иску́сство** [I: 8, II: 3]

article — **статья́** [I: 4]

artist — **худо́жник** [I: 7]
  avant-garde artist — **авангарди́ст** [I: 8]

artistic — **худо́жественный** [II: 5]

as . . . as . . . — **так(о́й). . . , как. . .** [II: 1]

Asia — **Азия** [I: 4]

ask (*a question*) — **спра́шивать** (**спра́шиваю, -ешь, -ют**)/**спроси́ть** (**спрош-у́, спро́с-ишь, -ят**) + *accusative* [I: 4]; (*for something*) **проси́ть/по-** (**прош-у́, про́с-ишь, -ят**) [II: 7, II: 9]

assignment — **зада́ние** [I: 1, II: 6]; **поруче́ние** [II: 6]

assortment — **ассорти́** [I: 9]

at — **в, на** + *prepositional case* [I: 1, 4 *see 3.8, 4.2, 5.5*]; (*in the vicinity of*) — **у** [I: 2, 6]; (*somebody's*) house **у** + *genitive* [I: 6, *see 6.3, 6.7*]
  at + *hour* — **в** + number + **час, часа́, часо́в** [I: 5, *see 5.1*]
  at first — **снача́ла** [I: 5]
  at that time — **тогда́** [I: 10]
  At what time? — **Во ско́лько?** [I: 5]

athlete — **спортсме́н** [II: 7]

athletic shoes — **кроссо́вки** (*pl.*) [I: 2]

attic — **черда́к** (**на**) (*ending always stressed*) [I: 6]

aunt — **тётя** [I: 7]

August — **а́вгуст** [II: 1]

authorization document — **направле́ние** [II: 6]

autumn — **о́сень** [II: 1]
  in the autumn — **о́сенью**

avant-garde artist — **авангарди́ст** [I: 8]

avenue — **проспе́кт** (**на**) [II: 3]

awarded — **награждён** (**награжден-а́, -ы́**) [II: 6]

B

B (*grade in school*) — **четвёрка** [I: 4]

baby — **ребён(о)к** (*pl.* **де́ти, дете́й**)
  to have a baby — **име́ть ребёнка** [I: 10]

back — **спина́** (*acc.* **спи́ну**) [II: 9]

back: near the back (*in a movie theater*) —
    пода́льше [II: 5]

backpack — рюкза́к (*pl.* рюкзаки́) [I: 2]

bad — плохо́й; пло́хо (*adv.*) [I: 2]
    I feel bad. — Мне пло́хо. [II: 9]

badminton — бадминто́н [II: 7]

bagel — бу́блик [I: 9]

bakery — бу́лочная (*adj. decl.*) [I: 9]

baking goods store — бакале́я [I: 9]

ball — мяч [II: 7]

ballet — бале́т [I: 4]

banana — бана́н [I: 9]

banjo — ба́нджо [II: 7]

bank — банк [I: 5]

baseball — бейсбо́л [II: 7]

basement — подва́л [I: 6]

basketball — баскетбо́л [II: 7]

bassoon — фаго́т [II: 7]

bathing suit — (*woman's*) купа́льник [I: 2];
    (*man's*) пла́вки [I: 2]

bathroom — (*toilet*) туале́т [I: 6]; (*bath/shower;
    no toilet*) — ва́нная (*declines like adj.*) [I: 6]

be — быть (*fut.:* бу́д-у, -ешь, -ут; был, бы́ло,
    была́, бы́ли) [I: 8, *see* 8.1, 9.3, 9.4, 9.5]
    Be so kind as to . . . Бу́дьте добры́!
    [I: 9, *see also* быть; II: 2]

beauty — красота́ [II: 1]

because — потому́ что [I: 4]

become — станови́ться (становл-ю́сь,
    станов-ишься, -ятся)/стать (ста́н-у, -ешь,
    -ут) (*кем/чем*) [II: 6, II: 7] — to become

bed — крова́ть (*fem.*) [I: 6]
    go to bed — ложи́ться (лож-у́сь, -и́шься, -а́тся)
    спать [I: 5]

bedroom — спа́льня [I: 6]

before — до (*чего*)
    before that — до э́того [I: 10]

begin — начина́ть(ся) (начина́-ю, -ешь, -ют)/
    нача́ть(ся) (начн-у́, -ёшь, -у́т; на́чал, начала́,
    на́чали) [II: 1, *see* 5.4]

behind — за чем [II: 9]

believer (*religious*) — ве́рующий
    (*declines like adj.*) [I: 6]

belles-lettres (*fiction, poetry*) — худо́жественная
    литерату́ра [II: 5]

belong — принадлежа́ть (принадлеж-у́, -и́шь,
    -а́т) (*impf.*) (*кому*)

below zero — моро́за [II: 1]

belt (*man's*) — рем(е́)нь (*endings always stressed*)
    [I: 8]

besides — кро́ме того́ [II: 7]

better — лу́чше [II: 5, *see* 5.3]
    I feel better. — Мне лу́чше. [II: 9]

between — ме́жду чем [II: 8]

bicycle — велосипе́д [II: 3, II: 7]
    stationary bicycle — стациона́рный
    велосипе́д [II: 7]

big — большо́й [I: 2]
    bigger — бо́льше [II: 5, *see* 5.3]

biology — биоло́гия [I: 4]

birth — рожде́ние
    birthday (*lit.* day of birth) — д(е)нь
    рожде́ния [I: 8]
    Happy Birthday! — С днём
    рожде́ния! [I: 8]

black — чёрный [I: 6]
    black and white — чёрно-бе́лый [I: 6]

blackboard — доска́ (*pl.* до́ски) [I: 2]

blood — кро́вь (*fem.*) [II: 9]
    blood test — ана́лиз кро́ви

blouse — блу́зка [I: 2]

blue (dark) — си́ний [I: 2]; (light) —
    голубо́й [I: 6]

board — доска́ (*pl.* до́ски) [I: 2]

body — те́ло (*pl.* тела́) [II: 9]

book — кни́га [I: 2]

book(ish) (*adj.*) — кни́жный [I: 8]

boots — сапоги́ (*pl.*) [I: 2]

boring — ску́чный [I: 4]

born: be born — роди́ться (*perf.:* роди́лся,
    родила́сь, родили́сь) [I: 7, *see* 7.3]

borshch — борщ [I: 9]

botanical garden — ботани́ческий сад [II: 3]

bother — беспоко́йство [II: 2]; беспоко́ить
    (*impf.:* беспоко́-ю, -ишь, -ят) [II: 9]

bottle — буты́лка [I: 9]

bottom: at the bottom — сни́зу [II: 8]

bouillon — бульо́н [I: 9]

bowling — бо́улинг [II: 7]

box — коро́бка [I: 9]; painted or carved wooden box
    (*souvenir*) — шкату́лка [I: 8]

boxing — бокс [II: 7]

boy — ма́льчик [I: 6]

bread — хлеб [I: 9]

break — лома́ть/с- (лома́-ю, -ешь, -ют)
    (*себе что*) [II: 9]

breakfast — за́втрак [I: 5]
    eat breakfast — за́втракать (за́втрака-ю, -ешь,
    -ют)/по- [I: 5]

breast — грудь (*fem.*) [II: 9]

bring — **приноси́ть** (принош-у́, принóс-ишь, -ят)/**принести́** (принес-у́, -ёшь, -у́т; принёс, принесла́, принесли́) [II: 9, II: 10]

broadcast — **передава́ть** (переда-ю́, -ёшь, -ю́т)/**переда́ть** (переда́м, переда́шь, переда́ст, передади́м, передади́те, передаду́т; переда́л, передала́, переда́ли) [II: 2, 5]

broadcast, program — **переда́ча** [II: 5]

bronchitis — **бронхи́т** [II: 9]

brother — **брат** (*pl.* **бра́тья**) [I: 4, 6]

brown — **кори́чневый** [I: 6]

building — **зда́ние** [II: 3]

bureau — **бюро́** (*indecl.*) [I: 7]

bus — **авто́бус** [II: 3]

businessperson — **бизнесме́н/бизнесме́нка** [I: 1]; **коммерса́нт** [I: 7]

busy — **за́нят, занята́, за́нято, за́няты** [II: 2]

but — **но** [I: 3, *see 3.10*]; **да** (*unstressed particple*) [I: 7]

butter — **ма́сло** [I: 9]

buy — **покупа́ть** (покупа́-ю, -ешь, -ют)/**купи́ть** (куп-лю́, ку́пишь, -ят) [I: 8]

by — (*in the vicinity of*) **у** [I: 2, 6]; by way of (*by means of*) — **по** [I: 8, *see 8.5*]

by nationality — **по национа́льности** [I: 3]

by profession — **по профе́ссии. . .** [I: 7]

by the way — **ме́жду про́чим** [I: 1]

C

C (*grade*) — **тро́йка** [I: 4]

cabbage — **капу́ста** [I: 9]

cabbage soup — **щи** (*pl.; gen.* **щей**) [I: 9]

cabinet — **шкаф** (**в шкафу́**) (*endings always stressed*) [I: 6]

café — **кафе́** [I: *pronounced* **кафэ́**] (*masc.; indecl.*) [I: 5]

Internet café — **интерне́т-кафе́** [II: 8]

cafeteria — **столо́вая** (*declines like adj.*) [I: 6]; **кафете́рий** [I: 9]

calendar — **календа́рь** (*masc.; ending always stressed*) [II: 1]

Californian — (*adj.*) **калифорни́йский** [I: 4]

call, phone — **звони́ть/по-** (звон-ю́, -и́шь, -я́т) (*кому куда*) [II: 2]

call (*not by phone*) — **звать/по-** (зову́, зовёшь, -у́т) [II: 2]

Call back. — **Перезвони́те.** [II: 2]

I'll call [him, her] to the phone. — **Сейча́с позову́.** [II: 2]

Please call . . . to the phone. — **Бу́дьте добры́** (+ *acc.*)! [II: 2]

called: to be called (used for things) — **называ́ться** (*impf.:* называ́-ется, -ются) [II: 3; II: 6, *see 6.1*]

calmly — **споко́йно** [II: 9]

camera — **фотоаппара́т** [I: 2]

video camera — **видеоке́мера** [I: 2]

can — **ба́нка** (**ба́ночка**) [I: 9]

can (able): **мочь/с-** (могу́, мо́жешь, мо́гут; мог, могла́, могли́) [II: 2]

мо́жно (+ *infinitive*) [I: 8, *see 8.5*]

Can (I) look at the apartment? — **Мо́жно посмотре́ть кварти́ру?** [I: 6]

I just can't/couldn't . . . — **Ника́к не могу́. . . / ника́к не мог (могла́). . .** [II: 3]

Canada — **Кана́да** [I: 1]

Canadian — (*person*) — **кана́дец/кана́дка** [I: 1, *see 3.7*]; (*adj.*) **кана́дский** [I: 3, *see 3.6, 3.7*]

canceled — **аннули́рован** (-а, -ы) [II: 4]

cap — **ша́пка** [I: 8]

car — **маши́на** [I: 2, II: 3]

card — **ка́рточка** [I: 8]; (playing) card — **ка́рта** [I: 8, II: 7]

credit card — **кре́ди́тная ка́рточка**

cardigan — **ко́фта** [I: 2]

care: take care of — **забо́титься** (забо́ч-усь, забо́т-ишься, -ятся) *о чём* (*impf.*) [II: 7]

carefully — **внима́тельно** [II: 3]

carried away by — **увлека́ться** (*impf.:* увлека́-юсь, -ешься, -ются) (*чем*) [II: 7]

carrot(s) — **морко́вь** (*fem., always singular*) [I: 9]

cartoon — **мультфи́льм** [II: 5]

cash — **нали́чные** (**де́ньги**) [I: 8]

cash register — **ка́сса** [I: 8]

cassette — **кассе́та** [I: 2]

video cassette — **видеокассе́та** [I: 2]

video cassette recorder — **видеомагнитофо́н** [I: 2]

cassette player — **кассе́тник** [I: 2]; **кассе́тный магнитофо́н** [I: 2]

caviar — **икра́** [I: 9]

CD — **CD** [*pronounced* **сиди́**]; **компа́кт-ди́ск** [I: 2]

CD player — **пле́йер: CD** [**сиди́**]**-пле́йер** [I: 2]

ceiling — **потол(о́)к** [I: 6]

celebrate (*a holiday*) — **отмеча́ть** (*impf.:* отмеча́-ю, -ешь, -ют) (*что*) [II: 10]

cello — **виолонче́ль** (*fem.*) [II: 7]

cent — **цент** (5–20 це́нтов) [I: 8]

center; downtown — **центр** [I: 5, II: 3]

centimeter — **сантиме́тр** [I: 8]

central — **центра́льный** [II: 3]

century — **век** [II: 6]; **столе́тие** [II: 6]

cereal (*hot*) — ка́ша [I: 9]

certificate — спра́вка [II: 6]

certified (*mail*) — заказно́й [II: 8]

chair — стул (*pl.* сту́лья) [I: 6]

chalk — мел [I: 2, II: 9]

channel — програ́мма [II: 5]

character (*in a story or novel*) — персона́ж [II: 6]

cheap — дешёвый; дёшево (*adv.*) [I: 8, II: 5]
 cheaper — деше́вле [I: 5]

check — чек [I: 8]; (*in a restaurant*): Please give
 (*us, me*) the check. — Рассчита́йте (нас,
 меня́)! [I: 9]

checkers — ша́шки [II: 7]

cheerful — весёлый [I: 7, II: 1]; ве́село (*adv.*) [II: 1]

cheese — сыр [I: 9]

chemistry — хи́мия [I: 4]

chess — ша́хматы [II: 7]

chest — грудь (*fem.*) [II: 9]

chicken — ку́рица [I: 9]
 chicken dish (*a particular dish from the Caucasus*)
 — цыпля́та табака́ [I: 9]

child(ren) — ребён(о)к (*pl.* де́ти, дете́й)
 [I: 7, *see 7.6*]
 have a child — име́ть ребёнка [I: 10]
 only child — еди́нственный ребёнок [I: 7]

children's — де́тский [I: 8]

China — Кита́й [I: 3]

Chinese (*person*) — кита́ец/китая́нка [I: 3, *see 3.7*];
 (*adj.*) кита́йский [I: 3, *see 3.6, 3.7*]

chocolate — шокола́д [I: 9]

chopped meat — фарш [I: 9]

Christmas — Рождество́ [II: 10]

church — це́рковь (*fem.*) (*pl.* це́ркви, церкве́й,
 в церква́х) [II: 3]

circus — цирк [I: 5]

city — го́род (*pl.* города́) [I: 1]

clarify — выясня́ть (выясня́-ю, -ешь, -ют)/
 вы́яснить (вы́ясн-ю, -ишь, -ят) [II: 4]

clarinet — кларне́т [II: 7]

class — (*class session*) заня́тие (*usually plural:*
 заня́тия) (на) [I: 5]; (*lesson or recitation*) —
 уро́к (на) [I: 5]; (*lecture*) ле́кция [I: 3]; (*class
 period*) па́ра [I: 5]; (*classroom*) аудито́рия
 [I: 2, 5]; (*course*) курс (на) [I: 4]

classical — класси́ческий [II: 5]

clean (*straighten up a house, apartment, room*) —
 убира́ть (убира́-ю, -ешь, -ют)
 (дом, кварти́ру, ко́мнату) [I: 5]

clearly, it's clear — я́сно [II: 4]

climate — кли́мат [II: 1]

clinic — поликли́ника [I: 7]

clock — часы́ (*pl.*) [I: 2]

close — закрыва́ть(ся) (закрыва́-ю, -ешь, -ют)/
 закры́ть(ся) (закр-о́ю, -о́ешь, -о́ют) [II: 5]
 — to close
 Close the suitcase — Закро́йте чемода́н! [I: 2]

close (*to something*) — бли́зко (*от чего́*) [II: 3];
 недалеко́ [I: 9]
 closer — бли́же [II: 5]

closed — закры́т (-а,-о,-ы) [I: 8]

closet (*free-standing*) — шкаф (в шкафу́) (*endings
 always stressed*) [I: 6]

clothing — оде́жда [I: 2]

coat — пальто́ (*indecl.*) [I: 2]
 Take off your coat. — Раздева́йся!
 (Раздева́йтесь)! [II: 10]

code — код
 area code — код го́рода [II: 2]

coffee — ко́фе (*masc., indecl.*) [I: 9]
 ко́фе с молоко́м — coffee with milk

cold (*illness*) — просту́да [II: 9]; (*temperature*)
 холо́дный; хо́лодно (*adv.*) [II: 1]
 catch cold — просты́ть (*perf.*) [II: 9]
 I have a cold. — Я просты́л(а). [II: 9]
 intensely cold weather — моро́з [II: 1]
 We were cold. — Нам бы́ло хо́лодно. [II: 1]

cold cuts assortment — мясно́е ассорти́ [I: 9]

collection — сбо́рник [II: 6]

college — университе́т [I: 1]; (*small*) —
 ко́лледж [I: 4]

color — цвет (*pl.* цвета́) [I: 6]; (*adj.: not* black and
 white) цветно́й [I: 6]
 What color is . . .? — Како́го цве́та. . .?

Columbia(n) — колумби́йский [I: 4]

come in — заходи́ть (захож-у́, захо́д-ишь, -ят)/
 зайти́ (зайд-у́, -ёшь, -у́т; зашёл, зашла́,
 зашли́) [II: 10]
 Come on in! — Заходи́те! [II: 10] Проходи́те!
 [I: 2, 6; II: 6]

come to an end — конча́ться (*impf.:* конча́-ется,
 -ются) [II: 1]

Come for a visit. — Приезжа́й(те)/(Приходи́те) в
 го́сти! [II: 1]

comedy — коме́дия [II: 5]

comfortable (*about room or house*) —
 ую́тный [I: 6]

comic — ко́мик [II: 5]

commercial (*adj.*) — комме́рческий [I: 7]

communications — коммуника́ция [I: 4]

company (*firm*) — фи́рма [I: 3, 7]

complain — **жа́ловаться** (*impf.:* **жа́лу-юсь,
-ешься, -ются**) [II: 9]
What's your complaint? What's wrong? (*doctor to
patient*) — **На что вы жа́луетесь?**
completely — **совсе́м** [I: 7]; **соверше́нно** [II: 4]
complex — **ко́мплекс** [II: 7]
complicated — **сло́жный** [II: 5];
сло́жно (*adv.*) [II: 2]
compliment — **комплиме́нт** [I: 3]
computer — **компью́тер** [I: 2]
computer programmer — **программи́ст** [I: 7]
computer science — **компью́терная те́хника** [I: 4]
concert — **конце́рт** [II: 5]
condition — **усло́вие**
living conditions — **жили́щные усло́вия** [I: 6]
confirm — **подтвержда́ть** (**подтвержда́-ю,
-ешь, -ют**)/**подтверди́ть** (**подтверж-у́,
подтверд-и́шь, -я́т**) [II: 4]
consider, be of the opinion — **счита́ть**
(*impf.:* **счита́-ю, -ешь, -ют**) [II: 6]
constitution — **конститу́ция** [II: 10]
Constitution Day — **Де́нь Конститу́ции** [II: 10]
construction — **строи́тельство** [I: 10]
contemporary — **совреме́нный** [II: 3]
conversation — **разгово́р** [I: 1, II: 2]
listening conversations — **Разгово́ры для
слу́шания** [I: 1]
converse — **разгова́ривать** [I: 1]
convey, pass on — **передава́ть** (**переда-ю́, -ёшь,
-ю́т**)/**переда́ть** (**переда́м, переда́шь,
переда́ст, передади́м, передади́те, передаду́т;
переда́л, передала́, переда́ли**) (*кому́ что*)
[II: 2, II: 5]
cook — **гото́вить/при-** (**гото́в-лю, -ишь, -ят**) [I: 9]
cooking (*cuisine*) — **ку́хня** [I: 6]
cool — **прохла́дный; прохла́дно** (*adv.*) [II: 1]
We felt cool. — **Нам бы́ло прохла́дно.**
correct — **пра́в** (**-а́, пра́вы**) (*short form adj.*) [II: 1];
ве́рно (*adv.*) [II: 4]; **пра́вильно** (*adv.*) [II: 4];
исправля́ть (**исправля́-ю, -ешь, -ют**)/
испра́вить (**исправл-ю, испра́в-ишь, -ят**)
[II: 10]
Absolutely right! — **Соверше́нно ве́рно!** [II: 8]
correspond (*with someone*) — **перепи́сываться**
(**перепи́сыва-юсь, -ешься, -ются**) (*с кем*)
[II: 8]
corridor — **коридо́р** [I: 6]
cosmetics — **косме́тика** [I: 8]
cosmetics store or department — **парфюме́рия**
[I: 8]

cost — **сто́ить** (*impf.:* **сто́ит, сто́ят**) [I: 8]
cottage: summer cottage — **да́ча (на)** [I: 5]
couch — **дива́н** [I: 6]
cough — **ка́шлять** (*impf.:* **ка́шля-ю, -ешь, -ют**)
[II: 9]
country — **страна́** [I: 10]
course (*in university or institute*) — **курс (на)** [I: 4]
of a meal: first course (*always soup*) — **пе́рвое**
(*adj. decl.*) [I: 9]
main course (*entrée*) — **второ́е**
cousin — (*female*) **двою́родная сестра́** [I: 7];
(*male*) — **двою́родный брат** [I: 7]
cozy (*about room or house*) — **ую́тный** [I: 6]
credit — **креди́тный** [I: 8]
credit card — **креди́тная ка́рточка**
cucumber — **огур(е́)ц** [I: 9]
cucumber salad — **сала́т из огурцо́в**
cuisine — **ку́хня** [I: 6]
culture — **культу́ра** [I: 4]
cure: (*reflexive*) be cured — **лечи́ть(ся)/вы́-**
(**лечу́[сь], ле́чишь[ся], ле́чат[ся]**) [II: 9]
currency (*foreign*) — **валю́та** [II: 4]
currency exchange — **обме́н валю́ты**
customer — **покупа́тель** [I: 8]
customs — **тамо́жня (на)** [I: 2];
(*adj.*) **тамо́женный** [II: 8]

D

D (*a failing grade in Russia*) — **дво́йка** [I: 4]
dacha — **да́ча (на)** [I: 5]
dad — **па́па** [I: 3]
daily routine — **распоря́док дня** [I: 5]
dairy — **моло́чный** [I: 9]
dance — **танцева́ть/по-/про-** (**танцу́-ю, -ешь, -ют**)
[II: 2, II: 7]
dance club, discotheque — **дискоте́ка (на)** [I: 5]
date (*calendar*) — **число́**
What is the date today? — **Како́е сего́дня число́?**
[II: 4]
(On) what date? — **Како́го числа́...?** [II: 4, see 4.2]
daughter — **дочь** (*gen. and prep. sg.* **до́чери;** *nom. pl.*
до́чери, дочере́й, дочеря́м, -я́ми, -я́х) [I: 4, 7]
day — **д(е́)нь** (*masc., pl.* **дни;** *gen. pl.* **дней**) [I: 1]
all day — **весь день** [I: 5]
during the day (*afternoon*) — **днём**
Good day! — **До́брый день!** [I: 1]
What day is it today? — **Како́й сего́дня
день?** [I: 5]
the day after tomorrow — **послеза́втра** [II: 4]

dead — **мёртвый** [II: 6]

dean's office — **деканат** [II: 6]

dear — **дорогой** [I: 8]

December — **декабрь** (*endings always stressed*) [II: 1]

decide — **решать** (**реша́-ю, -ешь, -ют**)/**реши́ть** (**реш-у́, -и́шь, -а́т**) [I: 10]

declaration — **деклара́ция** [I: 2]

decline, reject — **отка́зываться** (**отка́зыва-юсь, -ешься, -ются**)/**отказа́ться** (**откаж-у́сь, отка́ж-ешься, -утся**) (*от чего́*) [II: 6]

defend — **защища́ть/защити́ть** [I: 10]

    Defenders of the Fatherland Day — **Де́нь защи́тников Оте́чества** [II: 10]

defense — **защи́та** [I: 10]

    defense of civil rights — **защи́та гражда́нских прав** [I: 10]

    defense of human rights — **защи́та прав челове́ка** [I: 10]

degree (*temperature measure*) — **гра́дус** (**5–20 гра́дусов**) [II: 1]

degree (*academic*) — **сте́пень** [I: 4]

    B.A. — **сте́пень бакала́вра** (**нау́к**) [I: 4]

    M.A. — **сте́пень маги́стра** (**нау́к**) [I: 4]

    Candidate of Science (*second highest academic degree awarded in Russia*) — **сте́пень кандида́та нау́к** [I: 4]

    Doctor of Science (*highest academic degree awarded in Russia*) — **сте́пень до́ктора нау́к** [I: 4]

delay — **опозда́ние** [II: 8]

    with a delay — **с опозда́нием** [II: 8]

dentist — **зубно́й врач** [I: 7]

depart (*by vehicle*) — **уезжа́ть** (**уезжа́-ю, -ешь, -ют**)/**уе́хать** (**уе́д-у, -ешь, -ут**) [II: 4, *see 4.6*]; (*on foot*) — **уходи́ть** (**ухож-у́, ухо́д-ишь, -ят**)/**уйти́** (**уйд-у́, -ёшь, -у́т; ушёл, ушла́, ушли́**) [II: 4, *see 4.6*]; (*train*) — **отходи́ть** (**отхож-у́, отхо́д-ишь, -ят**)/**отойти́** (**отойд-у́, -ёшь, -у́т; отошёл, отошла́, отошли́**) [II: 4, *see 4.6*]

department — (*academic, small unit*) **ка́федра** (**на**) [I: 4]; (*academic, large unit*) **факульте́т** (**на**) [I: 4]; (*of a store*) **отде́л** [I: 8]

    Russian department — **ка́федра ру́сского языка́** [I: 4]

    English department — **ка́федра англи́йского языка́** [I: 4]

department store — **универма́г** [I: 8]

depends: it depends . . . — **Смотря́. . .** [I: 9]

desk — **пи́сьменный стол** [I: 6]

dessert — **сла́дкое** (*adj. decl.*) [I: 9]

devil — **бес** [II: 6]

dial — **набира́ть** (**набира́-ю, -ешь, -ют**)/**набра́ть** (**набер-у́, -ёшь, -у́т**) [II: 5]

dialog — **диало́г** [I: 1]

dictionary — **слова́рь** (*pl.* **словари́**) [I: 2]

die — **умере́ть** (*perf. past:* **у́мер, умерла́, у́мерли**) [I: 10, II: 5]

diet — **дие́та** [II: 7]

difference (*between what*) — **ра́зница** (*ме́жду чем*) [II: 8]

different (*not the same*) — **друго́й** [I: 10]

difficult — **тру́дный** [I: 4]; **тру́дно** [I: 8, *see 8.7*]

dining room — **столо́вая** (*declines like adj.*) [I: 6]

diploma (*college*) — **дипло́м** [I: 4]

director — **руководи́тель** [II: 4]; (*film*) — **режиссёр** [II: 5]

discotheque, dance club — **дискоте́ка** (**на**)

discount — **ски́дка** [I: 8]

disease — **боле́знь** (*fem.*) [II: 9]

dish — **блю́до** [I: 9]

diskette — **диске́тка** [I: 2]

disturb — **беспоко́ить** (*impf.:* **беспоко́-ю, -ишь, -ят**) [II: 9]

dizzy: I feel dizzy. — **У меня́ кру́жится голова́.** [II: 9]

do — **де́лать** (**де́ла-ю, -ешь, -ют**)/**с-** [I: 5]

doctor (*used as a form of address*) — **до́ктор** [II: 9]

document — **докуме́нт** [I: 2]

documentary — **документа́льный** [II: 5]

doll: Russian nested doll — **матрёшка** [I: 8]

dollar — **до́ллар** (**5–20 до́лларов**) [I: 8]

door — **дверь** (*fem.*) [I: 6]

dormitory — **общежи́тие** [I: 3, II: 3]

dough — **те́сто** [I: 9]

downtown — **центр** [I: 5, II: 3]

dream (*aspiration, not sleep*) — **мечта́** [I: 10]; **мечта́ть** (*impf.:* **мечта́-ю, -ешь, -ют**) + *infinitive* [II: 7]; (*of someone/something in sleep*) — **ви́деть во сне** (*impf.*) *кого́ что* [II: 8]

dress — **пла́тье** [I: 2]; **одева́ться** (*impf.:* **одева́-юсь, -ешься, -ются**) [I: 5]

dressed — **оде́т** (**-а, -ы**) [II: 1]

drink — **напи́т(о)к** [I: 9]; soft drink **лимона́д** [I: 9]; **пить** (**пь-ю, -ёшь, -ют; пила́, пи́ли**) / **вы́пить** (**вы́пь-ю, -ешь, -ют; вы́пил, -а, -и**) [I: 9, *see 9.1*]

drum — **бараба́н** [II: 7]

dumplings (Siberian) — **пельме́ни** [I: 9]

duty — **до́лжность** [I: 10]

E

each — **ка́ждый** [I: 5, II: 7]

each other — **друг дру́га** [II: 10, see 10.8]

ear — **у́хо** (pl. **у́ши, уша́м, уша́ми, уша́х**) [II: 9]

earlier, a little — **пора́ньше** [II: 1]

early — **ра́но** [I: 5, II: 1]

easier — **ле́гче** [II: 5]

easily — **легко́** [II: 5]

east — **восто́к** (**на**) [I: 10, see 10.2]

Easter — **Па́сха** [II: 10]

easy — **лёгкий** [II: 5]; **легко́** (adv.) [I: 8, see 8.6]

    It was easy for us. — **Нам бы́ло легко́.**

    easier — **ле́гче** [II: 5]

eat — **есть** (**ем, ешь, ест, еди́м, еди́те, едя́т; ел, е́ла**)/**съ-** [I: 9, see 9.1]

    eat breakfast — **за́втракать** (**за́втрака-ю, -ешь, -ют**)/**по-** [I: 5]

    eat lunch — **обе́дать** (**обе́да-ю, -ешь, -ют**)/**по-** [I: 5]

    eat supper — **у́жинать** (**у́жина-ю, -ешь, -ют**)/**по-** [I: 5]

    have a bite to eat — **пое́сть** (perf.) [II: 5]

economics — **эконо́мика** [I: 4]; (adj.) **экономи́ческий** [I: 4]

education — **образова́ние** [I: 4]; (a subject in college) — **педаго́гика** [I: 4]

    higher education — **вы́сшее образова́ние** [I: 4]

egg — **яйцо́** (pl. **я́йца**) [I: 9]; eggs (cooked) — **яи́чница** [I: 9]

Egypt — **Еги́п(е)т** [I: 3]

electronic — **электро́нный** [II: 8]

elevator — **лифт** [II: 4]

else — **ещё** [I: 3]

    What else is needed? — **Что ещё ну́жно?** [I: 9]

e-mail — **электро́нная по́чта** [II: 8]

embroider — **вышива́ть** (impf.: **вышива́-ю, -ешь, -ют**) [II: 7]

emotion — **чу́вство** [II: 10]

emperor — **импера́тор,** [II: 4]

empress — **императри́ца** [II: 4]

employee — **рабо́тник** (**рабо́тница**) [II: 4]

emptiness — **пустота́** [II: 6]

end (intrans.) — **конча́ться** (**конча́-ется, -ются**)/**ко́нчиться** (**ко́нч-ится, -атся**) [impf. II: 1, II: 5]; (trans.) **зака́нчивать** (**зака́нчив-аю, -аешь, -ают**)/**зако́нчить** (**зако́нч-у, -ишь, -ат**) [II: 5]

energetic — **энерги́чный** [I: 7]

engineer — **инжене́р** [I: 7]

England — **А́нглия** [I: 1]

English — (person) **англича́нин/англича́нка** [I: 1] (pl. **англича́не**); **англи́йский** [I: 3, see 3.6, 3.7])

    English-Russian — **англо-ру́сский** [I: 2]

enroll in (an institution) — **поступа́ть** (**поступа́-ю, -ешь, -ют**)/**поступи́ть** (**поступ-лю́, посту́п-ишь, -ят**) (куда́) [I: 10, see 10.3]

ensemble — **анса́мбль** [II: 7]

enter (by vehicle) — **въезжа́ть** (**въезжа́-ю, -ешь, -ют**)/**въе́хать** (**въе́д-у, -ешь, -ут**) (во что) [II: 4, see 4.6]; (on foot) — **входи́ть** (**вхож-у́, вхо́д-ишь, -ят**)/**войти́** (**войд-у́, войд-ёшь, -у́т; вошёл, вошла́, вошли́**) (во что) [II: 4]

entrance — **вход** [II: 3]

entrée — **второ́е** (adj. decl.) [I: 9]

envelope — **конве́рт** [II: 8]

equipment — **обору́дование** [I: 8]

especially — **осо́бенно** [II: 8]

ethnicity — **национа́льность** (fem.) [I: 3, see 3.7]

European — **европе́йский** [I: 3, see 3.6, 3.7]

even — **да́же** [I: 8]; (in comparisons) **ещё** [II: 5]; **хоть** [II: 8]

evening — **ве́чер** [I: 1]

    evening (adj.) — **вече́рний** [II: 5]

    in the evening — **ве́чером** [I: 5]

    Good evening! — **До́брый ве́чер!** [I: 1]

ever — **когда́-нибудь, когда́-то** [II: 6, see 6.5]

every — **ка́ждый** [I: 5]

    every day — **ка́ждый день** [I: 5]

everybody — **все** [I: 5; II: 8, see 8.3]

everything — **всё** [I: 2, 3; II: 8, see 8.3]

    everything necessary — **всё, что ну́жно** [II: 10]

evidently — **ви́димо** [II: 9]

exactly — **и́менно** [II: 3, II: 4, II: 7]

examination (medical) — **осмо́тр** [II: 7]

example — **образе́ц** [I: 1]

    for example — **наприме́р** [I: 4, 7]

excellent — **отли́чный; отли́чно** [I: 4; II: 1]

exchange — **обме́н** [II: 4]

    currency exchange — **обме́н валю́ты**

excuse — **извини́ть** (perf.)

    Excuse me! — **Прости́те!** [I: 1]; **Извини́те!** [I: 3]

    Excuse me, Miss! (in a service situation) — **Де́вушка!** [I: 8]

exercise — **упражне́ние** (pl. **упражне́ния**) [I: 1]; (physical) exercise — **заря́дка** [II: 7]

    exercise equipment — **тренажёр** [II: 7]

    summary exercises — **обзо́рные упражне́ния**

exiled — **вы́слан** (**-а, -ы**) [II: 6]

exit (*by vehicle*) — **вы́езжа́ть (выезжа́-ю, -ешь, -ют)/вы́ехать (вы́ед-у, -ешь, -ут)** (*из чего́*) [II: 4, *see 4.6*]; (*on foot*) — **выходи́ть (выхож-у́, выхо́д-ишь, -ят)/вы́йти (вы́йд-у, вы́йд-ешь, вы́йд-ут; *imperative* вы́йди, вы́йдите; вы́шел, вы́шла, вы́шли)** [II: 3]

Are you getting off now? (*in public transport*) — **Вы сейча́с выхо́дите?**

expensive — **дорого́й** [I: 8, II: 5]; **до́рого** (*adv.*) [II: 3]

That's (not at all) expensive! — **Это (совсе́м не) до́рого!** [I: 8]

more expensive — **доро́же** [II: 5]

experience — **о́пыт; пережива́ть (пережива́-ю, -ешь, -ют)/пережи́ть (пережив-у́, -ёшь, -у́т)** [II: 10]

job experience — **о́пыт рабо́ты** [I: 7]

explain — **объясня́ть (объясня́-ю, -ешь, -ют)/объясни́ть (объясн-ю́, -и́шь, -я́т)** [II: 5]

express mail — **экспре́сс-по́чта** [II: 8]

eye — **глаз** (*pl.* глаза́) [II: 9]

eyeglasses — **очки́** (*pl.*) [I: 2]

F

F (*grade*) — **едини́ца** [I: 4]

fabulous — **чуде́сный** [II: 1]

factory — **заво́д (на)** [I: 7]

fairly — **дово́льно** [I: 3, II: 1, II: 5]

fall — **па́дать (па́да-ю, -ешь, -ют)/упа́сть (упад-у́, -ёшь, -у́т; упа́л, -а, -и)** [II: 9]

fall (*autumn*) — **о́сень** [II: 1]

in the fall — **о́сенью**

family — **семья́** (*pl.* се́мьи, семе́й, се́мьям, се́мьями, о се́мьях) [I: 7]

family status (*marriage*) — **семе́йное положе́ние** [I: 7]

famous — **знамени́тый** [II: 3]; **изве́стный** [II: 5]

fame — **изве́стность** [II: 6]

fan (*sports*) — **боле́льщик** [II: 7]

fantasy (*book, movie*) — **фанта́стика** [II: 5]

far away — **далеко́** (*от чего́*) [II: 3]

further — **да́льше** [II: 5]

farm — **фе́рма (на)** [I: 7]

farther — **да́льше** [I: 6]

fascinated with — **увлека́ться** (*impf.:* увлека́-юсь, -ешься, -ются) (*чем*) [II: 7]

fashion — **мо́да** [I: 8]

fashionable — **мо́дный** [I: 8]

fast (*adv.*) — **бы́стро** [I: 3]

father — **от(е́)ц** (*endings always stressed*) [I: 3]

fatherland — **оте́чество** [II: 10]

Defenders of the Fatherland Day — **Де́нь защи́тников Оте́чества** [II: 10]

favor, request — **про́сьба** [II: 2, II: 9]

I have a big favor to ask you. — **У меня́ к тебе́ больша́я про́сьба.**

favorite — **люби́мый** [I: 5]

least favorite — **са́мый нелюби́мый** [I: 5]

fax — **факс** [II: 8]

fear (to be afraid) (*of someone, something*)— **боя́ться** (*impf.:* бо-ю́сь, -и́шься, -я́тся) (*чего́*) [II: 4]

February — **февра́ль** (*endings always stressed*) [II: 1]

feed — **корми́ть** (*impf.:* кормл-ю́, ко́рм-ишь, -ят) [II: 10]

feel — **чу́вствовать/по-** (чу́вству-ю, -ешь, -ют) **себя́** [II: 9]; feel like (*doing something*) — **хоте́ться** (*кому́*) (*impf.:* хо́чется; хоте́лось) [II: 8, II: 9]

I feel bad — **Мне пло́хо.** [II: 9]

I feel better — **Мне лу́чше.** [II: 9]

I feel good — **Мне хорошо́.** [II: 9]

I feel worse — **Мне ху́же.** [II: 9]

feeling — **чу́вство** [II: 10]

fencing — **фехтова́ние** [II: 7]

festive — **пра́здничный** [II: 10]

fever — **жар** [II: 9]

few: a few, several — **не́сколько** (*чего́*) [II: 4]

few, too little — **ма́ло** (*чего́*) [II: 4, II: 7]

fewer — **ме́ньше** [II: 5, *see 5.3*]

fiction — **худо́жественная литерату́ра** [II: 5]

science fiction — **нау́чная фанта́стика** [II: 5]

figure skating — **фигу́рное ката́ние** [II: 7]

fill out (*a form*) — **заполня́ть** (заполн-я́ю, -ешь, -ют)/**запо́лнить** (запо́лн-ю, -ишь, -ят) [II: 8]

Fill in the blanks. — **Запо́лните про́пуски.** [I: 2]

film — **фильм** [II: 5]

adventure film — **приключе́нческий фильм**
documentary — **документа́льный фильм** [II: 5]

feature-length film (*not documentary*) — **худо́жественный фильм**

film version — **экраниза́ция** [II: 5]

horror film — **фильм у́жасов**

finally — **наконе́ц** [I: 5]

finance(s) — **фина́нсы** [I: 4]

financial — **фина́нсовый** [I: 3]

find — **находи́ть** (нахож-у́, нахо́д-ишь, -ят)/**найти́** (найд-у́, найд-ёшь, -у́т; нашёл, нашла́, нашли́) [*perf.* I: 8; II: 3]

find out — **узнава́ть** (узна-ю́, -ёшь, -ют)/**узна́ть** (узна́-ю, -ешь, -ют) [*perf.* I: 8; II: 1]

fine — хоро́шо [I: 2]
   That's fine — Годи́тся. [II: 5]
finger — па́лец (*pl.* па́льцы) [II: 9]
finish — зака́нчивать (зака́нчив-аю, -аешь, -ают)/
   зако́нчить (зако́нч-у, -ишь, -ат) (*что*) [II: 5]
firm (*company*) — фи́рма [I: 3, 7]
first: at first — снача́ла [I: 5]
   first name — и́мя [I: 1]
   in the first (second, third) place — во-пе́рвых
     (во вторы́х, в-тре́тьих) [I: 6, 9]
fish — ры́ба [I: 9]
flight — рейс [II: 4]
floor — (*as opposed to ceiling*) — пол (на полу́;
   endings always stressed) [I: 6]; (*story of a building*)
   — эта́ж (на) (*ending always stressed*) [I: 6]
flu — грипп [II: 9]
fluently — свобо́дно [I: 3]
   to speak Russian fluently — свобо́дно говори́ть
     по-ру́сски [I: 3]
flute — фле́йта [II: 7]
fly — лете́ть/по- (леч-у́, -и́шь, -я́т) [II: 4]
folk — наро́дный [II: 7]
food — пи́ща [I: 9]
foot — нога́ (*pl.* но́ги, нога́м, нога́ми, нога́х) [II: 9]
   on foot — пешко́м [II: 3]
footwear — о́бувь (*fem.*) [I: 8]
for (*in exchange for*) — за (+ *acc.*)
   to pay (*for*) — плати́ть/за- (*за*)
   Thank you for your letter. — Спаси́бо за письмо́.
     [II: introduction]
forbidden — нельзя́ (*кому*) [I: 8, see 8.6]
force — заста́вить (*perf.*: заста́вл-ю, -ишь, -ят)
   (*кого*) [II: 6]
forced, compelled — вы́нужден [II: 6]
foreign — иностра́нный [I: 4]
   foreigner — иностра́н(е)ц/иностра́нка [II: 6]
   foreign exchange student — стажёр [I: 4]
forest — лес [II: 1]
   in the forest — в лесу́
forget — забы́ть (*perf. past:* забы́ла, забы́ли) [I: 3]
form — бланк [II: 8]
foundation, basis — осно́ва [II: 6]
France — Фра́нция [I: 3]
free (*not busy*) — свобо́дный [II: 7]; свобо́ден
   (свобо́дна, свобо́дны) [I: 5]; (*free of charge*)
   — беспла́тный [II: 2]
freedom — свобо́да [I: 10]
French — (*person*) францу́з/францу́женка;
   (*adj.*) францу́зский [I: 3, see 3.6, 3.7]
   French horn — валто́рна [II: 7]

frequently — ча́сто [I: 5, II: 5]
   more frequently — ча́ще [II: 5, *see 5.3*]
fresh — све́жий [I: 9]
Friday — пя́тница [I: 5, *see 5.1*]
fried steak — ланге́т [I: 9]
friend — друг (*pl.* друзья́) [I: 7]; friend (*female; of
   a girl*) — подру́га [I: 5]; (*acquaintance*)
   знако́мый (*used as a noun*) [I: 5, II: 2]
friendship — дру́жба; (*acquaintance*) знако́мство
   [II: 10]
from — (*not a person*) из, с (*чего*) [I: 8, 10; II: 8,
   see 8.2; II: 10, *see 10.6*); (*a person*) от (*кого*)
   [II: 6; II: 8, *see 8.2;* II: 10, *see 10.6*]
   from here — отсю́да [II: 2, *see 10.6*]
   from there — отту́да [II: 10, *see 10.6*]
   from where — отку́да [I: 3]
front: near the front (*in a movie theater*) — побли́же
   [II: 5]
frost; intensely cold weather — моро́з [II: 1]
fruit — фру́кты (*pl.*) [I: 9]
fun — весёлый [I: 7, II: 1]; ве́село (*adv.*) [II: 1]
funny — смешно́й [II: 5]
fur — мех (*pl.* меха́) [I: 8]
furniture — ме́бель (*fem., always singular*) [I: 6]
further — да́льше [II: 5]

G

gadgets — те́хника [I: 2]
gallery — галере́я [II: 3]
game — игра́ (*pl.* и́гры) [I: 2]
garage — гара́ж (*ending always stressed*) [I: 6]
garden — сад (в саду́; *pl. endings always stressed*) [II: 3]
   botanical garden — ботани́ческий сад
gas (*natural*) — газ [I: 6]
gastritis — гастри́т [II: 9]
genre — жанр [II: 6]
German — (*person*) не́м(е)ц/не́мка;
   (*adj.*) неме́цкий [I: 3, *see 3.6, 3.7*]
Germany — Герма́ния [I: 3]
get (*with difficulty*) — достава́ть (доста-ю́,
   -ёшь, -ю́т)/доста́ть (доста́н-у, -ешь, -ут)
   [II: 7]
get (*somewhere*); manage to get in — попа́сть
   (*perf.*: попаду́, -ёшь, -у́т; попа́л, -а, -и)
   [I: 9, II: 3]
   How does one get to . . .? — Как попа́сть (*куда*)?
   [II: 3]
get off (a bus) — выходи́ть (выхож-у́,
   выхо́д-ишь, -ят)/вы́йти (вы́йд-у, вы́йд-ешь,

вы́йд-ут; *imperative* вы́йди, вы́йдите; вы́шел,
вы́шла, вы́шли) [II: 3] — to exit
Вы сейча́с выхо́дите? — Are you getting off
now? (*in public transport*)
get onto (a bus, tram, trolley, subway); sit down (*lit.*)
— сади́ться (саж-у́сь, сад-и́шься, -я́тся)/
сесть (ся́д-у, -ешь, -ут) [II: 3]
get up — встава́ть (встаю́, -ёшь, -ю́т) [I: 5]
gift — пода́р(о)к [I: 2]
girl — (*little*) де́вочка [I: 6]; (*young woman*) —
де́вушка [I: 8]
give — дава́ть (да-ю, -ёшь, -ют)/дать (дам, дашь,
даст, дади́м, дади́те, даду́т; дал, дала́, да́ли)
[II: 2; II: 5, *see 5.5*]
Please give (*us, me*) the check. — **Рассчита́йте**
(нас, меня́)! [I: 9]
give (*a present*) — подари́ть (подари́л, подари́ла,
подари́ли) [I: 8]
give: I want to give (*someone*) a present. — **Я хочу́**
сде́лать (*кому*) пода́рок. [I: 8]
glass: wine glass — бока́л [II: 10]
glasses (*eyeglasses*) — очки́ (*pl.*) [I: 2]
gloves — перча́тки (*pl.*) [I: 2]
go — (*foot*) ходи́ть ~ идти́/пойти́; (*vehicle*)
е́здить ~ е́хать/пое́хать [I: 5, 10, *see 5.3,*
8.3, 10.7; II: 3, *see 3.8*]
(*on foot, multidirectional, round trips*) — ходи́ть
(хож-у́, хо́д-ишь, -ят)
(*on foot, unidirectional, single trip*) — идти́
(иду́, -ёшь, -у́т)/пойти́ (пойд-у́, -ёшь, -у́т)
(*by vehicle, multidirectional, round trips*) — е́здить
(е́зж-у, е́зд-ишь, -ят)
(*by vehicle, unidirectional, single trip*) — е́хать
(е́д-у, -ешь, -ут)/по-
(*on foot, go past; go a certain distance*) —
проходи́ть (прохож-у́, прохо́д-ишь, -ят)/
пройти́ (пройд-у́, -ёшь, -у́т; прошёл,
прошла́, прошли́) [II: 4]
(*by vehicle, go past; go a certain distance*) —
проезжа́ть (проезжа́-ю, -ешь, -ют)/прое́хать
(прое́д-у, -ешь, -ут) [II: 3, 4]
Go on through — **Проходи́те!** [I: 2, 6]
go to bed — ложи́ться (*impf.:* лож-у́сь, -и́шься,
-а́тся)/лечь (*past:* лёг, легла́, легли́) спать [I: 5]
Let's go! — **Пойдём!** [I: 8]
Let's go to . . . instead. — **Пойдём лу́чше. . .** [I: 8]
Let's go! — **Пошли́!** [I: 9]
Would you like to go . . . ? **Не хо́чешь (хоти́те)**
пойти́ (пое́хать). . . ? [I: 5]
golf — гольф [II: 7]

good — хоро́ший [I: 2]; хорошо́ [I: 2]; (*tasty*) —
вку́сный [I: 9]
Good afternoon! — **До́брый день!** [I: 1]
Good evening! — **До́брый ве́чер!** [I: 1]
Good job! — **Молоде́ц!** [I: 2]
Good morning! — **До́брое у́тро!** [I: 1]
Good night! — **Споко́йной но́чи!** [I: 1]
I feel good. **Мне хорошо́.** [II: 1]
pretty good — неплохо́й; непло́хо [I: 3]
goodbye — до свида́ния [I: 3]
goodness — добро́ [II: 10]
goods — това́ры [I: 8]
government — прави́тельство [II: 6]
grade — (*year of study in grade school or high school*)
класс (в) [I: 7]; passing grade (*pass/fail*) —
зачёт [I: 4]
graduate from (*requires direct object*) — око́нчить
(*perf.:* око́нч-у, око́нч-ишь, -ат)
[I: 10, *see 10.3*]
graduate school — аспиранту́ра [I: 4]
graduate student — аспира́нт(ка) [I: 4]
grammar — грамма́тика [I: 1]
granddaughter — вну́чка [I: 7]
grandfather — де́душка [I: 7]
grandmother — ба́бушка [I: 6]
grandson — внук [I: 7]
grapes — виногра́д (*always singular*) [I: 9]
gray — се́рый [I: 6]
green — зелёный [I: 6]
groceries — проду́кты (*pl.*) [I: 9]
grocery store — продово́льственный магази́н
[I: 9]; гастроно́м [I: 9]; (*self-service*) —
универса́м [I: 9]
group — гру́ппа [II: 4]
grow up — вы́расти (*perf. past:* вы́рос, вы́росла,
вы́росли) [I: 7, *see 7.3*]
guest — гость [II: 10]
be a guest at someone's home — быть в гостя́х
visit someone — ходи́ть~идти́/пойти́ в го́сти
guitar — гита́ра [II: 7]
guys (*conversational term of address*) — ребя́та
(*pl.; gen.* ребя́т) [I: 10, II: 9]
gymnastics — гимна́стика [II: 7]

H

hair — во́лосы (*pl.*) [II: 9]
half — полови́на [II: 4]
hallway — коридо́р [I: 6]
hand — рука́ [II: 9]

handkerchief — **плат(ó)к** (*endings always stressed*)
[I: 8]

handsome — **краси́вый** [I: 2]

hang — **висе́ть** (*impf.:* **виси́т, вися́т**) [I: 6]

Hannukah — **Ха́нука** [II: 10]

happiness — **сча́стье** [II: 10]

happy — **весёлый** [I: 7, II: 1]; **ве́село** (*adv.*) [II: 1]

Happy Birthday! — **С днём рожде́ния!** [I: 8]

hard (difficult) — **тру́дный** [I: 4]; **тру́дно**
[I: 8, *see 8.7*]

hat — (*cap*) **ша́пка** [I: 8]; (*business hat*) — **шля́па**
[I: 8]; (*hats as a department in a store*) —
головно́й убо́р [I: 8]

have: (*someone*) has (*something*) — **у** (*кого́*) **есть** +
nominative [I: 2, 6, *see 2.8, 6.3*]

Do you have . . . ? (*formal*) — **У вас** (**тебя́, меня́,**
etc.) **есть. . . ?** [I: 2]

(*someone*) doesn't have (*something*) — **у** (*кого́*)
нет + *genitive* [I: 6, *see 6.4*]

I don't have any of those. — **У меня́ нет.** [I: 2]

have (*used for abstractions or compound expressions*)
— **име́ть**

have a child — **име́ть ребёнка** [I: 10]

have to do with something — **каса́ться**
(**каса́ется**) (*чего́*)

he — **он** [I: 2, *see 2.3*]

head — **голова́** [II: 9]

health — **здоро́вье** [II: 7]

health care system — **систе́ма здравоохране́ния**
[II: 9]

health clinic — **поликли́ника** [I: 7]

healthy — **здоро́вый** [I: 7]

hear — **слы́шать** (**слы́ш-у, -ишь, -ат**)/**у-** [I: 9, II: 2]

heart — **се́рдце** [II: 9]

by heart (*from memory*) — **наизу́сть** [II: 6]

hello — **здра́вствуй(те)** [I: 1]; (*on telephone*)
Алло́! [I: 5]

help (*someone*) — **помога́ть** (**помога́-ю, -ешь,**
-ют)/**помо́чь** (**помог-у́, помо́ж-ешь,**
помо́г-ут; помо́г, помогла́, помогли́) (*кому́*)
[II: 4]; **по́мощь** (*fem.*) [II: 10]

her(s) — **её** [I: 2, *see 2.4*]

here — **здесь** [I: 1]; **тут** [I: 2]

here is . . . — **вот. . .** [I: 2]

here it is; take it (*informal, when handing something*
to someone) — **На.** [II: 9]

from here — **отсю́да** [II: 2, *see 10.6*]

high; tall — **высо́кий** [I: 6]; not high; not tall —
невысо́кий [II: 9]

hike — **похо́д** [II: 7]

his — **его́** [I: 2, *see 2.4*]

history — **исто́рия** [I: 4]; (*adj.*) **истори́ческий**
[II: 3]

hobby — **увлече́ние** [II: 7]

holiday — **пра́здник** [II: 10]

Happy Holiday! — **С пра́здником!** [II: 10]

home — **дом** (*pl.* **дома́**) [I: 2]; (*adj., as in homework*)
дома́шний [II: 6]

at home (*answers* **где**) — **до́ма**

to home (*answers* **куда́**) — **домо́й** [I: 5]

honestly — **че́стно** [II: 5]

to be honest, to tell the truth — **че́стно говоря́**
[II: 5, II: 7]

honor — **честь** (*fem.*) [II: 10]

in honor of — **в честь** (*кого́/чего́*) [II: 10]

hope — **наде́яться** (*impf.:* **наде́-юсь, -ешься,**
-ются) [II: 4]

horror — **у́жас** [II: 5]

horror movie — **фильм у́жасов**

hosiery — **колго́тки** (*pl.*) [I: 2]

hospital — **больни́ца** [I: 7, II: 9]

be in the hospital — **лежа́ть/по- в больни́це**

host — **хозя́ин** (*pl.* **хозя́ева**) [II: 10]

hostess — **хозя́йка** (**до́ма**) [II: 10]

hot (*of things, not weather*) — **горя́чий** [I: 6]

hot (*weather*) — **жа́ркий; жа́рко** (*adv.*) [II: 1]

We were hot. — **Нам бы́ло жа́рко.**

hotter — **жа́рче** [II: 5]

hotel — **гости́ница** [II: 3]

hotel floor manager — **дежу́рная** [II: 4]

hour — **час** (**2–4 часа́, 5–12 часо́в**) [I: 5]

for a couple of hours — **на па́ру часо́в** [II: 6]

house: at someone's house — **у** (*кого́*)
[I: 6, *see 6.3, 6.7*]; to someone's house — **к**
(*кому́*) [II: 10, *see 10.6*]

housewife — **домохозя́йка** [I: 7]

how — **как** [I: 4]

How do you say . . . in Russian? — **Как**
по-ру́сски . . . ? [I: 3]

How are you? (*informal*) — **Как ты?** [I: 2]

How come? How can that be? — **Как же**
так? [II: 7]

How do you know Russian? — **Отку́да вы зна́ете**
ру́сский язы́к? [I: 3]

How long does it take to get there? — **Ско́лько**
вре́мени туда́ идти́ (е́хать)? [II: 3]

how many (much) — **ско́лько** [I: 5, 6]

How many minutes? — **Ско́лько мину́т?** [II: 2]

How many rooms do you have? — **Ско́лько у вас**
ко́мнат? [I: 6]

How much do(es) ... cost? — **Ско́лько сто́ит (сто́ят)...?** [I: 8]

How much will it cost? — **Ско́лько э́то бу́дет сто́ить?** [II: 3]

How old is ...? — **Ско́лько** (*кому́*) **лет?** [I: 7]

huge — **огро́мный** [I: 8, II: 6]

humor — **ю́мор** [II: 5]

hurt — **боле́ть** (*impf.:* **боли́т, боля́т**) (*у кого́*) [II: 9, *see 9.1*]

husband — **муж** (*pl.* **мужья́, муже́й, мужья́м, мужья́ми, мужья́х**) [I: 5, 7]

I

I — **я** [I: 1]

(*someone*) and I — **мы с** (*кем*) [I: 9]

ice cream — **моро́женое** (*adj. decl.*) [I: 9]

icon — **ико́на** [I: 6]

identification (*document*) — **докуме́нт** [I: 2]

if — **е́сли** [I: 6, 9]

if ... then — **е́сли..., то** [II: 1, *see 1.10*]

if, whether — **ли** [II: 1, *see 1.8*]

ill — **бо́лен** (**больна́, больны́**) [II: 9]

illness — **боле́знь** (*fem.*) [II: 9]

immediately, right away — **сра́зу** [II: 4, II: 8]

impossible — **невозмо́жно** (*кому́*) [I: 8, *see 8.6*];

That's impossible! — **Не мо́жет быть!** [I: 5]

impression (*of something*) — **впечатле́ние** (*о чём*) [II: 8]

impressionist — **импрессиони́ст** [I: 8]

in — **в** + *prepositional case* [I: 1, *see 3.8, 5.5*]; **на** [I: 4, *see 3.8, 4.2, 5*]; (*after a certain amount of time has passed*) — **че́рез** [I: 10, *see 10.5*; II: 2]

in the first (second, third) place — **во-пе́рвых... во-вторы́х... в-тре́тьих** [I: 6]

in what year (*in university or institute*) — **на како́м ку́рсе** [I: 4]

in five years' time — **че́рез пять лет**

in general — **вообще́** [II: 1], **в о́бщем** [II: 9]

in order to — **что́бы** [II: 7, II: 9, *see 9.2*]

incorrect(ly) — **непра́вильно** [II: 7]

independence — **незави́симость** [II: 10]

Independence Day — **День незави́симости** [II: 10]

indicate: to be indicated — **ука́зываться** (*impf.:* **ука́зыва-ется, -ются**) [II: 6]

inexpensive — **дешёвый; дёшево** (*adv.*) [I: 8]

infectious — **инфекцио́нный** [II: 9]

information — **информа́ция** [II: 1]

injection — **уко́л** [II: 9]

insect — **насеко́мое** [II: 6]

inspector general — **ревизо́р** [II: 6]

institute (*institution of post-secondary education*) — **институ́т** [I: 1]

Institute of Foreign Languages — **Институ́т иностра́нных языко́в** [I: 4]

institute of higher education — **вуз (вы́сшее уче́бное заведе́ние)** [I: 4]

instructor — **преподава́тель** [I: 4]

instrument (*musical*)— **музыка́льный инструмент** [II: 7]

insured (*mail*) — **заказно́й** [II: 8]

intelligent — **у́мный** [I: 7]

interested in — **интересова́ться** (*impf.:* **интересу́-юсь, -ешься, -ются**) (*чем*) [II: 7]

interesting — **интере́сный; интере́сно** (*adv.*) [I: 2]

It's interesting ... — **Интере́сно...**

international — **междунаро́дный** [II: 2]

international affairs — **междунаро́дные отноше́ния** [I: 4]

International Women's Day — **Междунаро́дный же́нский день** [II: 10]

Internet — **интерне́т** [II: 8]

Internet café — **интерне́т-кафе́** [II: 8]

internship — **пра́ктика (на)** [I: 4, 7]

introduce: Let me introduce you (*lit.* Get acquainted!) — **Познако́мьтесь!**

Allow me to introduce myself. — **Разреши́те предста́виться.** [I: 3]

introductory — **вво́дный** [II: *intro.*]

invite — **приглаша́ть (приглаша́-ю, -ешь, -ют)/ пригласи́ть (приглаш-у́, приглас-и́шь, -я́т)** [II: 10]

invitation — **приглаше́ние** [II: 1]

Irkutsk (*city in Siberia*) — **Ирку́тск** [I: 1]

it — **он; она́; оно́** [I: 2, *see 2.3*]

Italian — (*person*) **италья́н(е)ц/италья́нка;** (*adj.*) **италья́нский** [I: 3, *see 3.6, 3.7*]

Italy — **Ита́лия** [I: 3]

J

jacket (*short, not an overcoat*) — **ку́ртка** [I: 2]; (*suit jacket*) — **пиджа́к** [I: 2]

January — **янва́рь** (*ending always stressed*) [II: 1]

Japan — **Япо́ния** [I: 3]

Japanese — (*person*) **япо́н(е)ц/япо́нка;** (*adj.*) Japanese — **япо́нский** [I: 3, *see 3.6, 3.7*]

jar — **ба́нка (ба́ночка)** [I: 9]

jeans — **джи́нсы** (*pl.*) [I: 2]

jersey — **футбо́лка** [I: 2]

Jewish — (*man, woman*) **евре́й (-ка)** [II: 10]

journalism — **журнали́стика** [I: 4]

journalist — **журнали́ст** [I: 7]

joy — **ра́дость** [II: 10]

July — **ию́ль** [II: 1]

jump — **пры́гать** (*impf.*: **пры́га-ю, -ешь, -ют**) [II: 7]

June — **ию́нь** [II: 1]

just — **то́лько что** [I: 9]

  Just a moment! [**Одну́**] **мину́точку!** [I: 8]

Just what is that? — **Что э́то тако́е?**

  just in case — **на вся́кий слу́чай** [II: 2]

K

karate — **карата́** [II: 7]

kerchief — **плат(о́)к** (*endings always stressed*) [I: 8]

key — **ключ** (*pl.* **ключи́**) (*от чего́*)[II: 4]

kind — **до́брый** [I: 1]

  Be so kind as to . . . — **Бу́дьте добры́!** [I: 9]

kind (*of*) — **вид**

  individual sport, type of sport — **вид спо́рта** [II: 7]

  means of transportation — **вид тра́нспорта** [II: 3]

  What kind of . . .? — **Что э́то за. . .?** (*noun in nom.*) [II: 5]; **Како́й это. . .?** [I: 2]

kindness — **добро́** [II: 10]

kiosk (newsstand) — **кио́ск** [II: 4]

kitchen — **ку́хня** (**на** *or* **в**) [I: 6]

knee — **коле́но** (*pl.* **коле́ни**) [II: 9]

knit — **вяза́ть** (*impf.*: **вяж-у́, вя́ж-ешь, -ут**) [II: 7]

know — **знать** (*impf.*: **зна́-ю, -ешь, -ют**) [I: 3]

know how (*to do something*) — **уме́ть/с-** (**уме́-ю, -ешь, -ют**) [II: 10]

kopeck — **копе́йка** (**5–20 копе́ек**) [I: 7]

Korean — **коре́йский** [I: 4, *see 3.6, 3.7*]

Kremlin — **Кремль** (*masc.*)(*endings always stressed*) [II: 3]

L

labor — **труд** (*endings always stressed*) [II: 1]

  Labor Day — **День Труда́** [II: 10]

laboratory — **лаборато́рия** [I: 3, 7]

lacrosse — **лакро́сс** [II: 7]

lake — **о́зеро** (*pl.* **озёра**) [II: 1]

lamp — **ла́мпа** [I: 6]

language — **язы́к** (*pl.* **языки́**) [I: 3, *see 3.6*]

  language (*adj.: relating to the study of language and literature*) — **филологи́ческий**

  language department — **филологи́ческий факульте́т**

large — **большо́й** [I: 2]

last — **после́дний** [I: 2]; **про́шлый** [I: 10]

  last week — **на про́шлой неде́ле**

  last year — **в про́шлом году́** [I: 10]

last name — **фами́лия** [I: 1, *see 1.2*]

  What's your last name? — **Как ва́ша фами́лия?** [I: 1]

late — **по́здно** [I: 5]

  later — **по́зже (поздне́е)** [II: 5]

  be late — **опа́здывать** (**опа́здыва-ю, -ешь, -ют**)/**опозда́ть** (**опозд-а́ю, -а́ешь, -а́ют**) [I: 5]

  Am I late? — **Я не опозда́л(а)?** [I: 6]

later — **пото́м** [I: 5, II: 5]; **по́зже, поздне́е** [II: 5]

law — (*academic discipline*) **юриспруде́нция** [I: 4]; (*adj.*) — **юриди́ческий** [I: 7]

  law office — **юриди́ческая фи́рма** [I: 7]

lawyer — **юри́ст** [I: 7]

learn (*how to do something*) — **учи́ться/на-** (**уч-у́сь, у́ч-ишься, -атся**)+ *infinitive* [II: 7]

leave, depart (*on foot*) — **уходи́ть** (**ухож-у́, ухо́д-ишь, -ят**)/**уйти́** (**уйд-у́, -ёшь, -у́т; ушёл, ушла́, ушли́**) [II: 4, *see 4.6*]

leave (*something behind*) — **оставля́ть** (**оставля́-ю, -ешь, -ют**)/**оста́вить** (**оста́вл-ю, оста́в-ишь, -ят**) [II: 4]

lecture — **ле́кция** [I: 3]

left: on the left (*of something*) — **сле́ва** (*от чего́*) [I: 6, II: 3]; (*to the*) left — **нале́во** [II: 3]

leg — **нога́** (*pl.* **но́ги, нога́м, нога́ми, нога́х**) [II: 9]

lemon — **лимо́н** [I: 9]

less — **ме́ньше** [II: 5, *see 5.3*]; (*with adj., comparative*) **ме́нее** [II: 5, *see 5.3*]

lesson — **уро́к** (**на**) [I: 5]

  Russian lesson — **уро́к ру́сского языка́** [I: 5]

Let's. . . — **дава́й(те)** + *future tense of* **мы**-*form* [I: 1; II: 1, *see II: 1.6*]

  Let's go. . . (*on foot; someplace within city*) — **Дава́й(те) пойдём. . .** [I: 5]; **Пошли́!** [I: 9]

  Let's go. . . (*by vehicle; to another city*) — **Дава́й(те) пое́дем. . .** [I: 5]

  Let's . . . instead. — **Дава́й(те) лу́чше. . .** [II: 1]

  Let's listen! — **Дава́йте послу́шаем!** [I: 1]

  Let's get acquainted. — **Дава́йте познако́мимся!** [I: 1]

  Let's read! — **Дава́йте почита́ем!** [I: 1]

  Let's switch to **ты**. — **Дава́й перейдём на ты.** [I: 10]

  Let's talk! — **Дава́йте поговори́м!** [I: 1]

letter (*mail*) — **письмо́** (*pl.* **пи́сьма, пи́сем**) [I: 2, 4]

  letter of introduction — **направле́ние** [II: 6]

lettuce — **сала́т** [I: 9]

librarian — **библиоте́карь** [I: 7]

library — **библиоте́ка** [I: 4]
   library card — **чита́тельский биле́т** [II: 6]
lie — **лежа́ть/по-** (леж-у́, -и́шь, -а́т) [I: 6]
   be in the hospital — **лежа́ть/по- в больни́це** [II: 9]
lie down (*to sleep*) — **ложи́ться** (лож-у́сь, -и́шься, -а́тся)/**лечь** (*past:* лёг, легла́, легли́) (спать) [I: 5, II: 9]
life — **жизнь** (*fem.*) [II: 5]
lift (*weights*) — **поднима́ть** (*impf.:* поднима́-ю, -ешь, -ют) (тя́жести) [II: 7, II: 10]
like — **нра́виться/по-** (нра́в-ится, -ятся) (*кому*) [II: 5, see 5.1]
   I like Pelevin novels. — **Мне нра́вятся рома́ны Пеле́вина.**
like: Would you like to go . . . ? — **Не хо́чешь (хоти́те) пойти́ (пое́хать). . . ?** [I: 5]
likely: most likely — **скоре́е (всего́)** [II: 5]
line — **о́чередь** (*fem.*) [I: 8]
linguistic — **лингвисти́ческий** [I: 4, II: 6]
lip — **губа́** (*pl.* гу́бы, губа́м, губа́ми, губа́х) [II: 9]
list — **спи́сок** [I: 8]
listen (to) — **слу́шать** (слу́ша-ю, -ешь, -ют)/**про-** (*кого/что*) [I: 5]
   Listen! — **Послу́шай(те)!** [I: 7]
literature — **литерату́ра** [I: 4, II: 5]
little — **ма́ленький** [I: 2]
   a little — **немно́го, немно́жко** [I: 3]
   little, too little, few — **ма́ло** (*чего*) [II: 4]
   a little bit about oneself (*myself, yourself, themselves, etc.*) — **немно́го о себе́** [I: 1]
   a little earlier — **пора́ньше** [II: 1]
live — **жить** (*impf.:* жив-у́, -ёшь, -у́т; жила́, жи́ли) [I: 1, 3]
   live through — **пережива́ть** (пережива́-ю, -ешь, -ют)/**пережи́ть** (пережив-у́, -ёшь, -у́т) [II: 10]
living conditions — **жили́щные усло́вия** [I: 6]
living room — **гости́ная** (*declines like adj.*) [I: 6]
located: to be located — **находи́ться** (*impf.:* нахо́дится, нахо́дятся) [I: 8, II: 3]
London — **Ло́ндон** [I: 1]
long — **дли́нный** [II: 5]
long: for a long time — **давно́** (+ *present tense verb*) [I: 8]; **до́лго** [I: 10]
   до́льше [II: 5] — longer (*for a longer time*)
look — **посмотре́ть** (*perf., see* смотре́ть) [I: 6]; (*appearance*) **вы́глядеть** (*impf.:* вы́гляж-у, вы́гляд-ишь, -ят) [II: 9]
   Let's take a look. . . — **Посмо́трим. . .** [I: 6]
   look like — **похо́ж** (-а, -и) **на** (*кого: acc.*) [I: 10, see 10.1]

look for, search — **иска́ть/по-** (ищ-у́, и́щ-ешь, -ут) (*кого/что*) [II: 4]
Los Angeles — **Лос-Анджелес** [I: 1]
lose — **теря́ть** (теря́-ю, -ешь, -ют)/**по-** [II: 4]; (*a game*) — **прои́грывать** (прои́грыва-ю, -ешь, -ют)/**проигра́ть** (проигра́-ю, -ешь, -ют) [II: 7]
love — **люби́ть** (*impf.:* люблю́, лю́бишь, лю́бят) [I: 4, 7, see 7.1]
low — **ни́зкий** [I: 6]
lunch — **обе́д** [I: 5]
   Lunch is ready. — **Обе́д гото́в.** [I: 6]
   eat lunch — **обе́дать** (обе́да-ю, -ешь, -ют)/**по-** [I: 5]

M

magazine — **журна́л** [I: 2]
mail — **по́чта** [II: 8]
   by mail — **по по́чте** [II: 8]
   e-mail — **электро́нная по́чта** [II: 8]
main — **гла́вный** [I: 10, II: 3]
major (*specialization in college*) — **специа́льность** (*fem.*) [I: 4]
make — **де́лать** (де́ла-ю, -ешь, -ют)/**с-** [I: 5]
man — **мужчи́на** [I: 8, II: 4]
manage (*to do something*) — **суме́ть** (*perf.:* суме́-ю, -ешь, -ют) [II: 10]; (*to get in*) — **попа́сть** (*perf.:* попаду́, -ёшь, -у́т; попа́л, -а, -и) [I: 9]
   We'll get in for sure. — **Мы то́чно попадём.** [I: 9]
manager — **ме́неджер** [I: 7]
many, much — **мно́го** (*чего*) [II: 4]
   so many — **сто́лько** [II: 8, II: 10]
map — **ка́рта** [I: 8]
March — **март** [II: 1]
market — **ры́н(о)к (на)** [I: 3, 8]
   book mart — **кни́жный ры́н(о)к** [I: 8]
married (*said of a man*) — **жена́т** [I: 7]; (*said of a woman*) — **за́мужем** [I: 7]
mashed potatoes — **пюре́** (*indecl.*) [I: 9]
match — **соотве́тствовать** [I: 1]; (*sports*) — **матч** [II: 7]
   What matches what? — **Что чему́ соотве́тствует?**
math (*adj.*) — **математи́ческий** [I: 4]
mathematics — **матема́тика** [I: 4]
matter — **де́ло**
   It doesn't matter — **всё равно́** (*кому*) [II: 7]
   The thing is that . . . — **Де́ло в том, что. . .** [II: 4]
   What's the matter? — **В чём де́ло?** [II: 4]
May — **май** [II: 1]

May (I/one . . . do something)? — **мо́жно** [I: 8]
maybe — **мо́жет быть** [I: 4]
mean — **зна́чить**
meanwhile, for the time being — **пока́** [I: 9, II: 4]
measure — **ме́рить/из-** (**ме́р-ю, -ишь, -ят**) [II: 9]
meat — **мя́со** [I: 9]; (*adj.*) **мясно́й** [I: 9]
  chopped meat, ground meat — **фарш** [I: 9]
medical — **медици́нский** [II: 7]
medicine — **медици́на** [I: 4]; **лека́рство** (*от чего́*)
  [II: 9]
  take medicine — **принима́ть** (**принима́-ю,
  -ешь, -ют**)/**приня́ть** (**прим-у́, при́м-ешь, -ут;
  при́нял, приняла́, при́няли**) **лека́рство**
  [II: 9]
meet up (*with each other*) — **встреча́ться**
  (**встреча́-емся, -етесь, -ются**)/**встре́титься**
  (**встре́т-имся, -итесь, -ятся**) [II: 1]
member — **член** [I: 10]
memorize — **учи́ть** (**учу́, у́ч-ишь, -ат**)/**вы́учить**
  (**вы́уч-у, -ишь, -ат**) [II: 6]
memorized, by heart, from memory — **наизу́сть**
  (*adv.*) [II: 6]
  memorize, learn by heart [II: 6] — **вы́учить
  наизу́сть**
men's — **мужско́й** [I: 8]
menu — **меню́** (*neuter; indecl.*) [I: 9]
  Please bring a menu. — **Принеси́те, пожа́луйста,
  меню́.** [I: 9]
message — **сообще́ние** [II: 8]
meter — **метр** [I: 6]
  square meter — **квадра́тный метр**
metro, subway — **метро́** [II: 3]
  station (metro/subway) — **ста́нция** (**метро́**) (**на**)
  [II: 3]
Mexican — (*person*) **мексика́н(е)ц/мексика́нка**
  [I: 3, see 3.7]; (*adj.*)— **ме́ксиканский**
  [I: 3, see 3.6, 3.7]
Mexico — **Ме́ксика** [I: 3]
MGU (Moscow State University) — **МГУ**
  (**Моско́вский госуда́рственный
  университе́т**) [I: 4]
middle — **середи́на** [II: 5]
midnight — **по́лночь** (*fem.*) [II: 4]
milk — **молоко́** [I: 9]; (*adj.*) — **моло́чный** [I: 9]
mineral (*adj.*) — **минера́льный** [I: 9]
  mineral water — **минера́льная вода́** [I: 9]
minus — **ми́нус** [II: 1]
minute — **мину́та** [II: 10]
  Just a minute! — **Одну́ мину́точку!** [I: 8];
  Мину́точку! [II: 4]

miss (*someone*) — **скуча́ть** (*по кому́*)
  (*impf.:* **скуча́ю, -ешь, -ют**) [II: 8]
miss: Excuse me, Miss! — **Де́вушка!** [I: 8]
mission — **поруче́ние** [II: 6]
mistake — **оши́бка** [II: 10]
mittens — **ва́режки** (*pl.*) [I: 2]
modern — **совреме́нный** [II: 3]
mom — **ма́ма** [I: 3]
moment: Just a moment! — **мину́точка: Одну́
  мину́точку!** [I: 8]
Monday — **понеде́льник** [I: 5, see 5.1]
money — **де́ньги** (*always plural*) [I: 8]
month — **ме́сяц** (**2–4 ме́сяца, 5 ме́сяцев**) [I: 10, II: 1]
  last month — **в про́шлом ме́сяце**
monument — **па́мятник** [II: 3]
more — **бо́льше** [II: 5, see 5.3]; (*with adj.,
  comparative*) **бо́лее** [II: 5, see 5.3]
morning — **у́тро** [I: 1]
  Good morning! — **До́брое у́тро!** [I: 1]
  in the morning — **у́тром** [I: 5]
Moscow — **Москва́** [I: 1]; (*adj.*) **моско́вский** [I: 4]
Moscow State University — **МГУ** (**Моско́вский
  госуда́рственный университе́т**) [I: 4]
mosque — **мече́ть** (*fem.*) [II: 3]
most: the most (+ *adjective*) — **са́мый** (+ *adjective*)
  [I: 5; II: 5, see 5.3]
  most favorite — **са́мый люби́мый** [I: 5]
  most of all — **бо́льше всего́** [II: 5]
mother — **мать** (*fem., gen. and prep. sg.* **ма́тери;**
  pl. **ма́тери, матере́й, -я́м, -я́ми, -я́х**) [I: 3, 7]
motherland — **ро́дина** [II: 5]
mountain — **гора́** (*pl.* **го́ры, в гора́х**) [II: 1]
mouth — **рот** (*где:* **во рту**) [II: 9]
move (*change residences*) — **переезжа́ть**
  (**переезжа́-ю, -ешь, -ют**)/**перее́хать**
  (**перее́д-у, -ешь, -ут**) (*куда́*) [I: 10]
move away from (*by vehicle*) — **отъезжа́ть**
  (**отъезжа́-ю, -ешь, -ют**)/**отъе́хать** (**отъе́д-у,
  -ешь, -ут**) (*от чего́*) [II: 4, see 4.6]
movement — **движе́ние** [I: 10]
  human rights movement — **движе́ние за права́
  челове́ка**
movie, film — **фильм** [II: 5]
movie(s) — **кино́** (*indeclinable*) [I: 5]
movie theater — **кинотеа́тр** [I: 5, II: 3]
much, many — **мно́го** (*чего́*) [II: 4]
  (*in comparisons*) **гора́здо** [II: 5]
  so much — **сто́лько** [II: 8, II: 10]
museum — **музе́й** [I: 1, II: 3]
mushroom — **гриб** (*pl. endings always stressed*) [I: 9]

music — му́зыка [I: 4]
  Put on the music. — Поста́вь(те) му́зыку. [II: 10]
musical — музыка́льный [II: 5]
  musical instrument — музыка́льный
    инструме́нт [II: 7]
musical (show, film) — мю́зикл [II: 5]
musician — музыка́нт [I: 7]
must — до́лжен (должна́, должны́) (+ infinitive)
    [I: 5, see 5.6]
mustard — горчи́ца [I: 9]
my — мой (моё, моя́, мой) [I: 2, see 2.4]
mystery novel — детекти́в [II: 5]

N

name (first name) — и́мя (neuter) [I: 1, see 1.2]; last
    name — фами́лия [I: 1, see 1.2]
  name and patronymic — и́мя-о́тчество [I: 1]
  What's your name? — Как вас (тебя́) зову́т?
  What's your last name? — Как ва́ша фами́лия?
    [I: 1]
  My name is . . . — Меня́ зову́т. . . [I: 1]
  to be named — называ́ться (impf.: называ́-ется,
    -ются) [II: 3, II: 6, see 6.1]
narrate — расска́зывать (расска́зыва-ю, -ешь,
    -ют)/рассказа́ть (расскаж-у́, расскаж-ешь,
    -ут) [I: 10]
narrow — у́зкий [I: 6]
nation — страна́ [I: 10]
national — национа́льный [II: 10]
nationality — национа́льность (fem.) [I: 3, see 3.7]
  by nationality — по национа́льности
natural gas — газ [I: 6]
nature — приро́да (на) [II: 1, II: 7]
nauseous — тошни́ть (impf.) (кого́) [II: 9]
  I am nauseous. — Меня́ тошни́т.
  I was nauseous. — Меня́ тошни́ло.
near (in the vicinity) — у (чего́) [I: 2, 6]
  near the front (in a movie theater) — побли́же
    [II: 5]
  near the back (in a movie theater) — пода́льше
    [II: 5]
nearest — ближа́йший [II: 3]
nearly — чуть не [II: 9]
necessary — ну́жен, нужна́, ну́жно, нужны́
    [II: 6, see 6.2]
  it is necessary — на́до (or ну́жно) (кому́)
    (+ infinitive) [I: 8, see 8.5]; обяза́тельно
    [II: 1, II: 8]
  everything necessary — всё, что ну́жно [II: 10]

neck — ше́я [II: 9]
need — See necessary.
neighbor — сосе́д (pl. сосе́ди)/сосе́дка [I: 4]
neither . . . nor . . . — Ни. . . ни. . . [I: 6]
nephew — племя́нник [I: 7]
never — никогда́ (не) [I: 5, II: 6, see 6.4]
nevertheless — всё-таки [II: 2]
new — но́вый [I: 2]
  New Year — Но́вый год [II: 10]; New Year's
    нового́дний [II: 10]
  see in the New Year — встреча́ть Но́вый год
    [II: 10]
news — но́вости [II: 5]
New York — Нью-Йо́рк [I: 1]
newspaper — газе́та [I: 2]
next (future) — бу́дущий [II: 8, 10]
  next year — в бу́дущем году́
  next week — на бу́дущей неде́ле
next — да́льше (adv.) [I: 6]; сле́дующий (adj.)
    [II: 3, II: 4]
  alongside, next (to something) — ря́дом (с чем)
    [I: 6, II: 3]
  next, neighboring — сосе́дний [II: 8]
  What's next? — Что да́льше?
nice — симпати́чный [I: 7]
niece — племя́нница [I: 7]
night (midnight–4:00 a.m.) — ночь (fem.) [I: 1];
    (evening, before midnight) ве́чер
  at night — но́чью [I: 5]
  Good night! — Споко́йной но́чи! [I: 1]
no — нет [I: 2]
nonsense — ерунда́ [II: 7]
no one — никто́ (не) [II: 6, see 6.4]
no way — ника́к (не) [II: 6, see 6.4]
  There's no way I can/could . . . — ника́к не
    могу́. . . / ника́к не мог (могла́). . . [II: 3]
normally — норма́льно [I: 3]
north — се́вер (на) [I: 10, see 10.2]
nose — нос [II: 9]
  nose cold; stuffed nose; runny nose — на́сморк
    [II: 9]
not (negates following word) — не [I: 3]
  not any, no kind of — никако́й (не) [II: 6]
  not as . . . as . . . — не так(о́й). . . , как. . . [II: 1]
  not at all — . . .совсе́м не [I: 7]
  That's (not at all) expensive! — Э́то (совсе́м не)
    до́рого! [I: 8]
  not very well — нева́жно [II: 9]
  there is not + noun — нет (+ genitive)
    [I: 6, see 6.4, 8.2]

note in writing, write down — **запи́сывать**
(запи́сыва-ю, -ешь, -ют)/**записа́ть**
(запиш-у́, -ешь, -ут) [II: 4]
notebook — **тетра́дь** (*fem.*) [I: 2]
nothing; it's no bother — **ничего́** [I: 5, II: 2, II: 6,
see 6.4]
I know nothing. — **Я ничего́ не зна́ю.** [I: 7]
novel — **рома́н** [I: 8, II: 6]
novella — **по́весть** [I: 10, II: 6]
November — **ноя́брь** (*endings always stressed*) [II: 1]
now — **сейча́с** [I: 3]; (*as opposed to some other time*)
— **тепе́рь** [I: 8]
no way — **ника́к** (**не**) [II: 6, *see 6.4*]
nowhere — **нигде́** (**не**); **никуда́** (**не**) [II: 6, *see 6.4*]
number — **но́мер** [I: 5]
telephone number — **телефо́н** [II: 2]
At what number? — **По како́му телефо́ну?** [II: 2]
You have the wrong number. — **Вы не туда́
попа́ли.** [II: 2]
numbers — **числи́тельные** [I: 1]
nurse (*female*) — **медсестра́** (*pl.* **медсёстры**) [I: 7];
(*male*) — **медбра́т** (*pl.* **медбра́тья**) [I: 7]

O

oboe — **гобо́й** [II: 7]
observe — **наблюда́ть** (*impf.*) [II: 9]
occupy — **занима́ть** [I: 10]; be occupied with
— **занима́ться** (*impf.:* **занима́-юсь, -ешься,
-ются**) (*чем*) [I: 4, *see 4.3*; II: 7]
o'clock — **час** (**2–4 часа́, 5–12 часо́в**) [I: 5]
October — **октя́брь** (*endings always stressed*) [II: 1]
of course — **коне́чно** [I: 4]
offer — **предлага́ть** (**предлага́-ю, -ешь, -ют**)/
предложи́ть (**предлож-у́, предло́ж-ишь, -ат**)
[*impf.* I: 8; II: 10]
office — **о́фис** [I: 7]; (*study*) **кабине́т** [I: 6]
official; officially — **официа́льно** [II: 8]
often — **ча́сто** [I: 5]
more often — **ча́ще** [II: 5, *see 5.3*]
Oh! — **Ой!** [I: 2]
okay — **ла́дно** [I: 7]; **хорошо́**; (*We've agreed.*)
Договори́лись. [I: 5]
old — **ста́рый** [I: 2]
older (*the elder*) — **ста́рший** [I: 7]
older: . . . years older than . . . — **ста́рше** (*кого́*) **на**
(**год, . . . го́да, . . . лет**) [I: 7, *see 7.7*; II: 5, *see 5.3*]
Olympic — **Олимпи́йский** [II: 7]
on — **на** [I: 4, *see 3.8, 4.2, 5.5*]
on (*a day of the week*) — **в** (+ *acc.*)

on (*a certain date*) — (*gen.*): on August 1 —
пе́рвого а́вгуста
one — **оди́н** (**одна́, одно́, одни́**) [I: 6, *see 6.6*]
On the one hand . . . , on the other hand . . . — **С
одно́й стороны́. . . , с друго́й стороны́. . .** [I: 9]
onion(s) — **лук** [I: 9]
only — **то́лько** [I: 2]; the only — **еди́нственный** [I: 7]
only (+ *number*) — **всего́** (+ *number*) [II: 1]
open — **открыва́ть(ся)** (**открыва́-ю, -ешь, -ют**)/
откры́ть(ся) (**откро́-ю, -ешь, -ют**)
[I: 8, I: 9, II: 5, *see 5.4*]
Open the suitcase! — **Откро́йте чемода́н!** [I: 2]
opinion: in my opinion — **по-мо́ему** [II: 5]
opposite (*something*) — **напро́тив** (*чего́*) [II: 3]
or — **и́ли** [I: 4]
oral — **у́стный**
oral interpretation — **у́стный перево́д** [I: 1]
orange (*fruit*) — **апельси́н** [I: 9]
order (*portion of food*) — **по́рция** [I: 9]
order (*things, not people*) — **зака́зывать**
(**зака́зыва-ю, -ешь, -ют**)/**заказа́ть** (**закаж-у́,
зака́ж-ешь, -ут**) [I: 9]
in order to — **что́бы** [II: 7, II: 9, *see 9.2*]
ordinary — **обыкнове́нный** [I: 7]
organize — **устра́ивать** (**устра́ива-ю, -ешь, -ют**)/
устро́ить (**устро́-ю, -ишь, -ят**) [II: 10]
other — **друго́й** [I: 10]
each other — **друг дру́га** [II: 10]
on the one hand . . . , on the other hand —
с одно́й стороны́. . . , с друго́й стороны́. . .
[I: 9]
on the other hand; to make up for it — **зато́** [II: 7]
our — **наш** (**на́ше, на́ша, на́ши**) [I: 2, *see 2.4*]
outside — **на у́лице** [II: 1]
overcoat — **пальто́** (*indecl.*) [I: 2]
owe: Someone owes . . . — **с** (*кого́*) . . . [I: 9]
How much do we owe — **Ско́лько с нас?**
own: one's own — **свой** (**своя́, своё, свои́**)
[I: 6; II: 7, *see 7.7*]

P

package, parcel — **посы́лка** [II: 8]
pain — **боль** (*fem.*) [II: 9]
painful — **бо́льно** (*кому́*) [II: 9]
pants — **брю́ки** (*pl. only*) [I: 2]
pantyhose — **колго́тки** (*pl.*) [I: 2]
parents — **роди́тели** [I: 3]
park — **парк** [I: 1]
parody — **паро́дия** [II: 5]

part — **часть** (*fem.*) [II: 9]
    part of the body — **часть те́ла**
participation — **уча́стие** [I: 10]
    to participate — **принима́ть уча́стие** [I: 10]
party — **ве́чер** (*pl.* вечера́) [II: 10]
pass (*by vehicle*) — **проезжа́ть** (проезжа́-ю, -ешь,
    -ют)/**прое́хать** (прое́д-у, -ешь, -ут) [II: 3, 4];
    (*on foot*) — **проходи́ть** (прохож-у́, прохо́д
    -ишь, -ят)/**пройти́** (пройд-у́, -ёшь, -у́т;
    прошёл, прошла́, прошли́) [*perf.:* II: 3, II: 4]
    Please allow me to pass. — **Разреши́те пройти́.**
pass on, convey — **передава́ть** (переда-ю́, -ёшь,
    -ют)/**переда́ть** (переда́м, переда́шь,
    переда́ст, передади́м, передади́те, передаду́т;
    переда́л, передала́, переда́ли) [II: 2, II: 5]
    What should I pass on (to whom)? (Any message?)
    — **Что** (кому́) **переда́ть?** [II: 2]
    Pass on that . . . — **Переда́йте, что. . .** [II: 2]
passer-by — **прохо́жий** [II: 3]
passing grade (*pass/fail*) — **зачёт** [I: 4]
passport — **па́спорт** (*pl.* паспорта́) [I: 2]
Passover — **Па́сха** [II: 10]
patient — **больно́й** (*adj. decl.*) [II: 9]
patronymic — **о́тчество** [I: 1, *see 1.2*]
    What's your patronymic? — **Как ва́ше о́тчество?**
    [I: 1]
    name and patronymic — **и́мя-о́тчество** [I: 1]
pay (*for something*) — **плати́ть** (плачу́, пла́тишь,
    пла́тят)/**за-** (*за + acc.*) [I: 8]
    Pay the cashier. — **Плати́те в ка́ссу.** [I: 8]
    for pay, requiring payment — **пла́тный** [II: 9]
pelmeni (*Siberian dumplings*) — **пельме́ни** [I: 9]
pen — **ру́чка** [I: 2, II: 9]; (*archaic, literary*) **перо́** [II: 6]
pencil — **каранда́ш** (*pl.* карандаши́) [I: 2]
penicillin — **пеницилли́н** [II: 9]
Pennsylvanian — **пенсильва́нский** [I: 4]
pension — **пе́нсия** [I: 7]
pepper — **пе́р(е)ц** [I: 9]
perfectly — **отли́чно** [I: 4]
permission — **разреше́ние** [II: 8]
permit — see *allow*
person — **челове́к** (*pl.* лю́ди) [I: 8]
personally — **ли́чно** [II: 4]
philological (*relating to the study of language and
    literature*) — **филологи́ческий** [I: 4]
philology (*study of language and literature*)
    — **филоло́гия** [I: 4]
philosophy — **филосо́фия** [I: 4]
phonetics — **фоне́тика** [I: 4]
photograph — **фотогра́фия** (на) [I: 6]

physician — **врач** (*all endings stressed*) [I: 7]
physics — **фи́зика** [I: 4]
piano — **роя́ль** [II: 7]; **фортепья́но** (*indecl.*) [II: 7]
    piano concerto — **конце́рт для фортепья́но** [II: 7]
piece — **кусо́к** (кусо́чек) [I: 9]
pilgrim — **пилигри́м** [II: 10]
pill — **табле́тка** [II: 9]
pizza — **пи́цца** [I: 9]
place — **ме́сто** (*pl.* места́) [II: 1]
    place of work — **ме́сто рабо́ты** [I: 7]
plan (*to do something*) — **собира́ться**
    (*impf.:* собира́-юсь, -ешься, -ются) [II: 1]
plate — **таре́лка** [I: 8, II: 10]
play — **игра́ть** (игра́-ю, -ешь, -ют)/**сыгра́ть**
    (сыгра́-ю, -ешь, -ют) [II: 7, *see 7.2–7.3*]
    (*a game or sport; see 7.2*) — **игра́ть** (*во что*)
    (*a musical instrument; see 7.3*) — **игра́ть** (*на чём*)
play (*stage play*) — **пье́са** [I: 10, II: 6]
playing (*of a movie*) — **идти́** (*impf.:* ид-ёт, -у́т) [II: 5]
pleasant — **прия́тно** [I: 1]
please — **пожа́луйста** [I: 2, 3]
    Could you please . . .? — **Бу́дьте добры́!** [I: 9,
    see also быть; II: 2]
Pleased to meet you. — **Прия́тно с ва́ми
    познако́миться.**
pleasure — **удово́льствие** [II: 10]
    With pleasure. — **С удово́льствием.** [I: 5]
poem — **стихотворе́ние** [II: 6]
    poem (*long*) — **поэ́ма** [II: 6]
poet — **поэ́т** [II: 6]
poetry — **поэ́зия** [II: 6]; poetry, verse — **стихи́** [II: 6]
point: That's just the point. — **В то́м-то и де́ло.** [II: 4]
    That's not the point. — **Де́ло не в э́том.** [II: 8]
police officer — **милиционе́р** [II: 3]
political — **полити́ческий** [I: 4]
    political science — **политоло́гия** [I: 4]
pool (*swimming*) — **бассе́йн** [I: 5]
poorly — **пло́хо** [I: 3]
popular — **популя́рный** [II: 7]
portion — **по́рция** [I: 9]
position (*job description*) — **до́лжность** [I: 10]
possible — **мо́жно** (+ *infinitive*) [I: 8, *see 8.5*]
    Would it be possible to look at the apartment?
    — **Мо́жно посмотре́ть кварти́ру?** [I: 6]
postcard — **откры́тка** [II: 8]
post office — **по́чта** (на) [II: 3]
    parcel post package — **бандеро́ль** (*fem.*) [II: 8]
pot — **кастрю́ля** [I: 8]
potato(es) — **карто́фель** (карто́шка) [I: 9];
    (*mashed*) — **пюре́** (*indecl.*) [I: 9]

practice — **пра́ктика** (**на**) [I: 4, 7]
    private practice — **ча́стная пра́ктика** [I: 7]
precipitation — **оса́дки** (*pl.*) [II: 1]
precisely — **то́чно** [I: 7]; **и́менно** [II: 3]
preparation — **подгото́вка** [I: 1]
prepare — **гото́вить** (**гото́в-лю, -ишь, -ят**)
    /при- [I: 9]
prepared — **гото́вый; готов** [I: 9]
    Lunch is ready — **Обед гото́в.**
prescribe — **выпи́сывать** (**выпи́сыва-ю, -ешь,**
    -ют)/**вы́писать** (**вы́пиш-у, -ешь, -ут**) [II: 9]
prescription (*for*) — **реце́пт** (*на что*) [II: 9]
present — **пода́р[о]к** [II: 2]
    give someone a present — **дари́ть/по-** (*кому́ что*)
    [I: 8]
    I want to give (*someone*) a present. — **Я хочу́**
    сде́лать (*кому́*) **пода́рок.** [I: 8]
presentation — **выступле́ние** [II: 10]
pretty — **краси́вый** [I: 2]
previously — **ра́ньше** [I: 3, II: 5]
primarily — **в основно́м** [II: 8]
principle: in principle — **в при́нципе** [II: 8]
print — **распеча́тывать** (**распеча́тыва-ю, -ешь,**
    -ют)/**распеча́тать** (**распеча́та-ю, -ешь, -ют**)
    [II: 8]
printer — **при́нтер** [I: 2]
private (*business, university; etc.*) — **ча́стный** [I: 7]
    private practice — **ча́стная пра́ктика**
probably — **наве́рное** [I: 7]
problem — **пробле́ма** [II: 4]
profession — **профе́ссия** [I: 7]
    What is . . .'s profession? — **Кто по**
    профе́ссии. . .
professionally — **профессиона́льно** [II: 7]
program: (*broadcast*) — **переда́ча** [II: 5]; (*channel*)
    — **програ́мма** [II: 5]; (*concert*) **програ́мма**
    [II: 5]
programmer — **программи́ст** [I: 7]
promise — **обеща́ть** (*impf.:* **обеща́-ю, -ешь, -ют**)
    (*кому́*) [II: 9]
propose — **предлага́ть** (**предлага́-ю, -ешь, -ют**)/
    предложи́ть (**предлож-у́, предло́ж-ишь, -ат**)
    [*impf.* I: 8; II: 10]
prose — **про́за** [II: 6]
    prose writer — **проза́ик**
psychology — **психоло́гия** [I: 4]
publish — **печа́тать** [I: 10]
put something down (*into a lying position*) **класть**
    (**клад-у́, -ёшь, -у́т**)/**положи́ть** (**полож-у́,**
    поло́ж-ишь, -ат) (*что куда́*) [II: 8, *see* 8.3]

put something down (*into a standing position*)
    — **ста́вить/по-** (**ста́вл-ю, ста́в-ишь, -ят**)
    (*что куда́*) [II: 8, *see* 8.3]
    Put on the music. — **Поста́вь(те) му́зыку.** [II: 10]

Q

quarter — **че́тверть** (*fem.*) [II: 10, *see* 10.5]
    quarter past two — **че́тверть тре́тьего**
Quebec — **Квебе́к** [I: 1]
question — **вопро́с** [I: 1]
questionnaire — **анке́та** [I: 1]
quickly — **бы́стро** [I: 3]
quite — **дово́льно** [I: 3]; **совсе́м** [II: 1]
    not quite — **не совсе́м**
quiz, test — **контро́льная рабо́та** [II: 2]

R

radio — **ра́дио** (**радиоприёмник**) [I: 2]
rain — **дождь** (*masc., ending always stressed*) [II: 1]
    Идёт дождь. — It's raining. [II: 1]
    Шёл дождь. — It was raining. [II: 1]
raincoat — **плащ** (*ending always stressed*) [II: 1]
rarely — **ре́дко** [I: 5]
    rarity — **ре́дкость** (*fem.*) [II: 8]
    more rarely — **ре́же** [II: 5, *see* 5.3]
reach a destination (*by vehicle*) — **доезжа́ть**
    (**доезжа́-ю, -ешь, -ют**)/**дое́хать** (**дое́д-у,**
    -ешь, -ут) (*до чего́*) [II: 4, *see* 4.6]
reach a destination (*on foot*) — **доходи́ть**
    (**дохож-у́, дохо́д-ишь, -ят**)/**дойти́**
    (**дойд-у́, -ёшь, -у́т; дошёл, дошла́, дошли́**)
    (*до чего́*) [II: 4, *see* 4.6]
read — **чита́ть** (**чита́ю, -ешь, -ют**)/**про-** [I: 3]
    read for a little while — **почита́ть** (*perf.*) [II: 6]
ready — **гото́в** (**-а, -ы**) [II: 1]
real — **настоя́щий** [II: 7]
really — **действи́тельно** [II: 1, II: 10]; (*Really?*)
    Пра́вда? [I: 1]; **Вот как?!** [I: 4]; **неуже́ли** [II: 1]
reason — **причи́на** [II: 9]
    for some reason — **почему́-нибудь, почему́-то**
    [II: 6, *see* 6.5]
receipt — **чек** [I: 8]
receive — **получа́ть** (**получа́-ю, -ешь, -ют**)/
    получи́ть (**получ-у́, полу́ч-ишь, -ат**)
    [I: 4, 9; II: 1]
recently — **неда́вно** [I: 8]
reconciliation — **примире́ние** [II: 10]
    Day of Harmony and Reconciliation — **Де́нь**
    примире́ния и согла́сия [II: 10]

recorder (*tape recorder*) — **магнитофо́н** [I: 2]

recording — **за́пись** (*fem.*) [I: 2]

red — **кра́сный** [I: 6]

refrigerator — **холоди́льник** [I: 6]

regard (*something*) — **относи́ться** (**отнош-у́сь, отно́с-ишься, -ятся**)/**отнести́сь** (**отнес-у́сь, отнес-ёшься, -у́тся**) (**к чему́**) [II: 6]

regard: with regard to (*something*) — **Что каса́ется** (*чего́*)**. . .** [II: 4]

registered (*mail*) — **заказно́й** [II: 8]

rehearsal — **репети́ция** [II: 7]

reject, decline — **отка́зываться** (**отка́зыва-юсь, -ешься, -ются**)/**отказа́ться** (**отка́ж-усь, отка́ж-ешься, -утся**) (**от чего́**) [II: 6]

relations — **отноше́ния** (*pl.*) [I: 4]

междунаро́дные отноше́ния — international affairs

relative — (*in one's extended family*) **ро́дственник** [I: 7]; relatives — **родны́е** (*pl., used as noun*) [II: 10]

relax — **отдыха́ть** (*impf.*: **отдыха́-ю, -аешь, -ют**) [I: 5]

release (*from hospital*) — **выпи́сывать** (**выпи́сыва-ю, -ешь, -ют**)/**вы́писать** (**вы́пиш-у, -ешь, -ут**) [II: 9]; **отпусти́ть** (*perf.*: **отпущ-у́, отпу́ст-ишь, -ят**) [II: 9]

remain — **остава́ться** (**оста-ю́сь, оста-ёшься, -ю́тся**) / **оста́ться** (**оста́н-усь, -ешься, -утся**) [II: 4]

We have an hour left. — **У нас оста́лся час.**

request — **про́сьба** [II: 2, II: 9]; **проси́ть/по-** (**прош-у́, про́с-ишь, -ят**) [II: 7, II: 9]

I have a big favor to ask you. — **У меня́ к тебе́ больша́я про́сьба.**

researcher — **нау́чный сотру́дник** [I: 10]

resemble — **похо́ж** (**-а, -и**) (**на кого́: acc.**) [I: 10, see 10.1]

reservation — **бро́нь** (**бро́ня**) (*fem.*) [II: 4]

reserve, book — **брони́ровать/за-** (**брони́ру-ю, -ешь, -ют**) [II: 4]

reserved — **заброни́рован** (**-а, -ы**) [II: 4]

respect — **уваже́ние** [II: introduction]

С уваже́нием — Respectfully yours (*in a letter*)

restaurant — **рестора́н** [I: 1]

retired — **на пе́нсии** [I: 7]

return — **возвраща́ться** (**возвраща́-юсь, -ешься, -ются**)/**верну́ться** (**верн-у́сь, -ёшься, -у́тся**) [II: 1]

return (*address*) — **обра́тный** (**а́дрес**) [II: 8]

revolution — **револю́ция** [II: 6]

rice — **рис** [I: 9]

ride a bicycle — **ката́ться** (*impf.*: **ката́-юсь, -ешься, -ются**) **на велосипе́де** [II: 1, II: 7]

right, correct — **прав** (**-а́, пра́вы**) [II: 1]

right — **пра́во** (*pl.* **права́**) [I: 10]

defense of civil rights — **защи́та гражда́нских прав**

defense of human rights — **защи́та прав челове́ка**

human rights movement — **движе́ние за права́ челове́ка**

human rights issue — **вопро́с прав челове́ка**

right: on the right (*of something*) — **спра́ва** (**от чего́**) [I: 6]; (*to the*) right — **напра́во** [II: 3]

right away — **сра́зу** [II: 4]

river — **река́** [II: 3]

roast beef — **ро́стбиф** [I: 9]

role-play — **игрова́я ситуа́ция** [I: 1]

roll — **бу́лка** [I: 9]

rollerskates, rollerblades — **ро́лики** (*pl.*) [II: 7]

rollerskate, rollerblade — **ката́ться на ро́ликах**

room (*in a house or apartment*) — **ко́мната** [I: 6]; (*in a hotel or dormitory*) — **но́мер** [I: 5]

roommate — **сосе́д/ка по ко́мнате** [I: 4]

routine: daily routine — **распоря́док дня** [I: 5]

rowing — **гре́бля** [II: 7]

row — **ряд** (**в ряду́**) [II: 5]

ruble — **рубль** (**2–4 рубля́, 5–20 рубле́й;** *endings always stressed*) [I: 7]

rug — **ков(ё)р** (*endings always stressed*) [I: 6]

rugby — **ре́гби** [II: 7]

run — **бе́гать** (*impf., multidirectional*: **бе́га-ю, -ешь, -ют**) [II: 7]; **бежа́ть** (*impf., unidirectional*: **бег-у́, беж-и́шь, бег-у́т**) [II: 7]

Russia — **Росси́я** [I: 3]

Russian — (*person and adj.*) **ру́сский/ру́сская** [I: 1, 2, 3, see 3.6, 3.7]; (*citizen*) — **россия́нин** (*pl.* **россия́не**)/**россия́нка** [I: 3, see 3.6, 3.7]; Russian (*pertaining to the Russian Federation*) **росси́йский** [I: 3, see 3.6, 3.7]

Russian area studies — **ру́сское странове́дение** [I: 4]

Russian department — **ка́федра ру́сского языка́** [I: 4]

Russian class — **уро́к ру́сского языка́** [I: 5]

Russian language teacher — **преподава́тель ру́сского языка́** [I: 4]

Russian-English — **ру́сско-англи́йский** [I: 2]

Russian test — **контро́льная** (**рабо́та**) **по ру́сскому языку́** [II: 2]

Russian nested doll — **матрёшка** [I: 8]
Russian-English — **русско-английский** [I: 2]

S

sad — **грустный**; **грустно** (*adv.*) [II: 1]
sailing — **парусный спорт** [II: 7]
salad — **салат** [I: 9]
  cucumber salad — **салат из огурцов** [I: 9]
  tomato salad — **салат из помидоров** [I: 9]
salesperson — **продав(е)ц** (*all endings stressed*)/
  продавщица [I: 7]
salmonella — **сальмонеллёз** [II: 9]
salt — **соль** (*fem.*) [I: 9]
same — **тот же** (**та же, то же, те же**) [II: 2]; same
  kind of — **такой же** [I: 6]
sandwich (open-faced) — **бутерброд** [I: 9]
satire — **сатира** [II: 5]
satisfactor(il)y — **удовлетворительно** [I: 4]
Saturday — **суббота** [I: 5, *see 5.1*]
sauce — **соус** [I: 9]
  tomato sauce — **томатный соус**
sausage — **колбаса** [I: 9]
saxophone — **саксофон** [II: 7]
say — **говорить** (**говор-ю, -ишь, -ят**)/**сказать**
  (**скаж-у, скаж-ешь, -ут**) [I: 3]
  How should I put it? — **Как тебе** (**вам**) **сказать?**
  [II: 6]
  They say that . . .; It is said that . . . **Говорят,**
  что. . . [I: 7]
  What did you say? — **Как вы сказали?** [I: 1]
  What did you say? — **Как ты сказал(а)?** [I: 1]
schedule — **расписание** [I: 1]
scholar — **учёный** (*declines like an adjective;*
  masculine only) [I: 7]
school — (*primary or secondary, not post-secondary*)
  школа [I: 1]; (*college*) — **университет**
  graduate school — **аспирантура** [I: 4]
school teacher (*man or woman*) — **учитель** (*pl.*
  учителя) [I: 7]; (*woman*) — **учительница** [I: 7]
schooling — **обучение** [I: 7]
science, scientific — **научный** [II: 5]
  science fiction — **научная фантастика** [II: 5]
scientist — **учёный** (*declines like an adjective;*
  masculine only) [I: 7]
Scrabble — **«Эрудит»** [II: 7]
scrambled eggs — **яичница** [I: 9]
screen — **экран** (**на**) [II: 5]
sea — **море** [II: 1]
search, look for — **искать/по-** (**ищ-у, ищ-ешь, -ут**)
  (*кого/что*)[II: 4]

season — **время года** (*pl.* **времена года**) [II: 1]
seat — **место** (*pl.* **места**) [II: 1]
secretary — **секретарь** (*all endings stressed*) [I: 3, 7]
see — **видеть** (**виж-у, вид-ишь, ят**)/**у-** [I: 6, II: 2]
seems: it seems — **кажется** (*кому*) [I: 10, II: 5]
selection — **выбор** [I: 8]
self — **сам** (**сама, сами**) [I: 8, II: 2]; **себя** [II: 8]
sell — **продавать** (**прода-ю, -ёшь, -ют**) [I: 8]
seminar — **семинар** [I: 5]
send — **посылать** (**посыла-ю, -ешь, -ют**)/**послать**
  (**пошл-ю, -ёшь, -ют**) (*что кому куда*) [II: 8];
  отправлять (**отправля-ю, -ешь, -ют**)/
  отправить (**отправл-ю, -ишь, -ят**) [II: 8];
  (*sending*) **отправление** [II: 8]
sentence — **предложение**
  Make up sentences. — **Составьте предложения.**
  [I: 2]
September — **сентябрь** (*endings always stressed*) [II: 1]
serious — **серьёзный** [I: 7]
serve — **положить** (*perf.:* **полож-у, полож-ишь,**
  -ат; *see* **класть/положить**) [II: 10]
server (*in a restaurant*) — **официант/ка** [I: 9]
several — **несколько** (*чего*) [II: 4]
she — **она** [I: 2, *see 2.3*]
shelf — **полка** [II: 8]
shirt — **рубашка** [I: 2]; (*t-shirt*) **майка** [I: 2]
shish kebab — **шашлык** [I: 9]
shoes (*women's formal*) — **туфли** (*pl.*) [I: 2]; (*men's*)
  ботинки [I: 2]
short — **короткий** [II: 5]
  shorter — **короче** [II: 5]
should — **должен** (**должна, должны**) (+ *infinitive*)
  [I: 5, *see 5.6*]
shoulder — **плечо** (*pl.* **плечи, плечам, плечами,**
  плечах) [II: 9]
show — **показывать** (**показыва-ю, -ешь, -ют**)/
  показать (**покаж-у, покаж-ешь, -ут**) [I: 10]
  Show! — **Покажи(те)!** [I: 8]
  quiz show (*on television*) — **викторина** [II: 5]
shower — **душ** [I: 5]
  take a shower — **принимать** (**принима-ю, -ешь,**
  -ют)/**принять** (**прим-у, прим-ешь, -ут;**
  принял, приняла, приняли) **душ**
  [I: 5; *perf.* II: 9]
showing (*of a film*) — **сеанс** [II: 5]
shy — **стесняться** ((*impf.:* **стесня-юсь, -ешься,**
  -ются) [II: 10]
  Don't be shy. — **Не стесняйся** (**стесняйтесь**).
  [II: 10]
sick — **болен** (**больна, больны**) [II: 9]

sight, place, object of note — достопримеча́тельность (*fem.*) [II: 3]

simple — просто́й [II: 5]

    simpler — про́ще [II: 5]

simply — про́сто [I: 9, II: 1]

since — с (*чего́*) [I: 9]

    since morning — с утра́ [II: 9]

sing — петь/с- (по-ю́, -ёшь, -ю́т) [II: 7]

sister — сестра́ (*pl.* сёстры, сестёр, сёстрам, -ами, -ах) [I: 4, 6]

sit — сиде́ть/по- (сиж-у́, сид-и́шь, -я́т) [II: 9]

sit down, *lit.*; get onto (a bus, tram, trolley, subway) — сади́ться (саж-у́сь, сад-и́шься, -я́тся)/ сесть (ся́д-у, -ешь, -ут) [II: 3]

    Sit down; have a seat. — Сади́тесь! [II: 3, II: 10]

situation — ситуа́ция

    role-play — игрова́я ситуа́ция [I: 1]

size — разме́р [I: 8]

skate — ката́ться (*impf.:* ката́-юсь, -ешься, -ются) на конька́х [II: 1]

    rollerskate — ката́ться на ро́ликах

ski — ката́ться (*impf.:* ката́-юсь, -ешься, -ются) на лы́жах [II: 1]

skis — лы́жи (*pl.*) [II: 1]

skirt — ю́бка [I: 2]

slippers — та́почки (*pl.*) [I: 2]

slowly — ме́дленно [I: 3]

small — ма́ленький [I: 2]

    smaller — ме́ньше [II: 5, *see 5.3*]

smart — у́мный [I: 7]

smells — па́хнет [II: 10]

    How good it smells! — Как вку́сно па́хнет!

smoke — кури́ть (кур-ю́, ку́р-ишь, -ят) (*impf.*) [II: 7]

snack bar — буфе́т [I: 5]

snow — снег [II: 1]

    Идёт снег. — It's snowing. [II: 1]

    Шёл снег. — It snowed. [II: 1]

so — так [I: 3]; (*with nouns*) тако́й [I: 6, II: 1]; (*as an introductory word*) Зна́чит… [I: 1]

    so many, so much — сто́лько [II: 8]

    so many impressions! — сто́лько впечатле́ний [II: 8]

soccer — футбо́л [II: 7]

society — о́бщество [II: 6]

sociology — социоло́гия [I: 4]

socks — носки́ (*pl.*) [I: 2]

some sort of — како́й-нибудь, како́й-то [II: 6, *see 6.5*]

somehow — ка́к-нибудь, ка́к-то [II: 6, *see 6.5*]

someone — кто́-нибудь, кто́-то [II: 6, *see 6.5*]

something — что́-нибудь, что́-то [II: 5, II: 6, *see 6.5*]

sometime — когда́-нибудь, когда́-то [II: 6, *see 6.5*]

sometimes — иногда́ [I: 3]

somewhere — где́-нибудь, где́-то [II: 6, *see 6.5*]; куда́-нибудь, куда́-то [II: 5; II: 6, *see 6.5*]

son — сын (*pl.* сыновья́, сынове́й, сыновья́м, сыновья́ми, о сыновья́х) [I: 7]

song — пе́сня (*gen. pl.* пе́сен) [I: 7]

soon — ско́ро [I: 8, II: 3]

Sorry to bother you. — Извини́те за беспоко́йство. [II: 2]

soul — душа́ (*pl.* ду́ши) [II: 6]

soup — суп [I: 9]; fish (*or meat*) and cucumber soup — рассо́льник [I: 9]

south — юг (на) [I: 10, *see 10.2*]

souvenir — сувени́р [I: 8]

Spain — Испа́ния [I: 3]

Spanish — (*person*) испа́н(е)ц/испа́нка [I: 3]; (*adj.*) испа́нский [I: 3, *see 3.6, 3.7*]

speak — говори́ть (говор-ю́, -и́шь, -я́т)/сказа́ть (скаж-у́, ска́ж-ешь, -ут) [I: 3]

    Speak more slowly. — Говори́те ме́дленнее. [I: 3]

special — осо́бый [II: 6]

specialized — специализи́рованный [I: 8]

spend time — проводи́ть вре́мя (*impf.:* провож-у́, прово́д-ишь, -ят) [II: 7]

sport (*adj.*) — спорти́вный [II: 7]

sports — спорт (*always singular*) [I: 7]

    individual sport, type of sport — вид спо́рта [II: 7]

    play sports — занима́ться спо́ртом [II: 7]

sprain — растя́гивать (растя́гива-ю, -ешь, -ют)/растяну́ть (растян-у́, растя́н-ешь, -ут) (*себе́ что*) [II: 9]

spring — весна́ [II: 1]

    in the spring — весно́й [II: 1]

square — квадра́тный [I: 6]

square (in a city) — пло́щадь (на) (*fem.*) [II: 3]

St. Petersburg (*adj.*) — санкт-петербу́ргский [I: 3]

stadium — стадио́н (на) [I: 5]

stage play — пье́са [I: 10]

stairway — ле́стница [I: 6]

stamp — ма́рка (5 ма́рок) [II: 8]

stand(s) — стои́т, стоя́т [I: 6]

state — (*public or government*) госуда́рственный [I: 4]; (*U.S. state*) штат [I: 1]

station (*metro/subway*) — ста́нция (метро́) (на) [II: 3]; (*train*) вокза́л (на) [II: 1]

status: family status (*marriage*) — семе́йное положе́ние [I: 7]

steak — **бифштекс** [I: 9]
  fried steak — **лангет** [I: 9]
still — **ещё** [I: 3]
stockings — **чулки** (*pl.*) [I: 8]
stomach — **живот** [II: 9]
stop (*bus, tram, trolley*) — **остановка** (**автобуса, трамвая, троллейбуса**) [II: 3]
storage room (*in a museum or hotel*) — **камера хранения** [II: 4]
store — **магазин** [I: 7]
  baking goods store — **бакалея** [I: 9]
  bookstore — **книжный магазин** [II: 3]
  grocery store — **гастроном** [I: 9]; **продовольственный магазин** [I: 9]; **универсам** [I: 9]
story — **рассказ** [II: 5, II: 6]
story (*of a building*) — **этаж** (**на**) (*ending always stressed*) [I: 6]
stove — **плита** (*pl.* **плиты**) [I: 6]
straight ahead — **прямо** [II: 3]
street — **улица** (**на**) [I: 6]
stroll, take a walk — **гулять/по-** (**гуля-ю, -ешь, -ют**) [II: 1]
strong — **сильный** [II: 7]
student — **студент/студентка** [I: 1]; **студенческий** [II: 3] (*adj.*)
  foreign exchange student — **стажёр** [I: 4]
study — (*do homework*) **заниматься** (*impf.*: **занима-юсь, -ешься, -ются**) [I: 4, *see 4.3*]; (*be enrolled in courses; cannot have a direct object*) **учиться** (*impf.*: **учусь, учишься, учатся**) [I: 4, *see 4.1, 4.3*]; (*an academic discipline — requires direct object*) **изучать** (*impf.*: **изуча-ю, -ешь, -ют**) + *accusative* [I: 3, 4, *see 4.3*]
  I'm studying (*doing homework*) — **Я занимаюсь.**
  I study (*enrolled in courses*) — **Я учусь.**
  I study (*take*) literature — **Я изучаю литературу.**
style — **стиль** [II: 6]
subject — (*academic discipline*) **предмет** [I: 4]
suburb — **пригород** [I: 6]
suburban train — **электричка** [II: 1]
subjected to — **подвергаться** (*impf.*) + *dative* [II: 6]
subway, metro — **метро** [II: 3]
  station (*metro/subway*) — **станция** (**метро**) (**на**) [II: 3]
such — **такой** [I: 6, II: 1]
sugar — **сахар** [I: 9]
suicide — **самоубийство** [II: 6]
  commit suicide — **покончить жизнь самоубийством** (*perf.*) [II: 6]

suit — **костюм** [I: 2]
  suit jacket — **пиджак** [I: 2]
suitcase — **чемодан** [I: 2]
summer — **лето** [II: 1]
  in the summer — **летом**
summer cottage — **дача** (**на**) [I: 5]
summon — **вызывать** (**вызыва-ю, -ешь, -ют**)/ **вызвать** (**вызов-у, -ешь, -ут**) [II: 4, 9]
sun, sunshine — **солнце** [II: 1]
sunbathe — **загорать** (*impf.*: **загора-ю, -ешь, -ют**) [II: 1]
Sunday — **воскресенье** [I: 5, *see 5.1*]
supper — **ужин** [I: 5]
  eat supper — **ужинать** (**ужина-ю, -ешь, -ют**)/ **по-** [I: 5]
sure — **уверен** (**-а, -ы**) [II: 7]
  for sure — **точно** [I: 7]
  We'll get in for sure. — **Мы точно попадём.** [I: 9]
surely — **обязательно** [II: 1]
surprise — **сюрприз** [I: 2]
  surprised (*at someone/something*) — **удивляться** (**удивля-юсь, -ешься, -ются**)/**удивиться** (**удивл-юсь, удив-ишься, -ятся**) (*кому/чему*) [II: 8]
  (*an expression of surprise or disbelief*) — **Надо же!** [II: 2]
sweater — **свитер** (*pl.* **свитера**) [I: 2]
sweatshirt — **спортивный свитер** [I: 2]
swim — **купаться** (*impf.*: **купа-юсь, -ешься, -ются**) [II: 1, II: 7]; **плавать** (*impf.*: **плава-ю, -ешь, -ют**) [II: 7]
swimming — **плавание** [II: 7]
swimsuit — (*men's*) **плавки** (*pl.*) [I: 2]; (*women's*) **купальник** [I: 2]
swimming pool — **бассейн** [I: 5, II: 3]
synagogue — **синагога** [II: 3]

Т

table — **стол** (*endings always stressed*) [I: 6]
  Come to the table! — **Прошу к столу!** [II: 10]
take — **брать** (**бер-у, -ёшь, -ут; брала, брали**)/ **взять** (**возьм-у, -ёшь, -ут; взяла, взяли**) [I: 9]; **принимать** (**принима-ю, -ешь, -ют**)/ **принять** (**прим-у, прим-ешь, -ут; принял, приняла, приняли**) [*impf.* I: 5; II: 9]
  What do you advise us to order? — **Что вы посоветуете нам взять?** [I: 8]
  take medicine — **принимать/принять лекарство** [II: 9]

take a shower — принима́ть/приня́ть душ [I: 5]

take a walk — гуля́ть/по- (гуля́-ю, -ешь, -ют)
[II: 1]

Take off your coat. — Раздева́йся (Раздева́йтесь).
[II: 10]

to take (*someone by vehicle*) — довезти́
Will you take me to . . .? — До (*чего*) не
довезёте? [II: 3]

talent (*for something*) — тала́нт (*к чему*) [II: 7]

talk — говори́ть (говор-ю́, -и́шь, -я́т)/по- [I: 1];
обща́ться (обща́-юсь, -ешься, -ются)
(*с кем*) [II: 7]

Let's talk — Дава́йте поговори́м!

tall — высо́кий [I: 6; II: 3, 9]; not tall —
невысо́кий [II: 9]

tape recorder — магнитофо́н [I: 2]

task — зада́ние [I: 1]
communicative tasks — коммуникати́вные
зада́ние

tasty — вку́сный [I: 9]
Как вку́сно па́хнет! [II: 10] — How good it smells!

taxi — такси́ (*neut., indecl.*) [II: 3]
(taxi) stand — стоя́нка (такси́) (на) [II: 3]

tea — чай [I: 9]

teacher — (*in college*) преподава́тель [I: 4];
(*in primary, secondary schools, male and female*)
учи́тель (*pl.* учителя́); (*female*) учи́тельница
Russian language teacher — преподава́тель
ру́сского языка́ [I: 4]

team — кома́нда [II: 7]

telephone; telephone number — телефо́н [II: 2]
at what number? — по како́му телефо́ну? [II: 2]
at least by phone — хотя́ бы по телефо́ну [II: 2]

telephone call, conversation — разгово́р [I: 1, II: 2]

telephone operator — телефони́ст(-ка) [II: 2]

television — телеви́зор [I: 2]
on television — по телеви́зору [II: 5]
television station — телеста́нция (на) [I: 7]

tell — (*say*) говори́ть (говор-ю́, -и́шь, -я́т)/
сказа́ть (скаж-у́, ска́ж-ешь, -ут) [I: 3];
(*tell a story, narrate; recount*) расска́зывать
(расска́зыва-ю, -ешь, -ют)/рассказа́ть
(расскаж-у́, расска́ж-ешь, -ут) [I: 10]
I was told that . . . — Мне сказа́ли, что. . . [I: 8]
Tell (me) . . . (*request for narrative*) —
Расскажи́(те) (мне). . . [I: 7]
to tell the truth — че́стно говоря́ [II: 5]

temperature — температу́ра [II: 9]

tend to be — быва́ть (*impf.:* быва́-ю, -ешь, -ют)
[II: 1]

tennis — те́ннис [II: 7]

terrible; terribly — ужа́сно [II: 9]

test — контро́льная рабо́та [II: 2]

test (*medical*), analysis — ана́лиз [II: 9]

terribly — стра́шно [I: 9]

textbook — уче́бник [I: 2, II: 9]

than (*in comparisons*) — чем [II: 5]

Thanksgiving Day — День благодаре́ния [II: 10]

thank you — спаси́бо [I: 2]
Thank you very much! — Огро́мное спаси́бо! [I: 8]

that (*conjnction*) — что [I: 4]; (*as relative pronoun*)
кото́рый [II: 6, *see 6.3*]
They say that Moscow is an interesting city. —
Говоря́т, что Москва́ интере́сный го́род.

that (*over there*) — тот (то, та, те) [I: 6]

That's just the point. — В то́м-то и де́ло. [II: 4]

theater — теа́тр [I: 1]

their(s) — их [I: 2, *see 2.4*]

then — тогда́ [I: 10, II: 1]

then (*in that case*) — то [II: 1, *see 1.10*] (*used in
if . . . then constructions*); тогда́ [I: 6, II: 1]

there — (*answers* где) там [I: 2]; (*answers* куда́)
туда́ [I: 8]
from there — отту́да [II: 10, *see 10.6*]

there is — есть (+ *nominative*) [I: 2, 6, *see 2.8, 6.3,
8.2; II: 3.1–3.2*]

they — они́ [I: 2, *see 2.3*]

thing — вещь (*fem., all pl. endings stressed except
nom.*) [I: 8]

thing: The thing is that . . . — Де́ло в то́м, что. . .
[II: 4]

think — ду́мать (ду́ма-ю, -ешь, -ют)/по- [I: 4]

third — тре́тий (тре́тье, тре́тья, тре́тьи) [I: 4]

this — э́тот, э́та, э́то, э́ти [I: 2, *see 2.7*]
this is; that is; those are; these are — э́то [I: 2, *see 2.7*]

those (*over there*) — тот (то, та, те) [I: 6]

thanksgiving; act of thanking — благодаре́ние [II: 1]

thriller (*movie*) — три́ллер [II: 5]

throat — го́рло [II: 9]
strep throat — анги́на [II: 9]

Thursday — четве́рг [I: 5, *see 5.1*]

ticket — биле́т [II: 5]
ticket (*for an event, for a certain time*) — биле́т на
(*что: acc.*)

tie — га́лстук [I: 2]

time — вре́мя (*neuter; gen., dat., prep.* вре́мени;
acc. вре́мя, *nom. pl.* времена́; *gen. pl.* времён)
[I: 5] — time
What time is it? — Ско́лько сейча́с вре́мени? [I: 5]
At what time? — Во ско́лько? [I: 5]

for a long time — давно́ (+ *present tense verb*) [I: 8]; до́лго [I: 10]

for the time being, meanwhile — пока́ [I: 9, II: 4]

for what time? — на како́е вре́мя [II: 2]

then — тогда́ [I: 10]

We had a good time. — Нам бы́ло ве́село. [II: 1]

tip — чаевы́е (*pl.; adj. decl.*) [I: 9]

to — в, на + *accusative case for direction* [I: 5, *see 3.8, 4.2, 5.5*]

toast (*drinking*) — тост [II: 10]

today — сего́дня [I: 5]

toe — па́лец (*pl.* па́льцы) [II: 9]

together — вме́сте [I: 5]

tomato — помидо́р [I: 9]; (*adj.*) тома́тный [I: 9]

tomato sauce — тома́тный со́ус

tomorrow — за́втра [I: 5, II: 2]

the day after tomorrow — послеза́втра [II: 4]

tongue — язы́к (*endings always stressed*) [I: 3, II: 9]

too — та́кже [I: 4, *see 4.7*]; то́же [I: 1, *see 4.7*]

tooth — зуб [II: 9]

top: at the top — све́рху [II: 8]

tourist (*adj.*) — туристи́ческий [I: 7]

towards — к (+ *dative*) [II: 2]

towards 8:00 a.m. — к восьми́ утра́ [II: 4]

toy — игру́шка [I: 8]

track — лёгкая атле́тика [II: 7]

trade — торго́вля [I: 8]

trade (*adj.*) — комме́рческий [I: 7]; торго́вый [I: 8]

tradition — тради́ция [I: 6]

train (*suburban*) — электри́чка [I: 1]

train station — вокза́л (на) [II: 1, 4]

tram — трамва́й [II: 3]

translation — перево́д [I: 1]

oral translation — у́стный перево́д

translator — перево́дчик [II: 6]

transportation

means of transportation — вид тра́нспорта [II: 3]

travel (*adj.*) — туристи́ческий [I: 7]

treat; (*reflexive*) be treated — лечи́ть(ся)/вы́-(леч-у́сь, ле́ч-ишься, -атся) [II: 9]

trip — споткну́ться (*perf.*) [II: 9]

trolley — тролле́йбус [II: 3]

trombone — тромбо́н [II: 7]

trouble — беспоко́йство [II: 2]

true: Is that true? — Пра́вда?

truly — действи́тельно [II: 1, II: 10]

trumpet — труба́ [II: 7]

trunks: swimming trunks — пла́вки (*pl.*) [I: 2]

truth — пра́вда [I: 7]

try — стара́ться (стара́-юсь, -ешься, -ются)/по- [II: 6]

tsar — царь (*endings always stressed*) [II: 4]

t-shirt — ма́йка [I: 2]; футбо́лка [I: 2]

tuba — ту́ба [II: 7]

Tuesday — вто́рник [I: 5, *see 5.1*]

turkey — инде́йка [II: 10]

turn (*right, left*) — повора́чивать (повора́чива-ю, -ешь, -ют)/поверну́ть (поверн-у́, -ёшь, -у́т) (куда́) [II: 3]

Turn (*right, left*). — Поверни́(те) (напра́во, нале́во).

turn off (*a device*) — выключа́ть (выключа́-ю, -ешь, -ют)/вы́ключить (вы́ключ-у, вы́ключ-ишь, -ат) [II: 10]

turn on — включа́ть (включа́-ю, -ешь, -ют)/включи́ть (включ-у́, -и́шь, -а́т) [II: 7]

turn to (*someone*) — обраща́ться (*impf.*: обраща́-юсь, -ешься, -ются) (к кому́)

turn out: It turned out . . . — Оказа́лось. . . [II: 9]

two — два/две; (children) дво́е [I: 7]

type — вид [II: 3]

U

Ukraine — Украи́на [I: 3]

Ukrainian — (*person*) украи́н(е)ц / украи́нка; (*adj.*) украи́нский [I: 3, *see 3.6, 3.7*]

umbrella — зо́нт(ик) [II: 1]

uncle — дя́дя (*gen. pl.* дя́дей) [I: 7]

undershirt — ма́йка [I: 2]

understand — понима́ть (понима́-ю, -ешь, -ют)/поня́ть (пойм-у́, -ёшь, -ут; поняла́, по́няли) [I: 3, II: 5]

I didn't understand that. — Я не по́нял (поняла́). [I: 4]

understandable — поня́тный [II: 5]

Understood! — Поня́тно. [I: 2]

unfortunately — к сожале́нию [II: 4]

university — университе́т [I: 1]; университе́тский (*adj.*) [II: 3]

until — до (чего́) [II: 3]

upset — беспоко́ить (*impf.*: беспоко́-ю, -ишь, -ят) [II: 9]

USA — США [I: 1]

use — по́льзоваться (*impf.*: по́льзу-юсь, -ешься, -ются) (чем) [II: 7]

useful — поле́зный [II: 9]; (*adv.*) поле́зно [II: 6]

uselessly, in vain — напра́сно [II: 8]

usual, ordinary — обы́чный [II: 8]

usually — обы́чно [I: 4, *see 4.3*; II: 1]

V

valuables — **драгоце́нности** [II: 4]

value, appreciate — **цени́ть** (*impf.:* **цен-ю́, це́н-ишь, -ят**) [II: 6]

vegetables — **о́вощи** (*pl.*) [I: 9]; (*adj.*) **овощно́й** [I: 9]

version — **ве́рсия** [I: 2]

very — **о́чень** [I: 3]

victim — **же́ртва** [II: 6]

victory — **побе́да** [II: 10]

   Victory Day — **Де́нь Побе́ды** [II: 10]

video camera — **видеока́мера** [I: 2]

video cassette — **видеокассе́та** [I: 2]

video cassette recorder — **видеомагнитофо́н** [I: 2]

Vietnamese — **вьетна́мский** [I: 4, *see 3.6, 3.7*]

viola — **альт** [II: 7]

violin — **скри́пка** [II: 7]

visa — **ви́за** [I: 2]

visit someone — **ходи́ть ~ идти́/пойти́ в го́сти** [II: 1, 10]

vocabulary — **ле́ксика** [I: 1]

   vocabulary in action — **ле́ксика в де́йствии**

voice — **го́лос** (*pl.* **голоса́**) [I: 1]

vomit — **рвать/вы́-** (*кого*) [II: 9]

   I am vomiting. — **Меня́ рвёт.**

   I vomited. — **Меня́ вы́рвало.**

W

wait — **ждать** (**жду, ждёшь, ждут**) (*чего*) [I: 5, II: 2]

waiter/waitress — **официа́нт/ка** [I: 9]

walk — **ходи́ть** (**хож-у́, хо́д-ишь, ят**) ~ **идти́** (**иду́, -ёшь, -у́т**)/**пойти́** (**пойд-у́, -ёшь, -у́т**) [I: 5, *see 5.3, 8.3, 10.7; II: 3.8*]

wall — **стена́** (*pl.* **сте́ны**) [I: 6]

want — **хоте́ть** (**хочу́, хо́чешь, хо́чет, хоти́м, хоти́те, хотя́т**) [I: 6, *see 6.1*]

   я бы хоте́л(а)... [II: 2] — I would like ...

want: feel like — **хоте́ться** (*impf.:* **хо́чется; хоте́лось**) (*кому*) [II: 8]

war — **война́** [I: 10]

wardrobe — **шкаф** (**в шкафу́**) (*ending always stressed*) [I: 6]

warm — **тёплый; тепло́** (*adv.*) [II: 1]

watch — **смотре́ть** (**смотр-ю́, смо́тр-ишь, -ят**)/**по-** [I: 10]; (*timepiece*) — **часы́** (*pl.*) [I: 2]

water — **вода́** (*pl.* **во́ды**) [I: 6]

we — **мы** [I: 3]

weakly — **сла́бо** [II: 7]

weather — **пого́да** [II: 1]

Wednesday — **среда́** (*acc.* **в сре́ду**) [I: 5, *see 5.1*]

week — **неде́ля** (**2–4 неде́ли, 5 неде́ль**) [I: 10]

   на э́той (**про́шлой, бу́дущей**) **неде́ле** [II: 10] — this (last, next) week

Welcome! (*to someone from out of town*) — **С прие́здом!** [I: 2]

   You're welcome — **пожа́луйста** [I: 2, 3]

well (*adv.*) — **хорошо́** [I: 2]; (*interjection*) — **ну** [I: 2]

   pretty well — **непло́хо** [I: 3]

   Well done! — **Молод(е́)ц!** (*pl.* **Молодцы́!**) [I: 2]

   not very well — **нева́жно** [II: 9]

well (*unstressed particle*) — **да** [I: 7]

   How should I put it? — **Да как сказа́ть?**

west — **за́пад** (**на**) [I: 10, *see 10.2*]

what — **что** [I: 2, 4, *see 2.6*]

   What color is/are...? — **Како́го цве́та...?** [I: 6]

   What day is it? — **Како́й сего́дня день?** [I: 5]

   What did you say? (*informal*) — **Как ты сказа́л(а)?** (*formal and plural*) — **Как вы сказа́ли?** [I: 1]

   What do you mean?! (*Response to a compliment*) — **Что́ вы (ты)!** [I: 3]

   What for? — **заче́м** [II: 9]

   What happened? — **Что случи́лось?** [II: 6, II: 7]

   What kind of a... is that? — **Что э́то за...?** (*noun in nom.*) [II: 5]

   What languages do you speak? — **На каки́х языка́х вы говори́те?** [I: 3]

   What matches what? — **Что чему́ соотве́тствует?** [I: 1]

   (Just) what is that? — **Что э́то тако́е?** [I: 3]

   What's bad (good) about that? — **Чем э́то пло́хо (хорошо́)?** [II: 7]

   What's wrong with (*someone*)? — **Что с (кем)?** [II: 9]

   What's your name? — **Как вас (тебя́:** *acc.*) **зову́т?** [I: 1, 7]

   What's your last name? — **Как ва́ша фами́лия?** [I: 1]

   What's your patronymic? — **Как ва́ше о́тчество?** [I: 1]

   What is (are)... called? (*said of things, not people*) — **Как называ́ется (называ́ются)...?** [I: 9; II: 6, *see 6.1*]

   What is ...'s nationality? — **Кто... по национа́льности?** [I: 3]

   What is ...'s profession? — **Кто по профе́ссии...** [I: 7]

   At what time? — **Во ско́лько?** [I: 5]

   What time is it? — **Ско́лько сейча́с вре́мени?** [I: 5]

when — **когда́** [I: 3]

where — (*where at*) **где** [I: 1]; (*where to*) — **куда́** [I: 5, *see 5.4, 5.5*]

where from — **отку́да** [I: 3]

Where are you from? — **Отку́да вы (ты)?** [I: 10]

whether — **ли** [II: 1, *see* II. 1.8]

which — **како́й** [I: 2, *see 2.6*]; (*as relative pronoun*) **кото́рый** [II: 6, *see 6.3*]

while, meanwhile, for the time being — **пока́** [I: 9, II: 4]

white — **бе́лый** [I: 6]

who — **кто** [I: 1]; (*as relative pronoun*) **кото́рый** [II: 6, *see 6.3*]

Just who is . . . ? — **Кто тако́й. . . ?** [II: 5]

whole — **весь** [I: 5; *see* II: 8.5]

whose — **чей** (**чьё, чья, чьи**) [I: 2, *see 2.4*]

why — **почему́** [I: 4, 5]; Why, what for? — **заче́м** [II: 9]

wide — **широ́кий** [I: 6]

wife — **жена́** (*pl.* **жёны**) [I: 5, 7]

win — **выи́грывать** (**вы́игрыва-ю, -ешь, -ют**)/ **вы́играть** (**вы́игра-ю, -ешь, -ют**) [II: 7]

wind — **ве́тер** [II: 1]

window — **окно́** (*pl.* **о́кна, о́кон**) [I: 6] (*service*) window — **око́шко** [II: 8] small hinged pane in window — **фо́рточка** [II: 4]

winter — **зима́** [II: 1] in the winter — **зимо́й**

with — **с** (*чет, кем*) [I: 9]

With pleasure! — **С удово́льствием!** [I: 5]

without — **без** (*чего́*) [I: 9]

woman — **же́нщина** [I: 8, II: 4]

women's — **же́нский** [I: 8] International Women's Day — **Междунаро́дный же́нский день** [II: 10]

wonder: I wonder . . . — **Интере́сно. . .**

wonderful — **прекра́сный** [II: 1], **чуде́сный** [II: 1] **прекра́сно; чуде́сно** (*adv.*)

word — **сло́во** (*pl.* **слова́**) [I: 1, 3] one word — **одно́ сло́во** [I: 3]

work — **рабо́та** (**на**) [I: 4]; **рабо́тать** (**рабо́та-ю, -ешь, -ют**)/**по-** [I: 4] (*work of art or literature*) — **произведе́ние** [I: 10, II: 6] place of work — **ме́сто рабо́ты** [I: 7] skilled workman — **ма́стер** (*pl.* **мастера́**) [II: 4]

worldwide — **мирово́й** [II: 6]

worry (*intrans.*) — **волнова́ться/вз-** (**волну́-юсь, -ешься, -ются**) [II: 4]

worry (*trans.*) — **беспоко́ить** (*impf.:* **беспоко́-ю, -ишь, -ят**) [II: 9]; **беспоко́йство** [II: 2]

worse — **ху́же** [II: 5, *see 5.3*] I feel worse. — **Мне ху́же.** [II: 9]

would — **бы** [II: 10, *see 10.7*] I would like . . . — **я бы хоте́л(а). . .** [II: 2]

write — **писа́ть** (**пишу́, пи́ш-ешь, -ут**)/**на-** [I: 3]

write down, note in writing — **запи́сывать** (**запи́сыва-ю, -ешь, -ют**)/**записа́ть** (**запиш-у́, -ешь, -ут**) [II: 4]

writer — **писа́тель** [I: 7, II: 6]

wrong number: You have the wrong number. — **Вы не туда́ попа́ли.** [II: 2]

wrong way: You're going the wrong way. — **Вы не туда́ е́дете.** [II: 3]

X

x-ray — **рентге́н** [II: 9]

Y

year — **год** (2–4 **го́да**, 5–20 **лет**) [I: 7] . . . is . . . years old. — *кому́* + . . . **год** (**го́да, лет**). [I: *See 7.4*] in what year — **В како́м году́** [I: *See 10.4*] New Year — **Но́вый год** [II: 10]; New Year's **нового́дний** [II: 10] — New Year's see in the New Year — **встреча́ть Но́вый год** [II: 10]

yellow — **жёлтый** [I: 6]

Yerevan (*city in Armenia*) — **Ерева́н** [I: 3]

yes — **да** [I: 1]

yet — **ещё**

yesterday — **вчера́** [I: 5]

you — (*formal and plural*) **вы;** (*informal, singular*) **ты** [I: 1, *see 1.1*]

young — **молодо́й** [I: 7] young man — **молодо́й челове́к** [I: 8]

younger: (*the*) younger — **мла́дший** years younger than . . . — **моло́же** *or* **мла́дше** (*кого́*) **на** (**год, . . . го́да, . . . лет**) [I: 7, *see 7.7*; II: 5, *see 5.3*]

your — (*formal or plural*) **ваш** (**ва́ше, ва́ша, ва́ши**); (*informal*) **твой** (**твоё, твоя́, твои́**) [I: 2, *see 2.4*]

Z

zoo — **зоологи́ческий сад, зоопа́рк** [II: 3]

Appendix A: Spelling Rules

The spelling rules account for the endings to be added to stems that end in velars (г к х), and hushing sounds (ш щ ж ч ц).

For words whose stem ends in one of these letters, do not worry about whether the stem is hard or soft. Rather, always attempt to add the *basic* ending, then apply the spelling rule if necessary.

Never break a spelling rule when adding endings to Russian verbs or nouns!

8-Letter Spelling Rule

| After the letters | г к х | ш щ ж ч | ц | do not write **-ю,** write **-у** instead |
| | | | | do not write **-я,** write **-а** instead |

7-Letter Spelling Rule

| After the letters | г к х | ш щ ж ч | | do not write **-ы,** write **-и** instead |

5-Letter Spelling Rule

| After the letters | | ш щ ж ч | ц | do not write **unaccented -o,** write **-e** instead |

Use

The 8-letter spelling rule is used in second-conjugation verbs.
The 7- and 5-letter spelling rules are used in the declension of modifiers and nouns.

Appendix B: Nouns and Modifiers

Hard Stems vs. Soft Stems

Every Russian noun and modifier has either a *hard* (nonpalatalized) or a *soft* (palatalized) stem. *When adding endings to hard-stem nouns and modifiers, always add the basic (hard) ending. When adding endings to soft-stem nouns and modifiers, always add the soft variant of the ending.*

However, if the stem of a modifier or noun ends in one of the velar sounds (**г к х**), or one of the hushing sounds (**ш щ ж ч ц**), do not worry about whether the stem is hard or soft. Rather, always attempt to add the *basic* ending, then apply the spelling rule if necessary (see Appendix A).

One can determine whether a noun or modifier stem is hard or soft by looking at the first letter in the word's ending. For the purposes of this discussion, **й** and **ь** are considered to be endings.

Hard Stems	Soft Stems
Have one of these letters or nothing as the first letter in the ending	Have one of these letters as the first letter in the ending
а	**я**
(э)*	**е**
о	**ё**
у	**ю**
ы	**и**
no vowel (∅)	**ь**
	й

*The letter **э** does not play a role in grammatical endings in Russian. In grammatical endings, the soft variants of **о** are **ё** (when accented) and **е** (when not accented).

Nouns

Masculine Singular Nouns			
	HARD	**SOFT**	
N	стол ∅	преподава́тель	музе́й
A	Inanimate like nominative; animate like genitive		
	стол ∅	музе́й	
	студе́нта	преподава́теля	
G	стола́	преподава́теля	музе́я
P	столе́	преподаве́теле	музе́е кафете́рии[1]
D	столу́	преподава́телю	музе́ю
I	столо́м[2]	преподава́телем[3]	музе́ем

1. Prepositional case does not permit nouns ending in **-ие**. Use **-ии** instead.
2. The 5-letter spelling rule applies to words ending in **ц, ж, ч, ш**, and **щ** followed by unstressed endings: e.g., **отцо́м** but **америка́нцем**.
3. When stressed, the soft instrumental ending is **-ём**: секретарём, Кремлём.

Masculine Plural Nouns			
	HARD	**SOFT**	
N	столы́	преподава́тели	музе́и
A	Inanimate like nominative; animate like genitive		
	столы́	музе́и	
	студе́нтов	преподава́телей	
G	столо́в	преподава́телей	музе́ев
P	стола́х	преподава́телях	музе́ях
D	стола́м	преподава́телям	музе́ям
I	стола́ми	преподава́телями	музе́ями

The 7-letter spelling rule requires **-и** for words whose stems end in **к, г, х, ж, ч, ш**, and **щ**: па́рки, гаражи́, карандаши́, etc.

Feminine Singular Nouns

	HARD	SOFT -я	SOFT …ия	SOFT -ь
N	газе́та	неде́ля	пе́нсия	дверь
A	газе́ту	неде́лю	пе́нсию	дверь
G	газе́ты[1]	неде́ли	пе́нсии	две́ри
P	газе́те	неде́ле	пе́нсии[2]	две́ри
D	газе́те	неде́ле	пе́нсии[2]	две́ри
I	газе́той[3]	неде́лей[4]	пе́нсией	две́рью

1. The 7-letter spelling rule requires **и** for words whose stems end in **к, г, х, ж, ч, ш,** and **щ**: кни́ги, студе́нтки, ру́чки, etc.
2. Dative and prepositional case forms do not permit nouns ending in **-ие.** Use **-ии** instead.
3. The 5-letter spelling rule applies to words ending in **ц, ж, ч, ш,** and **щ** followed by unstressed endings: **Са́шей.**
4. When stressed, the soft instrumental ending is **-ёй**: семьёй.

Feminine Plural Nouns

	HARD	SOFT -я	SOFT …ия	SOFT -ь
N	газе́ты[1]	неде́ли	пе́нсии	две́ри
A	Inanimate like nominative; animate like genitive			
	газе́ты[1] жён ∅	неде́ли	пе́нсии	две́ри
G	газе́т ∅	неде́ль	пе́нсий	двере́й
P	газе́тах	неде́лях	пе́нсиях	дверя́х
D	газе́там	неде́лям	пе́нсиям	дверя́м
I	газе́тами	неде́лями	пе́нсиями	дверя́ми дверьми́

1. The 7-letter spelling rule requires **и** for words whose stems end in **к, г, х, ж, ч, ш,** and **щ**: кни́ги, студе́нтки, ру́чки, etc.

Neuter Singular Nouns

	HARD	SOFT -е	SOFT... ие
N	окно́	мо́ре	общежи́тие
A	окно́	мо́ре	общежи́тие
G	окна́	мо́ря	общежи́тия
P	окне́	мо́ре	общежи́тии
D	окну́	мо́рю	общежи́тию
I	окно́м	мо́рем	общежи́тием

Neuter Plural Nouns

	HARD	SOFT -е	SOFT ...ие
N	о́кна	моря́	общежи́тия
A	о́кна	моря́	общежи́тия
G	о́к(о)н ∅	море́й	общежи́тий
P	о́кнах	моря́х	общежи́тиях
D	о́кнам	моря́м	общежи́тиям
I	о́кнами	моря́ми	общежи́тиями

Stress in neuter nouns consisting of two syllables almost always shifts in the plural:
окно́ → о́кна   мо́ре → моря́.

Irregular Nouns

Singular Nouns

N	и́мя	вре́мя	мать	дочь
A	и́мя	вре́мя	мать	дочь
G	и́мени	вре́мени	ма́тери	до́чери
P	и́мени	вре́мени	ма́тери	до́чери
D	и́мени	вре́мени	ма́тери	до́чери
I	и́менем	вре́менем	ма́терью	до́черью

Plural Nouns

N	имена́	времена́	матери	дочери
A	имена́	времена́	матере́й	дочере́й
G	имён	времён	матере́й	дочере́й
P	имена́х	времена́х	матеря́х	дочеря́х
D	имена́м	времена́м	матеря́м	дочеря́м
I	имена́ми	времена́ми	матеря́ми	дочеря́ми дочерьми́

Nouns with Irregular Plurals

N	друг друзья́	сосе́д сосе́ди	сын сыновья́	брат бра́тья	сестра́ сёстры
A	друзе́й	сосе́дей	сынове́й	бра́тьев	сестёр
G	друзе́й	сосе́дей	сынове́й	бра́тьев	сестёр
P	друзья́х	сосе́дях	сыновья́х	бра́тьях	сёстрах
D	друзья́м	сосе́дям	сыновья́м	бра́тьям	сёстрам
I	друзья́ми	сосе́дями	сыновья́ми	бра́тьями	сёстрами

Declension of Adjectives

Hard-Stem Adjectives

	MASCULINE	NEUTER	FEMININE	PLURAL
N	но́вый молодо́й[1]	но́вое молодо́е	но́вая	но́вые
A	Modifying inan. noun — like nom.; animate noun — like gen.		но́вую	Modifying inan. noun — like nom.; animate noun — like gen.
G	но́вого		но́вой	но́вых
P	но́вом		но́вой	но́вых
D	но́вому		но́вой	но́вым
I	но́вым		но́вой	но́выми

1. Adjectives whose masculine singular form ends in **-ой** always have stress on the ending.

Soft-Stem Adjectives

	MASCULINE	NEUTER	FEMININE	PLURAL
N	си́ний	си́нее	си́няя	си́ние
A	Modifying inan. noun — like nom.; animate noun — like gen.		си́нюю	Modifying inan. noun — like nom.; animate noun — like gen.
G	си́него		си́ней	си́них
P	си́нем		си́ней	си́них
D	си́нему		си́ней	си́ним
I	си́ним		си́ней	си́ними

Adjectives Involving the 5- and 7-Letter Spelling Rules

(Figures indicate which rule is involved.)

	MASCULINE	NEUTER	FEMININE	PLURAL
N	хоро́ший[7] большо́й ру́сский[7]	хоро́шее[5] большо́е ру́сское	хоро́шая больша́я ру́сская	хоро́шие[7] больши́е[7] ру́сские[7]
A	Modifying inan. noun—like nom.; animate noun — like gen.		хоро́шую большу́ю ру́сскую	Modifying inan. noun—like nom.; animate noun — like gen.
G	хоро́шего[5] большо́го ру́сского		хоро́шей[5] большо́й ру́сской	хоро́ших[7] больши́х[7] ру́сских[7]
P	хоро́шем[5] большо́м ру́сском		хоро́шей[5] большо́й ру́сской	хоро́ших[7] больши́х[7] ру́сских[7]
D	хоро́шему[5] большо́му ру́сскому		хоро́шей[5] большо́й ру́сской	хоро́шим[7] больши́м[7] ру́сским[7]
I	хоро́шим[7] больши́м[7] ру́сским[7]		хоро́шей[5] большо́й ру́сской	хоро́шими[7] больши́ми[7] ру́сскими[7]

Adjectives whose masculine singular form ends in **-ой** always have stress on the ending.

Special Modifiers

	MASC.	NEUTER	FEM.	PLURAL
N	мой	моё	моя́	мои́
A	nom./gen.*	мою́	nom./gen.*	
G	моего́		мое́й	мои́х
P	моём		мое́й	мои́х
D	моему́		мое́й	мои́м
I	мои́м		мое́й	мои́ми

	MASC.	NEUTER	FEM.	PLURAL
	твой	твоё	твоя́	твои́
	nom./gen.*	твою́	nom./gen.*	
	твоего́		твое́й	твои́х
	твоём		твое́й	твои́х
	твоему́		твое́й	твои́м
	твои́м		твое́й	твои́ми

*Modifying inanimate noun — like nominative; modifying animate noun — like genitive.

		MASC. NEUTER	FEM.	PLURAL
N	наш на́ше	на́ша	на́ши
A	nom./gen.*	на́шу	nom./gen.*
G	на́шего	на́шей	на́ших
P	на́шем	на́шей	на́ших
D	на́шему	на́шей	на́шим
I	на́шим	на́шей	на́шими

	MASC. NEUTER	FEM.	PLURAL
ваш ва́ше	ва́ша	ва́ши
nom./gen.*	ва́шу	nom./gen.*
ва́шего	ва́шей	ва́ших
ва́шем	ва́шей	ва́ших
ва́шему	ва́шей	ва́шим
ва́шим	ва́шей	ва́шими

		MASC. NEUTER	FEM.	PLURAL
N	чей чьё	чья	чьи
A	nom./gen.*	чью	nom./gen.*
G	чьего́	чьей	чьих
P	чьём	чьей	чьих
D	чьему́	чьей	чьим
I	чьим	чьей	чьи́ми

		MASC. NEUTER	FEM.	PLURAL
N	э́тот э́то	э́та	э́ти
A	nom./gen.*	э́ту	nom./gen.*
G	э́того	э́той	э́тих
P	э́том	э́той	э́тих
D	э́тому	э́той	э́тим
I	э́тим	э́той	э́тими

	MASC. NEUTER	FEM.	PLURAL
весь всё	вся	все
nom./gen.*	всю	nom./gen.*
всего́	всей	всех
всём	всей	всех
всему́	всей	всем
всем	всей	все́ми

		MASC. NEUTER	FEM.	PLURAL
N	оди́н одно́	одна́	одни́
A	nom./gen.*	одну́	nom./gen.*
G	одного́	одно́й	одни́х
P	одно́м	одно́й	одни́х
D	одному́	одно́й	одни́м
I	одни́м	одно́й	одни́ми

	MASC. NEUTER	FEM.	PLURAL
тре́тий тре́тье	тре́тья	тре́тьи
nom./gen.*	тре́тью	nom./gen.*
тре́тьего	тре́тьей	тре́тьих
тре́тьем	тре́тьей	тре́тьих
тре́тьему	тре́тьей	тре́тьим
тре́тьим	тре́тьей	тре́тьими

*Modifying inanimate noun — like nominative; modifying animate noun — like genitive.

Personal Pronouns

N	кто	что	я	ты	мы	вы	он, оно́	она	они
A	кого́	что	меня́	тебя́	нас	вас	(н)его́	(н)её	(н)их
G	кого́	чего́	меня́	тебя́	нас	вас	(н)его́	(н)её	(н)их
P	ком	чём	мне	тебе́	нас	вас	нём	ней	них
D	кому́	чему́	мне	тебе́	нам	вам	(н)ему́	(н)ей	(н)им
I	кем	чем	мной	тобо́й	на́ми	ва́ми	(н)им	(н)ей	(н)и́ми

Forms for **он, она́, оно́,** and **они́** take an initial **н** if preceded by a preposition. For example, in the genitive case, the initial **н** is required in the sentence: **У неё** есть книга.
But not in the sentence: **Её** здесь нет.

Appendix D: Numerals

	Cardinal (one, two, three)	Ordinal (first, second, third)
1	оди́н, одна́, одно́	пе́рвый
2	два, две	второ́й
3	три	тре́тий
4	четы́ре	четвёртый
5	пять	пя́тый
6	шесть	шесто́й
7	семь	седьмо́й
8	во́семь	восьмо́й
9	де́вять	девя́тый
10	де́сять	деся́тый
11	оди́ннадцать	оди́ннадцатый
12	двена́дцать	двена́дцатый
13	трина́дцать	трина́дцатый
14	четы́рнадцать	четы́рнадцатый
15	пятна́дцать	пятна́дцатый
16	шестна́дцать	шестна́дцатый
17	семна́дцать	семна́дцатый
18	восемна́дцать	восемна́дцатый
19	девятна́дцать	девятна́дцатый
20	два́дцать	двадца́тый
21	два́дцать оди́н	два́дцать пе́рвый
30	три́дцать	тридца́тый
40	со́рок	сороково́й
50	пятьдеся́т	пятидеся́тый (пятьдеся́т пе́рвый)
60	шестьдеся́т	шестидеся́тый (шестьдеся́т пе́рвый)
70	се́мьдесят	семидеся́тый (се́мьдесят пе́рвый)
80	во́семьдесят	восьмидеся́тый (во́семьдесят пе́рвый)
90	девяно́сто	девяно́стый (девяно́сто пе́рвый)
100	сто	со́тый
200	две́сти	
300	три́ста	
400	четы́реста	
500	пятьсо́т	
600	шестьсо́т	
700	семьсо́т	
800	восемьсо́т	
900	девятьсо́т	
1000	ты́сяча	
2000	две ты́сячи	
5000	пять ты́сяч	

Collectives

дво́е, тро́е, че́тверо (*apply to children in a family; see 7.6*)

Index